Bibliografische Informationen der Deutschen Nationalbibliothek
Die Deutsche Nationalbibliothek verzeichnet diese Publikation in
der Deutschen Nationalbibliografie; detaillierte bibliografische Daten
sind im Internet über http://dnb.dnb.de abrufbar.

1. Auflage
© 2022 by Remote Verlag, ein Imprint der Remote Life LLC,
Oakland Park, US
Alle Rechte vorbehalten. Vervielfältigung, auch auszugsweise, nur
mit schriftlicher Genehmigung des Verlages.

Redaktion: Isabelle Müller
Lektorat und Korrektorat: Katrin Gönnewig, Fabian Galla, Markus
Czeslik
Umschlaggestaltung: Verena Klöpper
Satz und Layout: Verena Klöpper
Grafiken S. 169 und 380: Verena Klöpper
Abbildungen im Innenteil: © Roosbeh Moosavi

ISBN Print: 978-1-955655-36-1
ISBN E-Book: 978-1-955655-37-8

www.remote-verlag.de

Pierre Alexander Hilbig

Glücklichsein

selbstgemacht

**50 Impulse für weniger Stress,
mehr Leichtigkeit und Lebensfreude**

www.remote-verlag.de

Inhalt

 **Widmung**

Ich widme dieses Buch meinen noch nicht geborenen Kindern
und allen Menschen dieser Welt.

Auf dass die Impulse euch stets ein Anker sind und dabei
helfen, ein glückliches, zufriedenes und friedvolles Leben zu
führen.

Vorwort

**Es ist Zeit,
etwas Großes zu wagen.**

Die Formulierung «etwas Großes wagen» stammt aus der Rede «Citizenship in a Republic» von Theodore Roosevelt. Die Ansprache ist auch unter dem Titel «Der Mann in der Arena» bekannt. Er hielt diese 1910 an der Sorbonne in Paris.

Die folgende Stelle berührt mich persönlich jedes Mal, wenn ich diese Zeilen lese:

«Es ist nicht der Kritiker, der zählt, nicht derjenige, der aufzeigt, wie der Starke gestolpert ist oder wo der, der Taten gesetzt hat, sie hätte besser machen können. Die Anerkennung gehört dem, der wirklich in der Arena ist; dessen Gesicht verschmiert ist von Staub und Schweiß und Blut; der sich tapfer bemüht; der irrt und wieder und wieder scheitert; der die große Begeisterung kennt, die große Hingabe und sich an einer würdigen Sache verausgabt; der, im besten Fall, am Ende den Triumph der großen Leistung erfährt; und der, im schlechtesten Fall des Scheiterns, zumindest dabei scheitert, dass er etwas Großes gewagt hat …»

Ich kann sie förmlich innerlich spüren. Sie zeigt mir jedes Mal, dass ich mit meiner persönlichen Einstellung, andere Menschen zu ermutigen, sie zu fördern und zu unterstützen, richtigliege. Es ist für mich ein Inbegriff menschlichen Verhaltens, der auf gegenseitigem Respekt, Wertschätzung und Beistand basiert und das alte Spiel der Konkurrenz und des Wider-streits beiseiteschiebt für etwas Größeres. Ich mag die em-pathische Sichtweise auf die Widrigkeiten und Chancen, die jedem von uns in unserem Leben begegnen. In mir entfacht es meinen Mut, für die eigene Meinung, für meine Werte und für meine Überzeugungen einzustehen, ganz gleich, welchen Umständen ich ausgesetzt bin.

Vielleicht geht es dir wie mir und du bist ein ebenso emp-findsamer Mensch. Vielleicht bekommst auch du gerade eine Gänsehaut oder ein kleiner Schauer fährt dir über die Haut, der ein wohliges Gefühl in deinem Körper zurücklässt. Wenn dem so ist, würde es mich sehr freuen.

Lange habe ich über die Arena nachgedacht und mich ge-fragt, was sie alles sein könnte, ob sie immer eine weltliche Aufgabe oder ein Projekt darstellt. Ich bin zu dem Ergebnis gekommen, dass es viele Arten von ihr gibt und dass sie für jeden Menschen individuell ist. Die Arena ist orts- und zeit-unabhängig und zeigt sich jedem von uns in einem ganz eige-nen Bild.

Sie könnte für uns alle unser tägliches Leben sein: die Bewäl-tigung unseres hektischen und schnelllebigen Alltags und unsere sorgenvollen Gedanken in dieser turbulenten und ereignisreichen Zeit. Unser Zurechtfinden in einer Welt mit Meinungsmachern und -vorgebern mit den Herausforderun-gen der Bildung, Technisierung, des rasanten Wertewandels und den sich ändernden Rollenbildern. Es könnte unsere Arena sein, in einer Welt mit zerfließenden Leitbildern und -figuren Orientierung und einen Ankerpunkt zu finden. Ir-gendwo in dieser Welt wartet mit Sicherheit auf jeden von uns eine persönliche Arena.

Ich kann mir vorstellen, dass es angesichts dieser Umstände für viele Menschen eine Herausforderung ist, sich selbst zu finden und treu zu sein, wo wir doch tagtäglich mit einer Fülle von Informationen und Werbebotschaften geradezu bombardiert werden.

Und genau diese Tatsache hat mich dazu bewegt, dieses Buch zu schreiben.

Dies und meine persönlichen Erfahrungen in dieser Welt. Denn wie auch du vielleicht bin ich nicht immer in jede Arena getreten. Auch ich hatte vor der ein oder anderen Angst, mit Zweifel oder mit Orientierungslosigkeit zu kämpfen. Ich wusste nicht immer, was genau gerade mit mir los ist oder welches Thema mich im Inneren beschäftigt und davon abhält, in die Arena zu treten.

Ich habe nur festgestellt, dass dort tief in mir Dinge verborgen lagen, die mich entweder daran hinderten, in die Arena zu treten, oder den Aufenthalt in dieser zu einer echten Zerreißprobe machten.

Und darum geht es mir in diesem Buch. Ich möchte die Themen, die mich selbst und andere Menschen in meinem Leben bewegt haben, mit dir teilen. Ich möchte dir meinen Wunsch erfüllen, eine Lektüre zu besitzen, die dir unabhängig davon, wo du gerade im Leben stehst, eine Hilfestellung bietet, dir Orientierung gibt und dich durch die Sachverhalte und Fragestellungen auf die richtige Fährte führt, damit du jederzeit in deine Arena treten kannst.

Ich möchte dich mitnehmen auf eine spannende Reise zu vielen Dingen, die dich alle näher zu dir selbst führen und dir dabei helfen sollen, ein waches und klares Bewusstsein zu kreieren. Sie sollen dich dabei unterstützen, eine souveräne

Persönlichkeit zu entwickeln, um alle deine Ziele, Träume und Wünsche in die Realität zu tragen und nie vor einer Arena zurückzuschrecken.

Ich hätte mir ein solches Buch rückblickend sehr gewünscht. Ein Buch, das mich auf die vielen Themen und Herausforderungen, die uns in unserem Leben erwarten, aufmerksam macht. Eines, das mir zeigt, wohin es sich lohnt, meinen Blick zu richten und meine Energie zu investieren.

Mit diesem Gefühl und dieser Leidenschaft habe ich dieses Buch für dich, für uns, geschrieben. Ich wünsche mir, dass du durch die Lektüre dieses Buches für dich wertvolle Themen erkennst, die für deine persönliche Entwicklung eine Bereicherung darstellen. Ich wünsche mir, dass dieses Buch ein Anstupser für dich ist, der in dir einen Funken der Hoffnung, des Mutes, der Neugier und der Entschlossenheit entfacht und dir dabei hilft, dich auf deine ganz eigene Reise zu begeben.

Innerhalb der einzelnen Sachverhalte habe ich versucht, dir das «wie» auf die Art zu erklären, die für mich funktioniert hat oder die ich bei anderen Menschen beobachten durfte. Sie sollen dir als Inspiration und Hilfestellung dienen und dich auf deinem eigenen persönlichen Weg unterstützen.

Wir alle sind so unterschiedlich und ich weiß, dass viele wissenschaftliche Disziplinen versuchen, uns einheitliche Lösungen für etwas vorzugeben; auch, dass viele von uns sich eine einheitliche Lösung wünschen, gern ein Rezept dafür hätten, wie etwas funktioniert. Mir ist bewusst, dass viele von uns ein Bedürfnis nach Orientierung und Sicherheit haben und sich eine Anleitung oder ein Schema wünschen, an dem sie sich entlanghangeln können. Ein Plan wäre schön, auf dem wir verschiedene Punkte abarbeiten und abhaken können, um damit an unser gewünschtes Ziel zu gelangen.

Das ist es aber nicht, was ich in diesem Buch mit dir teilen werde. Ich gebe dir keinen Weg vor, keine Liste, keinen Fahrplan, den du stoisch abarbeiten kannst und bei dem das gewünschte Resultat am Ende herauskommt.

Aber ich verspreche dir etwas. In diesem Buch wirst du eine Sammlung an Impulsen finden, die allen individuellen Persönlichkeiten, die dieses Buch lesen, gerecht wird. Du wirst Inspiration und einen Kompass finden und einen Überblick darüber erhalten, welche Themen aus meiner Sicht und meiner Erfahrung nach für einen Menschen im Laufe seines Lebens eine Relevanz haben.

Was du findest, ist meine Passion für ein erfülltes und menschenwürdiges Leben. Diese Themen verfolge und sammle ich bereits mein ganzes Leben. Mein Bestreben war es seit jeher, Menschen dabei zu unterstützen und ihnen die Möglichkeit zu bieten, mit eigenem Willen ein zufriedenes und glückliches Leben aufzubauen, ganz gleich, welchen Stand sie haben, welche Erfahrungen sie gemacht haben oder wo sie gerade im Leben stehen.

Dieses Buch ist dabei eine meiner Arenen. In diese Zeilen lasse ich meinen Schweiß, mein Blut, meine Energie einfließen, in der Hoffnung, dass etwas davon auf dich überspringt und dich packt. Es soll dir helfen, Mut zu fassen, ein finsteres Tal zu durchqueren, sich den inneren Dämonen zu stellen und auf dieser Reise zu wachsen und zu dem Menschen zu werden, der du von klein auf warst und der dir vielleicht im Laufe des Lebens ein bisschen verloren gegangen ist oder abtrainiert wurde.

Damit du, wenn du eines Tages alt bist und dein Leben noch einmal gedanklich Revue passieren lässt, zu dir selbst sagen kannst: «Ich hatte ein glückliches und erfülltes Leben. Ich habe alles getan, was ich tun wollte, alles gesagt, was ich sagen wollte, habe Fehler gemacht, Erfahrungen gesammelt und mein Leben gelebt. Ich bereue nichts!»

Das ist es, was ich mir für dich wünsche und von dem ich hoffe, mit diesem Buch einen kleinen Beitrag leisten zu können. Wenn mir das gelingt, auch nur zu einem ganz kleinen Teil, hat sich meine Arbeit mehr als gelohnt.

Ich für meinen Teil werde später einmal zurückblicken können und ebenfalls für mich sagen können: «Ich habe es getan. Ich habe meine Gedanken, Träume, Ansichten und alles, was mir durch den Kopf ging, um diese Welt ein bisschen schöner zu machen, um den Menschen eine kleine Hilfe zu sein, geleistet.» Selbst für den Fall, dass niemand dieses Buch je lesen würde, hat es sich gelohnt, denn allein es zu schreiben, hat mich in vielen Bereichen bereichert, mein Leben verschönert und mich in meiner Entwicklung wachsen lassen.

Zum Schluss dieses Vorwortes möchte ich dir noch zwei Hinweise geben:

Du hast mit diesem Buch ein Nachschlagewerk für eine Vielzahl an Themen, die sich für viele Menschen täglich als eine Herausforderung darstellen. Und du hast die Möglichkeit, Themen, die für dich relevant sind, anzupacken und zu transformieren. Dabei bestimmst du selbst, mit welchen Lifehacks du starten möchtest und wie viele du liest. Jeder Lifehack kann einzeln betrachtet und bearbeitet werden. Wenn in einem Lifehack auf einen anderen Bezug genommen wird, ist das lediglich ein gut gemeinter Hinweis, kein Muss.

Ich benutze wegen der besseren Lesbarkeit in diesem Buch in der Regel nur die weibliche oder männliche Form. Selbstverständlich schließe ich damit aber immer alle Geschlechter ein.

Lifehack #1

Eine Vision von dir selbst

«Vision ist die Kunst, noch nicht Sichtbares zu sehen.»

Jonathan Swift

Ich weiß nicht, ob du schon einmal mit dem Begriff der Vision in Berührung gekommen bist. Ich glaube, ich habe erst im jungen Erwachsenenalter die Bekanntschaft hiermit gemacht. Zumindest weiß ich erst seitdem, dass man das, was ich von klein auf bereits hatte, so nennt.

In meiner kindlichen Vorstellung gab es kein Wort dafür. Ich hatte aber stets ein klares Bild von Dingen, die ich will und die ich nicht will. Heute bin ich etwas belehrter und weiß, wie man es nennt. Wir können Vision auch mit Zukunftsbild oder Zukunftstraum übersetzen. Dann ist Zukunftsbild für mich die passendste Beschreibung.

Wenn wir heute mit dem Begriff in Kontakt kommen, hat es meist einen beruflichen Hintergrund. Menschen sprechen von beruflichen Visionen, von Dingen, mit denen sie viel Geld verdienen, berühmt werden oder große Anerkennung und Status erlangen wollen.

Ich hatte stets eine Vision von mir als Mensch vor Augen: Oft habe ich mich gefragt, was für ein Mensch ich sein möchte, wie ich mit meinen Mitmenschen umgehen möchte, was ich in Menschen fördern und entfesseln möchte. Ich habe mich gefragt, wie ich als Mensch die Welt positiv beeinflussen kann, die Welt ein bisschen besser, ein bisschen gerechter und ein bisschen harmonischer machen kann. Dabei hatte ich immer ein Bild vor Augen, eine Vision.

Mir war früh klar, dass ich vieles aus meinem Elternhaus nicht einfach so übernehmen wollte. Ich wollte anders mit Menschen umgehen, eine intensivere Kommunikation, mehr Offenheit, sie loben und ihnen Mut zusprechen, sie in ihren Potenzialen unterstützen und fördern. Ich wollte bzw. will für meine Familie ein stabiles Umfeld schaffen, ihnen die Sicherheit geben, dass sie mit jedem Anliegen zu mir kommen können und wir gemeinsam eine Lösung finden. Ich wollte die Dinge, die ich noch nicht konnte oder von denen ich noch nicht wusste, wie ich diese umsetzen sollte, erlernen.

Mein reales Ich war zu diesem Zeitpunkt meilenweit von meinem Zukunfts-Ich entfernt. Unglaublich viele Dinge, die ich heute ganz selbstverständlich mache, waren in dieser Zeit undenkbar. Ein Beispiel hierfür sind Komplimente und Lob. Damit meine ich nicht irgendwelche ausgedachten Phrasen, die man zum passenden Zeitpunkt herunterleiert, sondern echt empfundene Wahrnehmung.

In meiner Erziehung kamen anerkennende Worte und Lob nicht sehr häufig vor, weshalb ich selbst auch lange Zeit nicht wusste, wie genau ich ein Lob ausspreche oder ein anerkennendes, aufbauendes und motivierendes Wort an eine andere Person richte. Allerdings hatte ich sowohl bei mir selbst als auch bei anderen beobachtet, dass anerkennende und lobende Worte eine wundervolle positive Wirkung haben und jeden Einzelnen in einer positiven Art bekräftigen, wenn sie denn ehrlicher Natur sind.

So stand für mich fest, dass ich später die Fähigkeit haben möchte, meine Dankbarkeit und Anerkennung für jedes positive Gefühl, das eine andere Person in mir weckt, dieser mitteilen zu können. Ebenso wollte ich dazu imstande sein, eine Leistung oder ein Bemühen der anderen Person zu würdigen und hervorzuheben.

Hast du dir schon einmal Gedanken über dich gemacht? Hast du dir wenigstens einmal die Zeit und Ruhe genommen und darüber sinniert? Hast du dir einmal die Frage gestellt, welche Eigenschaft du dir früher zu Hause z. B. von deinen Eltern gewünscht hättest oder welche positive Eigenschaft sich lohnen würde, zu erlernen? Ich habe das sehr häufig getan. Zusammen mit meinen Beobachtungen der Welt hat sich daraus eine immer klarere Vision gebildet, der ich nachgeeifert habe.

Wenn ich mir anschaue, was in der Welt so vor sich geht, was täglich in den Nachrichten und Social-Media-Kanälen passiert, bestärkt es mein Denken darin, dass es sich für uns alle lohnt, einmal über eine Vision von uns selbst zu sinnieren.

Jetzt stellt sich die Frage, was für ein Mensch möchtest du sein? Wie möchtest du mit deinen Mitmenschen umgehen? Wie möchtest du die Welt positiv beeinflussen? Wie möchtest du leben, alt werden und von anderen Menschen wahrgenommen werden? Wie möchtest du später den anderen Menschen in Erinnerung bleiben?

Ich möchte ein paar positive Erlebnisse und Erfahrungen mit dir teilen, die ich durch das Sinnen und Arbeiten an meiner Vision erfahren habe:

- Intensive Freundschaften
- Bedingungslose Unterstützung
- Gute Erfolge bei der Jobsuche
- Verbesserte Kommunikationsfähigkeiten
- Emotionaler Ausgleich
- Authentisches Auftreten
- Die Fähigkeit, Trost zu spenden
- Die Fähigkeit, Mut zuzusprechen
- Die Fähigkeit, Hoffnung zu schenken
- Eine offene Haltung gegenüber meinen Mitmenschen
- Die Fähigkeit, schnell zu vergeben
- Ein entspannter Alltag
- Genuss und Achtsamkeit in meinem Leben
- Liebe zur Wahrheit

Wenn wir uns dem Thema einer persönlichen Vision von uns als Mensch öffnen, haben wir die Chance, uns ein klares Ziel vor Augen zu führen und einen inneren Kompass auszurichten, der uns leitet. Durch unsere Vision werden uns unsere Ziele und Wünsche klar und mit unserem Zutun werden wir von Jahr zu Jahr immer mehr positive Dinge in unser Leben ziehen. So habe ich es persönlich erlebt.

Wir fühlen uns nie orientierungslos, da wir eine innere Landkarte haben, die uns den Weg zeigt. Unsere Vision gibt uns Kraft und Motivation in schweren Zeiten. Sie lenkt uns hin zu etwas Größerem und Wunderschönem. Sie ist gleichzeitig sowohl Quelle und Antrieb als auch für viele Menschen Sinngeber für das eigene Leben.

Natürlich darf auch dein Beruf darin einen Platz finden. Es lohnt sich, sich einmal auszumalen, was du mit deiner Vision von dir anfangen möchtest. Wenn du der Mensch bist, den du dir vorstellst, als was wird dieser Mensch arbeiten? Wie wird dieser Mensch leben? Wie wird der Alltag dieses Menschen aussehen? Was sind die wichtigen Dinge in seinem Leben?

Egal wo du gerade stehst, du kannst dir diese Fragen jederzeit stellen. Du kannst heute damit beginnen, dir zu überlegen, was für ein Mensch du sein möchtest und auf was für ein Leben du eines Tages zurückblicken möchtest. Ich weiß, das sind große Fragen und die lassen sich nicht ohne Weiteres aus dem Stegreif beantworten. Nimm dir gern ein paar Minuten in deinem Alltag und nähere dich deinen Fragen immer weiter an. Schreib dir deine täglichen Gedanken dazu auf, sieh, was dir einfällt, was vielleicht innerhalb des Tages passiert ist und Einfluss auf die Fragen hat. Wenn du dich immer wieder schrittweise mit der Frage bzw. den Fragen auseinandersetzt, ist das Thema nicht so groß und du behältst den Spaß dabei. Nach ein paar Wochen kannst du dir dann einmal in Ruhe anschauen, welche Gedanken auf deinem Blatt stehen.

Ich bin heute sehr dankbar dafür, dass in meiner Kinder- und Jugendzeit nicht alles so glatt gelaufen ist, sodass ich mir diese Fragen sehr früh gestellt habe. Ich weiß nicht, wie mein Leben sonst bis jetzt verlaufen wäre. Tatsächlich kann ich für meinen Teil sagen, ich stehe dadurch heute an einem Punkt, an dem ich vollkommen im Reinen mit mir und meiner Vergangenheit bin. Dank meiner Vision habe ich mich zu dem Menschen entwickelt, den ich mir früher immer vorgestellt habe.

Dass ich die Defizite aus meiner Sozialisation zum Positiven verändern konnte und stets einen Punkt am Horizont hatte, an dem ich mich orientiert habe, verdanke ich dem Sinnen über meine Vision.

Das Schönste an einer Vision von dir selbst ist, sie ist frei von monetärem Erfolg oder Statussymbolen. Du kannst dein Ziel nahezu mittellos erreichen und wenn du es erreicht hast, wirst du glücklich und zufrieden sein mit dem, was gerade ist. Denn du hast etwas kreiert, was mit Geld nicht aufzuwiegen ist: dich. Das Allerschönste ist, deine Vision kann und darf dich dein ganzes Leben lang begleiten. Viele Punkte von früher habe ich z. B. mittlerweile erreicht und meine Vision hat sich verändert. Am Horizont sind neue Punkte aufgetaucht. Die Vision kann sowohl wandelbar als auch endlich sein, das liegt ganz bei dir. Ich persönlich entdecke immer wieder etwas Schönes, wonach ich strebe. Ich bin mir sicher, dass sich meine Vision immer wieder anpassen wird, sie mich noch lange begleitet und ich sie immer wieder neu entdecken werde.

Falls du dich nun fragst, wie und wo du mit deiner Vision starten sollst und eine klare Vorstellung kreierst – dazu kommen wir jetzt. Lass uns ganz praktisch anfangen: Ich habe mir zuallererst einmal angeschaut, was mir zu Hause und am Umgang meiner Familie mit mir und untereinander nicht gefällt. Die Betrachtung bezog auch meine Großeltern, Onkel und Tanten mit ein.

So könntest du z. B. ebenfalls überlegen, ob es etwas aus deiner Kinderstube gibt, das dich sehr gewurmt hat und das du am liebsten anders machen würdest. Gab es ein bestimmtes Verhalten, dass dir missfallen hat? Eine bestimmte Umgangsform, die du nicht mochtest oder die dir gefehlt hat?

Mich hat es z. B. ziemlich gestört, dass über Probleme, Ängste und Sorgen nicht offen gesprochen werden konnte und dass es eine Art «Idealvorstellung» gab, der alles untergeordnet wurde. Wenn etwas nicht dazu passte, wurde es entweder nicht angesprochen, unter den Teppich gekehrt oder sanktioniert. Jedenfalls gab es keinen gleichberechtigten Raum für alle Themen. Das hatte nichts damit zu tun, dass ich ein Kind war, es wurde generell so verfahren. Dieser Punkt wurde mir immer deutlicher und schließlich stand für mich ganz klar fest, dass ich später einen absolut offenen und wertfreien Umgang mit allen Themen leben wollte. Ich wollte ein Mensch werden, ein Partner, Vater, Bruder, Freund, Kollege, mit dem man über wirklich jedes Thema offen und ehrlich sprechen kann. Ich wollte – und will immer noch – eine Atmosphäre von Vertrautheit und Geborgenheit schaffen, in der sich alle Beteiligten wohlfühlen. Also wurden die Werte Offenheit und Objektivität zu einem Teil meiner Vision.

Wie bereits erwähnt, hatte ich nie wirklich den Umgang mit Komplimenten und Lob gelernt oder erfahren. Aber aufgrund meiner Beobachtungen hatte ich diesen Punkt als für mich besonders wichtig festgelegt. Diesen habe ich dann meiner Vision hinzugefügt. Zu den Punkten Offenheit, Objektivität und authentischer Umgang mit Komplimenten sind im Laufe der

Zeit noch viele weitere dazugekommen.

Dieser Prozess lässt sich auf nahezu alle Bereiche unseres Lebens ausweiten. Du kannst auch überlegen, was dir in der Schule am Verhalten deiner Lehrer oder Mitschüler nicht gefallen hat, was dir in deiner Umgebung auffällt und vielleicht auch in den Medien.

Da ich persönlich viele Punkte hatte, die mich gestört haben, fing ich mit der Transformation dieser Dinge an. Je nachdem, wo wir stehen, kann es auch sein, dass wir davon gar nicht allzu viele haben. Mittlerweile erlebe ich es nur noch, dass ich von positiven Dingen in meinem Umfeld inspiriert werde, dass es gar nichts gibt, was mich gerade stört. Vielmehr entdecke ich in meiner Beobachtung viel Schönes und Wertvolles, das mich begeistert oder berührt. Eine Geste, wie beispielsweise die folgende:

Einmal war ich zu Besuch bei den Eltern meiner Ex-Freundin. Ich beobachtete die Mutter dabei, wie sie ihrem Mann ein kleines Tuch zum Schneiden einer Frucht mitgab. Denn was passiert häufig beim Schneiden von Früchten? Richtig, der Saft spritzt und ggf. kommt etwas auf unsere Kleidung. Diese kleine Geste, direkt ein Tuch mitzugeben, empfand ich als sehr positiv.

All diese Beobachtungen füge ich meiner Vision hinzu, wenn ich diese als lebensbejahend empfinde.

Anhand solcher Dinge kannst du dir Stück für Stück eine Vision aufbauen, wie du als Mensch sein und mit anderen umgehen möchtest. Getreu dem Motto von Mahatma Ghandi: «Sei du selbst die Veränderung, die du dir in der Welt wünschst.»

Was ist also der erste Schritt, mit dem du deine persönliche Vision starten könntest? Nun, zum einen benötigst du Zeit für dich. Sinnieren bedeutet, sich zurückzuziehen und Zeit mit sich selbst zu verbringen. In dieser Zeit wollen wir ganz bewusst unseren Blick auf die verschiedenen Aspekte unseres Lebens richten und sie mit verschiedenen Fragen genauer ausleuchten, um dadurch einen persönlichen Erkenntnisgewinn zu erlangen. Wir wollen zu bewussten Überlegungen und Entscheidungen gelangen. Wir wollen in wachem Bewusstsein entscheiden, welche Fähigkeiten, Eigenschaften, Werte und Umgangsformen wir als wertvoll und lebensbejahend erachten. Für diesen Einstieg könntest du mit den folgenden Fragen beginnen:

• Welche Person oder Personen inspirieren dich?
• Was genau inspiriert dich an dieser Person bzw. diesen Personen?
• Welches Verhalten bewertest du als positiv?
• Welche Person hat dir in der Vergangenheit Trost gespendet und wie tat sie das?
• Ist es dir wichtig, anderen Menschen Trost spenden zu können?
• Was könnte positiv daran sein, die Fähigkeit zu besitzen, anderen Menschen Trost spenden zu können?
• Welche Person hat dir Mut gemacht?
• Wie hat die Person es geschafft, dir Mut zu machen?
• Ist es aus deiner Sicht eine wertvolle Fähigkeit, anderen Menschen Mut machen zu können?
• Welche beobachteten Gesten muntern dich auf oder berühren dich?
• Welches beobachtete Verhalten berührt dich?
• Welches Verhalten hättest du dir von deinen Eltern, Großeltern, Verwandten oder Lehrern gewünscht, als du klein warst?
• Weißt du, welche Werte es gibt?
• Welche Werte sind dir besonders wichtig?

Mit diesen Fragen hast du das Grundgerüst und die Technik, um selbst loszulegen. Das darin enthaltene Muster lässt sich auf beliebig viele Fragen ausweiten. Ich bin mir sicher, dass du während der Beantwortung dieser Fragen noch weitere Fragen finden wirst, die du beantworten darfst. Notiere diese Fragen und erstelle dir einen eigenen Fragenkatalog, auf den du dann im Alltag immer mal wieder zurückgreifen kannst, um den ein oder anderen Gedanken zu notieren. Ziel dieser Frage-Methode ist es, unser Bewusstsein zu schärfen und aus unserem täglichen Autopiloten auszubrechen. Wir wollen mit dieser Methode Fixpunkte finden, an denen wir uns orientieren können, und unsere Handlungen und unsere Entwicklung nach ihnen ausrichten. Immer auf Grundlage bewusster Fragen und Entscheidungen. Um die Technik noch einmal zu verdeutlichen, möchte ich sie dir an dem bereits erwähnten Beispiel der Komplimente zeigen.

Zuerst habe ich mich irgendwann einmal gefragt, was ein Kompliment überhaupt ist. Natürlich hatte ich es schon im Laufe meines Lebens gehört und auch in der Praxis selbst erfahren und beobachten dürfen. Büchereien, Mitmenschen, Google und Duden sei Dank konnte ich die genaue Definition auch leicht herausfinden.

Als Nächstes schärfte ich meine Wahrnehmung für Menschen, die allem Anschein nach spielerisch leicht Komplimente verteilen konnten, und analysierte deren Verhalten. Wann äußerten sie ein Kompliment? Wie wirkte es auf die andere Person? Was geschah danach?

Ich stellte fest, dass Komplimente zu machen eine positive Eigenschaft ist. Sowohl auf mich als auch auf meine Mitmenschen hat es in aller Regel einen erfreulichen Effekt. Die nächste Frage war herauszufinden, ob es hierbei Unterschiede gibt. Gibt es verschiedene Arten von Komplimenten? Gibt es besondere Situationen für diese? Was geht in der Person vor, die ein Kompliment ausspricht?

Ich erkannte, dass sie in einer Vielzahl von sozialen Interaktionen eine tolle Wirkung entfalten. Sie werden häufig beim Flirten eingesetzt. Ich nehme an, dass auch du ähnliche Erfahrungen dabei gemacht hast. Sie können aber auch Mut machen, eine Leistung oder ein Bemühen würdigen oder eine wertschätzende Wahrnehmung über einen Kleidungsstyle zum Ausdruck bringen.

Dann stellte ich mir die Frage des Motivs und mir wurde klar, dass es authentische und nicht authentische Komplimente gibt und deren Wirkungsgrad häufig stark davon abhängig ist. Ich beobachtete die Menschen, deren Umgang damit mir besonders gut gefiel, und stellte fest, dass sie augenscheinlich nur authentische Komplimente aussprechen.

Als Nächstes fragte ich mich, welche ich gerne machen würde. Ich kam zu dem bewussten Entschluss, gerne nur authentische Komplimente auszusprechen.

Nun folgte die Frage nach dem Wie? Wie äußere ich nun ein Kompliment, wenn ich etwas an einem Menschen beobachte, das mir besonders positiv auffällt? Da ich es nicht gewohnt war, war es anfangs eine große Herausforderung. Die spielerische Leichtigkeit, die ich bei anderen beobachtet hatte, war bei mir nicht vorhanden. Kurzum, es erfordert den Mut, es einfach zu wagen. Ich sagte mir selbst: «Was soll schon schiefgehen? Kein Mensch wird sich darüber mokieren oder aufregen, wenn ich ihm ein wertschätzendes Kompliment mache.» Ich studierte meine Mitmenschen und fing an – wie bei einer Konfrontationstherapie –, all das Positive zu äußern, was mir an ihnen auffiel.

Ich habe es als besonders wertvoll erachtet, die Fähigkeit zu besitzen, meine Mitmenschen mit einem Kompliment trösten zu können, ihnen Mut machen zu können, ihnen eine wertschätzende und positive Äußerung entgegenbringen zu können, um sowohl ihren als auch meinen Tag ein bisschen schöner zu gestalten. Und mir wurde klar, dass ich als Vater und Ehemann später in der Lage sein möchte, sowohl meiner Frau als auch meinen Kindern, wann immer es mir beliebt, ein ehrliches und authentisches Kompliment oder Lob machen zu können. Ich habe die einzelnen Bereiche des Themas für mich weiter aufgeschlüsselt, bis ich daraus meine persönliche Vorstellung kreiert hatte, die ich dann als Fixstern in meine Vision übernommen habe.

Dieser kleine Erfahrungsbericht soll dir die Technik noch einmal aus meiner persönlichen Praxis heraus zeigen. So wie für mich das Thema Komplimente ein Fixstern meiner Vision wurde, kannst du nun für dich prüfen, welche Eigenschaften oder Verhaltensweisen du als positiv und bereichernd erachtest und deiner Vision hinzufügen möchtest.

Dabei wünsche ich dir viel Freude, Ruhe und Neugier und kann dir sagen, es ist ein spannender und toller Prozess, der sich unglaublich lohnt und dein Leben nachhaltig verändert.

Lifehack #2

Gehe Risiken ein

Ob etwas funktioniert oder nicht, erfahren wir nur, wenn wir das Wagnis eingehen.

Ein Wagnis oder Risiko einzugehen, ist heute für mich ein fundamentaler Bestandteil von Freiheit und Selbstbestimmtheit. Das Gegenteil davon ist Sicherheit. Doch wie häufig tauschen wir diese gegen Freiheit, gegen Glück, gegen Zufriedenheit, gegen Erfahrung, gegen das Leben?

Vielleicht geht es dir wie mir vor vielen Jahren: Du machst dir unglaublich viele Gedanken über Dinge, die schiefgehen könnten, darüber, was andere Menschen dann von dir denken und was du verlieren könntest. Ich habe früher häufig so gedacht. Tatsächlich hatte ich vor unglaublich vielen Situationen, Ereignissen und Gegebenheiten Angst und bin lieber den sicheren Weg gegangen, habe die Sachen vermieden, nach Ausreden gesucht und mir selbst eingeredet, dass es so besser sei. Hauptsache sicher in der Komfortzone und kein Aufsehen erregen oder die Ängste zu stark strapazieren.

Das Gefühl, das jedoch damit einherging, war Reue. Ich ertappte mich selbst oft dabei, dass in meinen Gedanken die «Was wäre, wenn»-Fragen auftauchten, und das machte mich stutzig. Du kennst sie vielleicht, sie könnten wie folgt klingen:

- Was wäre, wenn du die Bewerbung abgeschickt hättest?
- Was wäre, wenn du die Frau doch angesprochen hättest?
- Was wäre, wenn du die Reise gebucht hättest?
- Was wäre, wenn du dich gegen die Entscheidung deiner Eltern gestellt hättest?
- Was wäre, wenn du doch lieber die Ausbildung statt des Studiums begonnen hättest?

Ich fragte mich, ob es anderen Menschen wohl auch so ginge und ob sie eine Antwort auf die Fragen hätten. Ich wollte wissen, was sie sich wohl selbst in diesen Situationen sagten, um die Gedanken zum Schweigen zu bringen. Also suchte ich für mich nach einem Rat, einem Weg, der mir helfen würde, die Fragen zu klären. Allerdings konnte mir niemand, den ich fragte, eine zufriedenstellende Antwort geben.

Für mich tat sich in diesem Zusammenhang etwas auf, was auch zum ersten Lifehack passt: die Frage nach einer Vision und danach, was für ein Mensch ich sein wollte. Will ich jemand sein, der viel Zeit und Energie mit beängstigenden, energieraubenden Gedanken verbringt? Möchte ich später auf unterschiedliche Situationen in meinem Leben mit Reue im Herzen zurückblicken und nach einem Schuldigen suchen, um den damit verbundenen Schmerz zu betäuben oder zu lindern?

Die Antwort war für mich schnell klar: Das wollte ich auf keinen Fall. Zu einem Bestandteil meiner Vision wurde es, mich meinen Ängsten und Sorgen zu stellen und immer häufiger Risiken einzugehen und die vorhandenen Grenzen auszuweiten. Das bringt uns auch direkt zur Umsetzung. Wie gelingt es uns nun, die Vision in die Realität umzusetzen? Wie können wir uns Stück für Stück von den einzelnen Fesseln lösen?

Ich bin dabei ganz systematisch vorgegangen. Zunächst habe ich mir bewusst gemacht, welche Situationen oder Ereignisse für mich ein Risiko darstellen und wovor ich Angst oder andere unangenehme Gefühle oder Gedanken habe. Dazu habe ich mir ein Blatt Papier genommen und die einzelnen Dinge aufgeschrieben. Kleiner Einwurf an dieser Stelle: Auf die Liste darf wirklich alles drauf, auch Ängste, die nichts mit der derzeitigen Situation zu tun haben, sondern vielleicht mit deiner Vision oder deinen zukünftigen Plänen und Zielen. Und die Liste darfst du als «lebendig» betrachten. Was heute beängstigend ist, kann in ein paar Monaten verschwunden sein, und vielleicht steht dann aufgrund veränderter Situationen etwas anderes auf deinem Blatt. Das ist okay und darf ruhig so sein. Nun zurück zur Situation: Als die Liste fertig war, habe ich die einzelnen Punkte der Liste bewertet. Dazu habe ich eine Einteilung von 1–5 gewählt. Eine 1 bedeutete ein geringes Risiko und eine 5 war gefühlt lebensbedrohlich für mich.

Dann kam der nächste Schritt, der mir etwas Geistesarbeit abverlangte. Ich ging die einzelnen Punkte der bewerteten Liste durch und stellte mir die Frage, ob die Einschätzung, die ich vorgenommen habe, allgemeingültig ist oder ob andere Menschen diese Situationen vielleicht ganz anders einstufen würden. Also fragte ich viele unterschiedliche Personen, wie sie über die jeweilige Situation denken und was sie bei der Vorstellung empfinden. Wie du dir jetzt wahrscheinlich schon vorstellen kannst, kamen ganz unterschiedliche Ansichten dabei heraus.

Jetzt war mir etwas klar, was in der Psychologie und Philosophie schon länger postuliert wird. Unsere Welt ist nicht objektiv, sondern *subjektiv*. Jeder von uns nimmt die Welt anders wahr. Dies brachte mich gleichzeitig zu der Erkenntnis, dass ich eine Wahlmöglichkeit habe. Meine von mir bewertete Liste ist eine Darstellung meiner Ansichten, gewonnen aus meinen bisher gesammelten Erfahrungen. Deine Liste wird mit absoluter Garantie anders aussehen als meine.

Wie ging es weiter? Ich nahm mir noch einmal die Liste vor und ging jeden einzelnen Punkt erneut durch. Dabei beobachtete ich, welche Gedanken und Gefühle mir zu der jeweiligen Situation, die ich notiert hatte, ins Bewusstsein kamen, nun allerdings mit dem Wissen, dass dies «meine Sichtweise» ist und andere Menschen diese Situationen anders bewerten oder interpretieren würden.

Dadurch erkannte ich einen Handlungsspielraum. Ich überlegte mir nun zu jedem dieser Punkte Szenarien, die weniger apokalyptisch aussahen als die, die ich notiert hatte. Ich kreierte Dutzende von neuen Möglichkeiten im Kopf zu den einzelnen Punkten, bis ich immer mehr positive Enden erdacht hatte.

Dieser Schritt ist besonders wichtig, damit du in dir einen Samen der Zuversicht sähst. Wenn du dir bereits im Geiste vorstellen kannst, dass beim Eingehen eines Risikos etwas Positives herauskommen kann, wird es leichter für dich, dies dann auch tatsächlich in deiner Lebensrealität umzusetzen.

Ein weiterer wichtiger Punkt bei der Bearbeitung der Liste ist Eigenempathie. Dieser Punkt hat auch viel mit dem Lifehack #10 Selbstliebe zu tun. Vielleicht geht es dir beim Bewerten und Grübeln über die Liste so wie mir, dass in deinen Gedanken noch bestimmte Urteile, Rollenverständnisse und Stereotypen auftauchen. An dieser Stelle habe ich mir selbst viel Verständnis und Empathie entgegengebracht und all die lauten Stimmen in den Gedanken, die mich in ein bestimmtes Muster pressen wollten, damit beruhigt.

Ich habe mir gesagt, mit meinen erlebten Erfahrungen ist es völlig okay, dieses oder jenes Szenario als riskant einzustufen. Das Gleiche gilt für dich. Deine Bewertung, ganz gleich wie banal die Sache auch aussehen mag, mag aufgrund deiner bisherigen Erfahrungen riskant wirken. Das ist völlig in Ordnung und dafür musst du niemandem Rechenschaft ablegen.

Nachdem ich also die Liste erneut bearbeitet hatte, mir positive Bilder und Möglichkeiten zu den einzelnen Risiken ausgemalt und meine inneren Kritiker beruhigt hatte, legte ich los.

Ich fing mit den Punkten an, die ich mit einer 1 auf der Liste bewertet hatte, und jedes Mal, wenn ich ein Wagnis eingegangen war, machte sich ein großartiges Gefühl in mir breit.

Ganz wichtig an der Stelle ist zu erwähnen, dass der Erfolg nicht von dem Ergebnis abhängt, sondern von dem Versuch! Vielleicht braucht es bei einigen Punkten mehrere oder sogar viele Anläufe – das ist okay. Nicht alles wird dir gleich gelingen. Das war bei mir ebenfalls nicht der Fall. Aber allein der Vorsatz und der Versuch verschieben die Grenze bereits jedes Mal ein Stück nach vorn. Es ist eine Frage der Beharrlichkeit. Früher oder später wird es dir gelingen und du wirst eine neue, tolle Erfahrung machen.

Ich möchte dich ermutigen, es zu probieren. Wir werden nie eine Garantie dafür erhalten, dass das Wagnis, das wir eingehen, zum gewünschten Ergebnis führen wird. *Der Ausgang der Risiken ist stets ungewiss, doch jedes einzelne davon hat mich wachsen lassen und mich meiner Vision nähergebracht. Allein der Versuch, den Mut aufzubringen, hat unglaublich viele positive Gefühle in mir geweckt.*

Natürlich hat nicht alles so funktioniert, wie ich es mir vorgestellt habe. Aber mir wurde eines immer bewusster: Ich kann nichts verlieren. Tatsächlich kann ich nur gewinnen, und zwar entweder an Erfahrung oder an dem errungenen Erfolg, der sich allein dadurch einstellt, dass ich es probiert habe. Dieses Gefühl, sich gegen seine Ängste und Sorgen zu behaupten, lässt überhaupt keinen Rückschritt zu.

Wie du diese Schritte setzt, bleibt allein dir überlassen. Ich habe z. B. große Höhenangst. Es ist für mich schon schwer, auf eine kleine Trittleiter zu steigen, die sich an einer Treppe befindet. Irgendwie löst das in meinem Körper ein sehr unangenehmes Gefühl aus. Eines Tages kam ich in die Situation, an der Highline 179 in Tirol zu stehen, einer Hängebrücke mit 113 Metern Höhe. Allein der Anblick von unten ließ ein mehr als flaues Gefühl in mir aufkeimen. Als ich dann vor den Sprossen stand, war das Gefühl noch mal um einiges stärker geworden. Mir zitterten die Knie, meine Hände schwitzten und mit Freude hatte dies in dem Moment nichts zu tun. In meinem Kopf klopfte die Angst an die Tür und erklärte mir, was alles passieren könne, warum die Brücke nicht sicher sei und dass Gott uns Menschen doch Flügel geschenkt hätte, wenn wir uns in solch einer Höhe hätten bewegen sollen. Um es abzukürzen, ich bin das Risiko eingegangen und habe die Brücke passiert. Ich habe mich dabei am Geländer festgehalten und keine heroische Figur beim Überqueren abgegeben, was für mich aber völlig in Ordnung war. Stichwort Eigenempathie. Ich wollte einfach mein Ziel erreichen, über die Brücke zu gehen und das Risiko zu wagen.

Es ist mir gelungen – und das Gefühl auf der anderen Seite war unglaublich! Ich habe nach wie vor Höhenangst, aber das Wagnis hat sich gelohnt. Es war ein schier unglaubliches Gefühl und hat mir eine großartige Erinnerung geschenkt. Trotz der wackeligen Beine während des Übergangs.

So geht es uns doch häufig auch in unserem Alltag. Irgendeine Situation fühlt sich so an wie diese Brücke. Sie macht uns Ängste oder Sorgen und lässt ein flaues Gefühl in unserer Magengegend entstehen und die Hände schwitzen.

Lass dich in diesen Momenten nicht von den unangenehmen Gefühlen beirren. Sag zu dir selbst, dass es sich lohnt, die kleinen zögerlichen Schritte zu gehen, auch wenn du es nicht perfekt machst, nicht das Topergebnis erzielst, vielleicht wackelig auf den Beinen bist.

Diese Schritte mehren deinen Mut und belohnen dich mit einem großartigen Gefühl. Sie schenken dir die schönsten Erlebnisse und Erinnerungen und befreien dich von dem Gefühl der Reue.

Das ist es, wozu ich dich mit diesem Lifehack ermutigen möchte: deine Risiken zu betrachten und an den unterschiedlichsten Stellen kleine Schritte nach vorn zu gehen und dich deinen Ängsten und Sorgen entgegenzustellen.

Dabei wünsche ich dir ganz viel Kraft und Mut!

Hier noch einmal in Kürze meine Methodik dazu:

- Bewusstmachen, welche Ängste und Risiken du hast
- Eine Liste auf Papier anfertigen
- Die Liste emotional bewerten mit 1-5
- Reflektieren – sieht das jeder so oder nur ich?
- Austausch mit anderen über deine Punkte – neue Sichtweisen erkennen
- Bewusst andere Sichtweisen einnehmen – feststellen, dass wir Handlungsspielraum haben
- Neue Szenarien zu den Punkten der Liste ausmalen
- Positive Enden zu den Risiken erdenken
- Dir selbst Eigenempathie entgegenbringen für deine Bewertungen
- Mit den 1er-Punkten in die Realität starten
- Beharrlich immer wieder versuchen, die Grenzen zu verschieben und neue Erfahrungen zu sammeln

Lifehack #3

Frustrationstoleranz gewinnt

«Frustration ist der Beginn der Kapitulation.»

Justus Vogt

Wie dankbar wäre ich gewesen, wenn mir jemand frühzeitig gesagt hätte, wie wichtig diese Eigenschaft in unserem Leben sein kann?

Wir alle kennen doch Situationen, die uns frustriert zurücklassen. Irgendetwas hat nicht so funktioniert, wie wir es uns vorgestellt haben. Wir brennen für etwas und versuchen, andere Menschen davon zu überzeugen und zu begeistern, ernten aber leider nicht den gewünschten Eifer, der Funke springt einfach nicht über. Stattdessen erfahren wir Ablehnung, Kritik und vielleicht sogar Spott und Hohn. Das ist nicht immer so, aber die meisten von uns können sich an solch eine Gegebenheit in ihrem Leben erinnern oder werden dieser womöglich noch begegnen.

Wenn uns so etwas passiert, bleiben wir häufig ziemlich zerknirscht, frustriert und vielleicht auch mit einer Menge Wut im Bauch zurück. Wir ärgern uns über unsere Mitmenschen, darüber, dass sie nicht sehen, was wir sehen. Wir ärgern uns darüber, dass sie nicht mit der gleichen Euphorie für unsere Sache brennen und uns unterstützen oder zumindest ermutigen und beistehen.

Und wenn wir dann frustriert dasitzen und in unserem Selbstmitleid baden, ertappen wir uns vielleicht dabei, wie wir frühzeitig Träume und Visionen in den Wind schießen, wie wir vor der ersten Hürde kapitulieren, wie wir uns durch den ersten Hauch von Widerstand entmutigen lassen und uns frustriert zurückziehen.

Ich kann kaum greifen, wie viele gute Ideen, Träume und Visionen auf solch eine Art und Weise ihren Weg auf den Friedhof der Frustration genommen haben. Dort liegen sie, all die großartigen Ideen, Projekte, Vorhaben, die nur noch ein wenig mehr Durchhaltevermögen, ein bisschen mehr Frustrationstoleranz erfordert hätten, um als leuchtender Stern aufzugehen.

Das klingt jetzt ein bisschen wie in einem Märchen, aber tatsächlich ist es doch das, was uns oft im Alltag passiert. Wenn etwas nicht so läuft, wie wir es uns vorstellen, wenn etwas nicht unseren Erwartungen entspricht, wenn sich Widerstand oder Stagnation einstellen, sind wir frustriert und werfen die Flinte ins Korn.

Viel mehr noch nehmen wir die fehlende Euphorie, die fehlende Unterstützung, das fehlende Verständnis anderer im Zweifelsfall persönlich und fühlen uns auch noch gekränkt oder gar angegriffen.

In diesen Momenten ist unsere Frustrationstoleranz quasi gleich Null. Warum ist es also lohnenswert, sich mit dem Thema der Frustrationstoleranz einmal näher zu beschäftigen?

Für mich ist es aus mehreren Gründen sehr bereichernd. Tatsächlich glaube ich, dass wir unsere Ziele und Träume nur erreichen können, wenn wir über diese Fähigkeit verfügen.

Persönlich habe ich durch die Arbeit an meiner Frustrationstoleranz unter anderem Erfolge in folgenden Dingen erfahren:

• Stärkung des Durchhaltevermögens
• Verringerung von Motivationslöchern
• Mehr Unabhängigkeit
• Mehr Flexibilität
• Ein schärferer Blick für Chancen und neue Wege
• Entwicklung von mehr Gelassenheit
• Weniger Stress im Alltag
• Aufbau von Selbstwirksamkeit
• Mehr Motivation
• Positiver Selbstzuspruch

Mit einem guten oder gar hohen Maß an Frustrationstoleranz bleibt unser Ball im Spiel. Wir lassen uns von Rückschlägen nicht so leicht zurückwerfen oder aus der Bahn bringen und schaffen es, uns selbst zu motivieren und dabei zu bleiben. Wir geben nicht auf!

Frustrationstoleranz bezieht sich dabei nicht nur auf die äußere Welt, sondern auch auf unsere innere. Angenommen, du möchtest ein Musikinstrument erlernen. Auf einem Konzert, in einem Musikvideo oder in der Vorstellung eines Orchesters hast du jemanden gesehen, der dein Wunschinstrument fantastisch beherrscht.

Diese Person hat es geschafft, dich zu inspirieren und zu begeistern. Du willst nun auch das Spielen dieses Instrumentes erlernen. Nach der dritten, vierten oder fünften Übungsstunde merkst du nun, dass dies gar nicht so einfach ist und deine erwünschten oder erwarteten Erfolge sich nicht in der Geschwindigkeit einstellen, die du dir vorgestellt hast.

Die Wahrscheinlichkeit für Frustration ist groß. Genauso könnte es sein, dass du ein Projekt umsetzen willst, bei dem du auf die Hilfe anderer angewiesen bist. Aber keiner möchte dir helfen, keiner sieht, was du vor deinem geistigen Auge siehst. Die Unterstützung bleibt aus und nach ein paar Anfragen verwirfst du das Projekt.

Unsere Fortschritte liegen aber hinter der Frustration, hinter der Ablehnung, hinter den erfolglosen Versuchen, hinter der Kritik, hinter all den negativen Antworten auf unsere Versuche.

Ich glaube, wenn wir lernen, Frustrationstoleranz zu entwickeln und Rückschläge nicht als schmerzhaft, demütigend, Verlust oder Diskreditierung zu sehen, können wir wahrhaftig Großes erreichen.

Frustrationstoleranz hilft uns, uns auf uns selbst und die kleinen Schritte zu fokussieren.

Mit Frustrationstoleranz werten wir die Widrigkeiten, die sich uns in den Weg stellen, nicht gleich als Bote des Schicksals, der uns auffordert, die Flinte ins Korn zu werfen. Wir verlieren keine Energie mehr an die Aussagen oder Handlungen anderer. Wir lassen nicht gleich bei der ersten Unlust oder einem nicht erreichten Ziel alles fallen. Vielmehr fangen wir damit an, diese Dinge in unsere Pläne mit einzubeziehen, damit zu rechnen, dass nicht alles so läuft, wie wir es uns vorstellen. Wir beziehen diese Rückschläge mit ein und lassen uns dadurch nicht aus der Bahn werfen oder entmutigen. Wir lassen uns nicht mehr davon abhalten, mutig unseren Träumen, Vorhaben, Projekten und Visionen nachzugehen. Wir geben nicht gleich dem ersten Impuls der Frustration nach und werfen alles hin.

Wir bleiben an unserer Sache dran und verfolgen im Zweifelsfall stoisch unser Ziel, bis wir es tatsächlich erreicht haben oder wirklich gute Gründe dafürsprechen, es an einer Stelle ruhen zu lassen. Dann jedoch mit der Gewissheit, dass wir für uns aus unserer momentanen Position heraus alles gegeben haben, und nicht, weil wir es uns von außen haben ausreden lassen oder ein infantiler Impuls uns gerade übermannt.

Das ist der Hauptpunkt, den ich mit diesem Lifehack meine: ein zu uns selbst ehrliches und aufrichtiges Bewusstsein zu schaffen, mit dem wir wirklich alles gegeben haben. Sollte es dann doch zu einem Abbruch kommen, dann wenigstens zu einem, mit dem wir ohne Reue leben können und keine anderen dafür verantwortlich machen wollen.

Wenn du mir bis hierhin zustimmst und sich das für dich ebenso sinnig anhört wie für mich, dann schauen wir uns nun an, wie dies gelingt.

Wie gelangen wir also zu dieser Haltung der Frustrationstoleranz, die auf einem wachen Bewusstsein und ehrlichen Entscheidungen fußt?

Schauen wir uns zuerst einmal an, was *Frustrationstoleranz* per Definition bedeutet. Der Duden liefert uns dazu zwei Bedeutungen:

Bedeutung 1:
Umleitung einer Frustration in Wunschvorstellungen; [erlernbare] Kompensation, Sublimierung einer Frustration ohne Aggressionen oder Depressionen

Bedeutung 2:
Fähigkeit, frustrierende Erlebnisse längere Zeit auszuhalten

Das hilft uns schon einmal ein bisschen weiter. Aber so richtig wird allein mit dieser Definition noch kein Schuh draus. Schauen wir uns noch an, wie laut Duden *Frustration* definiert ist:

Bedeutung:
[Erlebnis einer] Enttäuschung und [vermeintlichen] Zurücksetzung durch erzwungenen Verzicht oder versagte Befriedigung

Mit diesen beiden Definitionen können wir jetzt arbeiten. Frustration hängt also mit Enttäuschung zusammen und einem Verzicht oder einer versagten Befriedigung. Welche Erkenntnis können wir daraus ziehen?

Es führt uns zu der Frage, wie unsere Frustration entsteht bzw. welche Faktoren sie bedingen. Enttäuscht werden wir bekanntlich nur von unerfüllten Erwartungen. Diese Feststellung ist super, denn das bedeutet, wir haben Einflussmöglichkeiten. Unsere Erwartungen können wir mit etwas Übung steuern, was sich im Umkehrschluss auf unsere Frustrationstoleranz positiv auswirkt. Jetzt stellt sich nur die Frage, wie unsere Erwartungen entstehen.

Unsere Erwartungen entstehen durch Beeinflussung und unser damit verbundenes Denken über Dinge, Situationen, Ereignisse etc.

Vieles übernehmen wir aus unserer Umwelt unbewusst und ganz selbstverständlich, ohne es zu hinterfragen. Bereits während unserer Kindheit übernehmen wir eine Vielzahl von Meinungen, Erwartungen, Glaubenssätzen und vielem mehr von unseren Eltern und anderen Bezugspersonen in unserem Umfeld. Dies setzt sich später in Schule, Studium, Beruf und Freundeskreis weiter fort. Als soziale Wesen werden wir von Menschen im gleichen Alter und mit gleichen Interessen, den sogenannten Peer-Groups, beeinflusst. On top kommt dann noch das gesamte Spektrum an Werbung, Film, Fernsehen und Social Media sowie der allseits bekannte Vergleich mit anderen Personen.

Du siehst, von überall prasseln Beeinflussungen auf uns ein, die Auswirkung auf unsere Erwartungshaltung haben. Gerade die zuletzt Genannten können eine enorme Wirkung auf uns haben. Es kann passieren, dass wir einem Gespräch anderer Personen lauschen und deren Meinung aufschnappen. Ohne es gezielt zu wollen, ertappen wir uns später dabei, wie wir auf einmal den gleichen Standpunkt bzw. die gleiche Erwartungshaltung vertreten. Oder aber wir haben eine Idee oder planen ein Vorhaben und vergleichen uns mit einer Person, die dies bereits geschafft hat, und leiten daraus Erwartungen für uns ab.

Was können wir dagegen tun?

Der erste Schritt hin zu mehr Frustrationstoleranz ist es, unsere Annahmen zu spezifischen Dingen einmal aufzuschreiben.

Wie im letzten Lifehack und auch noch in kommenden gilt es, uns unsere momentanen Erwartungshaltungen mit Stift und Papier bewusst zu machen. Wie denken wir über die verschiedenen Dinge, Situationen, Personen, Ereignisse, Beziehungen usw.?

Nehmen wir zur Verdeutlichung noch einmal das Beispiel des Musikinstrumentes. Was könnten Erwartungen an das Erlernen von Klavierspielen sein?

- Ich muss täglich eine Stunde üben.
- Nach zwei Wochen muss ich mein Lieblingslied spielen können.
- Ich muss genauso schnell lernen zu spielen wie Vera aus meinem Kurs.
- Meine Eltern müssen mich bei den Übungen unterstützen.
- Zum Lernen muss ich ein nagelneues Klavier haben.
- Ich kann nur bei schlechtem Wetter lernen, bei gutem bin ich lieber draußen.

Das sind jetzt einige plakative Beispiele, die uns die Thematik verdeutlichen sollen. Allein diese sechs Punkte bieten eine Menge Raum für Frustration.
Frustrationstoleranz bauen wir nun dadurch auf, dass wir die Punkte auf ihre «Echtheit» für uns überprüfen.

Dazu stellen wir uns weitere Fragen zu den einzelnen Erwartungen, um unser Bewusstsein für diese zu schärfen und eine bewusste Entscheidung darüber treffen zu können.

Erwartung:

Ich muss täglich eine Stunde üben.

- Wer sagt, dass man täglich eine Stunde üben muss?
- Wo hast du das gehört?
- Hat dir jemand explizit diese Anweisung gegeben?
- Würde es nicht auch ausreichen, täglich 30 Minuten zu üben?
- Muss die Stunde am Stück gelernt werden?
- Kannst du vormittags 30 Minuten und abends 30 Minuten lernen?
- Kannst du einen Test machen und jeden zweiten Tag eine Stunde lernen und in drei Wochen schauen, wie das funktioniert?
- Wie genau sieht das «Üben» aus? Fingerübungen, Notenlernen, sich an einem Stück abmühen?

Du siehst, worauf es hinausläuft. Bereits zu der ersten Erwartung können wir uns eine Menge Fragen stellen. Ungeprüft die Erwartungen oder Meinungen anderer zu unserem Maßstab zu machen, birgt eine Menge Potenzial für Frustration und einen damit verbundenen Abbruch. Frustrationstoleranz gewinnst du dadurch, dass du dir die einzelnen Themen erschließt und ein eigenes Erwartungsmanagement betreibst.

Je klarer und feiner unsere Erwartungshaltung ist, je spezifischer und persönlicher und nicht von anderen Personen oder gesellschaftlichen Konventionen geprägt, umso höher wird unsere Frustrationstoleranz.

Um noch mal auf das obige Beispiel einzugehen: Es ist viel wahrscheinlicher, bei den ungefilterten Erwartungen Frustration aufzubauen und in den «Sack» zu hauen als bei den eigenen spezifischen. Eine Stunde täglich Klavier üben ist ungenau. Spätestens wenn du dies eine Woche nicht gemacht hast, besteht die große Gefahr, dass du es ganz sein lässt.

Jeden zweiten Tag 15 Minuten Fingerübungen zu machen und 15 Minuten Noten zu lesen, birgt weit weniger Spielraum für Frustration und macht dich im Umkehrschluss frustrationstolerant. Dieses Ziel zu verfolgen, wird dir deutlich leichter fallen. Denn es ist von dir persönlich definiert und aus dir heraus motiviert.

Lass uns das Ganze noch einmal in einer verkürzten Übersicht betrachten:

- Aufschreiben der persönlichen Erwartungen
- Analysieren, von wo diese Erwartungen kommen
- Prüfung der Erwartungen auf persönliche «Echtheit»
- Festlegung eigener Ziele & Erwartungen
- Einplanen, dass mal etwas schiefgeht
- Berücksichtigung eines flexiblen Zeithorizonts

Lifehack #4

Nimm es nicht persönlich

«Nimm nichts persönlich, nimm es menschlich.»

Andrea Mira Meneghin

Dieser Lifehack begleitet uns ein Leben lang und ich denke, allein der Titel sagt alles. *Er ist leicht zu verstehen und schwer zu meistern.*

Aber irgendwie ist es auch eine schöne Tatsache, dass uns dies unser gesamtes Leben begleitet. Mit der Herausforderung, Dinge und Ereignisse nicht persönlich zu nehmen, haben wir eine Fähigkeit, eine Eigenschaft, die wir zu jeder Lebenszeit trainieren dürfen. Sie ist etwas, an dem wir arbeiten können, was uns immer wieder herausfordert und dazu einlädt, in uns hineinzuhorchen und als Person zu wachsen.

Ich behaupte jetzt einfach mal frech, dass diese Fähigkeit bzw. die Tatsache, dass uns das Leben immer wieder mit Situationen konfrontiert, in denen wir diese Fähigkeit unter Beweis stellen können, eine Konstante in unserem Lebensverlauf ist. Irgendwie finde ich das eine großartige Sache, dass es da etwas gibt, was wir nie völlig beherrschen werden, nie völlig kontrollieren können, und dass es immer wieder Situationen gibt, die diesen Aspekt in unserer Persönlichkeit herausfordern. Sie führt uns immer wieder unsere Menschlichkeit und die damit verbundene Unvollkommenheit vor Augen. *Wir können nicht perfekt sein und wir müssen es auch nicht!*

Ich möchte dich mit diesem Lifehack dazu einladen, diese Herausforderung freudig anzunehmen und an den Dingen, die dir in deinem Leben begegnen, zu wachsen und diese nicht persönlich zu nehmen. Wenn dich jemand verletzt, kränkt, kritisiert, beleidigt, dich nicht anständig behandelt, belügt oder dir etwas anderes passiert, was du zum gegebenen Zeitpunkt als unerwünscht, unangebracht oder unfair erachtest, versuche, es anzunehmen. Es hat in den meisten Fällen nichts mit dir zu tun.

Jeder von uns erlebt seine eigene Realität und handelt zu jedem Zeitpunkt nach seinen Möglichkeiten. Dabei sind wir so oft in unserem Alltag und unseren Mustern gefangen, dass wir die meisten Dinge nicht mit vollem Bewusstsein oder einer bösen Absicht tun.

Wenn wir daran arbeiten zu erkennen, dass, was auch immer uns widerfährt, keine Reaktion auf unsere Persönlichkeit ist, sondern in den meisten Fällen ein Ausdruck der Unbewusstheit unseres Gegenübers, macht es unser Leben deutlich entspannter.

Und ich weiß, dass dies gar nicht so leicht ist. Im Gegenteil. Gerade am Anfang ist es eine große Herausforderung. Ohne dass wir es bemerken, fast schon wie ein Automatismus, suchen wir bei vielen Ereignissen die Schuld oder Ursache bei uns und nehmen ein Verhalten oder eine Handlung, die an uns gerichtet ist, persönlich. Wir unterstellen unserem Gegenüber eine vorsätzliche Absicht, ja eine Böswilligkeit, wo in den meisten Fällen keine ist.

Doch dieser Frevel ist in den seltensten Fällen vorhanden. Was jemand aus unseren Handlungen oder Aussagen macht, obliegt einzig und allein seiner Interpretation. Wie er darauf reagiert ebenfalls. Und was wir daraus machen, obliegt einzig und allein unserer Interpretation.

Es ist ganz natürlich, Situationen, Aussagen und unschönes Verhalten anderer als Erstes persönlich zu nehmen. Gerade dann, wenn wir das Objekt der Frustration sind, wenn wir zum Spielball von Wut, Verrat, Betrug, Lüge oder Pein werden oder wenn uns unangenehme Emotionen, Äußerungen oder Handlungen an den Kopf geworfen werden bzw. widerfahren.

Da allerdings die meisten Menschen im Alltag wie ferngesteuert durch den Tag manövrieren, sich dessen, was sie tun und sagen, gar nicht immer vollends bewusst sind, können wir ruhigen Gewissens davon ausgehen, dass das meiste davon nicht uns persönlich gilt.

Allzu häufig sind wir im wahrsten Sinne des Wortes das Ventil für eine innere Irritation unseres Gegenübers. Und die Person merkt es nahezu nie oder erst sehr viel später durch intensive Reflexion.

Wenn wir uns also damit auseinandersetzen, die Verfehlungen unserer Mitmenschen nicht gleich persönlich zu nehmen, gelingt es uns, ein Fundament für ein harmonischeres Miteinander zu schaffen. Auf diese Weise ziehen wir mehr Ruhe, Gelassenheit, Frieden, Liebe und Harmonie in unser Leben und können den Menschen in unserer Umgebung mit einem wohlwollenden Blick begegnen, der nie aus der Mode kommt und der Welt und uns als Individuum immer dienlich ist.

Mit diesem wohlwollenden Blick, der aus der Energie gespeist wird, nichts persönlich zu nehmen, kreieren wir uns ein Leben, das von einer unvergleichbaren Ruhe und Glückseligkeit erfüllt ist. Ich persönlich hätte dies gern schon viel früher gewusst und mich damit auseinandergesetzt. Aber ich denke, ich habe es immer noch früh genug erfahren und begriffen, um viele schöne Jahre mit dem Training dieser Eigenschaft zu verbringen.

Und das ist es auch, was ich dir hiermit zeigen möchte. Dieser Lifehack ist keine Anleitung, wie du das schaffst, das musst du für dich persönlich herausfinden. Mir geht es hier vielmehr darum, dir zu sagen, *wie wertvoll diese Eigenschaft ist*. Es ist eine Einladung an dich, über diese Zeilen zu sinnieren, den Inhalt für dich zu prüfen und zu hinterfragen und in vollem Bewusstsein deine Entscheidung darüber zu treffen, ob du dies ebenfalls als sinnig erachtest oder nicht.

Das Ergebnis dieser Überlegung überlasse ich ganz dir. Es ist meinerseits eine herzliche Einladung, da ich davon überzeugt bin, dass die Auseinandersetzung mit dieser Eigenschaft, das Training, sowohl dein Leben als auch das deiner Mitmenschen bereichern wird.

Falls du jetzt der Ansicht bist, dass diese Zeilen zutreffend sind und du es ebenfalls als Bereicherung ansiehst, möchte ich dir ein paar kleine Dinge als Inspiration mit auf den Weg geben, die mir geholfen haben und immer wieder helfen, in diese Haltung zu kommen.

Was hilft mir, politische Machtkämpfe auf der Arbeit, die Beendigung einer Beziehung, Pöbelei im Straßenverkehr oder in der Schlange eines Geschäftes oder Anschuldigungen eines Kollegen oder einer Kollegin nicht persönlich zu nehmen?

Während meiner persönlichen Reise bin ich im Rahmen einer Trainerausbildung auf die Gewaltfreie Kommunikation nach Marshall B. Rosenberg gestoßen. Im Quellenverzeichnis hinterlege ich dir unter «Empfohlene Literatur» zwei sehr gute Bücher zu dem Thema, die ich dir sehr ans Herz legen kann. Diese hier auszuführen, würde den Rahmen des Buches bzw. dieses Lifehacks sprengen. Diese Kommunikationsart hilft dir dabei, einen besseren Zugang und Verständnis für deine Emotionen, Gefühle und Bedürfnisse zu erlangen.

Die Techniken der Gewaltfreien Kommunikation zu verinnerlichen und täglich zu trainieren, ist dabei die Kür. Ich persönlich habe daraus meinen eigenen Stil entwickelt, den ich jeden Tag aufs Neue trainiere. Und ich lade dich herzlich ein, ebenfalls deine ganz eigene Version hiervon zu kreieren. Eine, die zu dir passt, die dir Freude macht zu trainieren und mit der es dir gelingt, immer weniger von außen persönlich zu nehmen. Hier gibt es keine Blaupause, die wir eins zu eins adaptieren können bzw. sollten. Fühl dich frei und teste aus, was für dich funktioniert.

Wenn es beispielsweise zu einer Beleidigung, einem Angriff auf meine Person, einer Kränkung oder zu einer Unterstellung kommt, mache ich mir Folgendes bewusst: zum einen, dass unsere Sprache, und damit verbunden bestimmte Wörter, bestimmte Reaktionen hervorrufen können bzw. sollen. Diese können von einer anderen Person unter Umständen strategisch oder auch taktisch gewählt sein, um die gewünschte Reaktion bei mir zu provozieren.

Dies sehe ich mittlerweile als eine Art «Spiel», wobei die Beleidigung eine Einladung zum Mitspielen darstellt. Ob ich die Beleidigung annehme, liegt in meiner Verantwortung und in meinem Machtbereich. Ob ich das Spiel mitspiele, liegt ebenfalls bei mir. Ich lernte und lerne also immer noch, mich zu entscheiden, ob ich auf dieses Spiel eingehen möchte.

Als Nächstes frage ich mich, ob ich die Äußerung überhaupt persönlich nehmen kann? Ganz objektiv betrachtet. Wenn eine Person, die ich nicht kenne, versucht, mich zu beleidigen, wie soll ich davon ausgehen können, dass sie überhaupt eine Ahnung davon hat, wer ich bin? Ab diesem Zeitpunkt ist es für mich offensichtlich, dass die Person einfach nur versucht, Frust abzulassen, und alles, was sie sagt, mich nicht betreffen kann.

Ebenfalls mache ich mir bewusst, dass wir alle während unseres Alltags in einer Art «Autopilot» laufen. Wir sagen oder tun dann Dinge, die wir bei klarem Bewusstsein wahrscheinlich nicht gesagt oder getan hätten. Das hilft mir dabei, Distanz zu der Aussage oder der Handlung aufzubauen. Als kleine Hilfestellung können wir uns auch ein Mantra für diese Situationen kreieren, wie z. B.: «Er ist sich gerade nicht bewusst. Diese Aussage hätte jeden treffen können und gilt nicht mir persönlich.»

Als weitere Hilfestellung frage ich mich, ob ich mir wirklich sicher sein kann, dass mein Gegenüber mich persönlich meint. Ob er vorsätzlich negative Gefühle in mir erzeugen wollte. Die Antwort ist in den meisten Fällen klar: NEIN.

Ein kleines Beispiel: Angenommen, dir fällt dein neues Handy runter, in dem ein wichtiger Termin gespeichert war mit der Adresse, zu der du gleich musst. Das Handy geht dabei kaputt. Du wirst vielleicht gestresst sein, vielleicht auch gereizt und genervt. Nachdem du das Handy aufgehoben hast, läufst du weiter, ohne dich umzuschauen. Dabei rempelst du aus Versehen einen anderen Passanten an. Hast du das mit Absicht getan? Nein. Soll der Passant nun davon ausgehen, du hättest es auf ihn persönlich abgesehen?

Ich glaube, anhand des kleinen Beispiels wird dir klar, was ich mit dem Autopiloten und den ganz alltäglichen Dingen meine, die uns widerfahren. In den meisten Fällen sind die Menschen mit sich selbst beschäftigt und hegen keine vorsätzlich negativen Motive gegen unsere Person.

Also sollten wir auch versuchen, keine hineinzuinterpretieren, wo wahrscheinlich keine sind. Denn eines ist gewiss, falls jemand wirklich etwas gegen dich als Person hat, wird er es dir mit einem gewissen Nachdruck zeigen und du wirst es auch erkennen.

Ich für meinen Teil behalte lieber die Haltung, dass es niemand absichtlich böse mit uns meint und die Person wahrscheinlich einfach einen schlechten Tag hat oder irgendetwas in ihrem Tagesverlauf schiefgelaufen ist. Dieses Ereignis hat bei der anderen Person zu einer negativen Stimmung geführt, die nichts mit mir zu tun hat und die ich daher auch nicht persönlich zu nehmen brauche.

Ich hoffe, das ist eine hilfreiche Inspiration für dich und führt dich auf den Weg, auf dem du lernst, Dinge nicht persönlich zu nehmen.

Lifehack #5

Sei selbst dein
wichtigstes Projekt

**Unsere Zukunft gestalten wir am besten durch die Dinge,
in die wir Zeit investieren.**

Fangen wir mit dem für mich fundamentalsten Lifehack an. Arbeite an dir selbst bzw. sei selbst dein wichtigstes Projekt.

Die einfache Botschaft hinter diesem Lifehack ist, dass du dich selbst zu deinem größten Investment machst, um so zufrieden und glücklich mit deinem Leben zu sein, wie es nur geht.

Erinnerst du dich noch daran, wie du laufen gelernt hast? Wahrscheinlich nicht, ich erinnere mich zumindest nicht mehr daran. Aber ich erinnere mich daran, wie ich Fahrradfahren, Klavierspielen, Lesen und viele weitere schöne, wundervolle Dinge gelernt habe. Wenn ich meine Augen schließe und zurückdenke, kann ich heute all die wundervollen Situationen sehen, die ich erlebt und aus denen ich etwas gelernt habe. Über diese Erfahrungen, die meine Augen und mein Herz erstrahlen ließen und mir wertvolle Erkenntnisse schenkten, schreibe ich in meine Lifehacks. Heute kann ich sagen, ich bin für jede einzelne Situation und Erfahrung unglaublich dankbar, denn ohne sie wäre ich nicht dort, wo ich heute bin.

All die schönen und die schmerzhaften Erlebnisse haben eines gemeinsam: Ich habe Zeit in meine persönliche Entwicklung investiert, um etwas Neues zu lernen und anschließend zu praktizieren. Ich für meinen Teil hatte noch nie eine negative Assoziation mit dem Wort «Arbeit», aber das gilt vermutlich nicht für jeden von uns.

Aber es ist meine aus tiefstem Herzen ausgesprochene Einladung an dich, deiner persönlichen Entwicklung offen zu begegnen, mit einer kindlichen Neugier und Euphorie dafür, etwas Neues lernen zu können, so wie es damals war.

Denn eines steht fest: Es erfordert ein Investment. Das ist es, was ich mit «Arbeite an dir selbst» aussagen möchte. Tätige ein Investment in dich, bestehend aus Zeit und Energie, um die Dinge zu lernen, die für dich wichtig sind und die dir jeden Tag ein bisschen schöner, entspannter, leichter und bunter machen.

In den weiteren Lifehacks werde ich einige Anregungen mit dir teilen, die meines Erachtens alle dieses Investment wert sind und in die ich bereits viel Zeit und Energie gesteckt habe, um diese Fähigkeiten oder Eigenschaften zu verstehen, zu erlernen und zu praktizieren.

Und soll ich dir etwas verraten? Die Arbeit hat sich bei jedem einzelnen Lifehack für mich gelohnt. Dadurch kann ich heute sagen, dass ich ein rundum glücklicher, zufriedener und gesunder Mensch bin, der in einer entspannten Ausgeglichenheit sein Leben genießt, mit allen bunten Facetten, die diese Welt und dieses Leben zu bieten haben.

Und das ist es, was ich in diesem Buch mit dir teilen möchte. Ich möchte dich teilhaben lassen an den Dingen, die ich entdeckt und erlernt habe. Dinge, die ich als spannend und bereichernd empfinde. Dinge, die mich von einem sehr zurückhaltenden, ängstlichen, schüchternen, störrischen und zögerlichen, Menschen in einen handelnden, aktiven, selbstbewussten auf andere zugehenden, entschlossenen, begeisternden, neugierigen, empathischen, mitfühlenden, ausgeglichenen und offenen Menschen verwandelt haben.

Ob du das als wertvoll und aufregend erachtest oder nicht und ob du jeden Lifehack als nützlich empfindest oder nicht, überlasse ich ganz dir. Es ist nicht mein Anspruch, dich mit diesem Buch zu überzeugen und deinen Zuspruch für alle Lifehacks zu gewinnen. Es ist mein Wunsch, dein Leben ein bisschen besser zu machen, dein Herz zu berühren und am Ende einen kleinen Anteil daran gehabt zu haben, dass auch du der Mensch geworden bist, der das Leben lebt, das er sich wünscht, und dies auf seine ganz eigene, persönliche und bewusste Art und Weise. Wenn mir das gelingt, diesen Funken in dir zu wecken, dir die Prise Mut, Enthusiasmus und Neugier mitzugeben, dich selbst auf deine Reise zu begeben, deine Investitionen in dich zu mehren und zu schauen, wo es dich hinführt, dann macht mich dies über alle Maßen glücklich und rührt mich.

Aber eines möchte ich dir nicht vorenthalten: Es wird nicht alles einfach werden. Dein Investment wird mit Sicherheit bei dem ein oder anderen Lifehack, für den du dich entscheidest, einiges von dir abverlangen. Sich mit sich selbst auseinanderzusetzen, in verschiedene Teile der eigenen Seele zu blicken, kann mitunter sehr herausfordernd werden. Das gehört dazu und ist ebenfalls Teil der Zeit und der Energie, die es aufzuwenden gilt.

Anders als viele Coaches oder Berater aus Social-Media-Auftritten, Vorträgen oder medialen Auftritten, verspreche ich dir keine Wunderformel. Ich behaupte auch nicht, dass einzelne Lifehacks keine Herausforderung darstellen werden und du nie ein Gefühl von Frustration erleben wirst oder mit Unverständnis auf das ein oder andere blicken wirst.

Doch ich verspreche dir, es lohnt sich. Du wirst so viele schöne neue Momente kreieren, so viel auf dieser Reise lernen und entdecken und ganz nebenbei noch viel mehr, als in diesem Buch steht.
Du wirst bewusster und glücklicher leben.

Du wirst deinen täglichen Herausforderungen mit mehr Leichtigkeit begegnen und diese überwinden. Es lohnt sich, Zeit und Energie in dich, deine Fähigkeiten, deine Eigenschaften, deine Träume und Visionen zu investieren. Denn eines lieben Tages wird es das sein, worauf du zurückblickst.
Niemand außer dir selbst ist dir etwas schuldig. Niemand außer dir selbst ist für dein Glück, deine Zufriedenheit, deine

Gesundheit, deinen Genuss und all die vielen anderen Dinge, die du erleben könntest, verantwortlich.

Wenn wir etwas wollen, dann gilt es – wie damals beim Laufenlernen – selbst aktiv zu werden und nicht aufzugeben. Es gilt, nicht aufzuhören, wenn wir einmal scheitern oder uns stoßen und es ein bisschen wehtut. Es gilt, uns immer wieder aufs Neue selbst zu motivieren und die notwendige Arbeit zu erbringen, um die Dinge, die wir uns in unserem Leben wünschen, eigenverantwortlich in unser Leben zu integrieren.

Wie das gehen und wo man anfangen soll? Nun, dafür hast du jetzt dieses Buch in der Hand. Mit diesem Buch kannst du bereits in 50 spannende Themen hineinschnuppern und entscheiden, ob du eines der Themen als bereichernd empfindest.

Dazu findest du in jedem Lifehack praktische Handlungsmöglichkeiten von mir, wie ich mit den Themen angefangen habe und wie ich diese auch heute noch umsetze bzw. angehe.

Falls du dich also gerade fragst, wie du mit der Arbeit an dir und deinem Investment in dich starten sollst, ist mein Rat: Nimm dir etwas Zeit und lies das Buch in Ruhe durch.

Markiere dir Lifehacks, von denen du glaubst, dass sie für dich eine Bereicherung darstellen, die dich neugierig machen oder die dich berühren. Und dann nimm dir die Zeit, diese Lifehacks intensiv durchzuarbeiten. Vielleicht nutzt du meine Beispiele, um mit den einzelnen Themen zu beginnen oder du überlegst dir ganz eigene Wege.

Wie ich das mache? Ich nehme mir dafür jeden Abend 30 bis 60 Minuten vor dem Schlafengehen Zeit, um über die für mich wichtigen Themen nachzudenken und zu recherchieren. Ich überlege mir mögliche Schritte, die ich einmal testen möchte, reflektiere, was ich bereits versucht habe, was gut funktioniert hat und was nicht, und plane, wann, wie und wo ich den nächsten Versuch unternehmen möchte.

Mit der Zeit wird das zu einer angenehmen Gewohnheit. Und für den Fall, dass du mal kein Thema hast, kannst du die Zeit nutzen, um dich mit etwas zu beschäftigen, was dich erfreut. Denn auch das ist eine Investition in dich. Was wäre unser Leben schließlich ohne Freude?!

In diesem Sinne wünsche ich dir viel Spaß bei den weiteren Lifehacks und auf deiner Reise.

Lifehack #6

Fokussiere dich auf
Lösungsfindungen

**Wer Ausschau hält nach Chancen und Möglichkeiten,
wird niemals verzweifeln.**

Zum Anfang möchte ich dir kurz einen kleinen, wirklich klitzeklitzekleinen Ausschnitt davon geben, wie wir davon profitieren, wenn wir uns darauf konzentrieren, unsere Blickrichtung nach Lösungsmöglichkeiten auszurichten, statt uns über das Problem zu ärgern oder einen Schuldigen für die Situation zu suchen.

• Wir verzweifeln seltener
• Wir haben weniger Konflikte in unserem Umfeld
• Wir verbessern unsere Handlungskompetenz
• Wir werden seltener von negativen Gedanken ergriffen und runtergezogen
• Wir sorgen uns weniger über das, was schiefgehen könnte
• Wir gewinnen an Leichtigkeit im Alltag
• Wir bekommen eine bessere Beziehung zu unseren Mitmenschen
• Wir kreieren ein positives Umfeld
• und vieles mehr …

Und die oben erwähnten Punkte sind wirklich nur ein kleiner Ausschnitt der vielen positiven Dinge, die wir dadurch in unser Leben ziehen. Klingt großartig, oder? Ist es auch!

Was meine ich jetzt genau, wenn ich von Lösungsfindung schreibe? Ich möchte damit all die Situationen ansprechen, in denen wir uns viele Gedanken und Sorgen machen und wir diese oder andere Ereignisse schlagartig als «immenses Problem» deklarieren und im besten Fall auch noch gleich nach einem Schuldigen bzw. Sündenbock für die Misere suchen.

Dazu zwei Beispiele, die ich tatsächlich so beruflich wie auch privat miterleben durfte.

Beispiel 1:

In einem Betrieb wurde es versäumt, auf ein amtliches Schreiben fristgerecht zu antworten. Als das Thema bekannt wurde, gerieten alle beteiligten Interessengruppen in leichte Panik. Man malte sich aus, was jetzt wohl alles passieren könnte, welche nächsten Schritte das Amt in die Wege leiten würde und wie man darauf reagieren sollte. Als Nächstes wurde nach einem Schuldigen gesucht, um ihn «dingfest» zu machen und mit Vorwürfen zu konfrontieren.

Sämtliche Energie der Beteiligten wurde in das Abwägen möglicher, aus dem Versäumnis entstehenden Szenarien, in Schuldzuweisungen und Vorwürfe gesteckt.

An dem Problem selbst, dass die Antwort noch aussteht, wurde nicht gearbeitet.

Beispiel 2:

In dem Haushalt von Bekannten ging überraschend die Waschmaschine kaputt. Das Pärchen machte sich Sorgen darüber, wie viel Geld eine neue Waschmaschine kostet, wie es diese finanzieren soll und welche weiteren Probleme jetzt, durch dieses unerwartete Ereignis, auftreten würden. Nachdem man sich weitere Problemstellungen überlegt hatte, wurden ebenfalls Vorwürfe und Schuldzuweisungen ausgetauscht. Die Stimmung war am Boden.

In beiden Beispielen wurde das erst einmal neutrale Ereignis zu einem Problem deklariert und mit weiteren «Horrorszenarien» ausgeschmückt. Es wurde viel Energie in Sorgen, Ängste, Vorwürfe und Schuldzuweisungen gesteckt, jedoch nichts am eigentlichen Ereignis getan.

Stell dir jetzt bitte einmal bewusst und ehrlich die Frage, wie häufig so etwas bei dir selbst vorkommt. Wie häufig deklarierst du eine Situation oder ein Ereignis zu einem Problem und fängst an, dir daraus weitere Probleme in deinem Geist zu kreieren? Wie häufig liegst du nachts wach oder bist tagsüber geistig abwesend, weil du über verschiedene Horrorszenarien, die sich nun ergeben könnten, nachdenkst? Wie häufig machst du dir oder anderen Vorwürfe und Schuldzuweisungen bei vermeintlichen Problemen?

Und jetzt eine einfache Frage an DICH: Löst dieses Vorgehen das Problem? Hilft dieses Verhalten, eine angenehme Atmosphäre zu schaffen, in der wir kreativ nach einer Lösung für das Anliegen suchen können? Die Antwort lautet: NEIN.

Im Gegenteil, es macht die Situation noch schlimmer. Denn jetzt haben wir nicht nur das eigentliche Problem vor uns, sondern auch noch eine Menge Sorgen und beängstigende «Was wäre, wenn»-Gedanken im Kopf und schlechte Stimmung oder gar Konflikte in unserem Umfeld.

Hier hilft es uns, wenn wir uns tatsächlich auf die Lösungsfindung konzentrieren und mit der Zeit eine lösungsorientierte Haltung aufbauen.

Diese beinhaltet nämlich das genaue Gegenteil der oben erwähnten Dynamiken.

Versteh mich nicht falsch, es geht hier nicht darum, dass wir nicht einmal ein bisschen jammern oder klagen dürfen. Dies kann auch mal hilfreich sein, um Stress abzubauen. Mir geht es darum, uns selbst davor zu schützen, aus jeder Mücke gleich einen Elefanten zu machen und endzeitapokalyptische Szenarien in unserem Geist aufzubauen, die uns nicht mehr schlafen lassen oder uns in einen für unsere Umwelt ungenießbaren Menschen verwandeln.

Wie schaffen wir es jetzt aber, unseren Fokus auf eine Lösungsfindung zu richten und nicht in destruktive Verhaltensweisen abzudriften? Ich möchte dir gern die Punkte vorstellen, mit denen ich für jedes Problem eine Lösung finden konnte und dazu noch mein inneres Gedankenkarussell beruhigt habe:

- Annahme und Akzeptanz
- Neutraler Blick – keine Interpretation
- Ruhe und Gelassenheit
- Keine Vorwürfe und Schuldzuweisungen
- Offenheit für Ideen
- Sich für einen Lösungsvorschlag entscheiden
- Umsetzen und Erfahrungen machen
- Pragmatismus

Annahme und Akzeptanz

Wenn sich mir etwas als Problem darstellt, betrachte ich es erst einmal als einzelnes, neutrales Ereignis und sage mir: «Okay, diese Situation ist jetzt da.» Hierbei ist es wichtig, die Situation anzunehmen und nicht abzulehnen. Gedanken wie «Das darf jetzt nicht sein!» oder «Das passt mir jetzt gerade gar nicht!» sind kontraproduktiv. Die Situation ist da und das ist in Ordnung. Das nennt sich Leben. Ich mache mir bewusst, dass immer wieder in meinem Leben Situationen und Ereignisse auftreten werden, mit denen ich nicht gerechnet habe, und sage mir: «Das ist okay.»

Annahme der Situation bedeutet nicht, dass wir diese gutheißen. Häufig erlebe ich es, dass andere Menschen «Annahme» mit «das finde ich gut» gleichsetzen. Dem ist aber nicht so. Annahme ist die reine Anerkennung dessen, was gerade ist. Das können wir auch blöd finden. Wichtig dabei ist, dass wir mit unseren Gedanken im «Hier und Jetzt» bleiben und nicht in die Zukunft abdriften. Wir betrachten die momentane Situation. In diesem Zusammenhang könnte der Lifehack #50 Glaubenssätze sehr spannend für dich sein.

Neutraler Blick – keine Interpretation

Im Sinne von «Ist das Kind erst einmal in den Brunnen gefallen …» betrachte ich das Kind in dem Brunnen und mache mir keine Gedanken darüber, ob die Kleidung des Kindes ggf. das Grundwasser verschmutzen könnte. Als Nächstes mache ich mir bewusst, dass ich selbst über die Situation entscheiden kann. Ob ich sie also zu einem Problem mache oder nicht, liegt in meiner Interpretation und meiner Bewertung der Situation.

Ruhe und Gelassenheit

Wenn ein Problem auftritt, nimm dir erst einmal ein paar Minuten, um zur Ruhe zu kommen und dich selbst zu beobachten. Blicke aufmerksam in dich hinein und schaue, was in dir passiert. Dann atme ein paar Mal tief ein und aus, um in eine gelassene Haltung zu kommen. In Hektik und Panik zu verfallen, ist in den meisten Fällen wenig hilfreich. Wenn du einmal Helfer des Katastrophenschutzes oder Rettungshelfer beobachtet hast, wird dir auffallen, dass diese Menschen häufig die Ruhe und Gelassenheit in Person sind. Warum? Weil wir in Hektik und Aufregung nicht klar denken können, uns dann Fehler passieren und wir die Situation noch verschlimmern würden. Deshalb gilt es, immer erst einmal zur Ruhe zu kommen. Wenn es hilft, kannst du dir auch ein Glas Wasser, einen Tee oder Kaffee holen, die Füße hochlegen und die Situation erst einmal sacken lassen. Außer du bist in einem der genannten Bereiche tätig, da würde sich der Betroffene sicher nicht freuen, wenn wir uns erst einmal mit einem Tee hinsetzen.

Keine Vorwürfe und Schuldzuweisungen

Wenn sich eine Situation als Problem darstellt, versuche ich nie, wirklich nie, mir oder anderen mit Vorwürfen und Schuldzuweisungen zu begegnen. Manchmal muss ich mir selbst im Kopf sagen «keine Vorwürfe und keine Schuldzuweisungen». Dies laut im Geiste vorzusagen, macht es mir noch einmal bewusst.

Vorwürfe und Schuldzuweisungen sind DIE Energiefresser schlechthin, sorgen nur für schlechte Stimmung und haben das Potenzial, jeden Funken von Kreativität im Keim zu ersticken, der für eine Lösungsfindung so unglaublich wichtig ist. Deshalb lass es!

Offenheit für Ideen

Wenn sich mir ein Problem in den Weg stellt, versuche ich dieses von so vielen Seiten wie möglich zu beleuchten und mir viele verschiedene Meinungen dazu einzuholen. Selbst jede noch so verrückte Idee kann am Ende zu einer guten Lösungsfindung beitragen und sei es nur, weil sie uns oder eine andere beteiligte Person auf den nächsten Gedanken gebracht hat.

Ich bewerte keine Idee negativ oder werte sie ab. Jeder Ausdruck von Kreativität ist willkommen und hilft mir, am Ende zu einem soliden Ergebnis zu kommen.

Sich für einen Lösungsvorschlag entscheiden

Hierbei mache ich mir klar, dass es «die perfekte Lösung» nicht gibt. Im Nachhinein hätte man bei vielen Entscheidungen noch dies tun können, jenes berücksichtigen oder abwägen. Aber damit kommen wir nicht voran. Es gilt, sich für eine Lösung zu entscheiden und diese dann umzusetzen. Andernfalls verharren wir in ewigen Planspielen und kommen nicht weiter. Wenn es ganz verworren und verzwickt ist, setze ich mir eine persönliche Deadline, bis zu der ich einen der bis dahin vorhandenen Lösungsvorschläge nehme und umsetze.

Umsetzen und Erfahrungen sammeln

Hier setzen wir unsere Lösungsidee sprichwörtlich einfach in die Tat um. Wir wissen nicht immer zu hundert Prozent, ob es genau so funktionieren wird, wie wir es uns vorstellen, und das ist okay. Es gilt, Erfahrungen zu sammeln und dadurch unsere Handlungskompetenz und unsere Selbstwirksamkeit zu stärken. Mit immer mehr Dingen, die wir umsetzen und mit denen wir Erfahrungen sammeln, werden die anderen Schritte für uns leichter und zu einer Lebensroutine.

Eine Prise Pragmatismus

Ich habe festgestellt, dass eine Prise Pragmatismus häufig sehr zielführend sein kann und ruhig einen Platz in unserem Handeln einnehmen darf. So hätte man im oben aufgeführten Beispiel 1 mit der versäumten Antwort statt der Schuldzuweisungen und Vorwürfe auch einfach eine Antwort formulieren, einen Mitarbeiter ins Auto setzen, den Brief zum Amt bringen lassen und sich für die Verspätung entschuldigen können. Das hätte wahrscheinlich keinen halben Vormittag gedauert und allen Beteiligten wäre eine Menge Stress und Frustration erspart geblieben.

Mit diesen Punkten kannst du, wenn du möchtest, deine aufkommenden Probleme neu betrachten und angehen.

Und vergiss dabei nicht: Übung macht den Meister. Es ist noch kein Meister vom Himmel gefallen. Wie bei allem im Leben gilt es, uns auch an diese Herangehensweise zu gewöhnen und diese zu trainieren. Aus persönlicher Erfahrung kann ich dir aber sagen, dass sich dieses Training lohnt und du dir damit einen ziemlich entspannten und zugleich viel effektiveren Alltag aufbauen kannst.

Viel Spaß dabei!

Lifehack #7

Konzentriere dich
auf die Aufgabe

**Nur wenn wir einer Sache unsere volle Aufmerksamkeit
widmen, kann etwas Großes entstehen.**

Diesen Lifehack habe ich tatsächlich erst spät verstanden und bin immer noch dabei, ihn zu lernen und zu meistern. Persönlich ist und war dieser Lifehack bzw. diese Fähigkeit eine große Herausforderung. Ich für meinen Teil bin ein sehr begeisterungsfähiger und unglaublich neugieriger Mensch. Für mich ist nahezu alles, was tagsüber so passiert, interessant. Entsprechend leicht ablenkbar und sprunghaft kann ich sein, was auch für meine Mitmenschen manchmal etwas anstrengend sein kann, da ich ohne Weiteres eine Vielzahl an Themen- und Kontextwechseln vollziehen kann.

Was dabei allerdings ein bisschen zu kurz kommt, ist der Fortschritt in den jeweiligen Dingen. Wenn es dir ähnlich geht wie mir, machst du manchmal zehn Dinge oder mehr gleichzeitig, aber keines so richtig. Irgendwie stagniert die einzelne Aufgabe, stocken Pläne, Ziele und Vorhaben und du ertappst dich ebenfalls dabei, wie du immer wieder vom Hölzchen aufs Stöckchen kommst.

Ich erinnere mich an einige Aussagen, die ich aufgeschnappt habe, nach denen das häufig so hochgelobte Multitasking nicht wirklich das Gelbe vom Ei ist. Zu viele Kontextwechsel bremsen den Fortschritt in einer Sache, da sie uns immer wieder aus unserer Konzentration reißen. Wir streuen unsere Energie, haben einen schwachen Fokus und kommen nicht so gut voran, wie wir gern möchten, und die Qualität unserer Tätigkeiten leidet mitunter ebenfalls. Ich für meinen Teil kann diese Aussage als zutreffend bestätigen.

Wenn wir uns also der Aufgabe widmen, Schritt für Schritt ein Stückchen fokussierter zu werden, uns mehr auf eine einzelne Aufgabe zu konzentrieren, erzielen wir meiner Erfahrung nach deutlich bessere und zufriedenstellendere Ergebnisse.

Ein sehr prägnantes Beispiel hierzu: Das Buch, das du jetzt gerade in den Händen hältst, die Zeilen, die du gerade liest, konnten nur durch Konzentration und Fokus auf diese Tätigkeit entstehen. Du kannst dir sicher vorstellen, dass du kein Buch, keine Geschichte oder Ähnliches schreibst, während du noch ein Dutzend anderer Dinge nebenbei tust.

Und das ist aus meiner Sicht einer der großen Gewinne, die wir aus diesem Lifehack erfahren. Es hilft uns aber auch noch auf anderer Ebene. Wenn wir völlig in einer Sache aufgehen, es schaffen, uns für einen gewissen Zeitraum der Tätigkeit völlig hinzugeben, kann sich auch unser Geist erholen. Wir schaffen es, den Alltag ein bisschen auszublenden, machen uns weniger Sorgen, grübeln weniger, machen vielleicht weniger Dummheiten oder geben weniger Geld aus, zumindest in diesem Moment.

Man könnte auch sagen, es ist zeitgleich eine Übung in Achtsamkeit.

Dazu eine kleine Anekdote: Mit einem sehr guten Freund durfte ich einmal 1000 Briefe frankieren und eintüten. Wir konnten einen bestimmten Stempel auf die Briefe aufbringen, die von der Post einheitlich abgerechnet wurden. Am Anfang waren wir noch ein bisschen abgelenkt und haben nebenbei gequatscht. Nach einer gewissen Weile hatten wir uns aber auf die einzelnen Schritte des Prozesses vollkommen eingelassen: das Anschreiben falten, den Flyer hinzufügen, den Brief zukleben und den Stempel möglichst genau an die gleiche Stelle wie auf den anderen setzen.

Ich versuchte genau zu ertasten und zu erfühlen, wie die Oberfläche der einzelnen Papiere beschaffen war, wie ich das Anschreiben am sorgfältigsten knicken konnte und wie sich die Tinte des Stempels auf den Briefumschlag druckte.

Aus der anfangs unliebsamen Aufgabe war eine spannende Achtsamkeits- und Konzentrationsübung geworden. Von Brief zu Brief machte es mehr Freude und ich blendete andere Gedanken völlig aus. Ich war vollkommen im Prozess und mein Geist war auf diesen fixiert.

Konzentration auf eine Aufgabe, welche von Liebe und Hingabe begleitet ist, lässt für diesen Zeitraum die Welt um uns herum ganz klein werden und versetzt uns in einen Zustand einer gewissen Stille. Damit ist nicht gemeint, dass wir uns keine Gedanken über die Tätigkeit machen, im Gegenteil. Wir sorgen aber dafür, dass unser Geist und unsere Gedanken nicht mehr abschweifen, lassen uns nicht von äußeren Einflüssen wie Mails, WhatsApp-Nachrichten, Anrufen oder anderen weltlichen Faktoren ablenken.

In diesem Moment befinden wir uns in Glückseligkeit. Denn in dieser Zeitspanne ist nichts anderes da als die Tätigkeit. Ich für meinen Teil empfinde dies auch als äußerst gesundheitsförderlich. Gerade in unserer hektischen Welt fällt es uns doch häufig sehr schwer, abzuschalten, nichts zu denken, uns keine Sorgen und Gedanken um die Zukunft zu machen oder darüber, welche Bedürfnisse wir glauben, erfüllen zu müssen, oder welche Dinge wir glauben zu benötigen. Das waren dann ohnehin häufig Irrläufer unseres medial beeinflussten Geistes.

Wenn es uns gelingt, uns immer häufiger auf bestimmte Tätigkeiten, sei es bei der Arbeit oder im Privaten, zu konzentrieren, schaffen wir eine Situation, in der sich unser Geist ein Stückchen erholen kann, sind obendrein auch noch deutlich produktiver und effizienter in der Sache an sich und können Freude daran entwickeln.

Was sind die Faktoren, die dir helfen, dich in diesen Prozess hineinzuleben?

Ich möchte die Dinge mit dir teilen, die mir dabei helfen, in diese Konzentration zu gelangen:

- Annahme der Aufgabe
- Äußere Ablenkungen ausschalten
- Musik als Unterstützung
- Einen zeitlichen Rahmen festlegen
- Den zeitlichen Rahmen einhalten
- Nach Möglichkeit viele Sinne einsetzen
- Wiederholung

Annahme der Aufgabe

In jedem Alltag gibt es Aufgaben, die nicht besonders beliebt oder populär sind. Wir haben nicht immer den Luxus, uns nur mit selbst gewählten Projekten oder Ideen zu beschäftigen. Das ist ganz normal. Für beides gilt jedoch, die Aufgabe anzunehmen und zu akzeptieren, dass diese gemacht wird.

Dir fällt sicherlich eine unliebsame Aufgabe ein. Oder kümmerst du dich gerne um die Steuererklärung? Du hast sicherlich schon ein eigenes Highlight, das dir gerade einfällt. Bei diesen Aufgaben gilt es, sie als spannende Herausforderung anzunehmen. Als Entdeckungsreise zu sehen und neue Eindrücke und Blickwinkel an dieser zu entdecken.

Ablehnung würde nur Zeit und Energie kosten und am Ende müssen wir es doch tun. Warum also nicht gleich mit einem gewissen Entdecker-Enthusiasmus.

Äußere Ablenkungen ausschalten

Wenn du dich konzentriert an eine Aufgabe begeben möchtest, sorge dafür, dass du nicht von äußeren Dingen abgelenkt werden kannst.

Stell dein Smartphone stumm und lege es für die Zeit deiner Arbeit in ein anderes Zimmer, damit du auch nicht in die Versuchung kommst, draufzuschauen.

Schalte wenn nötig dein Haustelefon und deine Klingel aus. Falls du das Internet nicht zwingend für Recherchezwecke benötigst und etwas am PC machst, schalte deinen Router aus, um der Versuchung des Surfens zu entkommen.

Sorge dafür, dass du wirklich ungestört bist für den Zeitraum, in dem du an deiner Aufgabe arbeitest.

Musik als Unterstützung

Was du für dich ausprobieren solltest, ist Musik hören als Unterstützung deiner Konzentration. Dies kann auch von Aufgabe zu Aufgabe variieren. Wenn ich z. B. schreibe, habe ich absolute Ruhe. Mich lenkt Musik in diesem Falle ab. Wenn ich etwas im Haushalt mache, Papiere sortiere oder an der Steuererklärung arbeite, habe ich eine Playlist mit entspannter Housemusic, ein bisschen Klassik und Klavier. Teste einmal aus, was für dich funktioniert.

Einen zeitlichen Rahmen festlegen

Wenn du konzentriert an etwas arbeiten möchtest, lege dir einen zeitlichen Rahmen fest. Wenn du bereits weißt oder zumindest abschätzen kannst, dass es eine längere Zeit benötigen wird, plane dir auch Pausen mit ein. Wenn ich am Buch schreibe, nehme ich mir 90 Minuten ungestörte Zeit. In diesem Zeitraum schaue ich, was ich zu Papier bringen kann. Danach mache ich eine Pause, hole mir einen Kaffee oder Tee, esse eine Kleinigkeit und überlege mir, ob ich gleich im Anschluss noch eine Schreibeinheit machen möchte, ob ich später noch eine machen möchte oder ob es für heute reicht. Gerade bei kreativen Prozessen erlebe ich es als sehr hilfreich, zwischen den einzelnen Phasen eine längere Pause einzulegen.

Den zeitlichen Rahmen einhalten

Wenn du dir einen zeitlichen Rahmen gesetzt hast, dann halte diesen auch ein. Als ich mit dem Schreiben dieses Buches begann, hatte ich erst einmal nur ein weißes Blatt vor mir und in den ersten 90 Minuten ist noch nicht viel passiert. Ich grübelte, wie ich anfangen soll, notierte ein paar Gedanken und dachte darüber nach, wie ich die einzelnen Dinge formulieren und gliedern könnte.

Im späteren Verlauf ging es deutlich besser und innerhalb des gesetzten Zeitraumes schrieb ich teilweise einen ganzen Lifehack fertig. Ich war sprichwörtlich im «Flow» und oftmals geneigt weiterzumachen. Aber auch hier gilt: Weniger ist mehr. Wenn wir 90 Minuten konzentriert an etwas gearbeitet haben, braucht unser Gehirn eine Pause. Und auch unsere physischen Bedürfnisse nach Nahrung etc. dürfen nicht zu kurz kommen. Eine gute Leistung können wir nur dann erbringen, wenn wir fit, satt und ausgeruht sind. Deshalb halte dich an deine zeitlichen Vorgaben, mach Pausen, sorge für dich und leg lieber später eine weitere Einheit ein, bei der du dann fit und erholt bist.

Nach Möglichkeit viele Sinne einsetzen

Es gibt Aufgaben, bei denen wir mehr Sinne einsetzen können, und Aufgaben, bei denen wir weniger Sinne einsetzen können. Um noch mal auf das Beispiel mit den Briefen zurückzugreifen. Dort können wir unsere Haptik einsetzen, unseren Geruchssinn, unseren Sehsinn und je nachdem vielleicht sogar unseren Geschmackssinn, falls wir die Briefe mit unserer Zunge befeuchten. Je mehr wir uns auf die einzelnen Sinne bei der Tätigkeit konzentrieren, wahrnehmen, wie die einzelnen Sinne angesprochen werden und reagieren, umso tiefer tauchen wir in den Prozess ein. Dadurch wird jene Tätigkeit zu einer tollen Achtsamkeitsübung. Wir erhalten quasi noch einen Bonus on top!

Wiederholung

Damit wir uns an dieses Vorgehen gewöhnen, gilt es, die einzelnen Schritte zu wiederholen. Auch bei der Wiederholung können wir immer wieder etwas Neues entdecken, gerade in Bezug auf unsere Sinne. Wir schärfen unsere Wahrnehmung und werden warm damit, konzentriert an einem Thema bzw. einer Aufgabe zu arbeiten. Deshalb mein Rat: Fang mit kleinen Schritten an und wiederhole diese so häufig wie möglich. Such dir für den Anfang Tätigkeiten, die vielleicht 15 bis 30 Minuten dauern und häufig in deinem Alltag vorkommen.

Bei größeren Zeitblöcken gewöhnst du dich dadurch auch an das Einhalten der zeitlichen Vorgaben und deiner Pausen. Mit etwas Zeit und Übung hast du dann den Dreh raus und weißt genau, wie du konzentriert an eine Aufgabe herangehst.

Ich persönlich finde diese kleinen Herausforderungen immer wieder spannend. Bei einzelnen Themen und Aufgaben herauszufinden, was mir dabei hilft, mich zu konzentrieren, empfinde ich als unglaublich interessant. Dabei forsche und teste ich verschiedene Sachen aus und schaue, wie sie auf mich wirken.

Zu genau dieser Reise möchte ich dich einladen und mit den bisher genannten Tipps inspirieren. Ich wünsche mir, dass du diese für dich verfeinerst, testest und nutzbar machst. Ich wünsche mir, dass du hierdurch mehr Freude bei deinen alltäglichen Aufgaben erlebst und die Konzentration erlangst, deine großen Ziele, Träume und Wünsche in die Realität umzusetzen.

An dieser Stelle wünsche ich dir viel Spaß und Erfolg beim Ausprobieren.

Lifehack #8

Selbstvertrauen –
Eine tragende Wand

«Ein jeder zählt nur sicher auf sich selbst.»

Friedrich Schiller

Dieser Lifehack hat es in sich, gerade in unserer heutigen Zeit. Ich selbst, dir kann ich es sagen, wir kennen uns jetzt schon ein bisschen, hatte früher auch nicht das Selbstvertrauen, das ich heute habe.

Aber warum ist Selbstvertrauen überhaupt wichtig? Ja sogar so wichtig, dass ich darüber einen Lifehack schreibe?! Das möchte ich dir gern sagen:

Wenn wir ein gesundes und solides Selbstvertrauen haben, steht uns die Welt offen. Wir können unseren Ideen und Visionen hinterherjagen und fühlen uns selten hilflos oder überfordert. Außerdem können wir andere mit unseren Visionen und unserer Zuversicht anstecken und ermutigen, es uns gleich zu tun.

Wenn wir also an unserem Selbstvertrauen arbeiten, es aufbauen, hegen und pflegen, verändert sich unsere Wahrnehmung über die Welt grundlegend. Wir werden unsere Lebensqualität deutlich und nachhaltig positiv verändern. Wir transformieren Unsicherheit in Zuversicht, Sorge in Optimismus, Ängstlichkeit in Mut, Zögerlichkeit in Entschlossenheit. Wenn uns etwas Neues oder Unerwartetes begegnet, gesellt sich zu unserer Vorsicht und möglichen Sorge auch noch die Sicht einer Chance darauf, etwas Wundervolles zu entdecken oder zu lernen.

Kurzum, wir werden die Welt mit anderen Augen sehen. Unsere Tage werden von mehr Leichtigkeit und Freude geprägt sein und wir werden den Herausforderungen des Lebens anders gegenübertreten. Und genau das ist es, was ich mir für dich wünsche: dass du in diesem Lifehack Inspiration zu diesem Thema und eine erste Hilfestellung für dessen Umsetzung findest, damit keinerlei Herausforderung dich zum Verzweifeln bringen kann.

Ich möchte versuchen, es mit einem Bild auszudrücken: Stell dir ein Haus vor. Um ein stabiles Haus zu bauen, muss die Statik stimmen. Wir benötigen ein solides Fundament und tragende Wände. Wenn diese Dinge nicht gegeben sind, ist die Statik des Hauses gefährdet und es gilt allgemein als einsturzgefährdet. Man könnte versuchen, mit ein paar provisorischen Hilfsmitteln die Wände zu stützen oder das Fundament zu ergänzen, aber wenn es von vornherein nicht stabil gebaut ist, wird es immer Probleme geben. Dann bleiben eigentlich nur ein Abriss und ein Neuaufbau.

So ähnlich verhält es sich auch bei uns Menschen. Analog zum Haus benötigen wir ein solides Fundament und tragende Wände, um ein stabiles Leben darauf aufbauen zu können.

Anders als beim Haus müssen wir uns aber nicht abreißen, um das Fundament oder die Wände neu und stabil zu bauen und eine ausbalancierte Statik herzustellen.

Um in dem Bildnis zu bleiben: Das Selbstvertrauen stellt eine tragende Wand dar. Es ist quasi ein Eckpfeiler, auf dem viele weitere unserer angeborenen und erlernten Eigenschaften und Fähigkeiten fußen. Wenn diese Wand wackelig ist, können wir sie kaum oder gar nicht belasten und erst recht nichts weiter darauf aufbauen. Im schlechtesten Fall hindert sie uns sogar daran.

Jetzt fragst du dich vielleicht, was genau damit gemeint ist. Was bedeutet diese wackelige Wand bzw. wie können wir sie in Relation zum Selbstvertrauen setzen? Dazu möchte ich dir ein paar Dinge aufzeigen, die ich im Zusammenhang mit fehlendem oder schwachem Selbstvertrauen beobachtet habe.

• Wir tun uns schwer damit, Entscheidungen zu treffen.

• Wir fühlen uns unwohl und unsicher mit getroffenen Entscheidungen.

- Wir können schlecht Verantwortung übernehmen.
- Wir wagen selten etwas Neues.
- Wir sind häufiger wankelmütig.
- Wir können schlecht mit unvorhergesehenen Ereignissen umgehen.
- Wir sehen häufiger Probleme statt Lösungen.

...

Wie du siehst, macht uns ein Mangel an Selbstvertrauen das Leben nicht gerade leichter. Ich glaube, du wirst mir zustimmen, dass der umgekehrte Fall, ein gesundes und solides Selbstvertrauen, erstrebenswerter erscheint.

Und genau da möchte ich mit dir und diesem Lifehack hin. Ich möchte mit dir an den Punkt, an dem du dich bewusst dafür entscheidest, ein solides und gesundes Selbstvertrauen zu wollen und auch etwas dafür zu tun.

Lass uns dazu einmal auf zwei Definitionen schauen. Der Duden definiert *Selbstvertrauen* wie folgt:

«jemandes Vertrauen in die eigenen Kräfte, Fähigkeiten»

Schauen wir uns auch noch das Wort *Vertrauen* gemäß Duden an:

«festes Überzeugtsein von der Verlässlichkeit, Zuverlässigkeit einer Person, Sache»

Beim Selbstvertrauen als tragende Wand unserer Persönlichkeit geht es also darum, Vertrauen in unsere Kräfte, Fähigkeiten und unsere Person im Allgemeinen zu haben. Es geht um die innere Überzeugung darüber, dass wir über Fähigkeiten und Eigenschaften verfügen oder notwendige neue erlernen können, um die Herausforderungen des Lebens zu meistern. Diese innere Überzeugung gibt uns die Kraft und die Leichtigkeit, mit all den unvorhergesehenen Dingen, die im Laufe unseres Lebens auftreten können, umzugehen. Darüber hinaus ist sie unser Katalysator für die Realisierung unserer Ideen, Visionen und Träume.

Aber wie fühlt es sich häufig für uns an? Wir glauben nicht an uns, haben kein Vertrauen in uns, neue Dinge erlernen zu können. Wir glauben nicht, dass wir schwierige Situationen meistern können. Wir glauben nicht, dass wir unsere Träume und Ideen auch im Angesicht unvorhergesehener Hürden realisieren können. Wir glauben nicht, dass wir bereits jetzt über viele hilfreiche und wertvolle Eigenschaften verfügen, um diese Hindernisse zu überwinden. Unsere Wand ist wackelig.

Wie schaffen wir es aber nun, unsere Sichtweise zu verändern und ein solides Selbstvertrauen aufzubauen?

Dazu möchte ich dir ein paar Punkte vorstellen, die sowohl mir persönlich als auch meinen Klienten dabei geholfen haben, ihr Selbstvertrauen zu stärken und auszubauen:

- Bewusstmachen des IST-Zustandes
- Würdigung der Vergangenheit
- Feststellung der Fähigkeiten und Eigenschaften
- Stoppen von Vergleichen
- Anerkennung von Schwächen als Teil der Persönlichkeit
- Erkennen, dass eine Lösung nicht immer von uns in persona erfolgen muss
- Hilfe zulassen und einfordern
- Handlungskompetenz erkennen, würdigen und ausbauen

Bewusstmachen des IST-Zustandes

Zuerst gilt es, für uns festzustellen, welchen Grad an Selbstvertrauen wir bei uns sehen und ob wir damit zufrieden sind. Als Ausgangspunkt kannst du die erste Aufzählung von oben nehmen und prüfen, wie es mit diesen Punkten bei dir selbst bestellt ist. Kannst du leicht Entscheidungen treffen? Bist du mit deinen getroffenen Entscheidungen in Einklang oder machst du dir viele Gedanken darüber, ob du wohl die richtige Entscheidung getroffen hast? Fällt es dir leicht, Verantwortung zu übernehmen? Bist du offen für neue Dinge oder machen dir diese eher Angst und Sorge? Wie gehst du mit unvorhergesehenen Problemen um? Bist du dabei entspannt und kannst nach Lösungsmöglichkeiten schauen oder versetzen dich diese eher in Aufregung und bescheren dir ein grandioses Gedankenkarussell?

Anhand deiner Antworten kannst du bereits selbst eine erste Einschätzung vornehmen, wie es um dein Selbstvertrauen bestellt ist.

Würdigung der Vergangenheit

Der nächste Schritt ist ein bewusstes Erkennen, dass wir bereits jetzt über viele positive und wertvolle Eigenschaften und Fähigkeiten verfügen. Wäre dem nicht so, wärst du nicht so alt geworden, wie du jetzt bist!

Diesen Punkt möchte ich noch einmal ganz deutlich betonen. Glaub mir, wenn du nicht bereits jetzt und in der Vergangenheit über fundamental wichtige und wertvolle Eigenschaften verfügen würdest, hättest du es nicht geschafft, bis jetzt zu überleben. Warum ich das mit solcher Gewissheit und Bestimmtheit sage? Weil du sonst dieses Buch nicht lesen könntest.

An dieser Stelle möchte ich, dass du anerkennst, wie weit du bis jetzt gekommen bist. Wie du es geschafft hast, so alt zu werden, wie du jetzt bist. In unserer Welt gibt es Dutzende von Gefahren, Hindernissen und Herausforderungen, weshalb dies absolut keine Selbstverständlichkeit ist.

Also nimm dir jetzt bitte einen Augenblick und würdige dies.

Blicke zurück und erinnere dich an ein paar schwierige Situationen und mach dir bewusst, dass du diese gemeistert hast. Erinnere dich an deine Schul-, Ausbildungs- oder Studienzeit. Dort gab es sicherlich eine Menge herausfordernde Situationen, die du gemeistert hast. Vielleicht musstest du in dieser Zeit sogar zusätzlich mit Krankheit, familiären Problemen, Diskriminierung oder anderen Herausforderungen kämpfen.

All diese Dinge hast du geschafft! Das verdient Anerkennung, also klopf dir jetzt ruhig mal auf die Schulter. Du hast es so gut gemacht, wie du es zu diesem Zeitpunkt konntest.

Feststellung der Fähigkeiten und Eigenschaften

Mach dir eine Liste, was du in deiner bisherigen Lebenszeit alles an Fähigkeiten und Eigenschaften erlernt hast. Schreib auf, welche davon dir dabei geholfen haben, vergangene Herausforderungen zu meistern. Frag dazu auch Freunde und Bekannte. Persönlich fehlt uns für viele wertvolle Fähigkeiten oft der Blick, weil wir sie täglich einsetzen und als selbstverständlich ansehen.

Viele haben z. B. den Punkt «guter Zuhörer» nie selbst auf ihrer Liste. Dies wird aber von den meisten Personen im Umfeld wahrgenommen und geschätzt. Stell dir hierzu persönliche Fragen. Was hat dir z. B. dabei geholfen, deinen Schulabschluss zu schaffen?

Vielleicht kannst du dir viel Stoff in sehr kurzer Zeit einprägen und du konntest dadurch auf den letzten Drücker lernen. Vielleicht warst du auch sehr strukturiert und diszipliniert und hast täglich ein gewisses Pensum für dein Lernen aufgewendet. Allein aus dieser ersten Überlegung lassen sich viele Fähigkeiten und Eigenschaften ableiten. Ich glaube, das Prinzip ist klar, also schreib dir alles auf, was du und die anderen bei dir feststellen.

Stoppen von Vergleichen

Dieser Punkt ist gerade in unserer multimedialen Welt nicht ganz einfach, in der doch ständig Vergleiche gezogen werden. Überall begegnen wir diesen: in der Schule, der Ausbildung und im Studium durch Notenvergabe, am Arbeitsplatz durch Leistungsbeurteilungen, in den Medien durch den Vergleich mit anderen Persönlichkeiten. Lebensläufe, Lebenserfolge und Lebensmodelle werden über Social Media permanent zueinander in Bezug gesetzt und bewertet.

Genau davon gilt es, sich zu distanzieren. Keiner von uns kann das Leben eines anderen leben oder sich damit vergleichen. Wir wissen nicht, welche Hürden oder Hindernisse die andere Person im Leben überwinden musste oder ob sie sprichwörtlich einfach «Glück» hatte. Konzentriere dich auf deine Stärken und mach dir diese bewusst. Überlege dir, welche Eigenschaften oder Fähigkeiten du gern weiter ausbauen möchtest und wie du dorthin gelangst. Lass dich gern von anderen inspirieren, aber erzeuge dir selbst keinen Druck durch Vergleiche.

Anerkennung von Schwächen als Teil deiner Persönlichkeit

Wenn wir das Wort Schwächen hören, haben die meisten von uns eine negative Assoziation dazu im Kopf. In einer von Dualität geprägten Welt kann es aber das eine nicht ohne das andere geben. Ich kann nicht strukturiert, geordnet, akkurat und gleichzeitig kreativ sein. Um bei diesem Beispiel zu bleiben, ist es der Charakter von Kreativität, weniger strukturiert und akkurat zu sein, zumindest in bestimmten Praktiken des Lebens.

Ich will nicht den Anschein erwecken, dass kreative Menschen nicht akkurat wären, jedoch wahrscheinlich nicht in jeder Lebenslage, sondern nur auf das jeweilige Projekt bezogen. Wenn wir hochgradig kreative Menschen beobachten, können wir häufig eine gewisse Unordnung im Alltag entdecken. Eben deshalb, weil kreative Menschen ihre Energie auf ihr jeweiliges

Projekt lenken und sich um mögliche weltliche Dinge weniger einen Kopf machen. Kreative Menschen mit einem gesunden Selbstvertrauen wissen auch darum und sind im Reinen mit dieser Tatsache. Sie würden diese Schwäche aber niemals als «Manko» sehen. Sie erkennen diese an und wissen, dass dies Teil ihrer Kreativität ist. Wenn sie den weltlichen Dingen, beispielsweise der Ordnung in der Wohnung, dem Abheften von Unterlagen etc., mehr Raum gäben, ginge dies auf Kosten der Kreativität.

Kurz gesagt, es geht nicht darum, in jeder Disziplin ein Ass zu sein. Wenn du dich auf deine Stärken konzentrierst, wird es unweigerlich auch Schwächen in anderen Bereichen geben. That's normal! Das macht uns als Person aus und auch zu einem Großteil so liebenswert. Schwächen sind kein Nachteil, akzeptiere sie ebenso wie deine Stärken.

Erkennen, dass eine Lösung nicht immer in persona erfolgen muss

Was unser Selbstvertrauen ungemein stärkt: wenn wir feststellen, akzeptieren und anerkennen, dass wir nicht immer selbst für etwas die Lösung sein bzw. herbeiführen müssen.

Es gilt, unsere Handlungskompetenz nicht von uns allein abhängig zu machen. Angenommen, deine Toilette geht kaputt bzw. ist verstopft. Dann könnten wir noch versuchen, mit einem Pümpel oder einem Reiniger das Problem zu lösen. Das liegt noch im Bereich unserer Handlungskompetenz. Weißt du, was unser Selbstvertrauen immens schwächen würde? Wenn wir uns einreden, wir müssten die Toilette selbst reparieren und dürften keinen Klempner rufen. Wenn wir die Bitte bzw. Inanspruchnahme von Hilfe als Schwäche werten würden. Diese Wertung ist ein echter Killer für unser Selbstvertrauen.

Zur Verdeutlichung:

Toilette geht kaputt – Pümpel und Reiniger helfen nicht – bewusst gewollter Anruf beim Klempner.

Hier stärken wir unsere Handlungskompetenz und unser Selbstvertrauen dadurch, dass wir den Anruf beim Klempner als positiv und persönliche Wirksamkeit werten. Damit speichern wir bei uns ab, dass wir dieses Problem souverän durch die Inanspruchnahme von Hilfe lösen konnten. Dies bestärkt uns in dem Glauben, dass wir auch andere unvorhergesehene Probleme mit Hilfe lösen können. Hierdurch stärken wir das Vertrauen in uns selbst und in unsere Handlungskompetenz.

Toilette geht kaputt – Pümpel und Reiniger helfen nicht – wir bürden uns auf, dies selbst zu lösen – alle Versuche scheitern – mögliche weitere Probleme – ungewollter Notruf beim Klempner.

Hier schwächen wir unser Selbstvertrauen, weil wir uns für etwas verantwortlich gemacht haben, was unsere Handlungskompetenz überfordert. Wir haben den Anruf beim Klempner als mögliche Schwäche interpretiert, die unseren Selbstwert anzugreifen droht. Dann haben wir uns in persona selbst dafür verantwortlich gemacht, das Problem beseitigen können zu müssen, um unseren Selbstwert zu verteidigen.

Zum Schluss ist das Unterfangen schiefgegangen. Der folgende Notruf beim Klempner wäre in diesem Falle der Todesstoß. Wir würden abspeichern, dass wir solch einem Problem nicht gewachsen sind und mit unvorhergesehenen Situationen nicht gut umgehen können.

Handlungskompetenz und Selbstvertrauen wären stark angegriffen. Wir würden Gefahr laufen, zu generalisieren und bei uns abzuspeichern, dass unvorhergesehene Situationen uns generell überfordern. Wir nicht über die nötige Handlungskompetenz dafür verfügen.

Es geht also im Sinne der Dualität im Punkt «Anerkennen von Schwächen» darum zu wissen, was du wirklich kannst und wo du Hilfe benötigst. Dies ist keine Schwäche oder Schande, sondern eine souveräne Stärke. Wenn du frühzeitig erkennst, dass du ein Problem nicht selbst lösen kannst, dich dafür nicht selbst in persona verantwortlich machst und einen Experten zurate ziehst bzw. um Hilfe bittest, macht dich das in der Situation sehr handlungskompetent und stärkt dein Selbstvertrauen. Du weißt, dass du nicht alles selbst lösen kannst und auch nicht musst und dass du in solch einem Fall die richtigen Helfer aktivierst. Es ist völlig okay, uns Helfer zu suchen, die uns bei der Lösung des Problems unterstützen.

Hilfe zulassen und einfordern

Dieser Punkt knüpft an den vorherigen an bzw. greift diesen noch einmal auf. Es gilt, uns bewusst zu machen, was wir nicht können, und in diesen Aspekten und Bereichen Hilfe zuzulassen und auch einzufordern. Nur wer Hilfe annehmen kann, dem kann diese auch zuteilwerden. Die Annahme bzw. das Einfordern von dieser stärkt unsere Handlungskompetenz und dadurch unser Selbstvertrauen.

Handlungskompetenz erkennen, würdigen und ausbauen

Jeder von uns verfügt über Stärken und Schwächen. Jeder von uns hat in verschiedenen Bereichen eine höhere oder niedrigere Handlungskompetenz. Das ist völlig normal. Um unser Selbstvertrauen weiter zu stärken, gilt es zu erkennen, wo wir bereits über eine gute bzw. hohe Handlungskompetenz verfügen. Dort, wo wir unserer Ansicht nach über eine weniger ausgeprägte Handlungskompetenz verfügen, dürfen wir diese würdigen und darüber entscheiden, ob wir diese weiter ausbauen wollen. Hier möchte ich noch einmal auf das Beispiel mit der Toilette und dem Klempner zurückgreifen.

In diesem Beispiel haben wir in Fall 1 eine hohe Handlungskompetenz (Feststellung des Problems und Organisation bzw. Delegierung der Lösung). Eine geringere Handlungskompetenz haben wir in diesem Beispiel innerhalb der handwerklichen Fähigkeiten und des Know-hows.

Wir können entscheiden, ob es für uns okay ist, bei einem auftretenden Problem die nötigen Experten zurate zu ziehen und Hilfe einzufordern. Wir können uns darüber hinaus auch dazu entscheiden, ggf. unser Know-how im Bereich Sanitäranlagen zu verbessern. Dazu könnten wir Kurse besuchen, eine weitere Ausbildung machen etc.

Wichtig für uns ist, unsere Handlungskompetenzen zu kennen, zu würdigen und zu stärken. In Bezug auf Fall 2 war kaum Handlungskompetenz vorhanden. Statt entsprechende Hilfe einzufordern, was Handlungskompetenz signalisieren würde, wurde versucht, das Problem selbst zu lösen. Die Überforderung spitzte sich zu und führte zu einem Notfall. Resultat sind der Verlust von Selbstvertrauen und blinde Flecken im Bereich der Handlungskompetenz.

Das vorgestellte Schema soll dir eine Verständnishilfe für das Thema bieten. Für alle Themenbereiche im Zusammenhang mit unserem Selbstvertrauen gilt es, ein aktives Bewusstsein über die einzelnen Punkte zu gewinnen.

Wenn wir Überforderungen erkennen, Hilfe einfordern und annehmen, machen wir positive Erfahrungen in unserer Handlungskompetenz und unserer Selbstwirksamkeit und stärken damit unser Selbstvertrauen. Auf dieser Grundlage können wir mit immer größerer Leichtigkeit den mannigfaltigen Herausforderungen des Lebens begegnen und uns unseren Zielen und Träumen Stück für Stück annähern.

Das Thema der Selbstwirksamkeit im Zusammenhang mit unserem Selbstvertrauen vertiefen wir im Lifehack #9 *Selbstwirksamkeit*.

Lifehack #9

Selbstwirksamkeit ist der Schutz vor Zweifeln

Die Gewissheit der persönlichen Wirksamkeit zu besitzen, ist der beste Schutz vor Zweifeln.

Dieses Thema hat viel mit unserer Zufriedenheit und unserem Glücksempfinden zu tun. Selbstwirksamkeit ist mit ausschlaggebend dafür, ob wir dazu tendieren, in eine Opferrolle zu verfallen und uns den Herausforderungen und Widrigkeiten des Lebens hilflos ausgeliefert zu fühlen. Und dies, da wirst du mir recht geben, hat viel mit unserer Zufriedenheit und unserem Glücksempfinden zu tun. Des Weiteren wirkt sich unsere Selbstwirksamkeit auch auf unser Selbstvertrauen aus. Wir könnten sagen, Selbstvertrauen gewinnen wir mitunter dadurch, dass wir eine innere Überzeugung über unsere Wirksamkeit bzw. Selbstwirksamkeit besitzen. Wenn wir innerlich nicht davon überzeugt sind, dass wir Einfluss auf eine Situation nehmen können, können wir auch kein Vertrauen in uns aufbauen.

Wie können wir Selbstwirksamkeit kurz beschreiben und warum lohnt es sich für uns, sich mit dem Thema zu beschäftigen?

Einfach gesagt ist Selbstwirksamkeit die Anerkennung und Überzeugung , dass wir mit unseren Handlungen etwas in unserer Welt bewirken können. Ein ganz einfaches Beispiel wäre die Tatsache, dass du dieses Buch liest. Kraft deines Willens bewegst du deine Muskeln, hältst dieses Buch, richtest deinen Blick auf die Zeilen und liest dieses Kapitel. Du bewirkst etwas in deiner persönlichen Welt. Diese Leistung vollbringst du selbst in diesem Augenblick. Das Wissen um diese Wirkungsweise und ihre Anerkennung stärken dein Selbstvertrauen. Je mehr Situationen wir uns bewusst machen, die wir durch unser Zutun, unser Wirken, beeinflusst bzw. gemeistert haben, umso stärker wird das Vertrauen in uns selbst.

Ich möchte dir ein paar Punkte aufzählen, wie wir davon profitieren, wenn wir uns mit diesem Thema auseinandersetzen:

- Wir werden handlungsfähiger.
- Wir werden unabhängiger.
- Wir kreieren eine innere Überzeugung, eine Wirkung auf äußere Ereignisse zu haben.
- Wir stärken unser Selbstvertrauen.
- Wir kreieren eine «Pack an»-Mentalität.
- Wir haben weniger Selbstzweifel.
- Wir fühlen uns seltener hilflos.

...

Selbstwirksamkeit geht eng einher mit dem Thema des Selbstvertrauens. Ich würde sagen, die beiden Themen sind unmittelbar miteinander verknüpft. Sie befruchten sich gegenseitig. Das heißt, wenn wir in einem der Themen Fortschritte machen, profitieren wir davon auch gleichzeitig in dem anderen Gebiet. Wenn ich merke, dass ich in einem Bereich eine Wirkung erzielen kann, stärkt das mein Selbstvertrauen. Das gestärkte Selbstvertrauen sorgt im Umkehrschluss dafür, dass ich mich an ein neues, vielleicht unbekanntes oder unliebsames Thema begebe, um neue Selbstwirksamkeitserfahrungen zu sammeln.

Wie fühlt sich Selbstwirksamkeit nun an? Wie können wir sie greifbar und verständlich machen? Lass es mich so formulieren: Aus meiner Perspektive ist Selbstwirksamkeit eine unumstößliche Überzeugung davon, dass wir auf eine Situation, eine Gegebenheit oder auf ein Ereignis eine Wirkung haben. Eine Überzeugung davon, dass wir mit unseren Fähigkeiten und Eigenschaften dazu imstande sind, an einer Situation etwas zu verändern. Es ist ein Gefühl von «nichts ist unmöglich». Mag der Umstand, das Ereignis oder die Situation auf den ersten Blick auch noch so furchtbar, angsteinflößend oder erschreckend wirken, wir haben in uns die feste Überzeugung, dass wir daran etwas ändern können. Wir empfinden eine aus unserem Inneren strömende Sicherheit, dass wir den Geschehnissen der Welt nicht hilflos ausgeliefert sind.

Und genau diese Tatsache verleiht uns eine enorme Freiheit, Flexibilität und Macht. Denn wenn wir dieses Gefühl erst einmal in uns geschaffen und kultiviert haben, es hegen und pflegen, verwandelt sich die Welt für uns in einen riesigen Spielplatz. Auf diesem gibt es immer wieder etwas zu entdecken. Dort passiert immer mal wieder etwas Unvorhergesehenes, was uns aber nicht aus der Bahn wirft, uns nicht erschreckt, einschüchtert oder verzweifeln lässt, sondern das zu etwas wird, das wir mit freudiger Erwartung annehmen in dem Wissen und dem Gefühl, daraus etwas Positives kreieren zu können. Und weißt du, was aus immer wiederkehrenden Selbstwirksamkeitserfahrungen entsteht? Solides Selbstvertrauen.

Hier liegt eine der im Vorwort angesprochenen Arenen: uns immer wieder in unbekannte Terrains zu begeben. Uns immer wieder unvorhergesehenen Herausforderungen zu stellen und Erfahrungen im Zusammenhang mit unserer Selbstwirksamkeit zu sammeln. Uns auszutesten, neue Erfahrungen zu machen und Rückschläge nicht als negativ zu bewerten, sondern zu schauen, was wir aus der Situation lernen konnten, stärkt unsere Selbstwirksamkeit und ist definitiv eine Arena des Lebens.

Wenn wir viele verlässliche Selbstwirksamkeitserfahrungen machen, gibt uns dies Vertrauen in uns, unsere Fähigkeiten, Eigenschaften und in unsere Entscheidungen. Deshalb sind diese beiden Lifehacks so stark miteinander verbunden.

Ab dem Moment, wo wir uns unserer Selbstwirksamkeit bewusst werden und diese immer wieder einsetzen und auf die Probe stellen, wird unser Leben eine neue Form von Leichtigkeit und Freiheit erfahren, mit der wir jeder Situation frohen Mutes in der Gewissheit gegenübertreten, dass wir eine Wirksamkeit besitzen.

Aus diesen Gründen halte ich es für so unglaublich wichtig, dass wir uns mit diesem Thema beschäftigen. Ich persönlich hätte es mir gewünscht, wenn mir jemand bereits in jungen Jahren und einfachen Worten erklärt hätte, was Selbstwirksamkeit ist, wie diese mit unserem Selbstvertrauen zusammenhängt und wie ich damals daran hätte arbeiten können. Dieses Thema ist für mich so unfassbar inspirierend, dass ich nicht anders kann, als es mit dir zu teilen. Ich möchte den Versuch unternehmen, dich mit meinem Enthusiasmus und meiner Euphorie für dieses Thema anzustecken, auf dass dieser Funke der Begeisterung auf dich überspringt und dich dazu motiviert, dich ebenfalls mit diesem Thema auseinanderzusetzen.

Denn ich bin mir sicher, dass in dir viele großartige Eigenschaften und Fähigkeiten schlummern, die dir vielleicht gerade selbst noch nicht ganz bewusst sind. Eigenschaften, mit denen du die Welt für uns alle, und vor allem für dich, positiv beeinflussen kannst.

Lass uns einmal schauen, was wir dazu benötigen, um unsere Selbstwirksamkeit zu stärken und mehr positive Erfahrungen im Zusammenhang mit der Selbstwirksamkeit zu sammeln:

- Erkenne deine eigene Wirksamkeit
- Innere und äußere Wirkungsweise
- Identifiziere Überforderungen
- Erkenne deine Wirksamkeit in der Vergangenheit.
- Selbstwirksamkeit nicht von äußerem Erfolg abhängig machen.
- Interpretation von Rückschlägen.
- Mut zum Handeln.

Erkenne deine eigene Wirksamkeit

Um diesen Punkt wirklich nachvollziehbar zu machen, gilt es, ganz praktisch zu erkennen, dass jeder – und ich meine wirklich jeder von uns – eine Wirksamkeit besitzt. Dazu möchte ich dich bitten, aufzustehen und ein paar Schritte durch den Raum zu gehen, in dem du dich gerade befindest. Falls du dies gerade gemacht hast, schau einmal, was du jetzt feststellen kannst. Du hast kraft deiner Gedanken, deiner Vorstellung und deines Willens deine Muskeln dazu gebracht, sich zu bewegen. Jeder Schritt basiert auf deiner Wirkungsweise. Und viele von diesen Dingen tun wir jeden Tag ganz selbstverständlich, ohne uns darüber bewusst zu sein, dass sie unserer Wirksamkeit entspringen. Jedes Mal, wenn wir etwas essen, trinken, uns bewegen oder irgendeine Aktion ausführen, passiert dies aufgrund unserer Wirkungsweise.

Und nicht nur das, mit unserer Sprache verhält es sich genauso: Es basiert auf unserer Wirkungsweise, ob wir sprechen, singen oder andere Wortakrobatik ausführen. Wir können also festhalten, dass jeder von uns bereits jetzt über ein sehr breites Sortiment an Wirksamkeit verfügt. Das gilt es, uns einmal wirklich bewusst zu machen.

Innere und äußere Wirkungsweise

Als Nächstes möchte ich den Scheinwerfer einmal auf den Punkt innere und äußere Wirkungsweise und damit verbundene Interpretationen richten.

Nehmen wir noch einmal den Punkt der Sprache. Angenommen, du wirst etwas gefragt. Dann liegt es zunächst in deinem Wirkungsbereich, ob du überhaupt antworten möchtest. Wenn du dich dazu entschließt zu antworten, liegt es ebenfalls in deinem Wirkungsbereich, was du auf die Frage antwortest. Vielleicht kennst du die passende Antwort und teilst diese deinem

Gegenüber mit oder du weißt sie nicht und teilst mit, dass du die Antwort nicht kennst.

Wie genau du dies mitteilst, liegt ebenfalls in deinem Wirkungsbereich, nämlich an deinem Sprachstil sowie deiner Mimik. Welche Worte du benutzt, welche Tonalität, all das liegt in deinem Wirkungsbereich und deiner Entscheidungsgewalt.

Diese Punkte meine ich, wenn ich von innerer Wirkungsweise spreche.

Was unser Gegenüber mit diesen Informationen anstellt, wie also diese Person das Gesagte interpretiert, entzieht sich unserer Wirkungsweise. Hier spreche ich von der äußeren Wirkungsweise, die wiederum die innere Wirkungsweise unseres Gegenübers darstellt.

Um bei dem Beispiel mit der Sprache zu bleiben: Es gibt Menschen, die deine Wortwahl und deine Tonalität lieben. Genauso kann es Menschen geben, die deine Wortwahl als hochgestochen und deine Tonalität als unangenehm empfinden.

Das ist völlig normal und wird uns immer wieder im Leben begegnen. Für uns ist wichtig zu verstehen, dass wir darauf keinen Einfluss haben. Wir haben nur einen Einfluss, also eine Selbstwirksamkeit, darauf, wann, wie und wo wir welchen Sprachstil und welche Tonalität nutzen wollen. Das ist ein wichtiger Unterschied!

Identifiziere Überforderungen

Ein wichtiger Punkt im Sammeln von Selbstwirksamkeitserfahrungen ist es, unsere Überforderungen zu kennen. Wenn wir uns Punkte vornehmen, die uns zum gegenwärtigen Augenblick überfordern, ernten wir mit hoher Wahrscheinlichkeit schlechte Gefühle und Enttäuschungen. Dies gilt es zu vermeiden.

Analysiere einmal, welche Situationen dich aktuell überfordern und eine zu große Hürde darstellen.

Ein Beispiel dazu von mir: Wie du dich vielleicht erinnerst, habe ich starke Höhenangst. Wenn ich mir nun als Selbstwirksamkeitsübung vornehmen würde, einen Berg zu besteigen, würde dies nicht klappen. Das wäre zum gegenwärtigen Zeitpunkt definitiv eine Überforderung für mich. Also versuche ich es «noch» nicht.

Stattdessen schaue ich, wie ich in diesem Bereich kleine, für mich passende Selbstwirksamkeitserfahrungen sammeln kann. Ich könnte auf einen Baum klettern, eine Leiter besteigen oder auf einen Sprungturm im Freibad, um meine Selbstwirksamkeit an dieser Stelle zu stärken.

Verbunden damit dürfen wir alle auch die Erfahrung machen und an die Erkenntnis gelangen, wo unsere Grenzen liegen. Es ist völlig okay, Dinge in unserem Leben zu haben, die stets eine Überforderung für uns darstellen. Diese nagen nun aber nicht mehr an unserem Selbstvertrauen oder sabotieren unsere Selbstwirksamkeit. Im Gegenteil, wir wissen nun darum, dass wir in diesem Bereich ein bestimmtes Maß sehr gut händeln können. Da dürfen wir es uns auch getrost zugestehen, nicht alles zu können oder zu tun. Das macht unsere Welt bunt und erlaubt es anderen, in dieser Disziplin zu glänzen.

Erkenne deine Wirksamkeit in der Vergangenheit

Jetzt möchte ich dich zu einer kleinen Zeitreise einladen und gemeinsam mit dir in deine Vergangenheit blicken. Ich möchte, dass du dir eine Erinnerung an einen intensiven Wunsch ins Gedächtnis rufst, eine Situation, in der du ein tiefes Bedürfnis bzw. ein Verlangen nach etwas hattest. Das kann auch so etwas Kleines sein wie, dass du als Kind an einem sonnigen Tag gern ein Eis essen, einen Ausflug machen, einen bestimmten Film schauen oder etwas anderes tun wolltest. Es kann auch etwas aus deinem beruflichen Kontext sein, ein Vortrag, den du halten durftest, ein Bewerbungsgespräch oder eine Gehaltsverhandlung.

Bei all diesen Punkten hast du deine mehr oder weniger bewusste Wirksamkeit bereits eingesetzt. Du wirst versucht haben, deine Eltern irgendwie davon zu überzeugen, mit dir ein Eis essen zu gehen oder einen Ausflug zu machen. Du wirst deinen Vortrag, so gut es geht, ausgearbeitet und vorbereitet haben. Du wirst dir Argumente für dein Bewerbungsgespräch oder deine Gehaltsverhandlung überlegt haben, womit du dann in dieses Gespräche gegangen bist.

Das alles sind Beispiele für Selbstwirksamkeit. Sie alle waren erst einmal nicht abhängig vom äußeren Erfolg. Du hast mit ihnen Erfahrungen gesammelt und konntest die Informationen für künftige Ereignisse der gleichen Art nutzen und ausbauen. Das bringt uns auch gleich zum nächsten Punkt.

Selbstwirksamkeit nicht vom äußeren Erfolg abhängig machen

Je nach Ausgang einer Situation sind wir dazu geneigt, diese als Erfolg oder Niederlage zu interpretieren. Allzu häufig werfen wir die sprichwörtliche «Flinte» zu schnell ins Korn und übersehen dabei unsere Wirksamkeit und unseren Erfahrungszuwachs.

Dazu möchte ich dir ein sehr persönliches Beispiel geben, um die Sache zu verdeutlichen: Als junger Mann hatte ich keinen guten Stand bei der Damenwelt. Aufgrund einer sehr verzögerten körperlichen Entwicklung hatte ich mit Mitte bis Ende zwanzig noch das äußere Erscheinungsbild eines 15- bis 16-jährigen Jungen. Wie du dir vielleicht vorstellen kannst, entsprach ich damit nicht unbedingt den Vorstellungen der Damen, die ich interessant und anziehend fand.

So kam es, dass ich viele Körbe sammeln durfte. Was hat das nun mit unserer Selbstwirksamkeit zu tun? Dazu kommen wir jetzt. Das Prinzip des Datings ist uns sicherlich allen vertraut. Was genau an diesem Thema ist jetzt Bestandteil unserer Selbstwirksamkeit und was entzieht sich unserer Selbstwirksamkeit? Selbstwirksamkeit bedeutet, Chancen zu erkennen und zu nutzen, unabhängig vom Erfolg. Eine andere Person anzusprechen, sei es Mann oder Frau, können wir beeinflussen. Es liegt in unserer Selbstwirksamkeit, diesen Schritt zu wagen und uns zu überlegen, wie wir auf die andere Person zugehen wollen. Was wir sagen, wie wir uns vorstellen, ob wir eine Einladung aussprechen – all das liegt im Bereich unserer Selbstwirksamkeit.

Ob die andere Person positiv darauf reagiert, sich also mit uns verabreden möchte oder nicht, liegt außerhalb unserer Selbstwirksamkeit. Es gilt, unser Handeln nicht von der Reaktion anderer Personen oder der Außenwelt abhängig zu machen. Selbstwirksamkeit bezieht sich immer auf die in unserem Machtbereich möglichen Handlungen. So lag es z. B. jedes Mal in meinem Machtbereich, ob ich eine Frau anspreche oder nicht, ungeachtet der bislang gesammelten Erfahrungen. Selbstwirksamkeit soll uns dabei helfen, ins Handeln zu kommen. Sie schützt uns davor, später auf Situationen zurückzublicken und zu denken «Was wäre gewesen, wenn ...»

Wir dürfen erkennen, dass der Ausgang einer Situation stets ungewiss ist. Selbstwirksamkeit soll unseren Mut und unsere Beharrlichkeit stärken, immer wieder neue Erfahrungen zu sammeln.

Noch mal zurück zum Dating: Angenommen, du siehst einen Menschen, den du interessant findest und gern kennenlernen würdest. Jetzt kannst du entweder darauf hoffen, dass diese Person dich ebenfalls interessant findet und kennenlernen möchte und ihrerseits selbstwirksam handelt und auf dich zugeht. Oder aber du erkennst, welche Möglichkeiten du in dieser Situation hast, wirst kreativ und ergreifst deinerseits die Initiative. Der Versuch allein ist der Erfolg, nicht die Reaktion der anderen Person. Die Reaktion der anderen Person ist das Sahnehäubchen in diesem Falle.

Wenn wir es wagen und das gewünschte Resultat nicht eintritt, können wir uns sagen, wir haben es versucht, und sind um eine Erfahrung reicher. Wenn wir es aber gar nicht erst versuchen oder den Erfolg von der Reaktion der anderen Person abhängig machen, laufen wir Gefahr, uns ziemlich schlechte Gefühle einzuhandeln und uns selbst abzuwerten.

Interpretation von Rückschlägen

Dieser Punkt knüpft nahtlos an den vorherigen an. Um Selbstwirksamkeit zu erkennen, aufzubauen und zu kultivieren, gilt es, unsere Interpretationsweise zu verändern. Wenn wir nie zuvor davon gehört haben, ist es doch häufig so, dass wir nach ein paar Rückschlägen die Finger von etwas lassen und dieses Thema als nicht richtig oder passend für uns abtun.

Es fällt uns mitunter schwer zu sehen, was wir aus dieser Situation gelernt haben und wo wir Fortschritte gemacht haben. Wir erkennen vielleicht nicht, dass das Wagnis eingegangen zu sein allein schon unseren Erfolg darstellt. An dieser Stelle dürfen wir damit anfangen, unser Denken und unsere Interpretation in Bezug auf Rückschläge radikal umzudeuten.

Vielleicht kennst du das folgende Zitat von Thomas Alva Edison, einem amerikanischen Erfinder:

«Ich habe nicht versagt. Ich habe nur 10.000 Wege gefunden, die nicht funktionieren.»

Oder auch das folgende:

«Fange nie an aufzuhören, höre nie auf anzufangen.»

– Marcus Tullius Cicero

Falls die Überlieferungen wahr sind, hat Thomas A. Edison über 10.000 Versuche benötigt, bis er die Glühbirne erfunden hatte. Dieser Mann dürfte über eine sehr hohe Selbstwirksamkeit und Frustrationstoleranz verfügt haben und eine gewinnbringende Interpretation bezüglich seiner Fehlschläge.

Nehmen wir noch einmal das Beispiel des Datings, um die Interpretation zu verdeutlichen: Angenommen, wir sprechen eine andere Person an und bekommen einen Korb.

Negativ für unsere Selbstwirksamkeit wäre eine Interpretation à la: Ach, das bringt doch nichts, ich werde nie den richtigen Partner finden. Ich bin einfach kein Beziehungsmaterial und kann auch nicht gut auf andere zugehen.

Positiv für unsere Selbstwirksamkeit wäre eine Interpretation à la: Okay, das hat jetzt nicht geklappt. Schade. Aber hey, ich habe die Person angesprochen und muss mir später wenigstens keine Gedanken darüber machen: «Was wäre gewesen, wenn …» Beim nächsten Mal klappt es vielleicht. Und die persönliche Vorstellung fand die andere Person ihrer Aussage nach sehr angenehm.

Wie du sicherlich erkennen wirst, ist die zweite Interpretation uns deutlich wohlwollender und bringt noch etwas Grandioses mit sich, sie mehrt unseren Mut und unserer Zuversicht.

Mut zum Handeln

Hiermit kommen wir zum letzten Punkt – Handeln. Um unsere Selbstwirksamkeit aufzubauen, zu kultivieren und zu stärken, gilt es, Dinge zu *TUN*. Hab keine Angst, du kannst nicht wirklich scheitern. Wir wollen Erfahrungen sammeln und darin unsere Selbstwirksamkeit erkennen, damit wir unseren Mut mehren und uns immer größeren Herausforderungen stellen können.

Dazu können wir mit ganz kleinen Dingen anfangen. Vielleicht mit solchen, bei denen wir bereits ein paar Mal gescheitert sind. Diese gilt es jetzt zunächst zu analysieren, um festzustellen, worauf wir eine Wirkungsweise haben. Dann können wir einen mutigen neuen Versuch starten, bei dem wir die Interpretation von Rückschlägen und die äußere Wirkungsweise berücksichtigen und unseren Erfolg bereits darin erkennen, dass wir dieses Thema noch einmal angehen.

Selbstwirksamkeit ist im Prinzip ein «geistiger Muskel» und möchte trainiert werden. Deshalb gilt es, die einzelnen Punkte immer wieder zu üben, den Bereich unserer Wirksamkeit und unsere Interpretation zu überprüfen und neu auszurichten und dann immer wieder zu handeln.

Für den absolut unwahrscheinlichen Fall, dass du jetzt noch glauben könntest, du hättest keine Selbstwirksamkeit, öffne das Mailportal deiner Wahl und schreib mir eine E-Mail. Dann wirst du direkt feststellen können, dass du über sehr viel Selbstwirksamkeit verfügst.

Lifehack #10

Deine Selbstliebe

Nimm dich an und schließe Frieden mit dir, dann brauchst du nichts bei anderen zu suchen.

Die Selbstliebe. In Lifehack #8 sprachen wir darüber, dass unser Selbstvertrauen eine tragende Wand für unser inneres Haus ist. Mit der Selbstliebe widmen wir uns nun unserem Fundament. Sie ist das Thema, das Einfluss auf alle anderen Lifehacks dieses Buches sowie Aspekte, Erlebnisse und Erfahrungen unseres Lebens hat.

Was genau ist aber Selbstliebe? Bei den Worten Selbstvertrauen oder Selbstbewusstsein haben viele von uns noch eine eigene Assoziation vor Augen. Wie ist das bei der Selbstliebe? Für viele Menschen ist dieser Begriff immer noch neu oder sehr unklar und ungenau. Irgendwie fehlt es an einer greifbaren Definition, um wirklichen Zugang zum Thema Selbstliebe zu erlangen. Was nicht verwunderlich ist, schließlich hat die Selbstliebe Schnittpunkte zu nahezu allen anderen Themen. Die Grenzen sind des Öfteren fließend.

Das ist zumindest die Erfahrung, die ich aus vielen Gesprächen und Coachings mitgenommen habe. Eine klare Abgrenzung ist jedoch unbedingt erforderlich, um uns dieses Thema erschließen und damit arbeiten zu können.

Wenn wir versuchen, uns dem Thema mit Google zu nähern, werden wir schnell merken, dass eine mehr oder weniger diffuse Definition im Raum steht. Von allem ein bisschen, ziemlich schwammig und nicht wirklich greifbar. Dies kann, wenn wir uns mit dem Thema Selbstliebe beschäftigen möchten, schnell zu Frust und einer gefühlten Hilflosigkeit führen.

Falls du ähnliche Erfahrungen gemacht hast und dir ebenfalls noch eine klare Definition und Vorstellung von der Selbstliebe fehlt, ist dieser Lifehack genau das Richtige für dich.

Ich möchte euch alle dazu einladen, dem Thema so offen wie möglich zu begegnen, mögliche Bilder, Informationen und Meinungen, die ihr zur Selbstliebe habt, beiseitezuschieben und den Lifehack auf euch wirken zu lassen.

Ich durfte in meinem Leben bereits viel erleben, erfahren, lernen und beobachten. In privaten Situationen, auf der Arbeit oder im Studium und in Fortbildungen. Mit wachsendem Bewusstsein und Aufmerksamkeit für das Thema Selbstliebe entdeckte ich mehr und mehr die Auswirkungen und die Tragweite dieses Themas.

Selbstliebe ist nach meiner Auffassung das Fundament unseres Menschseins. Sie ist unser persönlicher Katalysator dafür, die Welt aus einem positiven Blickwinkel betrachten zu können und etwas Schönes in die Welt zu tragen. Sie ist mit ausschlaggebend dafür, wie wir die Welt wahrnehmen. Die Selbstliebe strahlt aus ihrem Fundament in alle Bereiche unseres Lebens. Sie hat Auswirkungen darauf, ob und wie wir uns persönlich und beruflich entwickeln, wie wir mit uns und unseren Mitmenschen umgehen und wie wir als Freund, Partner, Kollege, Kind, Enkel oder Mitmensch auftreten.

Selbstliebe hat maßgeblichen Einfluss darauf, wie wir unsere angeborenen Fähigkeiten und Eigenschaften in die Welt integrieren. Sie bestimmt darüber, ob wir unser inneres Potenzial voll entfalten und ausschöpfen oder ob wir uns kleinmachen und in Deckung gehen. Selbstliebe gibt uns die Kraft, mutig voranzuschreiten und mit unseren Ideen, Überzeugungen und Plänen andere Menschen zu inspirieren, zu begeistern und Einfluss auf die Welt zu nehmen. Kurz, sie ist die Quelle unserer Selbstverwirklichung.

Wenn wir über ein gesundes Maß an Selbstliebe verfügen, wirkt sie beflügelnd und als eine Art Schutzschild vor den Widrigkeiten des Lebens. Wenn sie uns fehlt, ist es, als läge ein großer dunkler Schatten über vielen Aspekten unseres Lebens und unseres Seins. Ein Schatten, der uns Energie raubt oder uns in viele kleine persönliche Kämpfe verwickelt und damit vom Wesentlichen ablenkt. Ohne sie geht uns ein Stück weit der Blick für das Schöne und Gute in der Welt und in uns selbst verloren bzw. bleibt uns verborgen. Andersherum hilft sie uns dabei, unseren Blick für die vielen verborgenen Schönheiten in uns, in anderen Menschen und in der Welt zu entdecken.

Falls du dich gerade fragst, wie genau die positiven Seiten von Selbstliebe aussehen können, möchte ich, dass du deinen Blick kurz auf die folgenden Punkte richtest. Diese Punkte habe ich selbst erfahren und beobachtet. Wenn du eine gesunde Selbstliebe hast oder an deiner Selbstliebe arbeiten möchtest, werden sich unter anderem folgende Aspekte in deinem Leben manifestieren:

- Du wirst bei dir ankommen.
- Du wirst leichter vergeben können.
- Du wirst besser kommunizieren.
- Du wirst erfülltere zwischenmenschliche Beziehungen erleben.
- Du wirst teamfähiger werden.
- Du bekommst eine positive Ausstrahlung.
- Du wirst dein Leben mehr genießen.
- Du wirst mehr Energie im Alltag haben.
- Du wirst ein höheres Selbstbewusstsein erlangen.
- Du wirst einen liebevolleren Umgang mit dir selbst erfahren.
- Du wirst dir gegenüber verständnisvoller.
- Du wirst leichter Nein sagen können.
- Du wirst dich in deiner Haut wohlfühlen.
- Du wirst besser abschalten können.
- Du kreierst in dir einen wohlwollenden Blick für dich und andere.

• Du wirst leichter Entscheidungen treffen können.

Na, wie klingt das für dich? Hört sich sehr schön an, oder? Finde ich auch und ich kann dir bestätigen, dass diese Punkte alle mit der Selbstliebe zusammenhängen. Und das ist nur ein kleiner Ausschnitt davon, wie positiv und weitreichend unsere Selbstliebe wirkt.

Alle Punkte aufzuzählen, die positiv von einer gesunden Selbstliebe profitieren, würde allerdings tatsächlich den Rahmen an dieser Stelle sprengen. Daher hoffe ich, dass bereits oben ein paar Punkte dabei sind, die dich ebenso begeistern wie mich.

Vielleicht fragst du dich jetzt, woran du erkennen kannst, ob du über eine gesunde Selbstliebe verfügst? Dazu möchte ich mit dir auf ein paar allgemeine Beispiele blicken und im Anschluss ein ganz persönliches Beispiel erzählen, wie ich mit der Selbstliebe in Berührung gekommen bin.

Einen Mangel an Selbstliebe oder nicht vorhandene Selbstliebe erkennst du vor allem daran, dass du dich, so wie du bist, nicht zu 100 Prozent annimmst und akzeptierst. Du bist mit irgendetwas an dir nicht im Reinen und haderst. Das können äußerliche Merkmale sein, vielleicht deine Beine, dein Bauch, deine Größe, deine Ohren, deine Nase, dein Busen, dein Po, deine Zähne, dein Gewicht oder was es sonst noch alles so an unserem Körper gibt. Gerade im Zusammenhang mit den in den Social-Media-Kanälen und von der Fitnessindustrie gezeigten Bildern kann es schnell passieren, dass wir uns mit diesen vergleichen und zu einem negativen Urteil über uns selbst gelangen. Da ist auf einmal von «Problemzonen» und anderen Dingen die Rede. Dadurch besteht das Risiko, dass wir uns als «nicht richtig» empfinden. Das ist aus meiner Sicht eine der größten Gefahren unserer heutigen Zeit.

Es kann auch sein, dass du ein Verhalten von dir ablehnst. Du könntest es hassen, dass du bei Präsentationen immer nervös wirst, dass du dich überfordert fühlst, wenn bei deiner akribischen Organisation etwas schiefgeht, oder dass du unsicher bist, wenn du keine Klarheit über die Urlaubs- oder Wochenendplanung hast. Es könnte sein, dass du dich dafür verurteilst, wenn dir der Mut fehlt, deinen Chef oder einen Kollegen auf ein unangebrachtes Verhalten hinzuweisen. Es könnte sein, dass du dich dafür verurteilst, nicht schlagfertig genug zu sein, wenn dich auf der Arbeit oder im Freundeskreis jemand diskreditiert. Es könnte sein, dass du es hasst, nie die richtigen Worte für eine Situation zu finden.

Es könnte auch sein, dass du mit deiner Vergangenheit haderst und nach Schuldigen für verschiedene Situationen und Ereignisse suchst, die stattgefunden haben. Situationen, die dich an deinen momentanen Ort geführt haben, mit dem du vielleicht gerade ebenfalls nicht im Reinen bist. Vielleicht glaubst du, du hättest bereits mehr erreichen oder mehr leisten müssen, solltest erfolgreicher sein und einen besseren oder anderen Job haben.

Alle diese Punkte haben in der Situation eines gemeinsam: Du würdest sie am liebsten sofort loswerden, sie sprichwörtlich abwerfen oder radikal verändern. Auf jeden Fall sollen sie nicht so sein, wie sie sind. So wie sie sind, sind sie nicht okay und führen dich stets zu einem harschen Urteil über dich selbst.

Dann tauchen Stimmen in deinem Kopf auf, die dir vielleicht sagen:

«Du musst mehr Sport machen».

«Du musst schlagfertiger werden».

«Du musst eine Diät machen».

«Du musst dir die Nase operieren lassen».

109

«Du darfst nicht mehr nervös werden».

«Du musst dich besser organisieren, damit keine Fehler passieren».

«Du musst mehr leisten und einen besseren Job finden».

…

In all diesen Punkten passiert Folgendes: Du sagst dir, dass etwas an dir, deinem Verhalten oder deiner Situation nicht richtig ist. Du stellst gegenüber dir selbst eine Forderung auf, wie das zukünftig zu laufen hat, damit es richtig wird. Du baust bei dir selbst einen unglaublichen Druck auf, lehnst Teile von dir ab und diskreditierst dich im Geiste selbst. An dieser Stelle fehlt der liebevolle Blick auf dich selbst. In diesem Moment ist der große Schatten da, der deinen Blick verdunkelt und dich all deine schönen und positiven Aspekte und die deiner Situation nicht mehr erkennen lässt.

Angenommen, ein Freund würde zu dir kommen und dir sagen, dass er schrecklich nervös sei vor der bevorstehenden Präsentation und dass er höllische Angst habe. Wie würdest du reagieren? Würdest du ihm sagen, dass er keine Angst haben darf? Würdest du ihm sagen, dass er sich nicht so anstellen, sondern sich zusammenreißen und nicht nervös sein soll? Würdest du ihm die Freundschaft kündigen, weil es einen vermeintlichen Makel darstellt, vor einer Präsentation nervös zu sein und Angst zu empfinden?

Solch eine Aussage und solch ein Verhalten wären ebenso unmenschlich wie kontraproduktiv. Ich glaube, niemand von uns würde so auf diese Situation reagieren. Was würden wir stattdessen tun? Wir würden versuchen, so verständnisvoll und empathisch auf die Person einzugehen, wie wir können. Wir würden ihr sagen, dass es okay ist, nervös zu sein. Wir würden sagen, dass andere Menschen, gar große Persönlichkeiten, auf der Bühne regelmäßig nervös sind und Lampenfieber haben.

Wir würden die Person in den Arm nehmen, fest drücken und ihr sagen, dass sie das schaffen und die Situation gut ausgehen wird.

Wir würden versuchen, ihren Mut und ihre Zuversicht zu stärken und unsere Freundschaft würde durch eben diese kleinen Akte der Liebe eine tiefere Ebene erreichen.

Jetzt stellt sich die Frage, tun wir dies auch bei uns? Und wenn nicht, warum nicht? Warum fällt es uns im besten Fall bei anderen leichter, einen liebevollen Blick zu entwickeln, und bei uns selbst nicht? Dies hängt häufig auch mit unserer Erziehung zusammen. Viele von uns sind irgendwann einmal in ihrem Leben an den Punkt gekommen, dass es Liebe nur gegen Leistung gibt. Die bedingungslose Liebe, die uns in ganz frühen Jahren zuteilwurde, wich einer Art Abkommen. Sei artig und tu, was man dir sagt, dann erhältst du Liebe. Verhalte dich rebellisch und eigensinnig, dann trage die Strafe dafür: Liebesentzug.

In diesem Moment könnte sich bei vielen von uns der Glaubenssatz eingeprägt haben: Wenn ich mich nicht der Norm entsprechend verhalte, die Anforderungen der Eltern und Umwelt nicht erfülle, nicht der Norm entsprechend aussehe und auftrete, bin ich nicht liebenswert.

Dieser Glaubenssatz wächst mit der Zeit zu einer innerlichen Überzeugung heran. Den Mangel an Liebe und Wertschätzung versuchen wir dann viele Jahre durch Leistung wettzumachen. Es entwickelt sich eine bizarre Eigendynamik. Zusätzlich zu dem anfänglichen Fehlverhalten fangen wir an, weitere Aspekte bzw. gesellschaftliche Anforderungen und Normen auf uns zu übertragen. An die Stelle unserer Eltern treten die Gesellschaft im Allgemeinen, Vorgesetzte und Kollegen, Freunde und Bekannte.
Wir verknüpfen die in den einzelnen Systemen enthaltenen

Normen mit unserem kindlichen Fehlverhalten und glauben, wenn wir diesen nicht entsprechen, wären wir nicht liebenswert. Wir richten unseren inneren Kritiker knallhart aus. Wir dressieren ihn zu einem im sprichwörtlichen Sinne gemeinten «bissigen Hund». Wir fangen an, uns immer und überall mit anderen zu vergleichen. Und jedes Mal, wenn auch nur der Anschein besteht, wir würden in dem Vergleich schlechter abschneiden, kommt der bissige Hund zum Vorschein und beißt uns innerlich in unsere Wade. Und wenn wir besser abschneiden, hält der Zustand der Genugtuung nur bis zum nächsten Vergleich. Es ist ein immerwährender Kampf innerhalb der einzelnen Bereiche, in denen wir unsere Energie dafür aufwenden, bestmöglich abzuschneiden bzw. zu bestehen.

Würdest du dieses Verhalten als liebevoll bezeichnen? Nein? Ich auch nicht. Falls du dich gerade ertappt fühlst, sei unbesorgt, mir ging es auch so und vielen anderen Menschen geht es ebenso wie dir und mir. Du bist damit nicht allein.

Lass mich dir erzählen, wie es bei mir war und wie ich auf das Thema Selbstliebe aufmerksam wurde. In Lifehack #9 hatte ich bereits kurz erzählt, dass ich bis zum Alter von 27, 28 Jahren eine starke Entwicklungsverzögerung hatte. Mein äußeres Erscheinungsbild glich dem eines Teenies im Alter von 14 oder 15 Jahren. Von meiner Umwelt, speziell von der Damenwelt, wurde mir mitgeteilt, dass ich nicht wie ein «richtiger Mann» aussehen würde. Als ich mit 19 Jahren kellnerte, beschwerte sich einmal ein Gast bei der Geschäftsleitung, warum sie Kinder einstellten. Kinderarbeit sei in Deutschland verboten. Im anschließenden Gespräch mit meinem Chef konnte ich ihn von der Kündigung abbringen, jedoch war er zunächst der Ansicht, dass meine Erscheinung eine Irritation für den Betrieb darstelle. Ich erfüllte also weder die von zu Hause aus vorgegebenen Erwartungen und Forderungen, noch die meines Arbeitgebers. Verschiedene erzieherische Maßnahmen physischer und psychischer Natur verstärkten den Effekt der Ablehnung vor allem in meiner Kindes- und Jugendzeit.

Mir wurde also über einen sehr langen Zeitraum von vielen Seiten signalisiert, dass mit mir etwas nicht «richtig» sei. Irgendwann fing ich an, dem Ganzen eine gewisse Wahrheit zuzusprechen. Wenn man erst einmal gefühlte 200 Körbe von der Damenwelt erhalten hat, fällt einem das nicht mehr so schwer. Ich nahm die äußeren Urteile an und begann zu glauben, dass tatsächlich etwas mit mir nicht richtig sei. Ich fing an, selbst mein junges Erscheinungsbild abzulehnen. Ich fing an zu glauben, dass ich einer Frau tatsächlich nichts zu bieten hätte. Ich reduzierte alle meine Eigenschaften und Fähigkeiten auf mein äußeres Erscheinungsbild.

Ich fing an, mich mit anderen Männern zu vergleichen, die augenscheinlich deutlich mehr Erfolg bei den Damen hatten. Ich richtete meinen bissigen Hund knallhart ab. Ich identifizierte jeden Punkt, der bei anderen Männern als besonders positiv oder attraktiv wahrgenommen wurde, und prüfte, ob ich diesen Aspekt erfüllte. Zu meinem damaligen Leidwesen war dies generell nie der Fall. Wie oben beschrieben, übertrug bzw. koppelte ich auch weitere Aspekte meiner Person an dieses «nicht richtig»-Sein. Geprägt von sehr altbackenen Rollenverständnissen über Mann und Frau durch mein Zuhause, koppelte ich z. B. meine Höhenangst und viele weitere Eigenschaften und Empfindungen an die Aspekte, welche nicht «richtig» waren.

Was ist dadurch passiert? Ich war ständig damit beschäftigt, mich mit anderen zu vergleichen, versuchte durch besonders harte Arbeit oder hohe Leistung dieses «angebliche» Defizit zu kompensieren und das «richtige» Rollenmodell zu erfüllen. Zu diesem Zeitpunkt richtete ich meinen Fokus auf keine meiner Stärken. Ich war nur damit beschäftigt, vermeintliche «Schwächen» oder «Makel» bei mir zu identifizieren, und habe nach Wegen gesucht, diese wettzumachen.

Wie du merkst, hatte mir zu diesem Zeitpunkt ebenfalls der liebevolle Blick auf mich selbst gefehlt. Der Schatten hatte völlig meine Sicht vernebelt und ich habe mich nur auf die vermeintlich negativen Aspekte fokussiert.

Wie gelingt es uns aber nun, diesen schattenhaften Blick zu verändern, den bissigen Hund zu zähmen und wieder Klarheit und einen liebevollen Blick zu bekommen?

Für mich war der erste Schritt, ein Bewusstsein dafür zu erlangen. Ich setzte mich eines schönen Abends hin und dachte über meine Vision nach, wie in Lifehack #1 angesprochen. Dabei fiel mir mein innerer Kampf auf, meine Ablehnung gegenüber meinem jungen Erscheinungsbild, mein starres Rollenverständnis, das ich von zu Hause und aus meiner Umwelt übernommen hatte, und die weiteren Aspekte, die ich diesem zuschrieb. Ich erkannte erstmals, dass es nicht nur einen, sondern sogar mehrere Aspekte an mir gab, die ich ablehnte und von denen ich mir wünschte, sie wären anders oder nicht da. Da war ich ehrlich gesagt erst einmal erschrocken. Mir selbst einzugestehen, dass ich etwas an mir ablehne oder verurteile, musste ich zunächst sacken lassen.

Auf den anfänglichen Schock folgte jedoch rasche Erleichterung. Ich freute mich über die Erkenntnis. Ich konnte meine Vision weiter verfeinern und hatte Ansatzpunkte für die nächsten Etappen. Ich stellte mir die Frage, ob ich damit zufrieden bin und es auch in Zukunft so weiter praktizieren will, so hart und lieblos mit mir ins Gericht zu gehen. Ich stellte mir die Frage, ob diese Sichtweisen und dieses Verhalten meinen Alltag schöner und leichter machten oder nicht. Ich fragte mich und prüfte, wie viel Zeit und Energie ich mit Vergleichen und persönlichen Kämpfen verbrachte.

Also identifizierte ich erst einmal alles, was ich gedanklich als «nicht richtig» an mir deklarierte. Und tatsächlich waren da noch weitaus mehr Punkte auf der Liste als nur das junge Erscheinungsbild. Ich erfasste also alle Punkte, die mir einfielen und mit denen ich persönlich auf Kriegsfuß stand. Ich schrieb die Rollenvorstellungen nieder, die ich bis dato aufgeschnappt hatte. Diesen Prozess empfand ich als höchst spannend, zu sehen, an welchen Stellen ich überall mit mir haderte, wie ich über verschiedene Aspekte meiner Person und meines Körpers dachte und welche Urteile ich dazu hatte. Welche Vorstellungen hatte ich bislang über verschiedene Rollen übernommen?

Als Nächstes fragte ich mich, woher diese Überzeugungen und Urteile kamen und ob diese tatsächlich allgemeingültig sind.

Um es etwas praktischer darzustellen, sahen meine Überlegungen z. B. so aus:

- Ist Höhenangst tatsächlich etwas Schlimmes oder Verwerfliches?
- Werden Männer mit Höhenangst generell nicht von Frauen geliebt oder gesellschaftlich akzeptiert?
- Dürfen Männer tatsächlich keine Höhenangst haben?
- Ist es wahrscheinlich, dass ich der einzige Mann mit Höhenangst bin?
- Muss ich mich vor irgendjemandem dafür rechtfertigen, Höhenangst zu haben?
- Sagt Höhenangst etwas über die Qualität eines Mannes aus?

All diese Fragen konnte ich mit einem klaren NEIN beantworten. Dabei fiel mir auf, dass ich jede Menge Vorstellungen, Meinungen, Urteile und Glaubenssätze anderer Menschen übernommen und angenommen hatte, ohne diese auch nur ein einziges Mal für mich zu hinterfragen.

Mir fiel auf, dass ich auf diese Weise eher versuchte, ein Leben für andere zu leben, es anderen recht zu machen, statt auf meine eigenen Empfindungen und Vorstellungen zu setzen.

Auf diese Art und Weise richtete ich meine Energie darauf aus, möglichst konform zu werden, statt meine Stärken und Talente auf- und auszubauen, zumal ich diese bis zu diesem Zeitpunkt auch nur schwer erkannte.

Mit der entstandenen Liste machte ich mich auf die Suche und überprüfte jeden Punkt auf seine «Echtheit» hin und machte mir eigene Gedanken und Vorstellungen dazu. Ich stellte in vielen Gesprächen fest, dass es eine Menge Menschen gibt, und zwar sowohl Männer als auch Frauen, die Höhenangst haben. Ich stellte fest, dass dies mitnichten einen Grund dafür darstellt, nicht liebenswürdig zu sein oder akzeptiert zu werden.

Dies führte zu zwei entscheidenden Erkenntnissen: zum einen dazu, dass ich eine Menge Dinge auf eine Art interpretiert hatte, die nicht meinen eigenen Vorstellungen entsprach. Zum anderen dazu, dass ich eine Wahl hatte. Ich konnte selbst entscheiden, ob ich etwas als Makel sehen möchte oder nicht. Ich erkannte, dass es nicht mein Problem ist, wenn eine andere Person etwas an mir stört. Das ist nämlich ihres.

Um die Wahlmöglichkeit zu stärken und weiter auszuschöpfen, fing ich an zu prüfen, welche positiven Seiten die Liste mit den negativen Dingen hatte. Wie haben mich die einzelnen Aspekte in anderer Sicht geprägt und welche Stärken haben sich daraus für mich ergeben?

Ich stellte fest, dass ich durch meine eigene Höhenangst z. B. sehr empathisch gegenüber den Ängsten anderer Menschen war. Dass ich diese nicht verurteilte oder herabwürdigte.

Ich bemerkte, dass ich durch die intensive Arbeit an meinen eigenen Punkten einen sehr differenzierten Blick für die Themen anderer entwickelt hatte und zu einem tollen Zuhörer geworden war.

Ich stellte fest, dass ich ein sehr offenes Wesen entwickelt hatte und Menschen gegenüber vorurteilsfrei auftrat. Ich bemerkte, dass ich durch diese harte Schule ein starkes Durchsetzungsvermögen aufgebaut hatte. Und eines wurde mir dann in einem Gespräch mit einem sehr guten Freund bewusst: Ich hatte all meine Freunde und Bekannten mit diesen Eigenschaften und den Erlebnissen gewonnen. Wenn ich diese Eigenschaften nicht gehabt hätte, hätten sich viele Situationen nicht ergeben, mein Leben hätte vielleicht einen ganz anderen Weg genommen und ich hätte viele Menschen, die mir sehr am Herzen liegen, nie kennengelernt.

Und für all diese Menschen standen diese Punkte niemals zur Debatte. Sie akzeptierten mich genau so, wie ich war. Diese Erkenntnis erleichterte es mir ungemein, meinen eigenen Frieden mit vielen Themen zu schließen.

In diesem Zusammenhang stellte ich mir dann eine entscheidende Frage: Würde ich auf eine meiner Freundschaften verzichten wollen zugunsten einer Veränderung der auf der Negativliste stehenden Aspekte? Wäre ich bereit, eine meiner Freundschaften zu opfern, um ggf. bestimmte schmerzhafte Ereignisse ungeschehen zu machen? Meine Antwort war klar NEIN!

Lieber würde ich weiter ein junges Erscheinungsbild, Höhenangst oder andere Punkte behalten, statt eine meiner Freundschaften aufzugeben.

Und da kam zum ersten Mal der Funke des eigenen, liebevollen Blicks ins Licht. Von diesem Moment an bestand ein Gegenpol zu allen Punkten auf der Negativliste. Mir wurde klar, dass ich, genau wie die Menschen in meinem Umfeld, diese Punkte annehmen könnte. Denn sie machten mich zu der Person, die ich bin.

Von da an wurde es zu einer Art Spiel zwischen mir und der Negativliste. Ich betrachtete die Punkte nicht mehr als Makel oder Feind, sondern nahm diese an und integrierte sie. Mir wurde bewusst, dass diese Punkte alle Teil meiner Persönlichkeit sind und mich genauso auszeichnen wie meine positiven Eigenschaften. Ich fand zu jedem Punkt im Sinne der Dualität positive Eigenschaften, die ich daraus erhalten habe. Und nach einiger Zeit erkannte ich, dass es vor allem unsere Schwächen, unsere schrulligen Eigenarten oder markante äußere Merkmale sind, die uns besonders liebenswert machen.

An diesem Punkt schloss ich Frieden mit mir und hörte auf, einzelne Teile von mir abzulehnen.

An dieser Stelle möchte ich dich noch zu einem kleinen Gedankenspiel einladen. Nachdem du das Beispiel gelesen hast, bitte ich dich, für einen Moment deine Augen zu schließen und das beschriebene Bild mit deiner Fantasie zu kreieren. Fühle einmal in dich hinein und prüfe, ob du dabei positive Gefühle entwickelst oder ob es dich eher kaltlässt oder gar abstößt.

Gedankenspiel:

Du liegst neben einer sowohl äußerlich als auch vom Auftreten her perfekten Person. Mann oder Frau bleibt dabei dir überlassen. Stell dir eine Person à la Werbeplakat vor. Äußerlich sehr attraktiv, nahezu makellos. Dazu noch hochintelligent, charmant, witzig, wortgewandt, einfühlsam, hilfsbereit, eloquent und welche nennenswerten Eigenschaften dir gerade noch dazu einfallen. Stell dir einen Menschen ohne nervige Angewohnheiten und Eigenarten vor. Eine Person, die dir quasi jeden Wunsch von den Lippen abliest und in absolut jeder Situation glänzt.

Jetzt stell dir einen Tag oder ein Leben mit dieser Person vor. Im ersten Augenblick könnte dies vielleicht anmutig bzw. anziehend wirken. Aber bei näherer Betrachtung der Kulisse kommen wir, glaube ich, alle zu dem Schluss, dass dieses Szenario wenig erstrebenswert ist. Eine perfekte Person wäre «glatt». Es gäbe keinerlei Reibungsfläche für uns. Nichts, was wir noch gemeinsam entdecken und entwickeln könnten, da die Person bereits über alles verfügt. Es wäre wahrscheinlich für uns langweilig und könnte uns auch in hohem Maße verunsichern.

Worauf möchte ich mit diesem Gedankenspiel hinaus? Ganz einfach: Niemand von uns wünscht sich einen «perfekten» Menschen an seiner Seite. Weder als Partner noch als Freund.

Deshalb wäre für uns auch ein Streben nach Perfektion und dem Loswerden aller vermeintlichen Schwächen nicht die Erfüllung unseres Traumes, sondern wir kämen vom Regen in die Traufe.

Und noch etwas macht unsere Unvollkommenheit so liebenswert und schön. Nur durch unsere Unvollkommenheit können wir einander helfen und uns ergänzen. Selbstliebe bedeutet also, unsere eigene Unvollkommenheit zu erkennen, zu akzeptieren und als Teil von uns anzunehmen und wertzuschätzen. Andernfalls wäre unsere Welt nicht bunt, sondern ziemlich grau.

Lifehack #11

Fit durch Regeneration

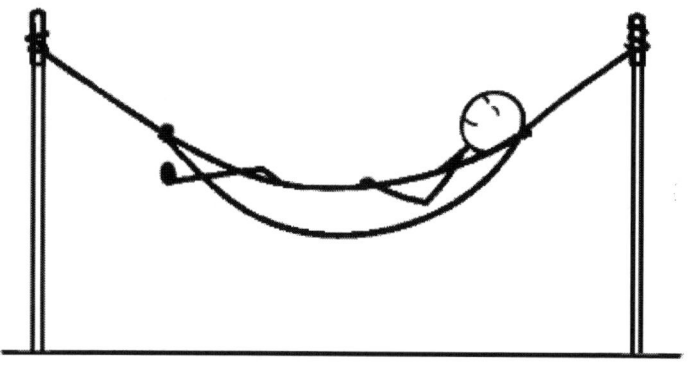

Ohne Erholung keine Energie!

Ein toller Punkt, vor allem, da wir diesen anderen sehr gern mit auf den Weg geben und für unsere eigene Regeneration häufig nicht so gut sorgen. Wie wichtig unsere Regeneration für unser Wohlbefinden und unsere Leistungsfähigkeit ist, ist uns meistens nicht richtig bewusst.

Wie lässt sich Regeneration genau beschreiben bzw. was meine ich, wenn ich von Regeneration spreche?

Dazu möchte ich gern auf ein Beispiel zurückgreifen. Denk jetzt einmal an den Akku deines Smartphones. Wenn der Akku leer ist, können wir es nicht benutzen. Wir können keine WhatsApp-Nachrichten lesen oder versenden, nicht auf Instagram, LinkedIn oder anderen Kanälen surfen, nicht telefonieren, uns keine Videos anschauen und auch sonst keinerlei Funktion des Gerätes verwenden. Was tun wir also?

Die meisten von uns haben die Akkuleistung ihres Smartphones sehr genau im Blick. Wir sind mit technischen Dingen wie einer Powerbank für Reisen ausgestattet und achten darauf, dass wir nach Möglichkeit immer eine Stromquelle und ein Ladekabel zur Verfügung haben, um unseren Smartphone-Akku laden zu können.

So weit, so gut.

Ich glaube, die wenigsten von uns haben sich die Zeit genommen, die Gebrauchsanleitung und die darin enthaltenen Hinweise zum optimalen Umgang mit dem Akku durchzulesen, sei es aus Zeitgründen, aus Unlust oder schlicht aufgrund der Möglichkeit, dass wir uns theoretisch jederzeit einen neuen Akku kaufen können bzw. in einem Shop einbauen lassen können.

Bei uns Menschen ist es ähnlich, in einem Punkt jedoch ganz anders: Wir haben zwar keine Gebrauchsanleitung für unseren inneren Akku, aber ich glaube, auch wenn wir diese hätten, würden die wenigsten von uns sie durchlesen. Häufig wissen wir nicht genau, wie wir für passende Regeneration sorgen können oder wir tun es schlicht und ergreifend nicht. Was uns aber grundsätzlich vom Smartphone-Akku unterscheidet, ist, dass wir uns bei Bedarf keinen neuen Akku kaufen bzw. einbauen lassen können.

Wir haben nur diesen einen Akku und da gilt es für uns, darauf achtzugeben.

Genau wie unser Smartphone benötigen auch wir eine volle Batterie, um volle Leistungsfähigkeit zu haben und unser volles Potenzial ausschöpfen zu können. Jetzt können wir uns aber nicht einfach mit einem Stecker an die Steckdose klemmen und uns wieder aufladen. Bei uns Menschen funktioniert das etwas anders. Und dieses Anders ist wiederum sehr individuell. Natürlich gibt es einige allgemeingültige Tatsachen in Bezug auf unsere Regeneration, wie z. B. Schlaf. Ohne genügend Schlaf, wobei «genügend» variieren kann, sind wir nicht richtig leistungsfähig.

Du kennst das vielleicht: Wenn du mal eine Nacht sehr wenig oder gar keinen Schlaf hattest, fühlst du dich schlapp, unkonzentriert, bist insgesamt reizbarer und alle Tätigkeiten sind gefühlt doppelt so anstrengend. Du versuchst, nur irgendwie den Tag zu überleben.

Neben dem Schlaf gibt es aber noch viele weitere individuelle Faktoren, die uns bei unserer Regeneration helfen. Wir benötigen eine feine Auswahl an Zerstreuung, Pflege und Versorgung, um unseren Akku gut zu laden und volle Leistungsfähigkeit zu besitzen.

Dieser Mix soll Folgendes bewirken:

- Unseren Geist lockern und entspannen
- Uns zur Ruhe kommen lassen
- Unseren Organen eine Pause gönnen
- Unsere Muskeln und Gelenke mobilisieren und stärken
- Uns mit guten Nährstoffen versorgen
- Unsere Kreativität anregen
- Uns Entspannung bringen, den Kopf frei machen

Wie dieser Mix dann am Ende genau aussieht, ist bei jedem von uns verschieden. Hier ein kleiner Einblick in meinen Regenerations-Mix:

- Geist lockern – Computerspiele, Lesen, Spazierengehen, Meditation
- Zur Ruhe kommen – auf dem Sofa liegen und nichts tun (auch kein TV o. Ä.)
- Organen Pause geben – ab einer bestimmten Uhrzeit nichts mehr essen
- Versorgung mit Nährstoffen – ich achte auf eine sehr ausgewogene, überwiegend vegetarische Ernährung
- Kreativität anregen – Besuch im Museum, einer Ausstellung, Videos zu Themen, über die ich noch nichts weiß, Fortbildungen etc.
- Entspannung – Massage, Sauna etc.

Es lohnt sich für uns, unserer persönlichen Regeneration mindestens die gleiche, wenn nicht sogar mehr Aufmerksamkeit und Beachtung zu schenken als unserem Smartphone-Akku. Wenn unser persönlicher Akku gut regeneriert ist, kommen wir besser durch unseren Alltag, haben noch Energie für eigene Projekte oder unerwartete Ereignisse. Wenn unser Akku schlecht regeneriert ist, kann bereits die Bewältigung des Alltags eine Herausforderung darstellen. Für eigene Projekte, Wünsche und Ideen fehlt dann einfach oftmals die Energie. Und sollte dann noch etwas Unerwartetes passieren, können wir auch leicht in eine Überforderung geraten.

Welche Art der Regeneration für dich passend ist, gilt es, selbst herauszufinden. Und dazu kannst du tatsächlich aktiv ein paar Dinge tun. Die folgenden Fragen geben dir eine Hilfestellung, um dir deine persönliche Gebrauchsanleitung zu erstellen:

- Was für ein Schlaftyp bzw. Chronotyp bist du? Eule oder Lerche? Wenn du das weißt, richte deinen Schlafrhythmus entsprechend danach aus.
- Wie viele Stunden Schlaf benötigst du?
  In der Regel benötigen Menschen zwischen sechs und acht Stunden Schlaf. Teste aus, welche Dauer dir die beste Erholung bringt. Vielleicht hast du auch eine ganz andere.
- Wie sieht dein Essverhalten aus? Isst du regelmäßig noch etwas vor dem Schlafengehen? Können sich deine Organe in der Nacht erholen oder sind sie noch mit Verdauungstätigkeiten beschäftigt?
- Womit kommst du am besten zur Ruhe und schaffst es, deinen Kopf abzuschalten?
- Nach welchen Mahlzeiten und Nahrungsmitteln fühlst du dich fit und vital und welche liegen dir schwer im Magen und du würdest am liebsten ein Nickerchen machen?
- Was regt deine Kreativität an?
- Wobei kannst du besonders gut entspannen?

Und die alles entscheidende Frage zum Schluss: Welche dieser Punkte berücksichtigst du bereits heute bei deiner Regeneration? Ist dir klar, wann du auf welche Form der Regeneration zurückgreifen kannst, um dadurch für ein bestimmtes Ziel die notwendige Energie zu haben?

Eine kleine Anekdote zum Abschluss dieses Lifehacks: Ich mache seit vielen Jahren Kraftsport. Dadurch konnte ich ein sehr gutes Gefühl für meinen eigenen Körper entwickeln. Mittlerweile weiß ich sehr genau, wie viel Schlaf ich benötige, welche Nahrungsmittel mir guttun, wann ich welche davon esse und zu welcher Zeit ich idealerweise zu Bett gehe. Ich kann einschätzen, wie viel Energie ich für meinen Alltag und eigene Projekte benötige und wie ich für die entsprechende Regeneration sorge.

Das Ganze war ein Prozess. Ein längeres «try-out»-Verfahren. Ich habe viele Dinge getestet und mir gemerkt, was funktioniert und was nicht, was MIR guttut und was mir überhaupt nicht guttut. Dieser Prozess hat viel mit Achtsamkeit zu tun. An dieser Stelle könnte es also sehr interessant für dich sein, dir den Lifehack #44 zu diesem Thema durchzulesen. Innerhalb unseres Lebens unterliegt alles einem steten Wandel. Unsere Umwelt verändert sich und wir selbst verändern uns. Wir werden älter. Es lohnt sich, immer mal wieder einen Blick auf die oben aufgeführten Fragen zu werfen und an deine momentane Lebenssituation anzupassen. Mit Anfang zwanzig, als ich mit Kraftsport begonnen habe, brauchte ich deutlich weniger Zeit zur Regeneration zwischen den Einheiten als heute mit knapp vierzig.

Ich möchte dich dazu einladen, dir diese Dinge selbst ganz bewusst zu machen und sie auszuprobieren. Ich möchte dich dazu ermuntern, dir die Zeit für diese Reise und für das Sammeln der Erfahrungen zu geben. Es ist ein Prozess, ein lebenslanger Prozess, der immer mal wieder unsere Aufmerksamkeit verlangt. Mach dir selbst keinen Druck, dass du in den nächsten Tagen oder Wochen auf alle Punkte die passende Antwort haben musst. Genieße die Reise und die gesammelten Erfahrungen und erfreue dich daran, von Woche zu Woche regenerierter und vitaler zu werden.

Lifehack #12

Bleib in Bewegung

Bewegung belebt Körper und Geist.

Bewegung ist gesund. Das hast du bestimmt schon häufiger gehört oder gelesen. *Und ich sage, es stimmt!*

In diesem Lifehack möchte ich mit dir einen genaueren Blick auf das Thema Bewegung werfen und einmal schauen, was dies eigentlich bedeutet und wie sie unseren Lebensalltag positiv beeinflussen kann.

Ganz allgemein können wir unter Bewegung eine Orts- und Positionsveränderung verstehen. Ausgehend davon können wir sagen, dass sie sowohl eine physische als auch eine geistige Komponente besitzt. Wir können uns körperlich und geistig bewegen. Aber wie genau profitieren wir von den beiden Arten der Bewegung?

Hierzu möchte ich dir ein paar Punkte zeigen, wie tägliche Bewegung sowohl meinen Alltag, meine Gesundheit als auch mein Wohlbefinden positiv beeinflusst. Unter anderem profitiere ich wie folgt von täglicher Bewegung:

- Sie hilft mir, den Alltagsstress abzubauen.
- Sie hilft mir, meine Gedanken zu sortieren.
- Sie hilft mir, neue Perspektiven und Blickwinkel einzunehmen.
- Sie schenkt mir Selbstwirksamkeitserfahrungen.
- Sie stärkt mein Selbstvertrauen.
- Sie verhilft mir zu einer gesunden Körperhaltung.
- Sie hat mir dabei geholfen, meine Nackenschmerzen vollständig loszuwerden.
- Sie verbessert meine Konzentrationsfähigkeit.
- Sie hilft mir, ausgeglichener zu sein.
- Sie hilft mir dabei, mich fit und vital zu fühlen.
- Sie lässt mich neue schöne Dinge entdecken.

Wie du sehen kannst, hat meine tägliche Bewegungsroutine einen enorm positiven Einfluss auf mein Leben. Und das ist nur ein kleiner Auszug der Dinge, die ich meiner täglichen Bewegung zuschreibe.

Genau das wünsche ich mir auch für dich: dass du mit täglicher Bewegung dazu imstande bist, eine spontane Liste aufzuzählen, wie tägliche Bewegung dein Leben verschönert und angenehmer macht. Lass uns jetzt einmal schauen, was genau die zwei Arten der Bewegung sind und wie wir diese für uns nutzbar machen können.

Als Erstes möchte ich mit dir das Thema der körperlichen Bewegung anschauen.

Körperliche Bewegung

Wie am Anfang bereits geschrieben, hat Bewegung etwas mit einem Orts- und Positionswechsel zu tun. Für die körperliche Bewegung bedeutet dies, wir suchen uns ein Ziel, mobilisieren unsere Muskeln und bewegen uns von A nach B.

Für viele ist Bewegung heutzutage eher ein Mittel zum Zweck geworden und nichts, was unbedingt ganz oben auf der Aktivitäts- oder To-do-Liste steht. Wir bewegen uns, um dadurch einen Zweck oder ein Ziel zu erfüllen. Wir gehen zum Auto, um damit irgendwohin zu fahren. Wir gehen zum Bus oder zur Bahn, um damit an einen anderen Ort zu gelangen. Wir stehen vom Bürostuhl auf, um zu einem Meeting zu gehen, einen Kaffee zu holen oder einen Kollegen etwas zu fragen. Wir stehen vom Sofa auf, um uns etwas zu naschen oder zu trinken zu holen oder um uns ins Bett zu legen.

Kurzum, viel von unserer Bewegung passiert nur deshalb, weil andere Faktoren unsere Bewegung bedingen.

Jetzt stelle ich frech die Frage: War das schon immer so und ist das unser natürliches Bewegungsprofil?

Wir alle, die dieses Buch lesen, gehören zur Gattung des Homo sapiens und damit zur Obergattung Homo, die laut Wikipedia seit ungefähr 300.000 Jahren die Erde bevölkert. Im Laufe der Evolution hat die Natur unseren Körper hervorragend auf die körperliche Bewegung ausgerichtet. Wir erlernten den aufrechten Gang, schnelles Laufen, Klettern und viele weitere Dinge, um Distanzen zu überwinden und von einem Ort an einen anderen zu gelangen. Durch Bewegung war es uns möglich, unsere Nahrung zu finden und auch zu jagen.

Bei Kindern lässt sich der natürliche Bewegungsdrang sehr schön beobachten. Sobald sie krabbeln gelernt haben, ist ihr Drang nach Bewegung geweckt und sie wollen die Welt entdecken. Sobald sie laufen können, verstärkt sich dieses Bedürfnis noch einmal deutlich. Zumindest berichteten mir dies viele Eltern und es entspricht auch meinen Beobachtungen.

Diese Informationen führen mich zu dem Schluss, dass körperliche Bewegung Teil unserer menschlichen Natur und für uns wichtig ist. Jetzt ist es aber so, dass viele Dinge, für die wir uns früher bewegen mussten, heute sehr leicht und ohne große Bewegung für uns erreichbar sind. Wenn wir Hunger haben, brauchen wir bloß zum Kühlschrank gehen oder maximal noch zum nächsten Supermarkt, um uns zu versorgen.

Unsere Bewegungsprofile haben sich im Zuge der Zivilisation und den damit verbundenen Entdeckungen und Erleichterungen verändert. Unsere Bewegungsanforderungen haben sich diesem Wandel aber noch nicht angepasst.

Wenn wir uns nicht bewegen, fangen wir im sprichwörtlichen Sinne an zu «rosten». Unsere Gelenke werden mit der Zeit schwerer und fangen unter Umständen an zu versteifen. Unsere Kondition baut ab. Unser Herz-Kreislauf-System wird schwächer. Wir fühlen uns im Allgemeinen weniger fit und vital. Genau das meine ich, wenn ich von körperlicher Bewegung spreche. Ich möchte gern dein Bewusstsein dafür wecken bzw. schärfen, dass unser Körper ein natürliches Bedürfnis nach Bewegung hat und wir sehr positiv darauf reagieren, wenn wir dieses Bedürfnis erfüllen. Ich glaube, das wird aus den vorangegangenen Zeilen klar.

Jetzt stellt sich für uns die Frage, wie können wir mehr Bewegung in unseren Alltag bringen?

Die Industrie hat dieses Thema ebenfalls erkannt und Dinge wie «Schrittzähler-Apps» und Ähnliches entwickelt. Das kann durchaus ein nützliches Instrument sein, um festzustellen, wie viel wir uns an einem Tag bewegt haben. Persönlich bin ich allerdings kein Freund von Tracking-Apps oder ähnlichen Hilfsmitteln. Das geht für meinen Geschmack zu sehr in eine Richtung von «Optimierung». Mir geht es vielmehr darum, Bewegung zu einem lieb gewonnenen Ritual zu machen, das du als Bereicherung für deinen Alltag und dein Wohlbefinden siehst, statt dir von einer App ein schlechtes Gewissen machen zu lassen.

Der einfachste Weg, sich zu bewegen, ist ein Spaziergang. Spaziergänge kosten uns kein Geld und können überall gemacht werden. Spaziergänge finden sogar in vielerlei Berufsfeldern Platz. Je nachdem können wir 15 Minuten unserer Mittagspause dazu nutzen, eine kleine Runde ums Gebäude zu drehen, oder wir gehen nach der Arbeit ein paar Schritte. Vielleicht gehen wir zu unserer Bahnstation, statt den Bus zu nehmen. Vielleicht laufen wir eine Runde durch den Park, bevor wir nach Hause fahren. Wir können auch unsere Liebsten dazu einladen, einen Spaziergang mit uns zu machen. So würden wir neben der Bewegung auch noch unsere sozialen Strukturen stärken.

Kurz gesagt, Bewegung soll kein Hexenwerk darstellen. Wir benötigen kein teures Equipment und auch keine Mitgliedschaft in einem Sportklub oder Ähnliches, um unsere Bewegungsanforderung erfüllen zu können. Wir brauchen schlichtweg bloß einen Fuß vor den anderen zu setzen.

Und dazu möchte ich dich einladen. Wenn du kannst, verlängere deine Mittagspause um 15 Minuten und geh ein paar Schritte um den Block. Such dir einen Park oder einen Wald in deiner Nähe und mach dort einen Spaziergang nach Feierabend. Ob allein oder in Begleitung bleibt völlig dir überlassen.

Mach dies zu einem täglichen Ritual und erfreue dich daran zu merken, wie positiv dein Körper darauf reagieren wird.

In der Mittagspause könntest du so z. B. den Stress des letzten Meetings loswerden. Bei deinem Feierabendspaziergang könntest du den Arbeitstag loslassen und mit freiem Kopf nach Hause kommen. Ich bin mir sicher, dass auch dein Umfeld eine positive Veränderung bemerken wird. Und dazu verbesserst du noch deine Vitalität, deine Gelenke, Sehnen und Muskeln werden mobilisiert, du wirst weniger Verspannungen haben und stärkst durch die frische Luft noch dein Immunsystem.

Und wer weiß, vielleicht entdeckst du ja bei deiner Runde einen liebevoll gepflegten Garten, der dir an diesem Tag einen wunderschönen Anblick bietet und deine Laune schlagartig verbessert.

Alles Dinge, die jeder von uns gebrauchen kann und die unseren Alltag verschönern.

Geistige Bewegung

Kommen wir nun zur geistigen Bewegung. Ähnlich wie unser Körper ein Bedürfnis nach Bewegung hat, geht es auch unserem Geist. *Unser Gehirn ist ein Werkzeug, das benutzt werden will.*

Die Welt um uns herum ist in stetem Wandel. Täglich wird unser Gehirn mit neuen Eindrücken, Situationen und Anforderungen konfrontiert. Um auf diese Situationen angemessen reagieren zu können, hilft uns ein beweglicher Geist.

Ähnlich wie mangelnde Bewegung unseren Körper sprichwörtlich «rosten» lässt, wird auch unser Denken starr und steif, wenn wir dieses nicht fördern und trainieren.

Ein offenes Wesen zu entwickeln, in Problemsituationen Ruhe zu bewahren und sich einen Überblick zu verschaffen, kreative Ideen entwickeln zu können – all das hängt damit zusammen, wie wir unseren Geist einsetzen.

Auch hier gilt: Weniger ist mehr. Es geht nicht darum, zwingend einen akademischen Bildungsstand zu erreichen oder unzählige Qualifikationen zu erwerben. Es geht darum, uns ein wenig Zeit in unserem Alltag zu nehmen und über die ein oder andere Frage nachzudenken. Es geht darum zu versuchen, neue Perspektiven auf unterschiedliche Themen einzunehmen. Dazu können wir uns z. B. mit einem uns völlig fremden Thema beschäftigen und unseren Geist ein wenig herausfordern.

Wenn wir dies tun, bleibt unser Geist flexibel und geschmeidig und wir können täglich kleine Lernerfolge verbuchen. Wir trainieren damit auch unsere Achtsamkeit und werden sensibler für die schönen Dinge um uns herum. Das wiederum wirkt sich positiv auf unsere Zufriedenheit aus.

Wir könnten z. B. täglich:

- Vokabeln einer anderen Sprache nachschlagen
- Interessante Videos aus einem neuen Themengebiet schauen
- Ein altes Schulbuch aufschlagen und einmal kurz hineinlesen

- Die Rückseite eines Buches lesen und schauen, ob es unser

Interesse weckt

• Eine Runde Schach oder Sudoku spielen

…

Wie du siehst, gibt es auch hier zahlreiche Möglichkeiten, um unseren Geist zu aktivieren und fit zu halten. Und hierbei spreche ich von lediglich ein paar Minuten am Tag.

Es lässt sich auch mit der körperlichen Bewegung kombinieren. Du könntest deinen Spaziergang dazu nutzen, um dir beispielsweise ein paar persönliche Fragen zu stellen oder eine Situation einmal kurz zu reflektieren.

All dies trainiert unseren Geist und hält uns fit.

Für beide Bereiche gilt, dass dies lebendige Prozesse sind. Schau, was am besten in deinen Alltag passt und wie du es integrieren kannst. Fühle dich frei, verschiedene Arten auszuprobieren und anzupassen, und finde den für dich praktischsten Weg.

Du wirst sehen: Wenn du es erst einmal anfängst und eine kleine Weile machst, wird es sich merklich positiv auf dein Wohlbefinden auswirken.

Dabei wünsche ich dir viel Spaß.

Lifehack #13

Lerne, Dinge anzunehmen

Annahme schafft Frieden in uns und mit unseren Mitmenschen.

Diesen Lifehack möchte ich mit einer Frage beginnen: Wie oft hast du dich über etwas geärgert, das du nicht ändern konntest?

Hast du dich schon einmal in einem plötzlichen Stau wiedergefunden und warst fürchterlich genervt und vielleicht sogar wütend über diesen Umstand, weil du zu allem Überfluss auf dem Weg zu einem Termin warst?

Ist es dir schon einmal widerfahren, dass kurz nach Ablauf der Gewährleistung ein Elektrogerät seinen Geist aufgegeben hat und du fürchterlich verärgert warst über diesen Umstand?

Wolltest du schon mal nur ganz kurz eine Kleinigkeit im Supermarkt kaufen, bist zielstrebig hinein, hast deinen Artikel geholt und an der Kasse erwartete dich die Schlange des Jahrhunderts?

Ist es dir vielleicht mal passiert, dass du in dein Auto eingestiegen bist und kurz nach dem Losfahren fing irgendein Lämpchen an zu leuchten und signalisierte dir, dass ein Defekt vorliegt?

Jeder von uns kennt diese kleinen Situationen. Hinzu kommen dann noch die größeren unerwarteten Ereignisse in unserem Leben. Stell dir mal vor, du würdest nach einem entspannten Wochenende zur Arbeit gehen und dein Chef würde dir sagen, du seist gekündigt. Ohne Vorankündigung oder irgendein erklärbares Zeichen.

Da wären wir alle erst einmal geplättet und wüssten nicht so recht, wie uns geschieht. Ganz häufig konnte ich bei Menschen in meinem Umfeld, in meinen Coachings sowie bei mir selbst feststellen, dass wir dazu neigen, solche Situationen kategorisch abzulehnen.

Wir wollen das, was gerade passiert, erst einmal nicht wahrhaben. Wir lehnen es ab! In all diesen Momenten großer und kleiner unangenehmer Situationen und Schicksalsschläge verwenden wir unsere Energie darauf, uns zu ärgern, uns zu beschweren, uns verbal über diesen Zustand auszulassen. Wir kritisieren das, was gerade passiert ist, suchen nach Schuldigen und versuchen, Frust abzubauen.

Wir werden wütend oder sind genervt, wir fangen an, uns zu sorgen und starten gleich ein großes Kopfkino, was jetzt wohl noch alles schiefgehen wird. Bei diesem Verhalten nutzen wir unsere zur Verfügung stehende Energie rein destruktiv. Denn sind wir einmal ehrlich, ändern lässt sich dadurch nichts. Kein Stau hat sich je durch vehementes Fluchen und Beschimpfen anderer Autofahrer aufgelöst.

Kein Elektrogerät hat seinen Dienst wieder aufgenommen, wenn man es beleidigt oder in die Ecke geworfen hat. Die Schlange im Supermarkt löste sich auch durch lautstarkes Meckern nicht schneller auf. Und unseren Arbeitsplatz hätten wir auch durch unangebrachte Äußerungen gegen unseren Chef, den Vorstand oder das gesamte System nicht wiederbekommen.

In all diesen Zeitpunkten, und welche dir da gerade noch so einfallen, haben wir unsere Energie für den verzweifelten Versuch aufgewendet, durch unser gezeigtes Verhalten die Situation rückgängig zu machen bzw. abzuwehren.

Fast immer ohne Erfolg.

Ebenfalls konnte ich vielfach beobachten, dass wir zu allem Überdruss auch noch an diesen Situationen festhalten. Die lange Schlange im Supermarkt hat unsere Laune komplett ruiniert und bei dem anschließenden Treffen mit einem Freund oder einer Freundin beklagen wir uns nur noch darüber, wie unfähig die Verwaltung des Supermarktes sei und dass es doch ein Ding der Unmöglichkeit sei, keine weitere Kasse zu öffnen.

Das kaputte Elektrogerät beschäftigt uns so sehr, dass wir am Abend mit unserer besseren Hälfte die Minderwertigkeit der Produkte diskutieren, uns über die mangelnde Kulanz des Verkäufers aufregen und der gemeinsame Filmabend, der geplant war, ins Wasser fällt oder wir uns nicht richtig darauf einlassen können.

Der Umstand der überraschenden Kündigung beschäftigt uns so sehr, dass wir über Wochen und Monate hinweg kaum zu einem anderen Gesprächsthema fähig sind. Oder wir sind so frustriert und fühlen uns beschämt über diesen Zustand, dass wir als Gesprächspartner zu gar keinem Thema etwas sagen können und wollen.

Vielleicht kommt dir die ein oder andere Situation bekannt vor oder du kannst dir diese vorstellen. Bei jeder der skizzierten Situationen kann es zu einer mehr oder weniger starken Abwehrreaktion kommen, die unterschiedlich lange anhält.

Das eigentlich Witzige ist, dass wir im Nachgang versuchen, etwas, das schon passiert ist, mit dem Einsatz unserer Energie in negative Bahnen rückgängig zu machen. Wir hoffen, dass unsere Beschimpfungen das Gerät wieder ganz werden lassen, uns unseren Job zurückbringen oder den Stau auflösen. Wir richten unseren Blick in die Vergangenheit und verharren auf unbestimmte Zeit in dieser Position. Das ist mir unglaublich wichtig, dies noch einmal in dein Bewusstsein zu rufen: *Wir können nichts, aber wirklich rein gar nichts, in der Vergangenheit verändern.*

Wir können aber unseren Blick aus der Vergangenheit in die Gegenwart und Zukunft richten. Es geht nicht darum, nie mehr zu meckern, wütend oder genervt zu sein oder auch mal zu verzweifeln. Das sind alles menschliche Emotionen und die gehören zu uns. Mir geht es vielmehr um die Dauer, die wir diesen Emotionen durch unseren Blick in die Vergangenheit immer wieder gewähren. Wenn wir nur in die Vergangenheit blicken, fehlt uns die Sicht für das Hier und Jetzt und für unsere Zukunft.

Auf diese Weise hindern wir uns daran, die positiven Dinge, die sich aus der Situation ergeben, zu erkennen und nach Lösungsmöglichkeiten für die Zukunft zu schauen. Genau dabei hilft uns die Eigenschaft dieses Lifehacks sowie Lifehack #6 *Fokussiere dich auf Lösungsfindungen*. Wenn wir lernen, Dinge anzunehmen, verharren wir weniger lange in der vergangenen Situation und richten unseren Blick schneller auf das Hier und Jetzt sowie unsere Zukunft. Wir haben die Chance, positive Aspekte des Augenblickes bzw. des Ereignisses zu erkennen und für uns nutzbar zu machen und unser Leben aktiv zu gestalten.

Denn eines ist klar, die Situation löst sich nicht dadurch auf, dass wir mit unserem Blick in der Vergangenheit verharren. Um eine Lösung zu finden und die positiven Seiten entdecken zu können, bedarf es einer Veränderung der Perspektive.

Und genau diese erlangen wir schneller, wenn es uns gelingt, die Ereignisse anzunehmen. Ganz gleich, wie schmerzhaft oder schlimm sie sein mögen. Eine Lösung finden wir nur, wenn wir unseren Blick nach vorne richten.

Irgendwo habe ich einmal einen Spruch aufgegriffen, der ungefähr so lautete: «*Das Leben muss nach vorn gelebt und nach hinten verstanden werden.*»

Das bringt es für mich so ziemlich auf den Punkt. Im späteren Verlauf unseres Lebens werden wir erkennen, wofür die ein oder andere unangenehme Situation gut war. Im Augenblick selbst bleibt uns dies meist zunächst verborgen.

Lass uns jetzt einmal schauen, wie wir davon profitieren, wenn wir lernen, Situationen und Ereignisse schneller anzunehmen:

- Wir lernen, schneller ins Hier und Jetzt zurückzugelangen.
- Wir lernen, für unsere Zukunft zu planen.
- Wir investieren unsere Zeit in positive Dinge.
- Wir schärfen unsere Selbsterkenntnis.
- Wir gewinnen an Erfahrung.
- Wir stärken unsere Problemlösefähigkeiten.
- Wir bekommen einen schärferen Blick für Chancen.
- Wir reduzieren Blockaden.
- Wir schlafen besser.

Lass uns kurz innehalten und ganz ehrlich miteinander sein. Angenommen, unser Auto geht plötzlich kaputt. Was wäre besser? Uns zwei Tage darüber zu ärgern und dem Autoverkäufer böse Unterstellungen zu machen, uns mit negativen Gefühlen und Emotionen aufzuladen und am Ende doch in die Werkstatt zu fahren und die Zeit vergeudet zu haben?

Oder wäre es angenehmer, die Situation anzuerkennen als das, was sie ist, nämlich als ein Ereignis, das bereits passiert ist und das wir rückwirkend nicht mehr ändern können? Was wir allerdings ändern könnten, wäre unsere Reaktion. Wir könnten es annehmen, sofort einen Termin in der Werkstatt vereinbaren und uns überlegen, wie wir den Rest unseres Tages organisieren und noch ein paar schöne Momente kreieren.

Natürlich ist es nicht schön, wenn plötzlich das Auto kaputtgeht, nicht geplante Kosten entstehen und wir uns für diverse Tätigkeiten eine Lösungsalternative überlegen müssen. Aber mit der Annahme der Situation haben wir die Chance, auch viel Positives aus dieser Situation mitzunehmen.

Vielleicht treffen wir in der Bahn, die wir nun für unseren Weg zur Arbeit nehmen müssen, unsere Traumfrau oder unseren Traummann. Vielleicht entdecken wir auf dem Fußweg zur Bahn einen wunderschön gepflegten Garten, der uns die passenden Ideen für unseren eigenen Garten liefert.

Natürlich ist es furchtbar, seinen Job zu verlieren. Aber vielleicht finden wir durch die Kündigung endlich einmal Zeit, in uns zu gehen und zu reflektieren? Vielleicht stellen wir in diesem Moment der Ruhe fest, dass dieser Job eigentlich nicht wirklich zu uns gepasst hat. Vielleicht erkennen wir, was uns wirklich beflügelt, motiviert und wo unser Interesse liegt. Mit diesem neuen Job, der wirklich zu uns passt und der uns nicht nur unsere Rechnungen bezahlen lässt, sondern auch mit einem Gefühl von Sinnhaftigkeit, Freude und vielem mehr beschenkt, hätten wir dann einen sprichwörtlichen «Jackpot» erhalten.

Das Leben steckt voller Überraschungen und unsere Zukunft ist stets ungewiss. Wenn wir dem Leben offen begegnen und die guten und die schlechten Situationen annehmen und akzeptieren, versetzen wir uns in die Lage, stets das Beste aus jedem Tag zu machen.

Wie gelingt es uns nun, Dinge besser anzunehmen?

- Bewusst machen, dass das Ereignis bereits stattgefunden hat.
- Ruhe bewahren.
- Prüfen, was wir jetzt und für die Zukunft tun können.
- Überlegen, was die Situation uns schenkt.

Bewusst machen, dass das Ereignis bereits stattgefunden hat

Am Anfang hilft es uns, wenn wir uns ganz bewusst machen, dass die Situation bzw. das Ereignis bereits stattgefunden hat. Wenn das Elektrogerät kaputtgegangen ist, ist es kaputt. Dieses Ereignis können wir nicht mehr ändern.

Ruhe bewahren

Als zweiten Schritt hilft es uns, wenn wir uns nicht verrückt machen und unser mögliches Gedankenkino stoppen. Nahezu kein Ereignis dieser Welt, Naturkatastrophen einmal ausgenommen, hat binnen Sekunden oder Minuten weiteren Einfluss auf unser Leben. Wir können die Situation erst einmal sacken lassen.

Prüfen, was wir jetzt und für die Zukunft tun können

Wenn wir uns die Situation bewusst gemacht haben und zur Ruhe gekommen sind, können wir uns überlegen, wie wir damit umgehen. Wir prüfen, welche direkten Auswirkungen das Ereignis auf unsere Lebensrealität, sprich unseren Alltag hat. Nehmen wir dazu noch einmal das Beispiel des Elektrogerätes: Stellen wir uns vor, es war unsere Waschmaschine, die kaputtgegangen ist. Okay, das haben wir akzeptiert und sind uns auch bewusst, dass wir dies nicht ändern können, auch nicht durch meckern. Der Defekt hat in den nächsten Stunden keinen gravierenden Einfluss auf unser Leben. Wir können also Ruhe bewahren.

Nun prüfen wir, welche Auswirkungen die Situation für uns hat. Wir recherchieren, was eine neue Waschmaschine kostet und wie wir diese finanzieren können. Wir prüfen, wie viel saubere Wäsche noch im Schrank liegt und was wir als Nächstes irgendwie gewaschen bekommen müssen.

Dann überlegen wir uns, wie wir die zu waschende Wäsche waschen können. Wir könnten für den Übergang unsere Eltern, Freunde oder Nachbarn, mit denen wir uns gut verstehen, fragen oder schauen, ob es in unserer Umgebung einen Waschsalon gibt. Wir könnten auch ganz «oldschool» die Wäsche mit der Hand waschen.

Überlegen, was die Situation uns schenkt

Nehmen wir an, wir würden mit unserer Wäsche zu unseren Eltern gehen. Wir würden ihnen die Situation erklären und unsere Wäsche waschen. Vielleicht hatten wir bereits seit Längerem vor, unsere Eltern endlich mal wieder zu besuchen und ein bisschen mehr Zeit mit ihnen zu verbringen. Während die Wäsche in der Waschmaschine ist, erleben wir eine tolle Zeit mit unseren Eltern, essen gemeinsam etwas und sprechen über alte Geschichten und aktuelle Themen. Wenn die Wäsche fertig ist und wir genug geplaudert haben, verabschieden wir uns. Dabei bemerken wir, wie gut uns das getan hat und wie schön es war, endlich wieder etwas Zeit mit unseren Eltern verbracht zu haben.

Wir können nun erkennen, dass der Defekt der Waschmaschine zwar erst einmal unschön für unseren Geldbeutel und unsere Gewohnheiten war und wir improvisieren mussten, um eine Übergangslösung zu finden. Aber dieser Umstand hat uns auch die ersehnte Zeit mit unseren Eltern geschenkt. Wir konnten endlich einmal wieder entspannt zusammensitzen und eine schöne gemeinsame Zeit verbringen.

Das klingt jetzt vielleicht ein bisschen nach einem etwas romantischen Bild, aber glaub mir, es ergeben sich nahezu immer solch schöne Situationen, wenn wir die Dinge annehmen und unseren Blick offen im Hier und Jetzt halten.

Ich hoffe, ich konnte dich ein bisschen dazu inspirieren, dieses Thema von einer neuen Seite zu sehen.

Lifehack #14

Gut kommuniziert ist halb gewonnen

**Wer gut kommuniziert, erhöht seine Chancen,
verstanden zu werden.**

Das ist ein wirklich toller Lifehack. Dieses Thema beschäftigt mich quasi schon mein ganzes Leben und ist im wahrsten Sinne des Wortes meine Passion. Kommunikation bzw. unsere Kommunikationsfähigkeit ist für mich ein Schlüssel dazu, unsere Existenz und unser Sein wahrhaftig auszudrücken. In unserer Fähigkeit, zu kommunizieren, schlummert ungemein viel Potenzial.

Schon immer habe ich mich gefragt, wie Missverständnisse entstehen, wie es dazu kommt, dass unser Gegenüber etwas völlig anderes versteht, als was wir zu sagen versuchen. Ich habe mich gefragt, wie es zu ganz unterschiedlichen Interpretationen innerhalb eines Gespräches kommen kann und wie Menschen zu völlig anderen Schlussfolgerungen kommen. Ich habe mich gefragt, wie es uns gelingen kann, unsere Gefühle, unsere Emotionen und Gedanken so ausdrücken zu können, dass unsere Mitmenschen uns wirklich verstehen und die Chance haben, nachempfinden zu können, was wir meinen. Ich habe mich gefragt, wie es uns gelingen kann, aufmunternde und inspirierende Worte für unsere Mitmenschen zu finden.

Wir alle erlernen im Laufe unseres Lebens die Fähigkeit, zu sprechen. Ich behaupte hier jetzt einmal ganz frech: Wir erlernen jedoch nicht die Fähigkeit, zu kommunizieren. Und darin liegt eine große verborgene Kraft. Ein Potenzial, das wir uns erschließen können.

Wenn wir an unserer Kommunikationsfähigkeit arbeiten, profitieren wir in so vielen verschiedenen Bereichen davon, dass wir uns das jetzt wahrscheinlich kaum vorstellen können. Ich möchte dir ein paar persönliche Beispiele zeigen, wie ich davon profitiert habe, als ich damit anfing, mich mit meinen Kommunikationsfähigkeiten zu beschäftigen:

- Ich intensivierte meine zwischenmenschlichen Beziehungen.
- Ich verbesserte meine Partnerschaften.
- Ich reduzierte Missverständnisse.
- Ich reduzierte Konflikte.
- Ich erzeugte mehr Nähe in Gesprächen.
- Ich wurde mir meiner Gefühle, Emotionen und Gedanken bewusster.
- Ich lernte, meine Gefühle und Emotionen besser mitzuteilen.
- Ich erlangte ein besseres Verständnis über mich selbst.
- Ich kann mich besser in andere hineinversetzen.
- Ich verbesserte meine Reflexionsfähigkeiten.
- Ich wurde schlagfertiger in Diskussionen.
- Ich erhöhte meine Chancen bei Bewerbungsgesprächen.

...

Mir würde es leichtfallen, die Aufzählung mit vielen weiteren Punkten zu ergänzen. Es gibt wirklich unglaublich viele positive Effekte, die sich durch die Arbeit an meinen Kommunikationsfähigkeiten eingestellt haben. Ich möchte dich mit diesen Beispielen dazu inspirieren, dem Thema eine Chance zu geben und selbst eine Vielzahl an positiven Effekten in dein Leben zu ziehen.

Denn wie bereits erwähnt, glaube ich, dass die meisten von uns nie wirklich eine gelungene Form der Kommunikation gelernt haben. Es gibt, zumindest war es zu meiner Zeit so, auch kein Schulfach oder Ähnliches, was uns lehrt, gelungen zu kommunizieren.

Wir erlernen Sprache, Wörter und Grammatik. Vielleicht werden wir auch noch mit dem Führen einer ordentlichen Diskussion vertraut gemacht. In den meisten Fällen war es das aber dann, zumindest was das Schulische anbelangt. Wenn wir also nicht zufällig das Glück hatten, in einem Elternhaus bzw. Umfeld aufzuwachsen, wo uns dies vorgelebt und beigebracht wird, haben die meisten von uns nie richtig erlernt, was damit gemeint ist und wie wir dies tun.

Ich lade dich zu einem kleinen Experiment ein. Das funktioniert am besten, wenn du mit ein paar Freunden, Bekannten oder Kollegen zusammensitzt. Alternativ kannst du auch zu deinem Smartphone greifen und ein paar Personen anrufen.

Definiere jetzt einmal mit einer Zahl die folgenden Geschwindigkeitseinschätzungen eines Autos:

- Langsam
- Schnell
- Rasen

Für mich wäre langsam z. B. 30 km/h. Schnell wäre für mich 140 km/h und rasen wäre für mich alles über 170 km/h.

Definiere die Geschwindigkeiten einmal für dich und frag ein paar andere Personen, wie sie diese interpretieren. Schreib die Zahlen auf einen Zettel, gern auch mit dem Namen der Person, und betrachte, wenn du fertig bist, welche Zahlen zu den einzelnen Geschwindigkeiten dort stehen.
  Mit ziemlich hoher Wahrscheinlichkeit werden ganz unterschiedliche Zahlen auf deinem Zettel stehen. Das, was du oder ich vielleicht als «schnell» bezeichnen, könnte für eine andere Person «langsam» sein. Das, was du oder ich als «rasen» bezeichnen, könnte für eine andere Person «schnell» sein.

Worauf ich hinaus möchte, ist Folgendes. Bei der Verwendung unserer Sprache gehen wir von unseren inneren Interpretationen aus und von der Annahme, dass unsere Mitmenschen das genauso sehen wie wir.

Wenn ich sage, ich bin über die Autobahn gerast, haben wir zwei unterschiedliche Bilder im Kopf. Wir beide gehen von unserer Interpretation von «rasen» aus und nehmen an, dass unser Bild richtig ist.

Das ist der Grund für Missverständnisse. Wir hören, was eine andere Person sagt, und interpretieren es aufgrund unserer Erfahrungen und Sichtweisen.

Und das passiert mit so ziemlich allen Wörtern und Sätzen. Diesen Interpretationen fügt sich dann noch etwas anderes hinzu. Nämlich ein verschwommenes Bild über Emotionen und Gefühle, die wir auszudrücken versuchen. Angenommen, wir möchten mitteilen, dass es uns nicht gut geht. Was soll sich eine andere Person darunter vorstellen? Was meinen wir selbst eigentlich genau damit?

Wenn wir sagen, uns geht es nicht gut, kann die Aussage auf sehr viele Arten interpretiert werden und zu unterschiedlichsten Handlungen führen.

Man könnte nachfragen, warum es uns nicht gut geht, ob wir irgendwo Schmerzen haben oder etwas Schlimmes passiert ist. Man könnte die Aussage als Hilferuf interpretieren und auf einmal steht jemand bei uns vor der Tür, um nach uns zu sehen. Man könnte die Aussage auch als Aufforderung dazu verstehen, dass man jetzt gern in Ruhe gelassen werden würde.

Vielleicht ist uns selbst auch nicht ganz klar, warum es uns eigentlich nicht so gut geht. Vielleicht haben wir keine konkrete Antwort auf die Frage und es ist einfach nur ein diffuses Gefühl.

All dies kann kommuniziert werden und würde für Klarheit und ein gemeinsames Verständnis für die Situation sorgen. Kommunikation ist für mich eine Form des Entdeckens, Verstehens und Mitteilens, sowohl mit uns als auch mit unseren Mitmenschen. Gelungene Kommunikation ist für mich gegeben, wenn wir einander respektvoll, wertschätzend und auf Augenhöhe begegnen und versuchen, die unterschiedlichen Themen klarzumachen und einander zu verstehen. Dadurch gelingt es uns, Missverständnisse und Konflikte zu reduzieren bzw. zu vermeiden. Wir werden produktiver, finden schneller Lösungen und erlangen im Idealfall ehrliche und authentische Kenntnisse über uns und unsere Mitmenschen.

Von dieser Position aus können wir mit einem gemeinsamen Verständnis über Themen sprechen und einen echten Wissensfortschritt generieren. Dabei gelangen wir im besten Fall zu einer übereinstimmenden Ansicht oder zu einer Akzeptanz verschiedener Standpunkte.

Wir können wahrhaftig voneinander lernen, uns verstehen und Hilfestellungen geben, die unserem Gegenüber tatsächlich helfen.

Ich bin davon überzeugt, dass wir maßgeblich einen positiven Einfluss auf unsere Umwelt nehmen können, wenn wir an unseren persönlichen Kommunikationsfähigkeiten arbeiten. Mit gelungener Kommunikation können wir berufliche und private Konfliktherde lösen, können ein klares Verständnis für die Positionen und Beweggründe anderer bekommen und dadurch einen Beitrag zu einem harmonischeren Miteinander leisten.

Wie kann eine gelungene Kommunikation genau aussehen?

- Klarheit über uns selbst gewinnen
- Uns unserer Gefühle und Emotionen bewusst werden
- Gefühle und Emotionen anerkennen und neutral bleiben
- Mutig sein, Gefühle, Emotionen, Bedürfnisse und

Ideen mitteilen

- In Gesprächen mit anderen Menschen für ein gemeinsames Verständnis sorgen
- Die Ansichten der anderen wertfrei aufnehmen und versuchen nachzuvollziehen

Klarheit über uns selbst gewinnen

Um gelungen kommunizieren zu können, gilt es erst einmal, uns selbst besser kennen- und verstehen zu lernen. Wenn wir nicht wissen, was bei uns los ist, wie wir über verschiedene Dinge denken, welche Urteile und Interpretationen bei uns automatisch ablaufen, können wir nur spärlich kommunizieren.

Hierzu kannst du ein Blatt Papier nehmen und dir zu häufig auftretenden Situationen eigene Gedanken machen. Schreib auf, was es genau für dich bedeutet, wenn es dir schlecht geht. Gibt es da Variationen von «schlecht»? Benötigst du unterschiedliche Dinge, wenn es dir schlecht geht? Gibt es ein «besonders schlecht» oder ist es immer gleich?

Welche Situationen sorgen dafür, dass es dir schlecht geht? Was genau passiert in diesen Situationen? Was tun oder sagen mögliche Beteiligte? Werden vielleicht Werte von dir verletzt? Wird deine Meinung nicht gehört oder geringgeschätzt?

Diese Fragen gilt es zu beantworten in allen Themen, die uns wichtig erscheinen. Das ist zweifelsohne ein lebendiger Prozess, den wir immer wieder in unserem Alltag anwenden können. Deshalb mach dir keinen Stress, dass du jetzt gleich alle Themen klären und über alles Klarheit erhalten musst. Nimm dir immer mal wieder ein Thema oder eine Frage vor und verschaffe dir persönliche Klarheit darüber.

Uns unserer Gefühle und Emotionen bewusst werden

Dieser Punkt knüpft direkt an den obigen an. Hierbei geht es darum, Klarheit über unser Gefühlsleben zu bekommen und festzustellen und zu merken, was in welchen Situationen in uns passiert.

Es gilt, für uns zu bemerken, was uns vielleicht frustriert, traurig oder wütend macht. Anzuerkennen, dass diese Gefühle und Emotionen da sind und dass dies auch okay ist, ganz gleich in welcher Situation. Gefühle und Emotionen sind Bestandteile unserer menschlichen Natur und wir tun gut daran, diese anzuerkennen.

Nimm dir gern wieder ein Blatt und schreib auf, wann welche Emotionen in dir aufkommen bzw. aufgekommen sind. Hier kannst du gut in die Retrospektive gehen und damit auch noch deine Selbstreflexion trainieren.

Gefühle und Emotionen anerkennen und neutral bleiben

Wenn du nun einige Situationen auf deinem Blatt vor dir hast, versuche, diese nicht zu werten. Nimm sie neutral an als etwas, das da war. Schau dir die einzelnen Situationen an und erkenne, wann, wo und wodurch welche Emotion bzw. welches Gefühl aufkam.

Versuche zu verstehen, was in dieser Situation dazu geführt hat, dass dieses Gefühl oder diese Emotion ausgelöst wurde. Versuche zu verstehen, für dich greifbar zu machen, was dich ggf. wütend, traurig, zornig oder fröhlich gemacht hat. Sie gehören zu dir und jeder von uns hat ein Recht auf seine Gefühle und Emotionen. Das ist nichts, was es zu verurteilen gilt.

Freue dich über deine Erkenntnisse und dass du nun besser verstehst, wann und wodurch welche Emotionen und Gefühle bei dir ausgelöst werden.

Werte diese nicht. Egal was auf deinem Zettel steht, es hat zu diesem Zeitpunkt diese Gefühle ausgelöst. Mit Neutralität ist gemeint, diese Emotionen und Gefühle zu erkennen. Würdige, dass diese in der jeweiligen Situation da waren, und urteile nicht im Nachgang über dich.

Mutig sein, Gefühle, Emotionen, Bedürfnisse und Ideen mitteilen

Jetzt geht es in den praktischen Teil: Wenn wir uns selbst besser verstehen, gilt es, dies unseren Mitmenschen mitzuteilen, damit diese die Chance haben, uns zu verstehen, und nachvollziehen können, was wir meinen bzw. sagen möchten.

Angenommen, du hattest einen schlechten Tag und bist nicht gut drauf. Du kommst nach Hause und dein Partner, deine Partnerin oder deine Familie wartet bereits freudestrahlend auf dich. Statt ein finsteres Gesicht zu machen und wortlos in dein Zimmer zu verschwinden oder alle anderen mit Schweigen zu strafen, könntest du dies mitteilen.

Das könnte z. B. so aussehen:

Begrüßung der Person. «Hey, sei mir nicht böse, aber heute war ein furchtbarer Tag im Büro. Die Ergebnisse des Quartalsabschlusses wurden veröffentlicht und wir haben die Vorgaben nicht erfüllt. Unser Chef hat daraufhin beim Betriebsrat für die gesamte Abteilung eine Überstundenfreigabe beantragt. Er will, dass wir in den nächsten drei Wochen täglich eine Stunde mehr arbeiten, um die Differenz zwischen der Vorgabe und den tatsächlichen Zahlen aufzuarbeiten. Das wirft viele meiner Planungen komplett über den Haufen und macht mich ziemlich wütend und frustriert. Ich brauch jetzt erst einmal eine halbe Stunde oder Stunde für mich allein. Danach komm ich gern zu dir und wir überlegen uns, was wir heute Abend machen.»

Diese Mitteilung erfordert ein bisschen Training. Wir müssen, wie in den ersten drei Schritten beschrieben, zuerst einmal wissen, was genau bei uns selbst los ist und was die Situation mit uns macht. Als Nächstes erfordert es etwas Mut von uns, dies dann auch anderen mitzuteilen und in die Praxis umzusetzen. Aber eins kann ich dir versprechen: Deine Mitmenschen werden sehr positiv auf diese Art der Kommunikation reagieren.

In Gesprächen mit anderen Menschen für ein gemeinsames Verständnis sorgen

Damit es in unserem Alltag, sowohl in unserem beruflichen als auch in unserem privaten, zu weniger Missverständnissen und Konflikten kommt, gilt es, in Gesprächen alle Beteiligten abzuholen und für ein gemeinsames Verständnis zu sorgen. Du erinnerst dich an die Übung mit der Geschwindigkeit.

Wenn du mit anderen etwas besprichst, nach Ideen für Lösungen suchst, sorge dafür, dass alle anderen verstehen, worum es dir genau geht. Schaffe Klarheit und Transparenz für das jeweilige Thema. Stell sicher, dass alle Beteiligten wissen, worüber gesprochen wird, und dass sich nicht irgendwie andere Interpretationen über die Sachlage einschleichen.

Die Ansichten der anderen wertfrei aufnehmen und versuchen nachzuvollziehen

Wenn jemand in einem Gespräch deine Meinung nicht teilt, nicht nachvollziehen kann oder anderer Ansicht ist, werte dies nicht. Versuche stattdessen, die Sichtweise deines Gegenübers nachzuvollziehen. Frage ihn, wie er zu der jeweiligen Aussage bzw. Erkenntnis kommt.

Wenn wir versuchen, gegen etwas zu argumentieren, drehen wir uns häufig im Kreis. Wir sind dann nicht mehr dabei, die andere Person verstehen zu wollen, sondern wollen sie von unserer Sichtweise überzeugen. Das führt zu einer Endlosspirale und häufig im Nachhinein zu Irritationen, Missverständnissen und Konflikten.

Nimm das, was dein Gegenüber sagt, wahr und versuche, seine Sichtweise zu verstehen. Hinterfrage die einzelnen Aspekte und prüfe, ob du unter diesen Gesichtspunkten nicht genauso argumentieren würdest. Wenn wir verstehen, was die Beweggründe der anderen Person sind, wird es leichter für uns, eine Lösung bzw. einen Konsens herbeizuführen.

Diese Schritte darfst du gern in deinen Alltag integrieren, wie es für dich passt. Teste dich aus, sammle Erfahrungen und schau, was am besten für dich funktioniert.

Ich kann heute jedenfalls sagen, dass ich in meiner Sprache und in meiner Kommunikation so klar bin wie zu keinem anderen Zeitpunkt meines Lebens. *Durch diese Klarheit und die Bereitschaft, mich auf andere einzulassen, ihre Worte wertfrei aufzunehmen und zu versuchen, sie zu verstehen, erlebe ich immer wieder ganz wundervolle Kontakte mit anderen Menschen.*

Ich erlebe meine Mitmenschen dadurch auf einer völlig neuen Ebene, die ich mir früher selbst nicht vorstellen konnte.

In diesem Sinne würde es mich freuen, wenn du nach der Lektüre dieses Lifehacks ein inneres Brennen verspürst und sich ein Funke entfacht hat, der die Lust in dir geweckt hat, dich mit diesem Thema zu beschäftigen und deine eigene Entwicklung in diesem Bereich zu starten.

Auf diesem Weg wünsche ich dir ganz viel Freude, Geduld und eine gute Prise Humor, denn es werden sicherlich diverse Situationen auftauchen, die im ersten Moment komisch, verwirrend oder irritierend sein können. Aber mit einer guten Portion Humor wirst du nie den Spaß daran verlieren und häufig erst im Nachgang verschiedene Lerneffekte sehen und erkennen, die dir dann wiederum zu einer höheren Selbsterkenntnis verhelfen.

Lifehack #15

Bau dir ein solides Netzwerk

Wer für andere sorgt, für den wird gesorgt.

Dieser Lifehack verschönert und erleichtert dir dein ganzes Leben. Das kann ich dir aus eigener Erfahrung und meiner tiefsten Überzeugung versprechen.

Wenn ich von Netzwerk an dieser Stelle spreche, meine ich damit kein businessorientiertes Netzwerk wie in den gängigen Onlineplattformen à la Xing oder LinkedIn. Diese Kontakte bilden ein eigenes Netzwerk, wobei natürlich der ein oder andere vielleicht mit der Zeit auch in unser privates hineinkommt. Die Businessnetzwerke sind nicht unsere Priorität, sondern unser privates Netzwerk. Mit Netzwerk meine ich einen Verbund von Menschen, die wir als wahre Freunde und enge Bekannte verstehen. Personen, die für uns zu unserer zweiten Familie werden und auf die wir uns verlassen können.

Diese Menschen stärken uns unseren Rücken und treten uns gegenüber ehrlich und loyal auf. Sie schätzen uns für unsere Stärken und unsere Schwächen. Sie unterstützen uns in unserer Entwicklung, helfen uns dabei, unsere Ideen zu realisieren und stehen uns mit Rat und Tat bei unseren Problemen zur Seite.

Mit den Menschen in unserem Netzwerk verbringen wir gern Zeit. Wir lachen zusammen, wir weinen zusammen. Wir erleben gemeinsame Abenteuer, Urlaube und andere verrückte Geschichten.

Und das ist wichtig für uns. Wir Menschen sind soziale Wesen und wahre Einzelgänger bilden eher die Ausnahme als die Regel. Du wirst sicherlich im Corona-Lockdown den ein oder anderen Kontakt schmerzlich vermisst haben. Da bin ich mir sicher.

Ich möchte in diesem Lifehack ein wenig deine Sensibilität dafür schärfen, welche Personen du in deinem Netzwerk hast. Oben habe ich bereits ein paar positive Aspekte der Personen in unserem Netzwerk aufgezählt. Die Frage, von der ich möchte, dass du sie dir stellst, lautet: Welches Gefühl erzeugen die Personen in deinem Netzwerk bei dir?

Sind die Personen in deinem Netzwerk verlässlich, wodurch du ein Gefühl der Sicherheit und der Ruhe hast?

Sind die Personen in deinem Netzwerk loyal, stehen zu dir und verteidigen dich auch in Situationen, in denen du nicht anwesend bist, wodurch du die Gewissheit hast, dass dir niemand so leicht in den Rücken fallen kann?

Kannst du mit den Personen in deinem Netzwerk über alle deine Befindlichkeiten sprechen, ohne dafür verurteilt oder angeprangert zu werden, sodass du ein Gefühl von Geborgenheit und Freiheit erlebst?

Machen dich die Personen in deinem Netzwerk auf mögliches Fehlverhalten deinerseits aufmerksam, sagen dir offen ins Gesicht, was nicht korrekt war, sodass du die Chance hast, dich weiterzuentwickeln, und kein böses Blut im Hintergrund entsteht?

Freuen sich die Menschen in deinem Netzwerk mit dir und feiern deine Erfolge, sodass du kein schlechtes Gewissen deswegen haben musst, sondern deine Leistung feiern und genießen kannst?

Akzeptieren die Menschen in deinem Netzwerk auch deine verrücktesten Vorhaben und unterstützen dich, auch wenn sie deine Euphorie nicht gleich teilen, sodass du die notwendige Rückendeckung und Unterstützung erfährst, um dein Vorhaben umzusetzen?

Kannst du dich gegenüber den Menschen in deinem Netzwerk zeigen und geben, wie du bist, ohne auf deine Wort- oder Kleidungswahl achten zu müssen, und erlebst dadurch ein Gefühl bedingungsloser Akzeptanz und des Willkommenseins?

Falls du jetzt mehrere dieser Fragen mit Nein in deinen Gedanken beantwortet hast, wäre es sicherlich gut zu überprüfen, ob du die für dich passenden Personen in deinem Netzwerk hast. Lass uns einmal auf ein paar kleine Punkte blicken, wie sich ein solides Netzwerk auf uns auswirkt:

- Es stärkt unser Selbstwertgefühl.
- Es hilft uns, Probleme zu bewältigen.
- Es muntert uns auf, wenn es uns nicht gut geht.
- Es hilft uns, unsere Ideen umzusetzen.
- Es lässt wundervolle Momente entstehen.
- Es feiert mit uns unsere Erfolge.
- Es bietet uns Zugang zu unterschiedlichen Expertisen.
- Es hilft uns in unserer charakterlichen Entwicklung.
- Es macht uns resistenter gegen äußere Einflüsse.
- Es gibt uns das Gefühl, nie allein zu sein.
  …

Wenn wir die richtigen Personen in unserem Netzwerk haben, fühlen wir uns wohl, reifen in unserer Entwicklung und keine Turbulenz des Lebens scheint uns aus der Bahn werfen zu können. Mit den falschen Menschen in unserem Netzwerk bekommen wir hingegen ein Gefühl von Abhängigkeiten. Wir haben das Gefühl, uns anpassen oder gar verstellen zu müssen. Wir können nicht immer sagen, was wir gerade denken, müssen aufpassen, welche Idee wir wo kundtun, und bei Problemen stehen wir häufig allein da. Wir werden auch nicht bedingungslos akzeptiert, sondern haben gewisse Konventionen zu erfüllen. Erfüllen wir diese nicht, erleben wir, wie sie sich von uns distanzieren.

Wie können wir nun herausfinden, welche Menschen wir in unserem Netzwerk haben, und wie finden wir die für uns passenden?

Der Schlüssel hierzu sind Selbstliebe und Authentizität.

Wenn wir uns selbst lieben und mit uns im Reinen sind, fällt es uns leicht, nahezu immer authentisch aufzutreten. Auf diese Weise lernen unsere Mitmenschen uns sofort so kennen, wie wir wirklich sind.

Die Selbstliebe habe ich im Lifehack #10 *Selbstliebe* genauer beschrieben. Falls du diesen noch nicht gelesen hast, kannst du dies gern nach diesem tun. Und wenn du ihn bereits gelesen hast, wirst du verstehen, warum die Selbstliebe zu einem authentischen Auftreten führt.

Denn wie geraten falsche bzw. uns nicht zuträgliche Personen in unser Netzwerk? Wenn wir etwas nach außen darstellen, was wir im Inneren eigentlich gar nicht sind. Wenn wir uns verstellen und versuchen, irgendwo dazuzugehören, laufen wir Gefahr, Menschen in unser Netzwerk zu ziehen, die auf diese Außendarstellung reagieren.

Sobald wir diese nicht mehr aufrechterhalten oder infrage stellen, würde es zu einem Konflikt kommen.

Mein Rat: Versuche immer so authentisch und ehrlich zu sein wie möglich. Das wird in vielerlei Situationen deinen Mut erfordern, aber er wird belohnt. Auf diese Weise kannst du dir sicher sein, dass tatsächlich die Menschen in deinem Netzwerk bleiben bzw. zu deinem Netzwerk dazugehören möchten, die dich wirklich für die Person schätzen, die du bist.

Je mehr wir uns verstellen, umso größer wird der Anteil an nicht authentischen Kontakten.

Ein weiterer Aspekt ist die Erfahrung. Alle Menschen, du, ich und auch unsere Freunde und Bekannten, wir alle erleben Veränderungen im Laufe unseres Lebens. Das ist ganz normal. Die eine Person entwickelt sich in die eine Richtung, die andere in eine andere Richtung.

Hier gilt es immer wieder einmal zu prüfen, welche Gefühle die einzelnen Mitglieder unseres Netzwerkes in uns wecken, wenn wir Zeit mit ihnen verbringen. Fühlen wir uns danach positiv aufgeladen, haben wir neue Energie getankt oder einfach mal richtig abgeschaltet? Oder fühlen wir uns nach einem Kontakt womöglich schlechter als vorher, haben Gewissensbisse, fühlen uns ausgelaugt, unverstanden oder womöglich noch diskreditiert?

Dies gilt es, uns von Zeit zu Zeit bewusst zu machen. Denn sind wir ehrlich: Keiner von uns profitiert in irgendeiner Weise davon, wenn wir uns nach gemeinsam verbrachter Zeit schlecht fühlen.

Unser Netzwerk ist neben unserer Familie unsere zweite Heimat. Sie soll den Ort darstellen, wo wir uns sicher, angenommen und verstanden fühlen. Unser Netzwerk darf uns herausfordern und in unserer Entwicklung unterstützen. Aber es darf nicht zu Begegnungen führen, nach denen wir uns schlecht fühlen oder gar Sorgen und Ängste mit nach Hause nehmen.

In unserem Netzwerk sorgen wir füreinander, stehen füreinander ein, unterstützen uns und erleben wundervolle Zeiten miteinander. Es ist ein Geben und Nehmen zwischen allen Beteiligten.

Wenn dem nicht so ist, behaupte ich jetzt einmal provokativ, hast du die falschen Menschen in deinem Netzwerk oder verhältst dich ziemlich anti-sozial.

Lass diese Zeilen auf dich wirken und überprüfe nach den nächsten Kontakten mit deinen Liebsten, wie du dich nach der gemeinsam verbrachten Zeit fühlst.

Falls es dir nicht so gut geht nach einem Kontakt, geh ein bisschen auf Distanz und schau, wie es dir damit geht. Vielleicht stellst du dabei fest, dass weniger Kontakt mit der ein oder anderen Person und mehr Kontakt mit einer anderen dir ganz guttut.

Eine Anmerkung noch zum Schluss. Der Lifehack soll dich nicht dazu bringen, nun gnadenlos Kontakte aus deinem Netzwerk zu streichen. Er ist eine Einladung, zu prüfen, wie du in deinen Kontakten auftrittst und dich nach diesen Kontakten fühlst. Er kann auch als Anstupser für klärende Gespräche genutzt werden, um verschiedene Sachlagen und Thematiken auf den Tisch zu bringen und zu bereinigen. Vielleicht wird dann aus einem energieraubenden Kontakt wieder ein energiespendender.

Prüfe dies für dich und hab keine Angst, authentisch zu sein.

Lifehack #16

Komm ins Handeln

Fortschritt, nicht Perfektion.

Kennst du den Spruch: *«Es gibt nichts Gutes, außer man tut es»?* Ich persönlich finde, dieser Satz enthält viel Weisheit und Wahrheit. Wahrscheinlich wurde er deshalb über Generationen weitergegeben und hat sich verbreitet. Zumindest erkläre ich es mir so.

Eines geht unverkennbar aus diesem Spruch hervor, ich hoffe, da stimmst du mir zu: Ohne dass wir etwas tun, also ins Handeln kommen, kann nichts Gutes entstehen. Unser Tun ist mit dafür verantwortlich, dass Gutes passiert.

Jetzt nehme ich die Quintessenz dieses Lifehacks einmal vorweg, denn das ist es, worum es mir hier geht und was ich versuchen möchte, dir ganz bewusst zu machen: Wenn wir nichts tun, passiert auch nichts! Um irgendeine Veränderung in einer Situation oder in unserem Leben zu erzeugen, bedarf es einer Handlung. Um handeln zu können, bedarf es einer getroffenen Entscheidung. Vielleicht sind wir uns manchmal selbst noch unschlüssig mit unseren Gedanken und Zielen und wissen nicht, wo genau es hingehen soll. Dann kann auch ein bewusstes «nichts tun» eine Entscheidung sein, die unser Handeln verzögert.

Zu diesen Entscheidungen und den damit verbundenen Handlungen möchte ich dich hiermit inspirieren und ermuntern. Prüfe einmal selbst, an welchen Punkten in deinem Leben du vielleicht gerade noch zögerst, haderst, dir zu viele Sorgen und Gedanken machst oder gar Ängste hast. Wo wünschst du dir im Geheimen eine Veränderung, tust aber noch nichts dafür?

Ich weiß, das hört sich leichter gesagt als getan an. Es ist vollkommen natürlich, dass wir vor gewissen Dingen vielleicht Angst haben, dass wir zögern und uns in Gedankenkarussellen verlieren. Genau darum geht es mir hier. Ich möchte dir bewusst machen, dass wir alle diese Gedanken, Sorgen und

Ängste haben. Wir alle wägen bei verschiedenen Aktionen die Risiken ab und bestimmen damit, ob wir diese eingehen wollen oder nicht.

Dieser Lifehack dient der Sensibilisierung, Prävention und als Mutmacher gegen eine sich immer schneller verbreitende Krankheit: die Krankheit der Vorstellung darüber, wir müssten etwas «perfekt» machen.

Die Annahme, wir könnten etwas «perfekt» machen, sowie die Erwartungshaltung an uns, wir müssten etwas «perfekt» machen, bringen uns zum Stillstand und lassen uns verzagen.

Ich weiß nicht, ob es in der Geschichte der Menschheit schon einmal eine Phase gab, in der so viele Menschen perfektionistische Tendenzen hatten und sich von diesen so getrieben und gleichzeitig so blockiert gefühlt haben. Ich vermute, dass dem nicht so ist und es ein Phänomen unserer Zeit ist.

Wenn wir uns jetzt einen Moment Zeit nehmen und kurz innehalten, kommen wir, glaube ich, beide zu dem Schluss, dass die großen Errungenschaften, auf die wir heute zurückblicken können, niemals sofort perfekt waren. Sie alle wurden durch das Prinzip von «Trial and Error» geboren.

Mozart hat seine Symphonien nicht in einer Nacht komponiert. Er hat viel Zeit damit verbracht, diese zu kreieren. Er tüftelte, testete, hörte sich seine Kreationen an und verwarf viele Ideen auf dem Weg zu seinen Stücken.

Unsere moderne Luftfahrt wäre ohne den Einsatz der Gebrüder Wright womöglich nicht dort, wo sie heute steht. Die vielen Versuche, Tüfteleien und Rückschläge der Wright Brüder sowie anderer Pioniere auf diesem Gebiet führten erst dazu, dass der Mensch sich den Luftraum erschließen konnte.

Es gab bei keiner der bekannten Errungenschaften sofort «die perfekte» Lösung bzw. Umsetzung. Dafür sind die Umstände und unser Leben viel zu komplex. Deshalb möchte ich dich dazu einladen, dir dies wirklich ganz bewusst zu machen. Es soll dir helfen zu verstehen, dass eine perfekte Lösung oder Umsetzung nicht möglich ist. Diese Erwartungshaltung führt zu nichts Weiterem, außer uns zu blockieren.

Ich habe noch einen Spruch für dich, den du bestimmt ebenfalls kennst: «Es ist noch kein Meister vom Himmel gefallen.» Genau darum geht es, uns diesen Spirit zu eigen zu machen. Es hat noch nie einen Menschen gegeben, der alles fehlerfrei beherrschte, bei dem nie etwas schiefging. Diese Annahme ist utopisch und lähmt uns. Also verwirf sie bitte, solltest du sie in deinem Denken vorfinden.

Lass uns das Handeln einmal ganz plakativ betrachten. Angenommen, du möchtest ein Musikinstrument erlernen. Was wäre dazu notwendig? Wir bräuchten das besagte Instrument. Ein erster Schritt wäre also, dieses Instrument, gebraucht oder neu ist dabei egal, zu beschaffen. Wenn wir das Instrument besitzen, gilt es zu lernen, dieses auch zu spielen. Wie können wir dies erlernen? Wir könnten uns in einer Musikschule anmelden, lernen, wie man Noten liest, und anhand von Notenzetteln üben. Wir könnten auch über moderne Hilfsmittel, via YouTube-Tutorials o. Ä. lernen, ein gewünschtes Musikstück ohne die Kenntnis des Notenlesens zu spielen.

Fakt ist aber, wir werden das gewünschte Musikinstrument nur dann erlernen, wenn wir ins Handeln kommen. Vom Wunsch allein wird sich diese Fertigkeit nicht einstellen. Wir benötigen Handlung in Form von Beschaffung, Information und Übung.

Hier noch mal unser Beispiel aus Lifehack #9: Angenommen, du verguckst dich in der Bahn in deinen Traumprinzen oder deine Traumprinzessin. Jetzt hast du zwei Optionen: darauf hoffen, dass er oder sie dich ebenfalls wahrgenommen hat, sich ebenfalls in dich verguckt hat und dich anspricht. Oder aber du kommst selbst ins Handeln, nimmst deinen Mut zusammen, wirfst ggf. gesellschaftliche Konventionen über Bord und sprichst die Person an.

Ob es funktioniert oder nicht, ist ungewiss. In jedem Fall stärkst du aber deine Handlungskompetenz. Du sammelst Erfahrung, nährst deinen Mut und irgendwann bist du sehr souverän darin, fremde Menschen anzusprechen. Jeder kleine Schritt bringt uns hier vorwärts.

Wenn wir unsere Handlungen davon abhängig machen, dass sie stets zum Erfolg führen und nur eine einmalige, perfekte Handlungsweise erfordern, werden wir stagnieren. Auf dem Weg von Trial and Error würden uns all die wundervollen Dinge verloren gehen, die wir uns eigentlich erhoffen. Die Freude, die Neugier, das fabelhafte Gefühl, wenn wir einen kleinen Schritt bei etwas vorangekommen sind. All dies stellt sich überhaupt erst ein, wenn wir damit anfangen, Dinge zu tun.

Was braucht es nun, um leichter ins Handeln zu kommen?

- Bewusstes Erwartungsmanagement
- Korrektur der Erwartungshaltung und Sorgen
- Definieren kleiner Ziele
- Erfolg nicht von außen abhängig machen
- Erfahrungen sammeln

Bewusstes Erwartungsmanagement

Um leichter ins Handeln zu kommen, gilt es erst einmal, unsere persönlichen Erwartungshaltungen zu überprüfen. Nimm dir ein Blatt und unterteile es in zwei Spalten. In die linke Spalte schreibst du all die Dinge, bei denen du gern mehr ins Handeln kommen würdest. In die rechte Spalte schreibst du deine persönliche Erwartungshaltung und deine Sorgen dazu.

Das könnte z. B. so aussehen:

Wo ich mehr ins Handeln kommen möchte	Erwartungen und Sorgen
Ich würde gern souveräner präsentieren	Wenn ich noch mal etwas präsentiere, darf kein «ähm» oder «öhm» in meinem Vortrag vorkommen. Wenn ich in meinem Vortrag «ähm» oder «öhm» sage, werden die Zuhörer mich kritisieren und meinen Vortrag als «schlecht» bewerten.

Korrektur der Erwartungshaltung und Sorgen

Als Nächstes schaue, ob diese Erwartungshaltung dich bremst oder anfeuert, und prüfe deine damit verbundenen Sorgen. Auf das obige Beispiel bezogen:

«Wenn ich noch mal etwas präsentiere, darf kein «ähm» oder «öhm» in meinem Vortrag vorkommen.»

Ist das für dich ein motivierender Satz? Ich denke nicht. Solch ein Satz baut eher Druck auf statt ab und lässt so gar kein wohliges, positives Gefühl für die nächste Präsentation aufkommen. Er blockiert dein Handeln. Es muss gelingen, ein Ausrutscher wäre ein totales Versagen.

Nützlich wäre folgende Umformulierung:

Bei der nächsten Präsentation versuche ich, ein bisschen bewusster auf «ähms» und «öhms» zu achten und nicht so viele davon zu verwenden. Wenn mir ein paar rausrutschen, ist das okay. Schließlich ist noch kein Meister vom Himmel gefallen.

Dieser Satz wirkt befreiend und motiviert uns. Er lässt uns Raum für Fehler und Entwicklung.

Zweiter Satz:

«Wenn ich in meinem Vortrag «ähm» oder «öhm» sage, werden die Zuhörer mich kritisieren und meinen Vortrag als schlecht bewerten.»

Das ist eine berechtigte und völlig nachvollziehbare Sorge. Diese hatte, glaube ich, jeder von uns schon einmal vor einer Präsentation. Aber ist sie auch richtig? Den meisten Menschen ist sehr wohl bewusst, dass die wenigsten von uns tagtäglich Präsentationen halten und darin nicht so geübt sind. Den meisten von uns ist auch klar, dass wir selbst in unseren Präsentationen Ähms und Öhms verwenden. Führ dir das einmal vor Augen. Würdest du jetzt jemanden kritisieren, der ein paar Mal «ähm» oder «öhm» während seiner Präsentation sagt? Ich denke nicht. So sieht es auch der Großteil der anderen Menschen.

Unsere Sorge, dass unser Publikum uns nach dem Vortrag mit Buhrufen überschüttet, ist eher unbegründet und unwahrscheinlich. Zumindest habe ich so etwas noch nirgendwo erlebt.

Sollte wider Erwarten doch etwas schiefgehen, dann ist auch dies eine wertvolle Erfahrung. In diesem Fall wünsche ich dir, dass du bereits jetzt, wie in Lifehack #15 *Bau dir ein solides Netzwerk* beschrieben, Menschen um dich hast, die zu dir stehen und dich wieder aufmuntern.

Definieren kleiner Ziele

Hierzu möchte ich einen kleinen Diskurs machen. Warum sind kleine Ziele für uns so wichtig? Weil wir sie leicht bewältigen können!

Wenn wir uns ein sehr großes Ziel setzen, das vielleicht noch unscharf formuliert ist, besteht die Gefahr, dass wir uns davon erschlagen fühlen. Es kann uns leicht demotivieren, weil wir wissen, dass dieses große Ziel viel Zeit in Anspruch nehmen wird.

Mit kleinen Zielen können wir sofort starten. Sie sind leicht, gut umsetzbar und geben uns das gute Gefühl, etwas geschafft zu haben. Schauen wir uns noch mal das Beispiel des Musikinstrumentes an: Angenommen, wir würden uns vornehmen, jeden dritten Tag zwei Stunden zu üben. Diese zwei Stunden können ein echter Klopper sein. Je nachdem, wie unser Tag war, erschlagen uns diese zwei Stunden förmlich. Zumal wir noch gar nicht daran gewöhnt sind, viel zu spielen bzw. zu üben. Unsere Motivation wird mit ziemlich hoher Wahrscheinlichkeit nach der ersten Einheit dahinschmelzen.

Die nächste zweistündige Einheit wird umso schwerer anzugehen sein. Wir verschieben diese vielleicht um einen Tag oder mehrere, wir verkürzen die Zeit, weil es uns doch zu viel ist usw. Das Resultat ist, dass wir im Anschluss häufig kein gutes Gefühl haben. Uns geht der Blick dafür verloren, dass wir vielleicht tatsächlich geübt haben, auch wenn es keine zwei Stunden waren, und wir kommen viel schwerer in die Handlung.

Wenn wir uns stattdessen vornehmen, jeden dritten Tag zehn Minuten zu üben, fühlt sich das deutlich leichter an. Selbst wenn wir einen anstrengenden Tag hatten, halten wir die zehn Minuten noch für gut realisierbar und sind motiviert, diese zu machen. Zehn Minuten, denken wir, bekommen wir locker hin. Der Widerstand der Handlung ist hier deutlich geringer. Und häufig passiert es dann, dass wir sogar mehr als zehn Minuten mit der Tätigkeit verbringen. Im Nachgang werden wir mit einem schönen Gefühl belohnt, weil wir uns selbst sagen: «Prima, das waren jetzt sogar 30 Minuten und nicht bloß 10.» Wir haben unsere persönliche Erwartung bzw. Anforderung an der Stelle übertroffen und es fällt uns leichter, dies positiv wahrzunehmen und zu werten.

Kleine Ziele erleichtern uns also enorm den Einstieg ins Handeln und belohnen uns mit einem positiven Gefühl. *Dieses positive Gefühl hilft uns dabei, am Ball zu bleiben.*

Erfolg nicht von außen abhängig machen

Wenn du etwas machen möchtest, mach den Erfolg deiner Handlung nicht von äußeren Faktoren oder Umständen abhängig.

Wenn wir den Erfolg unseres Tuns an einen äußeren Umstand knüpfen, geben wir Verantwortung ab und machen uns abhängig. Dies lähmt unsere Handlungsfähigkeit und Motivation und bringt uns nur ins Grübeln.

Angenommen, du triffst deinen Traummann oder deine Traumfrau. Den Erfolg deiner Handlung davon abhängig zu machen, dass dein Annäherungsversuch glückt, bzw. dir die Erwartungshaltung aufzubürden, dass er glücken muss, lähmt uns und mindert unsere Motivation und unseren Mut.

Zu sagen, ich möchte mir die Chance nicht entgehen lassen und werde die Person jetzt auf irgendeine Art ansprechen, macht uns die Handlung leichter. Das Ziel ist nicht die erwünschte Reaktion der anderen Person, das ist ein Bonus, sondern einzig und allein, dass wir die Person ansprechen.

Das liegt in unserem Machtbereich und unabhängig davon, welche Reaktion erfolgt, können wir uns sagen, wir haben es getan. Wir haben die Person angesprochen und die Chance genutzt. Die äußere Reaktion auf unser Handeln hat keinen direkten Einfluss auf die Handlung selbst. Im besten Fall ist sie der erwünschte Bonus und im anderen Fall eine wertvolle Erfahrung. Wir können aber nicht scheitern und dieser Fakt schenkt uns Motivation und lässt uns leichter in die Handlung kommen.

Mir ist bewusst, dass einen Korb zu bekommen viele von uns hemmen und demotivieren kann. An diesen Stellen sind wir aber nur auf das Ergebnis fokussiert und nicht auf unsere Handlung. Unsere Handlungen scheitern häufig daran, dass wir uns auf das Ergebnis statt auf den Versuch konzentrieren. Dadurch geben wir die Macht über unsere Handlung in die Hände anderer. Genau dies wollen wir nicht. Unser Erfolg besteht darin, in die jeweilige Handlung zu kommen, etwas zu tun, und dieses Tun liegt in unserem Machtbereich und ist unabhängig vom äußeren Erfolg. Es geht darum, uns sagen zu können, wir haben es versucht.

Erfahrungen sammeln

Wie bereits einmal erwähnt, ist noch kein Meister vom Himmel gefallen. Nimm die Tipps von oben, um damit in die Welt hinauszugehen und eigene Erfahrungen zu sammeln. Nicht alles wird nach dem Lesen des Lifehacks wie von Zauberhand funktionieren. Du wirst trotzdem noch Situationen erleben, in denen es dir schwerfallen wird, in die Handlung zu kommen.

Situationen, in denen dir vielleicht der Mut, die Entschlossenheit oder die Motivation fehlt. *Das ist völlig in Ordnung und ganz normal.* So ging und geht es mir, so wird es dir gehen und so geht es vielen anderen Menschen auch. Aber ich verspreche dir, diese Situationen werden immer weniger werden. Du wirst immer mehr in deine Kraft kommen und leichter deine angestrebten Handlungen vollziehen. Wenn du dabei einmal hinfällst oder scheiterst, senk nicht deinen Kopf. Es ist eine Erfahrung und wir alle dürfen immer wieder einmal scheitern.

Halten wir noch einmal fest: Ohne unser Zutun werden unsere erwünschten Dinge sich nicht in unserem Leben manifestieren. Wir benötigen Selbstbestimmtheit und Tatkraft, um unser Leben so zu gestalten, wie wir es uns wünschen und vorstellen. Ich für meinen Teil mag ein freies und selbstbestimmtes Leben und versuche, so gut es geht, meine eigenen Handlungen voranzubringen. Dort, wo es mir nicht gleich gelingt, versuche ich nach dem oben beschriebenen Muster herauszufinden, was mich gerade blockiert, und eine Lösung für diese Blockade zu finden.

In diesem Sinne hoffe ich, dass die Zeilen dich inspiriert haben und dir eine Hilfestellung geben, selbst an deiner Tatkraft zu arbeiten und ins Handeln zu gelangen. Starte doch gleich heute noch mit etwas für fünf bis zehn Minuten, was du schon länger vor dir herschiebst. Dabei wünsche ich dir viel Freude, Kraft und Mut.

Lifehack #17

Schließe Frieden mit deinen Ängsten

**Nur was wir kennen und akzeptieren,
können wir verändern.**

Ängste sind wohl eines der unbeliebtesten Themen bei uns Menschen. Jeder hat sie, keiner mag sie. Das Thema der Ängste ist ein Mysterium für sich. Einerseits haben sie unserer Spezies das Überleben gesichert, andererseits machen sie uns unser Leben häufig schwer.

Unsere moderne Welt hat eine Vielzahl neuer Ängste entstehen lassen, denen wir nun ins Auge blicken.

Ängste können schöne Events und Ereignisse zu einer wahren Qual machen. Sie können unseren Alltag zu einer anstrengenden Herausforderung und einem täglichen Kampf werden lassen. Sie haben die Kraft, uns zu lähmen und uns schweres Kopfzerbrechen zu bereiten. Sie können in uns ein Gefühl von Hilflosigkeit und Verzweiflung aufkommen lassen. Sie besitzen die Kraft, uns schlaflose Nächte zu bereiten, können Herzrasen, Magenschmerzen und schwitzige Hände verursachen und uns viele weitere unangenehme Symptome bescheren.

Sie können im ungünstigsten Fall in Vermeidungsstrategien münden und uns sprichwörtlich «vom Leben abschneiden» oder in leichterer Ausprägung uns einfach sehr nervös und vorsichtig machen.

Sie können uns aber auch zu Höchstleistungen anspornen. Denken wir hier an die Angst, im Job zu versagen. Diese Angst hat durchaus das Potenzial, eine Person sehr produktiv und gewissenhaft arbeiten zu lassen. Diese Angst kann einen Menschen dazu bringen, deutlich mehr an Arbeit zu schaffen als vielleicht die Kollegenschaft.

Du siehst, Ängste haben große Macht und großes Potenzial. Dieser Lifehack soll dir dabei helfen, in einen angenehmen Zustand und Umgang mit den eigenen Ängsten zu gelangen. Er soll dir dazu verhelfen, eine Balance zu schaffen, die dich stets in die Lage versetzt, am Leben in vollen Zügen teilnehmen zu können. Er soll dir dabei helfen, dein Schaffen und deine Leistung nicht aus Kompensationsmechaniken geboren zu generieren, sondern aus einer freien und unbeschwerten Gemütslage heraus.

Es geht mir darum, ein Gefühl von Sicherheit in uns erzeugen zu können, auch mit unterschiedlichen Ängsten. Ängste sind immer noch ein großes Tabuthema in unserer Kultur. Es ist oft undankbar, gar am Arbeitsplatz darüber zu sprechen. Sie sind stark tabuisiert und gesellschaftlich nicht gut etabliert.

Hier möchte ich ein wenig sensibilisieren und eine Lanze für uns alle schlagen. Ängste sind normal und gehören zu uns Menschen als Spezies dazu. Sie sind quasi eine Grundfähigkeit, die bereits in unserer DNA verankert ist. Die Ausprägungen variieren dabei und sind so unterschiedlich wie wir Menschen selbst.

Ich möchte mit dir einen Blick auf die Erscheinungsformen werfen, die zu den oben genannten Symptomen führen und dafür sorgen, dass sich unser Leben nicht mehr leicht anfühlt. Lass uns dazu ein bisschen differenzieren und die Begriffe Angst, Gefahr, Sorge und wohlüberlegtes Abwägen klären.

Angst

Angst ist eine natürlich vorhandene Emotion bei Mensch und Tier. Sie ist ein Gefühl, das uns eine Bedrohung signalisiert. Biologisch ist unsere Amygdala, die in unserem Gehirn sitzt, für unsere Ängste verantwortlich. Sie bewertet Situationen blitzschnell. Wir bemerken häufig gar nicht, dass diese Einschätzung stattfindet, da sie noch vor unserem eigentlichen «Bewusstsein» passiert. Was wir erleben, ist dann die Reaktion darauf – das Gefühl der Angst. Es gibt aber auch Ängste, die in unserem Bewusstsein stattfinden und die wir selbst als bedrohlich bewerten. Ein Beispiel hierfür wäre die Angst vor einer Präsentation oder einem Vortrag. Die Situation ist noch nicht da, wir kreieren allerdings bereits negative Bilder in unserem Kopf, die uns Angst machen können. Es lassen sich angeborene und erlernte Ängste unterscheiden. Laborratten beispielsweise, die nie in Freiheit waren, fürchten sich, wenn sie den Schrei einer Eule hören. Es ist eine angeborene Angst, die absolut sinnvoll für das Überleben der Ratten ist.

Menschen, die nie Angst vor Hunden hatten, können nach dem Biss eines Hundes Angst gegenüber diesen Tieren entwickeln.

Wichtig für uns ist zu wissen, dass unser Gehirn nicht zwischen «realen» und «fiktiven» Situationen unterscheidet. Allein das Heraufbeschwören innerer Bilder kann zu Angstreaktionen führen, obwohl keine bedrohliche Situation vorhanden ist. Angst dient sowohl uns als auch Tieren dazu, eine Situation zu bewerten und den Organismus in «Alarmbereitschaft» zu versetzen. Angst löst eine Vielzahl von inneren Prozessen aus, die unseren Körper mobilisieren, um entweder kampfbereit zu sein oder die Flucht zu ergreifen. Damit kommen wir zum nächsten Punkt, der Gefahr.

Gefahr

Gefahr ist entgegen der Angst immer mit einer realen Gefahrensituation verbunden. Wenn wir am Rand einer hohen Klippe stehen, ist dies gefährlich. Wenn wir am Bankautomaten überfallen werden, ist dies ebenfalls gefährlich. Wenn ein knurrender, zähnefletschender Hund vor uns steht, ist auch dies eine gefährliche Situation. Dir fallen nach den Beispielen sicher noch weitere reale Dinge ein, die eine Gefahr darstellen.

Das ist auch das Charakteristische an einer Gefahr, sie ist real im Hier und Jetzt vorhanden. Wir befinden uns mitten in der Situation. In diesen Situationen ist Angst enorm wichtig für uns, um körpereigene Ressourcen für den Kampf oder die Flucht zu mobilisieren.

Kurz: *Gefahr ist real, Angst entsteht im Kopf.*

Diesen Satz zu verinnerlichen und mir immer wieder ganz bewusst vor Augen zu führen, hat mir persönlich bei vielen Ängsten geholfen. Deshalb möchte ich dir diesen auch als Tipp mitgeben. Wann immer du Angst verspürst, hole einmal tief Luft und prüfe, ob du gerade in deinem Kopf Bilder und Szenarien erzeugst oder ob du in einer wirklichen Gefahrensituation steckst.

Sorgen

Sorgen werden häufig mit Ängsten verwechselt bzw. gleichgestellt. Aber es gibt einen Unterschied. Wenn wir uns sorgen, machen wir uns häufig viele Gedanken, haben mitunter ein unbehagliches Gefühl und können vielleicht auch nicht gut schlafen. Sie haben aber keinen so starken Einfluss auf unsere Körperreaktionen wie Ängste. Wenn wir uns sorgen, bekommen die wenigsten schwitzige Hände oder sind schweißgebadet. Sorgen sind mehr in unserem aktiven Bewusstsein und mit den meisten können wir auch gut umgehen. Allerdings ist es ein schmaler Grat; aus Sorgen können schnell Ängste entstehen, die dann die volle Bandbreite an Symptomen mit sich bringen.

Angenommen, wir verreisen zum ersten Mal. Dann können wir uns darüber Sorgen machen, ob alles gut geht, der Flieger pünktlich startet, wir gut ankommen und unser Zimmer im Hotel bereitsteht. Das lässt sich alles gut händeln.

Wir könnten uns auch um einen Partner, Freund oder Kollegen sorgen, z. B. dass er nicht zu lange arbeitet oder besser mit dem Rauchen aufhört und auf seine Gesundheit achtet.

Das sind alles verständliche und berechtigte Sorgen, mit denen wir gut umgehen können und die nicht die Symptome der Angst in uns hervorrufen.

Wohlüberlegtes Abwägen

Sich ein Bild von einer bevorstehenden Situation zu machen, Informationen zu sammeln und das Für und Wider genau abzuwägen, stellt ebenfalls keine Angst dar. Das ist ein wichtiger Prozess bei unserer Entscheidungsfindung. Dies schützt uns vor unüberlegten oder waghalsigen Entscheidungen und ist Teil unseres persönlichen Risikomanagements. In diesen Situationen sind wir im Normalfall in einem neutralen, entspannten Zustand und blicken ganz objektiv auf die Fakten.

Wir wissen jetzt ein bisschen besser über Ängste Bescheid und wie sich die Verallgemeinerungen trennen lassen. Lass uns noch kurz einen Blick auf die Entstehung von erlernten Ängsten werfen. Ich möchte mit dir anhand eines Beispiels einen Prozess durchspielen, den ich schon sehr häufig beobachtet habe.

Folgende Situation:

In deinem Unternehmen gibt es einen Wechsel in der Führung und es wird angekündigt, Stellen abzubauen. Du hörst, dass dein Bereich davon betroffen sein wird.

Bei dieser Information kann aus einem wohlüberlegten Abwägen eine beklemmende Angst entstehen. Diese ist exemplarisch für eine Vielzahl von Situationen in unserer heutigen Zeit.

Beim wohlüberlegten Abwägen erhalten wir die Information und bleiben erst einmal ganz entspannt. Personalab- und -umbau gab es schon immer und wird es auch immer geben. In unserem Bereich arbeiten viele Mitarbeiter und wir haben noch keine genauen Infos darüber, wie viele Stellen tatsächlich betroffen sind. An dieser Stelle könnten wir die Information erst einmal würdigen und abwarten, was als Nächstes an Informationen kommt.

Wir können uns auch schon einmal gedanklich damit auseinandersetzen, was es für uns bedeuten würde, wenn unsere Stelle betroffen wäre.

Welche Informationen hätten wir dazu? Wir haben idealerweise eine Kündigungsfrist und wir wissen, dass wir bei einem Angestelltenverhältnis Anspruch auf Arbeitslosengeld haben. Wir könnten festhalten, dass die derzeitigen Informationen keine «akute Gefahrensituation» darstellen und wir im Fall der Fälle mindestens 6 bis 12 Monate Zeit hätten, uns um eine Lösung in Form eines anderen Jobs zu kümmern – das beschriebene Schutzniveau vorausgesetzt.

Jetzt könnte es sein, dass uns diese Information aber deutlich mehr zusetzt als gewollt. Wir grübeln darüber, ob unsere Stelle wohl betroffen sein wird oder nicht. Wir grübeln darüber, wie wir dann unsere Rechnungen bezahlen, unsere Familie versorgen und unsere Kredite abbezahlen sollen. Wir machen uns vielleicht auch Sorgen darüber, ob wir für einen neuen Job den Wohnort wechseln oder künftig einen größeren Pendelweg auf uns nehmen müssen. Wir könnten uns fragen, ob bei einem möglichen Ortswechsel unsere Kinder damit zurechtkommen, ob sie den Umzug wohlbehalten verkraften und schnell wieder neuen Anschluss finden und ob sie Verständnis für uns aufbringen können oder uns für diesen Umstand verurteilen.

Aus dem wohlüberlegten Abwägen sind wir nahtlos ins Sorgen machen gekommen. Dabei besteht de facto keine akute Gefahrensituation. Alles, was wir gerade kreieren und uns ein schlechtes Gefühl gibt, passiert in unserem Kopf. Das sogenannte Kopfkino ist am Werk.

Jetzt könnte es noch weitergehen. Aus den Sorgen können tatsächliche Ängste entstehen. Wir könnten nachts schweißgebadet aufwachen, weil wir einen Albtraum von der Situation hatten. Wir könnten uns dabei ertappen, wie wir anfangen, lieb gewonnene Gewohnheiten aufzugeben, aus Angst, sie könnten sich negativ auf diesen Umstand auswirken. Ehe wir uns versehen, haben wir täglich mit einer Angst zu kämpfen, von der wir noch nicht wissen, ob sie berechtigt ist.

Die Informationen zum Stellenabbau sind nicht bekannt und trotzdem ist es passiert, dass wir ein Angst-Szenario aufgebaut haben. Ohne echte Gefahrensituation.

Was wäre in diesem Fall eine echte Gefahrensituation? Wenn unser Chef uns mitteilen würde, dass unsere Stelle abgebaut wird und wann genau wir gekündigt werden. Mit dieser Information wird die Situation real und betrifft unsere Lebenswirklichkeit. Zuvor ist sie lediglich eine unklare und undefinierte Information über einen möglichen Zustand, von dem wir noch nicht einmal wissen, ob er uns betrifft.

Ich glaube, dieses Beispiel verdeutlicht dir ganz gut, wie viele unserer modernen Ängste entstehen können. Lass uns noch einen Blick darauf werfen, was diese Ängste fördert und verstärkt. Es gibt nämlich einen bzw. zwei Punkte, die maßgeblichen Einfluss darauf haben: unsere Selbstwirksamkeit und unser Selbstvertrauen.

Wenn beide Punkte in einem ausgewogenen Maß vorhanden sind, werden wir diese Information zur Kenntnis nehmen und uns nicht groß sorgen. Wir wissen, was wir können, wir wissen, dass wir bereits andere, schwere Situationen gemeistert haben, vertrauen darauf, dass wir auch mit dieser Situation umgehen können. Das erzeugt in uns ein Gefühl von Sicherheit und ändert unsere Bewertung der Informationen.

Wenn wir nicht über ein ausgewogenes Maß an Selbstvertrauen und Selbstwirksamkeit verfügen, fehlt uns diese innere Sicherheit und öffnet den Sorgen und Ängsten alle Türen und Tore. Wir können uns hilflos und überfordert fühlen und unser Gedankenkarussell nimmt schnell an Fahrt auf.

Wie sollen wir also mit Ängsten umgehen?

Zuerst gilt es, uns unsere Ängste bewusst zu machen. Nimm dir ein Blatt und einen Stift und notiere ganz in Ruhe, was dir Angst bzw. Sorgen macht.

Wenn du diese Liste hast, überprüfe sie darauf, was real ist und was in deinem Kopf. Das könnte z. B. so aussehen:

- Angst, meinen Arbeitsplatz zu verlieren – könnte real und auch fiktiv sein.
- Angst, dass ein Hund mich beißt – könnte eine reale Gefahrensituation und fiktiv sein.
- Höhenangst – kennen wir und wird situativ zu einer realen Gefahrensituation.
- Sorge, dass ich die Klausur verhaue – zeitraumabhängig (real/fiktiv).

  …

Streng genommen wird kein Punkt eine reale Gefahrensituation sein, da du wahrscheinlich gerade an einem sicheren und behüteten Platz bist, während du deine Liste schreibst und diesen Lifehack liest.

Also differenziere es so, was für dich reale Gefahrensituationen sein können und was nicht. Wie das Beispiel mit dem Hund und der Höhenangst. Ich habe z. B. starke Höhenangst, die ich zu Hause nur ganz selten bemerke. Wenn ich jedoch weiß, dass ich z. B. an einem Seminar in einem Kletterpark teilnehmen soll, dann wird es bereits zu einer spürbaren Angst für mich. Dann kann durchaus ein unwohles Gefühl in mir aufkommen, obwohl noch gar nicht feststeht, ob wir während des Seminars überhaupt etwas tun, das mit Klettern zusammenhängt.

Nun hast du eine Liste mit realen und nicht realen Gefahrensituationen.

Die nicht realen Gefahrensituationen sorgen uns aber trotzdem. Hier kommen die Selbstwirksamkeit und das Selbstvertrauen ins Spiel.

Notiere dir einmal genau, was in diesen Situationen passiert. Schreibe im Detail auf, wie dieses Szenario stattfindet und welche Rolle du dabei einnimmst.

Wahrscheinlich wird sich ein Bild abzeichnen, in dem du hilflos der Situation ausgeliefert bist und keinen wirklichen Handlungsspielraum hast.

Nun schreibe dasselbe Szenario so auf, als würden daraus nur positive Dinge entstehen. Sei kreativ und male dir ein begeisterndes Bild aus.

Wozu dient das Ganze?

Dieser Schritt hilft dir dabei, das negative Gedankenmodell zu durchbrechen und in eine objektivere Sicht zu gelangen. Du kannst dadurch erkennen, dass du eine Wahlmöglichkeit hast. Viele Sorgen und Ängste malen wir uns häufig schwarz aus und sehen nur das Negative. Zu wissen, dass es auch ganz anders kommen könnte und dass der Ausgang der Situation ohnehin ungewiss ist, gibt uns Ruhe.

Ebenfalls möchte ich dir ans Herz legen, dich mit dem Lifehack #9 *Selbstwirksamkeit* und #8 *Selbstvertrauen* auseinanderzusetzen, falls du bei dir feststellen solltest, dass du dir viele Sorgen und Ängste machst.

Lass mich dir noch zwei aufmunternde Dinge zum Schluss sagen: Eines ist eine kleine Überlieferung. Ich weiß nicht, ob die Situation so tatsächlich stattgefunden hat, aber ich finde sie sehr aufmunternd. Es wird erzählt, dass Napoleon Bonaparte, einer der größten Kriegsherren, der bisher gelebt hat, bei einer Schlacht zitternd auf seinem Pferd saß. Einer seiner Kommandanten soll sich darüber lustig gemacht und ihn darauf angesprochen haben. Er empfand es als beschämend, dass der Kriegsherr vor lauter Angst zitternd auf dem Schlachtfeld stand. Napoleon soll geantwortet haben: «Wenn du die gleiche Angst empfinden würdest wie ich gerade in diesem Moment, wärst du überhaupt nicht hier.»

Was immer dir Sorgen oder Ängste bereitet, ist vollkommen in Ordnung. Jeder von uns ist individuell und hat ein Recht auf Sorgen und Ängste. Niemandem steht es zu, sich darüber ein Urteil zu bilden, da niemand in deinen Schuhen läuft. Also fühle dich nicht dazu genötigt, dich vor anderen zu rechtfertigen oder dich für deine Sorgen und Ängste zu schämen. Sie sind ein Teil von dir und machen dich zu genau der wundervollen Person, die du bist.

Ich hoffe, ich konnte dir das Thema der Ängste ein bisschen verständlicher darstellen und dich für dieses sensibilisieren. Ich möchte dir auch die Angst nehmen, solltest du mit irgendeiner Angst kämpfen, die deine Lebensqualität beeinträchtigt, Hilfe in Anspruch zu nehmen, aus Sorge, andere könnten schlecht von dir denken.

Es geht hier um nicht weniger als deine Lebensqualität und es gibt Menschen, die sich darauf spezialisiert haben, bei eben diesen Ängsten zu helfen und zu unterstützen. Zögere es also bitte im Zweifelsfall nicht zu lange hinaus, dir Hilfe von einem Profi zu holen. Jeder Tag mit weniger Sorgen und Ängsten ist ein Geschenk. Verzichte nicht darauf.

Lifehack #18

Sei ehrlich zu dir und zu anderen

**Ehrlich währt am längsten –
und macht das Leben einfach.**

Ehrlichkeit macht unser Leben einfacher, sobald wir gelernt haben, wie wir diese tatsächlich umsetzen können. Genau dafür möchte ich dein Bewusstsein schärfen. Es stellt sich nämlich die Frage, warum wir in manchen Situationen nicht die Wahrheit sagen. Tatsächlich kann es gute Gründe dafür geben, an der ein oder anderen Stelle vielleicht nicht die «ganze Wahrheit» auszusprechen, seine Meinung zurückzuhalten oder etwas zu sagen, was man eigentlich gar nicht so meint, z. B. um eine andere Person nicht zu kränken oder zu verletzen, ihr nicht ihre momentane Freude zu rauben oder um eine Situation zu deeskalieren.

Unser Zusammenleben ist hochkomplex und wird zunehmend komplexer. Gerade in der zwischenmenschlichen Kommunikation gibt es immer wieder Punkte, die für Irritation, Verwirrung, Frustration, Wut und andere Gefühlslagen sorgen. In dem Buch «Radikal Ehrlich» von Brad Blanton beschreibt der Autor die Zusammenhänge von Lügen und wie diese auf uns wirken können. Als Antwort darauf schlägt er vor, unsere Aussagen, ganz gleich welcher Art, immer ehrlich vorzubringen.

So gibt es in seinem Buch z. B. eine Passage, in der er über die Ehrlichkeit von Beziehungen und Sexualität spricht. In seinem Beispiel findet ein Mann die Frau seines Freundes sexuell attraktiv und anziehend. Blantons Vorschlag ist, offen und ehrlich diese Empfindungen gegenüber den beiden auszusprechen und dem Freund zu sagen, dass er gern einmal mit seiner Frau schlafen würde.

Meinem Empfinden nach wäre dies, wie der Buchtitel von Blanton bereits sagt, radikal. Ich glaube nicht, dass wir gesellschaftlich an einer Stelle stehen, wo die Mehrzahl von uns mit einer solchen Aussage neutral umgehen könnte.

Eine solche Ehrlichkeit würde derzeit für mehr Konflikte und

189

Störgefühle sorgen, als dass sie uns nutzen würde. Nichtsdestotrotz finde ich den Gedanken, insgesamt einen ehrlicheren Umgang miteinander zu pflegen, erstrebenswert. Allerdings nicht im Sinne Blantons. Die radikale Vorgehensweise vernachlässigt aus meiner Sicht die Tatsache, dass wir alle unterschiedliche Empfindungen haben, und würde voraussetzen, dass wir alle auf die gleiche Art und Weise mit Wahrheiten umgehen. Um Streitereien und Konflikte zu vermeiden, würde es bedeuten, wir alle würden Aussagen mit einem Maß an Neutralität begegnen und hätten keinerlei Gefühlsregung dazu.

Die Realität belehrt uns jedoch schnell eines Besseren an der Stelle. Angenommen, das angesprochene Beispiel von Blanton würde uns widerfahren und ein Freund, Bekannter oder Arbeitskollege würde uns sagen, dass er unsere Frau sehr attraktiv findet und gern mit ihr schlafen würde. Ich glaube, viele von uns würden diese ehrliche Aussage nicht gleich «neutral» auffassen. Unsere Reaktion könnte von einem Gefühl von geschmeichelt sein bis hin zu Wut, Ärger oder Angst führen. Die Bandbreite ist so weitläufig, wie wir Menschen unterschiedlich sind.

Diese radikale Vorgehensweise ist meines Erachtens zu radikal. Allerdings gibt es Umstände, in denen Ehrlichkeit unser Leben leichter macht, z. B. wenn wir wissentlich und willentlich die Unwahrheit sagen, um uns in einem besseren Licht darzustellen, etwas zu verheimlichen oder zu vertuschen oder um uns einen kurzfristigen Vorteil zu verschaffen. Es geht mir vor allem um die Lügen, die unser Gewissen belasten und unsere Energie erfordern, damit diese nicht aufgedeckt werden.

Lass uns dazu auf ein paar beispielhafte Situationen schauen:

- Du bist zu einem Geburtstag eingeladen und hast keine Lust, weil vielleicht ein anstrengender Tag oder eine anstrengende Woche hinter dir liegt. Statt dem Gastgeber dies ehrlich mitzuteilen, entschließt du dich dazu, dir eine kleine Lüge auszudenken, und sagst, dass du familiär verhindert bist an diesem Tag und leider nicht kannst.

- Die Aufgabe, die dein Chef dir übertragen hat, hast du irgendwie total verbaselt. Als er dich fragt, wie der Stand der Dinge dazu ist, antwortest du, dass alles gut läuft und der Termin gehalten werden kann.
- In deiner neuen Beziehung läuft alles wie aus dem Bilderbuch – wäre da nicht diese eine nervige Sache, die dein neuer Partner ständig tut. Immer wenn er dich fragt, ob dir das was ausmacht, antwortest du mit: «Nein, gar nicht, kein Problem!»

Diese Situationen sind exemplarisch für eine Vielzahl von Situationen, in denen wir nicht die Wahrheit sagen. Allen gemeinsam ist, dass sie höchstwahrscheinlich, ausgenommen du bist ein Soziopath, eine Gefühlsregung bei dir verursachen. Vielleicht fühlst du dich im ersten Moment erleichtert, weil du die akute Situation geklärt hast. Im Nachhinein hast du aber ein schlechtes Gewissen, bist aufgeregt, hast Sorge, was du nun tun sollst, oder ärgerst dich, dass du nichts gesagt hast.

All diese Situationen führen dazu, dass sie uns mehr Energie kosten als sie uns tatsächlich erspart haben. Dazu möchte ich dir zu den genannten Beispielen verschiedene Szenarien darstellen.

Nehmen wir zuerst das Beispiel mit dem Geburtstag.

Der Geburtstag ist vorüber und du triffst dich in der kommenden Woche mit deinem Freund. Im Gespräch musst du nun darauf achten, deine tatsächlichen Wochenendaktivitäten nicht auszuplaudern, da sonst ans Licht kommen würde, dass du gar nicht bei deiner Familie warst, sondern etwas anderes gemacht hast. Es würde herauskommen, dass du keine Lust auf den Geburtstag hattest und du, statt dies zu sagen, auch noch gelogen hast.

Dein Freund wäre wahrscheinlich ziemlich gekränkt und verletzt, würde ggf. das Treffen auflösen und womöglich im Streit mit dir auseinandergehen. Die Lüge, die am Anfang dazu geführt hat, auf vermeintlich leichtem Weg den Geburtstag absagen zu können, hat sich zu etwas Schwerem und Belastendem entwickelt.

Wie hätte das Ganze auf ehrliche Art aussehen können?

Du hättest deinem Freund sagen können, dass du einen wirklich anstrengenden Tag oder eine anstrengende Woche hinter dir hast und das Wochenende gern für dich nutzen möchtest, um dich ein bisschen zu erholen. Wahrscheinlich würde sich dein Freund im ersten Moment etwas vor den Kopf gestoßen fühlen und dir vielleicht auch ein paar Vorwürfe machen. Diese darfst du lernen auszuhalten. In der kommenden Woche würdet ihr euch ebenfalls treffen. Du könntest ohne Gewissensbisse erzählen, dass es dir wirklich gutgetan hat, das Wochenende zur persönlichen Regeneration zu nutzen und dass es dir jetzt viel besser geht. Dein Freund würde sicherlich noch einmal betonen, dass er dich schmerzlich vermisst hat und es schön gewesen wäre, wenn du da gewesen wärst. Wenn es aber ein wirklicher Freund ist, würde er sich im Anschluss darüber freuen, dass es dir wieder besser geht, und das Treffen mit dir nutzen, um ein bisschen nachzufeiern.

In diesem Fall hätten wir am Anfang einen etwas höheren Energieeinsatz in Form der Wahrheit und der damit verbundenen Reaktion. Wir müssten uns aber keine Gedanken darüber machen, was wir im nächsten Treffen sagen können und was nicht oder ob uns ggf. jemand woanders gesehen haben könnte und dies herauskommt usw.

Wir hätten in diesem Fall ein Gefühl der Leichtigkeit und der Freiheit und obendrein noch etwas für unsere Selbstwirksamkeit getan, über die wir in Lifehack #9 gesprochen haben.

Kommen wir zum zweiten Beispiel, die Aufgabe vom Chef.

Als der Chef uns nach dem Stand der Aufgabe fragt, merken wir, dass wir diese total verbaselt haben und noch nichts passiert ist. Um uns nicht die vermeintliche Blöße zu geben, dass wir noch nichts erledigt haben, und um uns ein wenig Zeit zu erkaufen, sagen wir, dass alles nach Plan läuft. Der Chef ist beruhigt und wir geraten in mittelschwere Panik. Unser Herz schlägt vielleicht schneller und unser Puls rast in diesem Moment. Was tun wir nun? Es ist tatsächlich noch nichts in dieser Sache passiert. Eilig versuchen wir, mit einem Kollegen die Situation zu besprechen und zu prüfen, was eigentlich alles an der Aufgabe dranhängt. Wir stellen fest, dass bereits letzte Woche eine Frist abgelaufen ist und wir den geplanten Termin nicht halten können. Wir rackern uns die nächsten Tage ab, versuchen irgendwie, das Versäumnis zu klären – doch leider unmöglich. Um das Problem nicht noch weiter wachsen zu lassen, sammeln wir unseren Mut und klären unseren Chef über die Situation auf. Dieser ist erst einmal außer sich und frustriert.

Er macht uns Vorwürfe und stellt klar, wie sehr er von uns enttäuscht ist. Er sagt: «Scheinbar muss ich mir künftig andere Mitarbeiter für derartige Aufgaben suchen.»

Hier hätten wir in der gesamten Zeit ein Gefühl von Anspannung, Druck, Stress und vielleicht auch eine gewisse Angst bzw. Sorge. Zum Schluss wäre die Situation auch noch ein Stück weit eskaliert und unsere Reputation beim Chef hätte ordentlich gelitten. Vielleicht sogar irreparabel.

Wie hätte das Ganze auf ehrliche Art aussehen können?

Als der Chef uns fragt, fühlen wir uns vielleicht im ersten Moment überrumpelt und ertappt, ja peinlich berührt. Die Aufgabe hatten wir gar nicht mehr auf unserem Radar. Zuerst könnten wir im Affekt antworten, dass wir da noch mal in unsere Unterlagen schauen müssen und ihm gleich eine Rückmeldung geben. Die kurze Verschnaufpause nutzen wir, um uns zu sammeln und ein bisschen Mut zu fassen. Wir könnten zu unserem Chef gehen und ihm sagen, dass wir die Aufgabe zwischen den anderen Dingen irgendwie völlig vergessen haben und dort noch nichts passiert ist. Wir könnten keinen genauen Sachstand benennen und möglicherweise könnten auch Fristen versäumt worden sein.

Unser Chef wäre nicht begeistert, würde uns womöglich auch ins Gewissen reden und sagen, dass wir zukünftig darauf achten sollen, dass dies nicht noch einmal vorkommt. Er würde nicht zufrieden sein, aber könnte so zumindest mit dem Status quo umgehen und bereits eigene Überlegungen anstellen. Er würde uns noch mal mit Nachdruck darum bitten, die Sache nun priorisiert zu bearbeiten.

In diesem Fall bräuchten wir wieder ein wenig Mut zur Wahrheit am Anfang. Wir würden ggf. für unser Versäumnis kurz gerügt und hätten ein paar Tage einen weniger gut gelaunten Chef, was sich aller Wahrscheinlichkeit nach aber nach spätestens einer Woche erledigt hätte. In dieser Woche müssten wir uns nicht mehr mit quälenden Gedanken beschäftigen, was wohl passieren würde, wenn der Chef davon erfährt. Wie er darauf reagieren würde, wenn er herausfindet, dass wir noch nichts gemacht haben. Wir würden auch nicht wirklich an Reputation verlieren, da unser Chef in den meisten Fällen sehr wohl wahrnimmt, dass wir ihm sogleich die Wahrheit gesagt haben und er dadurch noch persönlichen Handlungsspielraum hatte.

Insgesamt ist auch diese Situation für uns von mehr Leichtigkeit und Freiheit geprägt als die andere, in der wir gelogen hätten.

Die nervige Sache in der Beziehung.

Als Drittes haben wir noch unser Beziehungsbeispiel. Du hast festgestellt, dass dich ein Verhalten an deinem neuen Partner irgendwie echt stört und sprichwörtlich «auf die Palme bringt», möchtest das frische Glück aber nicht gleich auf die Probe stellen. Deshalb sagst du nichts oder auf Anfragen deines Partners nur, dass es dich nicht stört und dir überhaupt nichts ausmacht. Nach ein paar Monaten Beziehung ist langsam der Alltag eingekehrt und irgendwann hältst du es nicht mehr aus. Du stellst deinen Partner zur Rede und machst ihn auf dieses unmögliche Verhalten aufmerksam. Dabei hast du bereits einen Puls von 180 und deine Gesichtsfarbe und deine Mimik haben sich auch deutlich geändert.

Dein Partner ist völlig irritiert und versteht nicht, warum dieses Verhalten dich «auf einmal» so sehr nervt und aus der Fassung bringt. Ein handfester Streit bricht vom Zaun.

In diesem Fall hättest du über Wochen, Monate oder gar Jahre hinweg die Unwahrheit gesagt bzw. nicht die Wahrheit über deine Wahrnehmung und Empfindung geäußert. In der gesamten Zeit hättest du immer wieder Energie dafür aufbringen müssen, dich zu kontrollieren, die Situation zu ertragen und dir nichts anmerken zu lassen. Innerlich wärst du vermutlich vor Wut am Kochen gewesen. Dies wäre so lange gegangen, bis die Situation unerträglich bzw. unkontrollierbar geworden und es aus dir herausgebrochen wäre. Der ganze aufgestaute Frust, die Wut wären mit einem Mal zum Vorschein gekommen und mit einer Vehemenz, die für dein Gegenüber in keiner Weise nachvollziehbar wäre.

Wie hätte das Ganze auf ehrliche Art aussehen können?

Du bemerkst nach ein paar Wochen, dass ein bestimmtes Verhalten dich irgendwie triggert und nervt. Statt darüber hinwegzusehen oder es zu unterdrücken, um die frische Beziehung (oder auch die längere) nicht zu strapazieren, sammelst

195

du deinen Mut und sprichst die Sache an. Du siehst darin die Chance, mehr Substanz in die Sache zu bringen. Am Abend redest du mit deinem Partner über das besagte Verhalten. Du teilst ihm mit, was dich daran stört und was es mit dir macht. Dein Partner findet es toll, dass du dies offen und ehrlich ansprichst, und kann dein Anliegen nachvollziehen. Ihr sprecht in Ruhe darüber und findet einen Kompromiss. Statt wochen- oder monatelang etwas zu «ertragen» oder zu «erdulden», habt ihr die Sache geklärt und eine gemeinsame Basis geschaffen. Du hättest keine inneren Wutattacken oder wärst frustriert. Im Gegenteil. Du würdest dich daran erfreuen, dass ihr das Thema so schnell klären konntet, dass ihr eine Basis habt, auf der Probleme offen und ehrlich angesprochen werden können, und könntest mit Freude und Zuversicht in die Zukunft blicken.

Die kommenden Wochen wären in diesem Fall von Leichtigkeit, Freiheit und Vertrauen geprägt. Kein Störgefühl wäre vorhanden, das unerwartet auftaucht und einer inneren Kontrolle bedarf. Keine überkochenden Emotionsausbrüche und Vorwürfe.

Die beschriebenen Beispiele und Szenarien sind exemplarisch und ich denke, du hast gemerkt, worum es mir geht und von welchen Situationen ich hier spreche. Wenn wir in diesen Fällen ehrlich mit uns und unseren Mitmenschen sind, profitieren wir auf vielen Ebenen davon:

- Wir können jederzeit über alles eine Aussage treffen.
- Wir kommen nicht in die Verlegenheit, bei einer Lüge ertappt zu werden.
- Wir werden als vertrauensvoll und gewissenhaft wahrgenommen.
- Wir kreieren keine unangenehmen Situationen aus Unwahrheiten.

- Wir können bewusste Entscheidungen treffen.
- Wir haben einen entspannteren Alltag.
- Wir stärken unsere Kommunikationsfähigkeiten.
- Wir klären Dinge zu Beginn und verhindern große Konflikte.
- Wir haben keine Gewissensbisse.
- Wir haben weniger Sorgen.

Wie bei vielen anderen Lifehacks in diesem Buch ist es auch bei diesem mein Anliegen, erst einmal ein Bewusstsein für diese Umstände zu wecken. Es kann im Zweifelsfall ein bisschen dauern, bis wir dieses Verhalten in unseren Alltag übernommen haben. Manchmal sind wir vielleicht einfach von einer Situation so überrumpelt oder überfordert, wollen uns schützen, sodass uns etwas Falsches aus dem Mund purzelt. Vielleicht macht uns die Wahrheit an der ein oder anderen Stelle auch noch große Sorgen oder Angst und wir trauen uns noch nicht, den Schritt der offenen An- bzw. Aussprache zu gehen. Das alles ist okay, es ist menschlich und ich bin mir sicher, jeder von uns kann sich entweder an solch eine Situation erinnern oder steht vielleicht gerade auch vor einer solchen.

Ich möchte dir mit diesem Lifehack Mut machen, sowohl gegenüber dir selbst als auch anderen mehr und mehr Ehrlichkeit zu praktizieren. Es ist nicht immer einfach, manchmal kann es sogar schmerzhaft sein, sich eine Wahrheit selbst einzugestehen oder einer anderen Person mitzuteilen. Ich persönlich bin allerdings der Auffassung, lieber eine unangenehme oder schmerzhafte Wahrheit jetzt als eine aufgedeckte Lüge später.

Bei der Wahrheit ermöglichen sich uns immer auch neue Handlungsspielräume im Hier und Jetzt und damit verbunden Entwicklungsmöglichkeiten und Chancen. Bei einer

Lüge gehen nahezu immer auch ein Stück weit Werte verloren, wie z. B. Vertrauen oder Loyalität.

*Deshalb meine Einladung: Sei mutig und trau dich, ehrlich mit dir
und anderen zu sein. Mach deinen Alltag entspannter, auch wenn
es vielleicht im ersten Augenblick eine Herausforderung darstellt.
Auf lange Sicht werden sich dein Alltag und dein Leben dadurch
dauerhaft leicht anfühlen. Wenn dies erst einmal zu einer Gewohnheit geworden ist, kannst du es dir gar nicht mehr anders vorstellen.*

Lifehack #19

Kritikfähigkeit lohnt sich

Kritikfähig zu sein, erhöht unseren Erkenntnisgewinn.

Das Beherzigen dieses Lifehacks hilft uns dabei, sowohl in beruflichen als auch in privaten Situationen leichter in unserer Mitte zu sein und keine negativen Gefühle aufkommen zu lassen. Vielleicht hast du Folgendes schon einmal erlebt oder beobachtet.

Du kommst gut gelaunt und fröhlich zur Arbeit. Dann wirst du zu einem Mitarbeitergespräch gebeten und kommst völlig zerknirscht zurück. Dein Tag ist im sprichwörtlichen Sinne «gelaufen». Für den Rest des Tages ist es mit deiner Laune dahin. Gedanklich schweifst du häufig ab und bist abwesend. Du fühlst vielleicht auch Wut und Zorn. Du fühlst dich mitunter ungerecht behandelt und schimpfst in Gesprächen mit Kollegen über die Firma, deinen Chef, da dir eine aus deiner Sicht völlig ungerechtfertigte negative Kritik entgegengebracht wurde.

Es kann sogar vorkommen, dass du die schlechte Laune auch noch mit nach Hause nimmst und die Kritik dort ebenfalls zu einem abendfüllenden Thema machst.

Noch ein Beispiel: Ein Freund macht uns auf etwas aufmerksam, was aus seiner Sicht unangebracht oder nicht gut ist. Er übt Kritik an einer unserer Verhaltensweisen, unserem Auftreten oder unserem äußeren Erscheinungsbild. Auch diese Kritik kann uns schnell mal den Tag verhageln und aus einem schönen Tag einen frustrierenden machen.

Aber warum ist das so? Warum kann uns eine schlechte Kritik dermaßen unsere Laune und unseren Tag vermiesen?

Das liegt zum einen an unserem persönlichen Umgang mit Kritik, also an unserer Interpretation und Bewertung. Zum anderen liegt es daran, wie Kritik vorgebracht wird.

Im beruflichen Umfeld ist es das Einmaleins bei Management-schulungen, den Teilnehmern die sogenannte Sandwich-Methode beizubringen. Das heißt, man lernt, Kritik zwischen zwei wohlwollende Aussagen zu packen. Zuerst kommt etwas Lobendes, dann die Kritik und zum Schluss noch einmal etwas Lobendes. Das soll dafür sorgen, dass die Empfänger der Kritik diese besser aufnehmen und umsetzen.

Was im Beruflichen wie auch im privaten Umfeld aber selten erlernt bzw. gelehrt wird, ist, wie wir Kritik *konstruktiv* vorbringen. Um an dieser Stelle einen kleinen Ausblick zu geben, möchte ich dir, falls dich das näher interessiert, die «Ich-Botschaft» der Gewaltfreien Kommunikation empfehlen. Ich selbst habe diese Methode in einem Trainerseminar zur Gewaltfreien Kommunikation nach Marshall B. Rosenberg kennengelernt und erlernen dürfen.

Zurück zur Kritik. Von klein auf lernen wir, Kritik in sehr verallgemeinernder Form vorzutragen bzw. zu empfangen. Wir selbst werden während unserer Erziehung mit sehr verallgemeinernden Aussagen kritisiert. Auch in der Schule, im Studium und in der Ausbildung führt sich dieses Schema fort.

Die folgenden Sätze, oder ähnliche, könnten dir dabei vertraut vorkommen:

«Man trägt keine Jeans zum Vorstellungsgespräch!»

«Da hast du wirklich Mist gebaut!»

«Das Kleid sieht furchtbar aus, was sollen die anderen Leute von dir denken?!»

«Die Präsentation, die Sie mir geschickt haben, war nicht zu gebrauchen!»

«Die Stichprobe, die Sie gezogen haben, war wirklich schlecht!»

«Wenn du nicht so faul gewesen wärst, hättest du bestimmt eine bessere Note geschrieben!»

«Dein Zimmer sieht aus wie der reinste Saustall!»

«Nie hilfst du mir bei der Hausarbeit!»

«Du hast eine unmögliche Ausdrucksweise. Schroff, grob und herablassend!»

In allen Beispielen lassen sich zwei Dinge deutlich erkennen. Zum einen haben alle den beschriebenen verallgemeinernden Charakter. Zum anderen liefern sie uns keine hilfreichen Informationen zur eigentlichen Situation.

Diese Beispiele sind nicht die Ausnahme, sondern eher die Regel dessen, wie Kritik vorgetragen wird. Die meisten Menschen in unserem Umfeld haben nie gelernt, konstruktive Kritik zu äußern. Kritik hat außerdem häufig einen von Schuldzuweisungen geprägten Charakter. Und das nicht, weil die Menschen insgesamt böswillig sind, sondern weil sie es nie anders gelernt haben.

Damit kommen wir zu Punkt zwei: *unsere Interpretation und Bewertung von Kritik*. Wenn wir mit allgemeinen Aussagen, Schuldzuweisungen und Vorwürfen konfrontiert werden, fällt es uns im ersten Moment nicht leicht, ruhig zu bleiben. Wir können uns angegriffen oder ungerecht behandelt fühlen und emotional berührt sein. Da diese Art der Kritik keine griffigen Informationen enthält, werden wir ggf. wütend, traurig oder kommen in einen Rechtfertigungsmodus. Wir interpretieren und werten die Kritik negativ. Auch dies ist ein in Teilen erlerntes Verhalten. Denn wann wurden wir in der Vergangenheit häufig kritisiert? Wenn wir in den Augen anderer – Eltern, Lehrer, Freunde, Verwandte etc. – etwas falsch gemacht haben.

Kritik ist also bei einem Großteil von uns von vornherein mit einem negativen Gefühl vorbelastet. Wenn uns jemand in der oben dargestellten Form kritisiert, schalten wir intuitiv in den Verteidigungsmodus.

Bei dieser Konstellation geht uns die Chance der Begegnung verloren. Wir verlieren dabei die Möglichkeit, hilfreiche Informationen zu erhalten, die uns in unserer Entwicklung wirklich dienlich sein können.

Auch das ist normal, denn wenn wir uns angegriffen fühlen, gibt es meist nur zwei Reaktionen: Flucht oder Kampf. Wenn wir allerdings an unserer Kritikfähigkeit arbeiten, öffnet sich uns eine dritte Möglichkeit, nämlich die der Wahl, der Begegnung, des Verständnisses und des Konsenses.

Wir können selbst Einfluss auf die Kritik nehmen und durch unser Zutun hilfreiche Informationen für uns gewinnen. Anhand dieser können wir dann bewusste Entscheidungen darüber treffen, wie wir mit der Kritik umgehen und was wir daraus machen.

Lass uns einmal einen Blick darauf werfen, wie wir davon profitieren, wenn wir an unserer Kritikfähigkeit arbeiten:

- Wir klären Missverständnisse früher.
- Wir erfahren persönliches Wachstum.
- Wir kommen in Projekten leichter voran.
- Wir verbessern ein Verhalten oder eine Tätigkeit.
- Wir erhalten nützliche Hinweise über unsere Außenwirkung.
- Wir finden leichter einen Weg zu einem gemeinsamen Konsens.
- Wir inspirieren andere und schaffen eine angenehme Arbeitsatmosphäre.
- Wir bringen mehr Leichtigkeit in unser Umfeld.
- Wir genießen mehr von unserem Tag.
- Wir vermeiden wirtschaftlichen Schaden oder wenden diesen ab.

• Wir knüpfen angenehme Kontakte.

Und noch etwas können wir durch eine ausbalancierte Kritik-fähigkeit: Wir können leichter loslassen, abschalten und schla-fen. Denn häufig ist es doch so, dass uns eine wirklich negative Kritik nicht gleich wieder loslässt, sondern wir mehrere Tage mit dieser in unseren Gedanken beschäftigt sind.
Wie gelangen wir nun zu einer besseren Kritikfähigkeit?

Mit den folgenden Punkten können wir Einfluss auf unsere Kritikfähigkeit ausüben:

• Lernen, Ruhe zu bewahren
• Bewusstmachen der Situation und Person
• In uns hineinhören und -fühlen
• Fragen zur Kritik stellen
• Die Kritik mit der anderen Person prüfen
• Wählen und Entscheiden
• Bewusstmachen, dass es uns nicht immer gelingen wird
• Im Nachgang reflektieren und lernen

Lernen, Ruhe zu bewahren

Ganz gleich auf welche Art uns Kritik entgegengebracht wird, es ist sehr hilfreich, die Ruhe zu bewahren. Lass dein Gegen-über in Ruhe ausreden und versuche, nicht den ersten Im-pulsen von Rechtfertigung oder Gegenangriff nachzugeben. Entwickle ein Ritual, dass dir dabei hilft, die Aussagen der anderen Person in Ruhe zu hören, und versuche, dich auf die Aussagen zu konzentrieren. Du könntest z. B. die sprichwört-liche «Faust in der Hosentasche» ballen, wenn du den Impuls verspürst, zu antworten. Lass die andere Person alles sagen, was sie zu sagen hat. Mach dir vielleicht Notizen zu einzel-nen Punkten, auf die du später eingehen möchtest. Wenn du ein geplantes Gespräch hast, kannst du dir leicht einen kleinen

Notizblock o. Ä. mitnehmen. Wenn du dir die Kritik angehört hast und merkst, dass es dich emotional aufwühlt, nimm dir selbst einen Moment der Ruhe, um dich zu sammeln. Falls dein Gegenüber dich zu einer Antwort auffordert, sag beispielsweise: «Ich brauche gerade einen Moment für mich, um das Gehörte zu verarbeiten.»

Bewusstmachen der Situation und Person

Falls dir auf unschöne Art wie oben bereits beschrieben Kritik entgegengebracht wird, mach dir bewusst, dass die Person es wahrscheinlich nicht besser kann. Es steckt mit höchster Wahrscheinlichkeit keine böswillige Absicht dahinter und auch kein Motiv, dir vorsätzlich den Tag zu vermiesen oder dich persönlich anzugreifen. Und selbst wenn, dann mach dir bewusst, dass es im Zweifelsfall der Versuch ist, dich zu provozieren und dadurch die Vorwürfe zu bestärken. Auch aus diesen Gründen ist es wieder sinnvoll, die Ruhe zu bewahren. Dieses Bewusstmachen hilft dir dabei.

In uns hineinhören und -fühlen

Höre und fühle, während du dir die Kritik anhörst, was in dir passiert. Wirst du wütend oder traurig? Fühlst du dich ungerecht behandelt? Merkst du, dass du das Gesagte gern klarstellen und dich rechtfertigen möchtest? Wird dir warm oder kalt? Zittern dir vielleicht die Hände oder breitet sich ein nervöses Kribbeln im Körper aus? Wird dir vielleicht übel? Achte auf deine inneren Reaktionen und schreibe, wenn möglich, auch diese mit auf.

Fragen zur Kritik stellen

Wenn du dir die Kritik in Ruhe angehört hast, du vielleicht auch bemerkt hast, dass du dich angegriffen, gekränkt oder ungerecht behandelt fühlst, stelle klärende Fragen dazu. Im Idealfall, wahrscheinlich mit etwas Übung, hast du die dazu passenden

Aussagen auf deinem Zettel notiert oder dir im Geiste gemerkt. Zur Verdeutlichung nehmen wir noch einmal eine der oberen Aussagen. «Man trägt keine Jeans zum Vorstellungsgespräch!»

- «Was genau stört dich daran, wenn ich eine Jeans zum Vorstellungsgespräch trage?»
- «Welche Gedanken und Sorgen hast du dazu?»
- «Was wäre deiner Meinung nach eine passendere Hose und warum?»

Mit diesen Fragen können wir unseren ersten Frust lösen, vermeiden einen Gegenangriff und direkte Konfrontation und schaffen Raum für beidseitiges Verständnis und Begegnung. Aus diesen Fragen kann ein Dialog entstehen und wir können gewinnbringende Informationen für uns erhalten.

Durch diese Fragen lösen wir unseren Frust, Schmerz oder unsere Wut auf und erlangen Erkenntnisse. Die andere Person wird hierdurch automatisch zu einer konstruktiveren Form der Kritik geleitet, mit der wir wiederum etwas anfangen können.

Ein kleines Antwortbeispiel zur Frage: «Welche Gedanken und Sorgen hast du dazu?»

«Ich habe Angst, dass du den Job nicht bekommst, wenn du mit einer Jeans dorthin gehst. Ich mache mir Sorgen, dass du dann völlig geknickt nach Hause kommst.»

Du siehst, mit einer einzigen Frage hat sich die pauschale, informationslose Kritik in eine wertvolle und zur Begegnung einladenden Information verwandelt.

Die Kritik mit der anderen Person prüfen

Wenn wir die Ruhe bewahrt, uns Notizen zu verschiedenen Aussagen und unseren inneren Empfindungen und Gedanken dazu gemacht sowie klärende Fragen gestellt haben, prüfen wir die Kritik mit unserem Gegenüber.

Wir teilen mit, was wir gehört und verstanden haben. Wir teilen mit, was die Kritik mit uns gemacht hat, und fragen, ob die andere Person dies so beabsichtigt hat. Wir offenbaren uns selbst. Du denkst jetzt vielleicht im ersten Moment, dass du dich dadurch noch angreifbarer machst. Am Anfang sieht das so aus, aber mit der Zeit wirst du merken, dass dies die Kommunikation mit anderen deutlich verbessern wird. Unser Gegenüber ist auf unser ehrliches Feedback angewiesen, um sein eigenes Verhalten überhaupt wahrnehmen und prüfen zu können. Durch unsere Selbstoffenbarung zeigen wir ihm, was seine Aussagen bewirkt haben, und geben ihm die Chance, dieses Verhalten ggf. künftig auch zu verändern. Es ist ein authentischer Informationsaustausch, der auf der Annahme beruht, dass jeder Mensch zu jedem Zeitpunkt sein Bestes gibt und von Natur aus seinen Mitmenschen gegenüber wohlgesinnt ist. Das wird uns nicht mit jedem gelingen, aber aus persönlicher Erfahrung kann ich dir sagen, es wird in mehr als 90 Prozent der Fälle wunderbare positive Folgen haben.

Wählen und Entscheiden

Wenn wir alles gehört, unsere Fragen gestellt und die Kritik mit unserem Gegenüber geprüft haben, kommen wir zum Wählen und Entscheiden. Jetzt haben wir im besten Fall wirkliche Informationen. Wir können die Motive und Gründe der anderen Person nachvollziehen, zumindest in Teilen. Jetzt können wir entscheiden, ob wir das Gesagte annehmen wollen oder nicht. Wir können entscheiden, ob wir die Aussagen und die Art ihrer Äußerung, wie sie vorgebracht wurden, als beleidigend und kränkend interpretieren oder ob wir hilfreiche Punkte erkennen, über die wir noch einmal nachdenken wollen. Wir können auch entscheiden, ob wir dieser einen Aussage vertrauen oder ob wir das Gehörte weiter prüfen. Vielleicht wurden wir auf etwas in unserer Außenwirkung aufmerksam gemacht, das uns selbst noch nicht bewusst war. Wenn wir dies zum ersten Mal gehört haben, können wir die Aussage z. B. mit Freunden und Bekannten überprüfen und diese fragen, ob sie das auch so sehen oder bemerken.

Und je nachdem, was die Antwort darauf ist, können wir entscheiden, ob wir etwas daran verändern möchten oder nicht. Es ist auch unser gutes Recht, mit einer Sache völlig zufrieden zu sein. Dann stört es vielleicht ein paar andere, aber jedem können wir es ohnehin nicht recht machen.

Bewusstmachen, dass es uns nicht immer gelingen wird

Diesen Punkt können wir immer mal wieder im Alltag oder nach einer Kritik aus unserer Schublade nehmen und angehen: uns einen Augenblick Zeit nehmen, ein oder zwei Minuten, und uns bewusst machen, dass auch mit Übung und Wohlwollen nicht jede Kritik nach Plan laufen wird. Es wird immer wieder Momente geben, die uns auf dem falschen Fuß erwischen oder eiskalt überraschen und in denen wir dann nicht die Ruhe bewahren und alles über Bord werfen, was oben beschrieben ist. Das ist völlig normal und einfach nur menschlich. Das passiert mir und das wird auch dir sowie allen anderen Menschen passieren. Und uns dies von Zeit zu Zeit immer mal wieder bewusst zu machen, entspannt unseren Umgang damit.

Im Nachgang reflektieren und lernen

Sowohl für gelungene als auch für misslungene Kritik ist es für uns sehr wertvoll, diese Gespräche im Nachgang noch einmal zu reflektieren. Was hat uns ggf. völlig aus der Fassung gebracht? Welche Aussage hat uns vor Wut kochen lassen? Warum waren wir bei einer bestimmten Aussage so peinlich berührt? Wie war die Situation? In welchen Situationen können wir besser und in welchen schlechter mit Kritik umgehen? Was sind besonders gute äußere und innere Umstände, um uns mit Kritik zu konfrontieren? Welche Fragen haben besonders gut funktioniert und welche nicht?

All dies lohnt sich für uns, im Nachgang zu betrachten, um bei der nächsten Kritik ein bisschen besser aufgestellt zu sein.

Mit diesem Lifehack und den vorgestellten Tipps wollte ich dich dafür sensibilisieren, dass wir sehr davon profitieren können, an unserer Kritikfähigkeit zu arbeiten. Wir können einen positiven Einfluss auf unser Umfeld und auf uns selbst nehmen. Wir können Konflikte reduzieren, einander besser verstehen und kennenlernen und so zu einem harmonischeren und besseren Miteinander beitragen.

Es würde mich freuen, wenn ich dich damit ein bisschen ermutigen und für das Thema inspirieren konnte. Denn tatsächlich bin ich der Auffassung, dass wir damit einen persönlichen Beitrag zu einer friedvolleren Welt leisten können. Ich wünsche dir viel Spaß bei der Umsetzung.

Lifehack #20

Lerne loszulassen

**Was nicht freiwillig bei uns bleibt,
kostet uns zu viel von uns.**

In diesem Lifehack möchte ich mit dir zusammen auf ein Thema blicken, das sich immens auf unser Wohlbefinden und unsere Wahrnehmung im Alltag auswirkt. Wahrscheinlich hat sich jeder von uns schon einmal sehr viele Gedanken und Sorgen um ein Thema gemacht und konnte dies nicht loslassen. Freunde und Bekannte haben uns geraten, uns nicht weiter damit zu beschäftigen, denn unser dauerhaftes Grübeln darüber bringe nichts und ziehe uns nur weiter runter oder mache uns unruhig.

So gut gemeint und richtig dieser Satz auch ist, er hat uns mit Sicherheit in der Situation nicht geholfen. Nur weil uns jemand gesagt hat, dass wir ein Thema loslassen sollen, konnten wir noch lange nicht von jetzt auf gleich einen Schalter in unserem Kopf umlegen und das Thema ruhen lassen. Viel wahrscheinlicher ist es, dass wir uns missverstanden gefühlt haben.

Loslassen ist, ich glaube, da wirst du mir zustimmen, kein leichtes Thema. Wäre es ein leichtes Thema, hätte ich es wahrscheinlich auch nicht mit in dieses Buch aufgenommen. Aber warum genau ist Loslassen für uns überhaupt wichtig und was genau hat es damit auf sich?

Zur Verdeutlichung der Sache möchte ich mit dir auf ein kleines Beispiel blicken. Dieses gibt es auch auf verschiedenen Videoplattformen wie YouTube, TikTok oder Instagram in irgendeiner Form zu sehen. Stell dir einmal Folgendes vor oder teste es direkt für eine Weile.

Mit ausgestrecktem Arm hältst du ein mit Wasser gefülltes Glas in der Hand. In den ersten paar Sekunden oder Minuten wird das kein größeres Problem sein. Nach einer Weile wird dein Arm anfangen zu schmerzen. Du hältst das Glas weiter fest. Nach einer weiteren Weile fängt auch deine Hand an wehzutun und vielleicht zittert dein Arm ein wenig. Du hältst das

Glas weiter fest. Jetzt verkrampft vielleicht noch deine Schulter und dein Unterarm fängt an zu brennen. Du hältst das Glas weiter fest. In deiner Wahrnehmung ist nichts mehr, nur die Schmerzen der einzelnen Körperteile und die Sorge um das Glas. Du sagst dir: «Ich darf nicht loslassen.» Spätestens ab diesem Zeitpunkt ist in unserer Wahrnehmung kaum noch Platz für etwas Schönes oder Erfreuliches. Wir können unsere Aufmerksamkeit auf nichts anderes mehr lenken. All unsere Gedanken sind bei den schmerzenden Körperteilen und dem Glas.

Wenn wir zu lange an etwas festhalten, kann es sehr schmerzhaft für uns sein und unseren Blick für all die anderen schönen und positiven Dinge in unserem Leben und um uns herum vernebeln.

So verhält es sich z. B. mit unseren Ängsten und Sorgen, mit Personen, Situationen und unseren Habseligkeiten. Wenn wir uns nur kurz ein paar Gedanken darüber machen, ist das nicht weiter schlimm, da passiert nichts. Denken wir ein wenig länger über diese Dinge nach, können Sorgen entstehen. Denken wir noch länger darüber nach, können ausgewachsene Ängste und Stress entstehen. Wenn wir an diesen Gedanken festhalten, verursachen sie ebenso wie das Glas Schmerzen. In diesem Fall aber keine Schmerzen in unserem Arm oder unserer Schulter, sondern seelische Schmerzen in Form von Sorgen, Ängsten und Stress. Unser Alltag nimmt immer unschönere Formen an und wir sehen nur noch das Schlechte.

Je nachdem, wie lange wir an diesen Gedanken festhalten, können uns diese richtig krankmachen und in psychischen Erkrankungen wie Burnout, Depression oder gar Suizidgedanken münden. Von einem gesunden, schönen, angenehmen Alltag sind wir meilenweit entfernt.

Du siehst also, Loslassen ist ein wirklich ernstes Thema, denn es hat massive Auswirkungen auf unsere Gesundheit und unser allgemeines Wohlbefinden.

Jetzt stellt sich die Frage, woran wir im Alltag so alles festhalten. Dazu ein paar allgemeine Beispiele:

- Wir halten vielleicht an unserem Besitz fest (Haus, Auto, Garderobe, Hausrat, Schmuck, Geld …).
- Wir halten vielleicht an Personen fest (eine unglückliche Beziehung oder Freundschaft).
- Wir halten vielleicht an gewissen Vorstellungen über etwas fest (Moral, Werte, Verhaltensweisen).
- Wir halten vielleicht an unserem Job fest.

…

Wie kommt es aber nun, dass wir teilweise sehr lange an Dingen festhalten, selbst wenn uns diese «Schmerzen» verursachen? Bei dem Beispiel mit dem Glas Wasser wäre es für uns alle offenkundig, dieses abzustellen, sobald der Schmerz zu groß wird. Warum fällt uns dies in anderen Situationen und Bereichen jedoch so schwer?

Dies hängt mit verschiedenen Faktoren zusammen. Zum einen hat es mit unserem Empfinden über Besitz zu tun. Zum anderen können unsere Glaubenssätze und unser Selbstbild sehr stark darauf einwirken. Unser Außenbild, also das Bild, das wir nach außen darstellen möchten, kann ebenfalls Einfluss darauf haben. Und dann kann noch unsere Wunschvorstellung über die Situation Einfluss darauf nehmen.

Lass uns die einzelnen Punkte ein wenig näher betrachten, um ein besseres Verständnis und ein Bewusstsein für diese Punkte zu bekommen.

Besitzempfinden

Wir alle haben hart erarbeitete und lieb gewonnene Besitztümer in mehr oder weniger ausgeprägtem Maße angehäuft. Zumindest trifft dies für die meisten Menschen in der westlichen
Welt zu. Wenn du dieses Buch liest, wirst du es wahrscheinlich
käuflich erworben haben und dich somit in der privilegierten
Situation befinden, monetär so gut aufgestellt zu sein, dass du
dir dieses Buch leisten kannst. Im Volksmund verstehen wir
unter Besitz häufig auch Eigentum. Die genaue Abgrenzung
der beiden Dinge ist im Bürgerlichen Gesetzbuch (BGB) genau
definiert. Für unsere Betrachtung reicht es aus, wenn wir als
Besitz die Dinge definieren, für die wir entweder Geld aufgewendet haben oder die wir als Geschenk erhalten haben, auch
wenn das nicht der gesetzlichen Definition entspricht. Wir
wollen es an dieser Stelle einfach halten. Ich bitte alle Juristen
an dieser Stelle, mir diese Vereinfachung nachzusehen.

All diese Güter haben eines gemeinsam: Wir wollen sie schützen. Seit Generationen sind Menschen darauf bedacht, ihre
Besitztümer zu schützen. Damit einher geht die Sorge oder
Angst, etwas verlieren zu können. Verlust löst in diesem Moment neben den persönlich-emotionalen Empfindungen auch
ein Gefühl der «Nichtverfügbarkeit» und somit einen Kon-
trollverlust aus. Wenn wir unseren Besitz schützen, versuchen
wir unter anderem dadurch zu gewährleisten, dass wir dessen Verfügbarkeit für uns garantieren können.
    Dieser Wunsch nach Verfügbarkeit und die damit verbunde-
ne Angst vor dem Verlust leiten sich häufig aus unseren Glaubenssätzen ab und bringen uns zum nächsten Punkt.

Glaubenssätze

Unsere Glaubenssätze nehmen maßgeblichen Einfluss darauf,
wie wir die Welt wahrnehmen. Sie beeinflussen unser Denken
und lenken damit auch, worüber wir uns Sorgen machen.
    Vertiefend betrachten wir das Thema Glaubenssätze in Life-

hack #50 *Glaubenssätze*. Wichtig für uns ist zu wissen und zu verstehen, dass unser Denken über Besitz von unseren Glaubenssätzen beeinflusst wird und veränderbar ist. Unsere Glaubenssätze beeinflussen auch die nächsten drei Punkte dieser Aufzählung, nämlich unser Selbstbild, unser Außenbild und unsere Wunschvorstellung.

Selbstbild

Das Selbstbild bezeichnet, vereinfacht gesagt, die Vorstellung, die wir von uns selbst haben, wie wir uns selbst wahrnehmen. Im Kontext des Loslassens könnte es hier zu verschiedenen Konflikten kommen.

Nehmen wir noch einmal das Beispiel mit dem Glas. Angenommen, du trägst in dir den Glaubenssatz: «Ich muss stark sein.» Daraus könnte sich eine Lebensweise entwickelt haben, in der du dich selbst als «körperlich starke Person» wahrnimmst. Um dieses Selbstbild aufrechtzuerhalten und den Glaubenssatz zu erfüllen, könntest du den Anspruch ableiten, das Glas mindestens fünf Minuten lang festhalten zu müssen. Anderenfalls würdest du deinem Selbstbild nicht entsprechen.

Du würdest also versuchen, ganz gleich wie schmerzhaft es auch sein mag, mindestens für fünf Minuten das Glas zu halten. Eine Person, die diesen Glaubenssatz nicht hat und ein anderes Selbstbild vertritt, würde das Glas vielleicht nach einer Minute abstellen und somit loslassen.

Außenbild oder Fremdbild

Das Außenbild oder Fremdbild ist das Bild einer Person, wie es andere von außen wahrnehmen. Nun kann es sein, dass wir gern ein bestimmtes Außenbild erzeugen wollen. Nehmen wir noch einmal den Glaubenssatz «Ich muss stark sein.» Wenn wir diesen Glaubenssatz haben, könnte er dazu führen, dass wir versuchen, ein nach außen hin stark wirkendes Außenbild zu erzeugen. Im Fall mit dem Glas würde dies ebenfalls bedeuten, dass wir dieses mindestens für eine längere Zeit als der Großteil anderer Personen halten müssen, um das gewünschte Außenbild zu erzeugen, sprich, um als «stark» wahrgenommen zu werden. Ob das gelingt, steht nicht einmal fest und ist eher ungewiss. Es geht aber um die persönliche Motivation des Versuchs, dieses Bild zu erzeugen.

Wunschvorstellung

Zum Schluss nehmen unsere Glaubenssätze auch Einfluss auf unsere Wunschvorstellung. Allein die Filmindustrie Hollywoods hat unzählige Wunschvorstellungen in die Köpfe von Menschen gepflanzt. In Romanzen und anderen klischeebehafteten Filmen erleben wir immer wieder dramatische Wendungen, die uns in eigenen Situationen ebenfalls dazu bringen, an etwas festzuhalten, auch wenn es uns offensichtlich nicht guttut. In diesen Situationen sehen wir nicht, was objektiv ist, sondern klammern uns an die Wunschvorstellung über die Situation. Wir sind häufig nicht ehrlich zu uns selbst. Hierzu kann ich dir auch den Lifehack #18 *Sei ehrlich zu dir und zu anderen* empfehlen.

Wir halten in diesem Zusammenhang weniger an der eigentlichen Situation fest, sondern bauen eine Wunschvorstellung auf, an der wir festhalten. Wir glauben, wenn wir nur lange genug festhalten, wird irgendwann alles gut werden.

Zu guter Letzt kommt noch ein allgemeines Faktum mit ins Spiel, welches jeden von uns betrifft: Es ist die mehr oder weniger stark ausgeprägte Angst vor dem Unbekannten, dem Ungewissen. Passend dazu gibt es das Sprichwort: «*Besser den Teufel, den du kennst, als den Teufel, den du nicht kennst.*»
   All diese Punkte haben Einfluss auf unsere Fähigkeit des Loslassens. Das Gute daran ist, dass wir mit dieser Identifizie-

rung auch gleich einen Fahrplan dafür haben, wie wir diese Eigenschaft verbessern können.

Lass mich kurz aufzählen, mit welchen Punkten wir starten können, und dann im Einzelnen darauf eingehen.

- Bewusstsein entwickeln
- Glaubenssätze analysieren
- Selbstbild analysieren und ausrichten
- Außenbild analysieren und ausrichten
- Wunschvorstellung prüfen
- Offenheit für das Unbekannte entwickeln

Bewusstsein entwickeln

Zuerst kannst du damit starten, ein wenig deine Aufmerksamkeit im Alltag zu schärfen. Gibt es Situationen, Ereignisse oder Dinge, an denen du schon lange festhältst und die dir viele sorgenvolle Gedanken bescheren? Gibt es Personen, Beziehungen, die mehr von Sorgen, Ängsten, Kummer und Konflikten begleitet sind statt von Leichtigkeit, Unterstützung und Harmonie?

Diese Dinge gilt es zu identifizieren. Wer oder was nimmt viel Raum in deiner Geisteswelt ein und welche Qualität haben deine Gedanken und Emotionen dazu?

Glaubenssätze analysieren

Wenn du die Situationen, Ereignisse, Personen und Dinge identifiziert hast, prüfe, welche Glaubenssätze du zu den jeweiligen Dingen hast. Hältst du an etwas fest, weil in deinem Kopf so was rumschwirrt wie:

«Es ist nicht immer leicht im Leben, das muss man aushalten.»

219

«Man muss auch harte Zeiten gemeinsam überstehen.»

«Wer zu etwas kommen will, muss hart arbeiten.»

«Man lässt nicht einfach etwas los, wofür man sich einmal entschieden hat.»

«Was man einmal anfängt, bringt man auch zu Ende.»

Notiere dir alle Sätze, die dir zu der jeweiligen Sache einfallen. Ein super Indikator für einen Glaubenssatz ist das Wörtchen «muss». Dahinter verbirgt sich häufig eine Verallgemeinerung, die wir ungeprüft übernommen haben.

Selbstbild analysieren und ausrichten

Wenn du deine Liste mit Glaubenssätzen und den jeweiligen Situationen fertig hast, überprüfe, welche Sätze davon dich charakterisieren. Bei welchem Satz hast du das Gefühl, er beschreibt dich oder trifft auf dich zu? Als Nächstes darfst du dir die Frage stellen, ob du dir dessen bewusst bist und dies aktiv ausgesucht hast. An dieser Stelle kannst du selbst frei darüber entscheiden, was für ein Mensch du sein möchtest, und deine Glaubenssätze und Vorstellungen neu ausrichten.

Nehmen wir noch einmal den Glaubenssatz «Ich muss stark sein.» aus dem obigen Beispiel. Vielleicht hattest du diesen Glaubenssatz bis jetzt und er hat dir auch gute Dienste geleistet, schließlich hat er dich bis hierher geführt. Nun kannst du dich fragen und dir bewusst machen, ob dieser Glaubenssatz dein Leben immer noch bereichert und erleichtert oder ob es an der Zeit ist, diesen loszulassen und durch einen neuen, für dich passenderen Glaubenssatz zu ersetzen. Dieser könnte dann z. B. so lauten: «Ich kann stark sein.» Es ist ein kleiner, aber feiner Unterschied, ob ich etwas muss oder etwas kann. Das «Muss» ist variationslos, es gibt nicht einmal ein Entweder-oder. Das «Kann» bietet hingegen viele Optionen und macht Situationen für uns leichter.

Wichtig ist, dass du dir zugestehst, jede Veränderung, die dir positiv erscheint, umsetzen zu dürfen. Du brauchst niemanden um Erlaubnis zu bitten. Du darfst dir dein schönstes und angenehmstes Leben aussuchen.

Außenbild analysieren und ausrichten

Auch hier nehmen wir unsere Liste mit den Glaubenssätzen und prüfen, welche davon wir glauben, erfüllen zu müssen. Welcher dieser Sätze nimmt Einfluss auf das von dir angestrebte Außenbild? Nehmen wir der Einfachheit halber wieder unseren Satz «Ich muss stark sein.» Versuchst du, ein Außenbild zu erzeugen, welches dein Umfeld zu dieser Beurteilung bzw. Wahrnehmung über dich bringt? Macht dies dein Leben leichter? Gilt dieser Satz noch oder kann auch die Außenwirkung an einen veränderten Satz angepasst werden? Angenommen, du ersetzt den Satz ebenfalls durch den obigen «Ich kann stark sein.», dann kannst du auch darüber entscheiden, dein Außenbild bzw. dein angestrebtes Außenbild anzupassen. Es wird nicht mehr zwingend erforderlich sein zu versuchen, von deiner Umgebung als «stark» wahrgenommen zu werden. Es kann passieren, aber es muss nicht. Das Loslassen des starren Glaubenssatzes führt hier bereits zu einer Entspannung der Selbstansprüche.

Wunschvorstellung prüfen

Dieser Punkt bezieht sich sehr häufig auf unser Miteinander mit anderen Personen, mit Partnern, Freunden und Bekannten. Häufig halten wir nicht an den tatsächlichen Qualitäten der anderen Person oder der Beziehung fest, sondern an unserer Wunschvorstellung darüber.

Überprüfe einmal, wie viele Aspekte deiner Wunschvorstellung tatsächlich real erfüllt werden. Hast du nach dem Kontakt mit der anderen Person das angestrebte Glücksgefühl oder geht es dir eher schlecht? Ist der Kontakt so schön, wie du ihn dir vorstellst, oder ist es eher ein zähes Beisammensein, was sich keiner eingestehen möchte?

Es gilt, die realen Fakten zu würdigen und ehrlich mit uns selbst zu sein. Wenn wir im Kontakt mit einer anderen Person merken, dass wir uns im Nachhinein nicht gut fühlen, dann belügen wir uns im Zweifelsfall selbst zugunsten unserer Wunschvorstellung: «Das wird schon werden, das ist nur eine momentane Phase.»

Sätze wie diesen erzählen sich Menschen jahrzehntelang, ohne dass eine Änderung oder Verbesserung eintritt. Auch wenn es im ersten Moment schmerzhaft erscheinen mag – gib dich keinen illusorischen Gedanken hin, sondern sei ehrlich mit dir und würdige die Realität und Faktenlage.

Offenheit für das Unbekannte entwickeln

Vielen Menschen machen das Ungewisse und das Unbekannte große Sorgen. Falls es dir ähnlich geht, sei also unbesorgt, du bist in bester Gesellschaft. Mir hilft in diesem Zusammenhang, aktiv das Hier und Jetzt zu genießen, gepaart mit einer Prise Fatalismus.

Ich mache mir bewusst, was jetzt gerade in meinem Einflussbereich liegt und was nicht. Ein kleines Beispiel dazu: Angenommen, du schreibst deinem Chef eine wichtige Mail, die einen Arbeitsauftrag enthält, der unbedingt ausgeführt werden muss.

Formuliere die Mail so, dass du zufrieden mit dem Inhalt bist. Aktiviere eine Empfangsbestätigung. Mach dir bewusst, dass es durchaus sein kann, dass die Mail nicht rechtzeitig gelesen wird und du in einer anderen Situation landest als angestrebt. Wie diese aussieht, wird sich dann zeigen. Vergewissere dich, dass deine Handlungsmöglichkeiten im Hier und Jetzt ausgeschöpft sind und gib dich damit zufrieden. Du hast dein Bestes gegeben. Würdige es!

Du versendest die Mail und hoffst, dass dein Chef diese liest und umsetzt. Statt dich darüber zu sorgen, was passieren könnte, wenn die Mail nicht gelesen oder falsch verstanden wird, du vielleicht bei eventuellen Rückfragen nicht erreichbar bist, mach alles, was dir gerade möglich ist, und lasse los.

Unser Selbstvertrauen und unsere Selbstwirksamkeit, die Lifehacks #8 und #9, haben in diesem Zusammenhang großen Einfluss auf dieses Gefühl. Wenn wir Vertrauen in uns und unsere Fähigkeiten haben und wir um unsere Selbstwirksamkeit wissen, fällt es uns leichter, die Dinge «laufen zu lassen» und zu schauen, was passiert. Durch die Prise Fatalismus haben wir ein weniger stark ausgeprägtes Kontrollbedürfnis und können dem Unbekannten frohen Mutes entgegenblicken.

Lifehack #21

Erkenne deinen Wert

**Wir selbst müssen die Eckpfeiler setzen,
die unsere Würde definieren.**

In diesem Lifehack geht es um ein Thema, das neben der Selbstliebe einen immens starken Einfluss auf uns hat. Es geht um
unseren Selbstwert. Dieser beeinflusst unsere Empfindungen
und unser Erleben in der Welt. Er beeinflusst unsere Handlungsweisen und unsere Motivation und entscheidet mitunter
darüber, welchen Umgang andere Menschen mit uns pflegen
dürfen. Unser Selbstwertgefühl ist mit ausschlaggebend dafür,
ob wir einen Tag als gut oder schlecht einstufen.

Ich lehne mich mal ein wenig aus dem Fenster und wage zu behaupten, dass du sicherlich bereits mit dem Wort «Selbstwert»
oder «Selbstwertgefühl» in Kontakt gekommen bist. Das Konstrukt des Selbstwertgefühls entstammt der Psychologie der
Achtzigerjahre und hat sich seitdem gut verbreitet. Ich möchte
dich dazu einladen, an meinen Gedanken zum Selbstwert teil-
zuhaben, diese in dich aufzunehmen und für dich zu prüfen
sowie dir eigene Gedanken dazu zu machen. Lass die folgenden Zeilen auf dich wirken und fühle und denke dich hinein.

**Was genau ist eigentlich dieser Selbstwert bzw. das Selbst-
wertgefühl?**

Wenn wir den Begriff bei Wikipedia nachschlagen, finden wir
eine Menge an Informationen. Die Beiträge versuchen, die
zahlreichen Forschungsergebnisse, die es bis heute zu dem
Thema gibt, vereinfacht und komprimiert darzustellen.

Bei einer Google-Suche finden wir zahlreiche Treffer zum Begriff Selbstwert oder Selbstwertgefühl. Diese führen uns zu
Blog-Beiträgen, Instagram- und YouTube-Videos und anderen
Quellen. Gerade im Social-Media-Bereich findet sich eine Un-
menge an Beiträgen, die mit dem Hashtag #Selbstwert oder
#Selbstwertgefühl verschlagwortet sind. Das kann schon mal
drohen, einen zu erschlagen, und wirft im Zweifelsfall mehr
Fragen auf, als es beantwortet. Es entsteht so eine diffuse Me-
lange aus Meinung, Gefühl, Erfahrung und Erkenntnis.

Lass mich dich mit auf die Reise meiner Überlegungen nehmen und gemeinsam den Versuch unternehmen, ein klares Bild über den Selbstwert aufzustellen.

Wie macht sich unser Selbstwert bemerkbar?

Dazu möchte ich dir eine Frage stellen: Wann fühlst du dich wertvoll? Beantworte diese Frage einmal für dich, bevor du weiterliest.

Die typischen Antworten von Menschen, denen ich diese Frage gestellt habe, sind:

• Wenn ich ein Erfolgserlebnis hatte.
• Wenn ich geliebt werde.
• Wenn ich jemand anderem etwas Gutes tun kann.
• Wenn ich Anerkennung erhalte.
• Wenn ich mich wirksam fühle.
• Wenn ich einen Beitrag leiste.
• Wenn ich das Gefühl habe, gebraucht zu werden.
• Wenn ich einen Job habe.
• Wenn ich gelobt werde.
   ...

Fällt dir bei diesen und vielleicht deinen eigenen Antworten etwas auf? Was haben diese gemeinsam? Der Wertebezug liegt bei all diesen Dingen im Außen. Nichts stammt aus der Person selbst. Falls deine Antworten ähnlich aussehen, mach dir keine Sorgen, damit bist du nicht allein. Die meisten Menschen antworten auf diese Frage so oder so ähnlich.

Doch woran liegt das genau? Warum antworten die meisten Menschen auf die Frage nach ihrem Selbstwert mit Dingen, die im Außen liegen? Es liegt an unserem Leistungssystem. Wir wachsen mit diesen Gedanken und Mechanismen auf, die uns quasi in Fleisch und Blut übergehen.

Im Alter von null bis ca. drei Jahren verhält es sich noch anders. In dieser Zeit werden wir bedingungslos geliebt und alles, was wir tun, ist prima. Wenn ein Säugling ein Bäuerchen macht oder einen Furz loslässt, sind alle, ganz vorneweg die Eltern, begeistert und feiern dieses Geschehen. Wenn wir dies mit zwanzig oder dreißig in einem vollen Fahrstuhl machen würden, wären die Reaktionen ganz andere.

Wir lernen also sehr früh, unser Verhalten mit äußeren Reaktionen abzugleichen. Was bedeutet dies, wenn wir in einer leistungs- und von Effizienzdenken geprägten Kultur aufwachsen? Richtig, wenn wir uns angepasst verhalten, die gewünschte oder geforderte Leistung erbringen, werden wir gelobt, bekommen Anerkennung, Liebe, Zuwendung und was wir uns noch wünschen. Wir lernen also: Dinge, die wir als wertvoll erachten, bedürfen einer Leistung. Die Zeit, in der wir diese uneingeschränkt erhalten, ist vorbei.
Leistungsfähigkeit wird in diesem Rahmen von den meisten Menschen definiert als Tugend, genauer als Tüchtigkeit im Sinne einer strebsamen Arbeitsethik. Sie gilt als moralisch gut und wertvoll.

Ein weiterer Faktor gesellt sich zu unserem Leistungs- und Effizienzanspruch hinzu. Die Auslegung von Sprache, genauer gesagt die Definition von Wert. Sprache hat einen unglaublichen Einfluss auf unser Gedanken- und Gefühlsleben und Erleben. Lass uns schauen, was wir allgemein unter Wert verstehen.

In Selbstwert steckt das Wort «Wert». Was genau bedeutet es eigentlich und wie können wir dies zu uns selbst in Verbindung setzen?
Im Duden finden wir eine Vielzahl an unterschiedlichen De-

finitionen, teilweise sehr spezifisch auf einen bestimmten Bereich gemünzt, wie z. B.: pH-Wert, CO2-Wert, IST-Wert, SOLL-Wert ...

Allgemein finden wir zu «Wert» Folgendes:

wert als Adjektiv

- jemandes Hochachtung besitzend, teuer
- etwas wert sein; jemandes, einer Sache / eine Sache wert sein [...]

Beispiele

- mein werter Freund
- wie war noch Ihr werter Name?
- werte Frau Meyer (veraltete Anrede im Brief)

Wert als Substantiv

- «einer Sache innewohnende Qualität [...]»
- «in einer Ware vergegenständlichte, als [...]»
- «Dinge, Gegenstände von großem Wert [...]»
- [...]

Beispiele

- der Wert dieses Schmuckstücks ist hoch, gering
- der Wert des Geldes schwankt
- keinen großen, nur ideellen Wert haben
- seinen Wert behalten, verlieren
- den Wert von etwas schätzen
- Immobilien, Aktien steigen, fallen im Wert
- Exporte im Wert (Geldwert) von mehreren Millionen Euro
- etwas unter [seinem] Wert (Marktwert) verkaufen

Wir könnten also den obigen Definitionen nach schlussfolgern, Wert ist eine einer Sache innewohnende Qualität, deren Preis (teuer, günstig) aufgrund der üblichen Marktstrukturen (Angebot / Nachfrage / Verfügbarkeit) zum Ausdruck kommt. So weit, so kompliziert. Jetzt haben wir eine grobe Definition vom Wert einer Sache.

Aber was ist mit dem emotionalen Wert? Dieser wird hierbei nicht berücksichtigt. Es kann durchaus sein, dass ich etwas besitze, was im Überfluss vorhanden ist und keine besondere Qualität hat und trotzdem für mich einen sehr hohen emotionalen Wert besitzt. Und wie sieht es überhaupt mit uns Menschen aus, schließlich sind wir keine «Sachen». Wie passt das Wort Wert zu uns selbst?

Dieser kleine Exkurs soll die Diskrepanz des Selbstwertes und des damit verbundenen allgemeinen Umgangs verdeutlichen. Das Wort «Wert» wird heutzutage häufig mit einem bezifferbaren Geldbetrag in Verbindung gebracht, etwas, dass wir monetär messen können. Dabei laufen wir Gefahr, auch für uns selbst nach bezifferbaren Indikatoren zu suchen, um unseren Wert zu bemessen. In unserer heutigen Leistungsgesellschaft, die, wie bereits angesprochen, von enormem Effizienzdenken geprägt ist, können wir schnell dazu verleitet sein, zu versuchen, unseren Wert durch äußere Dinge zu beziffern.

Gesellschaftliche Normen und Moralvorstellungen spielen eine große Rolle. Bei der Bemessung unseres Selbstwertes ziehen wir dann unbewusst, teilweise erlernt, diese Dinge heran. Das Resultat ist die oben skizzierte Liste mit den Dingen im Außen, bei denen wir uns wertvoll fühlen.

Der Selbstwert ist ein gedankliches Konstrukt, das unser Empfinden, unsere Gefühle und Emotionen gegenüber uns selbst auszudrücken versucht. Häufig einher geht mit dem persönlichen Gefühl auch die Art und Weise, wie wir uns selbst behandeln und von anderen behandeln lassen. Dieses «*behandeln lassen*» möchte ich näher betrachten.

Dadurch, dass der Wert-Begriff unbewusst häufig mit quantifizierbaren Dingen in Verbindung gesetzt wird, laufen wir stets Gefahr, diese Dinge weiter im Außen zu suchen. Zu einem wirklichen Selbstwert können wir so also nicht gelangen. Deshalb, und vor dem Hintergrund der Art und Weise, welchen Umgang anderer mit uns wir zulassen, möchte ich mit dir statt von Selbstwert ab jetzt von Würde bzw. Selbstwürde sprechen.

Hiermit können wir nämlich auch einen Bogen zur Verhaltensweise des null- bis dreijährigen Kindes schlagen.

Die Würde des Menschen ist unantastbar. Dies ist in Art 1 Abs. 1 des Grundgesetzes für die Bundesrepublik Deutschland festgehalten. Das heißt, für unsere Würde bzw. ein Recht auf würdevolle Behandlung brauchen wir nach unserer Geburt nichts weiter zu leisten. Es ist ausreichend, als Mensch geboren zu werden.

Würde kann, im Gegensatz zu einem Wert, nicht erhöht oder gesenkt werden. Die Würde kann entweder *geachtet* oder *verletzt* werden. Würde ist per Definition frei von einer Leistungserbringung.

Der Würde ist inhärent, dass wir sie mit unserer Geburt erlangen und einzig und ausschließlich durch unseren Tod wieder abgeben. Folglich und per Gesetz steht zumindest jedem Bürger der Bundesrepublik Deutschland eine würdevolle Behandlung zeit seines Lebens zu!

Mach dir dies bitte ganz deutlich bewusst! Deine Würde ist etwas, was dir jederzeit, unabhängig von deiner beruflichen oder gesellschaftlichen Position oder irgendeiner Leistungserbringung zusteht!

Denn was passiert ganz häufig, wenn wir das dritte Lebens-alter passiert haben und in die Maschinerie der Erziehung und Anpassung laufen? Wir werden dort, wo wir nicht die ge-wünschte Leistung erbringen oder das gewünschte Verhalten zeigen, sanktioniert und herabgewürdigt. Unsere Würde wird häufig nicht mehr geachtet, sondern verletzt.

Diese Verletzungen verargumentieren und rechtfertigen wir dann in unserem Geiste mit unserem angeblichen «Fehlverhal-ten». Wir erlauben anderen im Zweifelsfall, uns würdelos bzw. entgegen unserer Würde zu behandeln.

Nun möchte ich aber auch nicht, dass uns dies zu einem har-schen Urteil über uns und unsere Mitmenschen führt. Die The-matik ist kultureller Natur. Ich glaube fest daran, dass jeder Mensch zu jeder Zeit sein Bestes gibt. Das bedeutet: Falls dir ir-gendwann ein Unrecht bzw. eine herabwürdigende Handlung widerfahren ist, konnte die andere Person anscheinend nicht besser handeln oder wusste es nicht besser. Sofern du meinen Lifehack #13 *Lerne, Dinge anzunehmen* noch nicht gelesen hast, lege ich ihn dir an dieser Stelle sehr ans Herz.

Wir alle sind täglich in unserem Autopiloten verhaftet und mit den Widrigkeiten des Alltags konfrontiert. Ich glaube, das Thema des Selbstwertes bzw. der Würde bedarf einer großen Aufmerksamkeit und eines wachen Bewusstseins.

Ich möchte nämlich, bevor wir zu den Möglichkeiten kom-men, wie wir unsere Würde definieren, in unser Gefühlsleben integrieren und verteidigen, noch über eine Vision mit dir sprechen.

So wie sich das Effizienz- und Leistungsdenken langsam eta-bliert hat und mittlerweile kaum infrage gestellt wird, können wir gemeinsam ein neues Gedankengut in die Welt tragen. Wir selbst können unsere Bewertungsparameter anpassen und dadurch Einfluss auf unser Umfeld nehmen und so dafür Sorge tragen, dass sich die Würde weiterverbreitet und etabliert.

Oft genügt dazu bereits ein kleines «Wachrütteln». Ich lade dich dazu ein, nachdem ich dir noch die möglichen Schritte zum Aufbau der Selbstwürde vorgestellt habe, diese in deinen Alltag zu integrieren und mit mir zu verbreiten.

Wie genau können wir nun unsere Würde aufbauen und uns von einem von außen definierten Selbstwert lösen?

- Bewusst machen, wann wir uns wertvoll fühlen
- Das Konstrukt Selbstwert durch Würde ersetzen
- Ein Ritual etablieren, das uns an unsere Würde erinnert
- Unsere Würde definieren
- Für unsere Würde einstehen

Bewusst machen, wann wir uns wertvoll fühlen

Wir haben damit bereits oben gestartet. Falls du dir die Frage noch nicht beantwortet, sondern doch lieber erst einmal weitergelesen hast, ist das der erste Schritt: Notiere dir, wann du dich wirklich wertvoll fühlst. Schreib dir auf, welche Situationen, Ereignisse oder Handlungen dieses Gefühl bislang bei dir auslösen, und prüfe anschließend, welche davon alle im Außen liegen.

Das Konstrukt Selbstwert durch Würde ersetzen

Als Nächstes gilt es, ein bisschen unsere Fantasie zu trainieren. Versuche einmal, dich in Gedanken von dem Begriff des Selbstwertes zu trennen und diesen durch die Würde zu ersetzen und dich damit vertraut zu machen. Lies hierzu gern ein paar Mal den Artikel 1 des Grundgesetzes. Mach dies so oft, bis in dir das innere Gefühl aufsteigt, dass du den Zeilen des Artikels zustimmst. Horche in dich hinein und beobachte, wann du tatsächlich eine bejahende, körperliche Reaktion darauf verspürst.

Ein Ritual etablieren, das uns an unsere Würde erinnert

Damit dieses neue Schema ebenfalls in Fleisch und Blut übergeht, überleg dir ein Ritual, das dich immer wieder an deine Würde erinnert. Pinn dir vielleicht ein Post-it mit «Würde – Artikel 1 – Grundgesetz» an deinen Badezimmerspiegel oder mach dir ein Hintergrundbild auf deinem Smartphone mit dem Satz «Die Würde des Menschen ist unantastbar.» Sei kreativ. Hauptsache, du findest etwas, das dich immer wieder daran erinnert und in deinem Alltag Platz findet. Der Blick dauert nur wenige Sekunden, das ist definitiv machbar.

Unsere Würde definieren

Mit Blick auf die Realität und sowohl aus persönlicher Erfahrung als auch vielen Gesprächen weiß ich, dass leider nicht jeder Mensch immer mit dem zustehenden Respekt und der zustehenden Würde behandelt wird. Da wir dazu neigen, uns an Dinge und Verhaltensweisen zu gewöhnen, und manch einer vielleicht unter weniger würdevollen Umständen aufwächst, möchte ich, dass du dir die Zeit nimmst und den Begriff der Würde, deiner Würde, für dich definierst.

Schreib dir auf, welche Verhaltensweisen dich verletzen oder kränken. Wann fühlst du dich beschämt oder gedemütigt? Welche Lasten bürdest du dir selbst auf?

Hier kann es sehr hilfreich sein, gerade wenn man unter weniger schönen Umständen aufwächst oder aufgewachsen ist, sich mit anderen auszutauschen, um einen Blick bzw. ein Gespür für eine würdevolle Behandlung zu bekommen.

Generell gilt, du selbst darfst dir diese Kriterien definieren. Keine gesellschaftlichen Ansichten oder Meinungen anderer haben hierbei etwas zu suchen. Du allein darfst definieren, wie deine Würde für dich aussieht.

Für unsere Würde einstehen

Hier gilt es, in die Welt zu treten und für uns und unsere Würde einzustehen. Wenn uns etwas nicht gefällt und wir von einer anderen Person entgegen unserer Definition von Würde herablassend behandelt werden, dürfen wir lernen, unsere Grenzen zu verteidigen und darauf aufmerksam zu machen. Dies obliegt unserer Verantwortung und entscheidet mit darüber, wie und wo wir uns befinden und mit wem wir uns umgeben. Jedes Verhalten, das wir tolerieren, zeigt den anderen Menschen, wie sie mit uns umgehen können. Wenn du also deine Grenzen für dich definiert hast, lerne, sie zu verteidigen, und mach dir bewusst, dass niemand, der dich würdelos behandelt, einen Verlust für dein Leben darstellt.

Wenn die Zeilen dieses Lifehacks auf eine innere Resonanz bei dir stoßen, lade ich dich herzlich dazu ein, diese auch mit anderen zu teilen und so ein neues Bewusstsein zu kreieren.

Lifehack #22

Erlaube dir zu träumen

«Fantasie ist wichtiger als Wissen,
denn Wissen ist begrenzt.»

Albert Einstein

Hier widmen wir uns einem wirklich schönen Lifehack, denn er bringt ein bisschen Farbe in unser Leben und hilft uns, uns zu motivieren. Er gestaltet unangenehme Aufgaben leichter, hilft uns dabei, abzuschalten oder einfach mal ein bisschen Energie zu tanken.

Es geht um das Träumen und im weitesten Sinne auch Vorstellen von Dingen. Ich möchte dich dazu einladen, dich nach den kommenden Zeilen zurückzulehnen und es dir bequem zu machen. Wenn du es bequem hast, schließe die Augen und erinnere dich daran zurück, wie und wovon du als Kind geträumt hast. Wie war das, wenn du als Kind von etwas geträumt hast oder dir eine Vorstellung genau ausgemalt hast? Welche Gefühle hat das in dir ausgelöst und wie hat sich die Welt mit einem Mal für dich angefühlt?

Ich glaube, viele von uns hatten als Kind eine lebhafte Fantasie. Wir haben unsere Umwelt für uns kraft unserer Gedanken verändert. Aus einem schnöden Fußboden wurde ein unpassierbarer Lavafluss. Aus einer einfachen Holzbank wurde ein Piratenschiff und wir wechselten von der Rolle eines Kindes in die eines Sheriffs, einer Prinzessin, eines Filmstars oder Ähnliches. Wenn es dann zu Bett ging, malten wir uns vielleicht aus, wie es wohl auf anderen Planeten aussehen könnte, wie die Bewohner dort wären und wie deren Tag verlaufen könnte. Oder wir stellten uns während des Einschlafens vor, wie wir als Feuerwehrmann Menschen retten oder als Arzt die Welt von schlimmen Krankheiten heilen.

Kraft unserer Fantasie erzeugten wir Bilder, die uns ein großartiges Gefühl gegeben haben oder die unangenehmen Dinge des Tages verblassen ließen.

Wie du sicherlich bemerkt hast, geht es hier nicht um die Träume, die wir in unserer Schlafphase haben, sondern um die kleinen Tagträume und Fantasien, die wir uns ganz bewusst ausmalen. Es geht um unsere bewusste Vorstellungskraft.

Hast du dir ein paar Gedanken dazu gemacht, wie dies früher bei dir war und was du dir als Kind so alles vorgestellt hast? Lass uns einmal schauen, warum dieses Thema so wertvoll für uns sein kann. Was haben wir davon, wenn wir unsere Fantasie ankurbeln und uns hin und wieder in kleine Tagträume oder Wunschvorstellungen hineinbegeben? Was kann es in uns bewirken, wenn wir unsere Vorstellungskraft herausfordern und schöne, bunte und aufregende Bilder zu einem kleinen Film oder Szenario zusammensetzen?

Wenn wir Dinge der realen Welt mit unserer Fantasie ausschmücken oder uns etwas völlig Neues ausmalen, verändern wir unsere Wahrnehmung über den aktuellen Zustand. Unser Gehirn unterscheidet nicht, ob es sich um Realität oder Fiktion handelt. Das kannst du gut bei Filmen beobachten. Eine sehr spannende oder traurige Filmszene wird es schaffen, eine Gefühlsregung bei dir zu erzeugen. Dein Körper kann darauf reagieren, obwohl die Handlung nicht real ist. Ähnlich ist es auch mit unseren Vorstellungen. Wenn wir in uns schöne Bilder erzeugen in Form von kleinen Tagträumen oder Visionen, können wir unser Gefühlsleben damit beeinflussen.

Wie kann uns das nun nutzen?

Nehmen wir an, du musst einen Berg von Akten sortieren oder, um es noch etwas greifbarer zu machen, die Unterlagen für deine Steuererklärung zusammensuchen. Für die meisten von uns sind beides keine spannenden oder liebsamen Aufgaben. Meist machen wir diese, weil unser Chef es uns aufgetragen hat oder um den Sanktionen des Finanzamtes zu entgehen. Keine sonderlich motivierende Situation. Mit ein wenig Fantasie können wir diese Aufgaben in etwas Spannendes verwandeln. Aus den banalen Akten könnten wir «Skandal-Akten» machen, hinter denen das FBI her ist und die wir dringlichst auffinden müssen, um diese zu vernichten und die Spuren unserer Machenschaften zu vertuschen. Aus den Belegen für die Steuererklärung könnten wir Nachweise für unsere Tauglichkeit zu einem Raumfahrtprogramm machen, an dem wir unbedingt teilnehmen wollen.

Fantasie kann uns also dabei helfen, die notwendige Motivation für unliebsame Aufgaben aufzubringen und dabei Freude zu haben. Aus den vermeintlich unschönen und langweiligen Situationen kreieren wir etwas Spannendes und Aufregendes.

Welches Szenario du dir dabei ausdenkst, bleibt natürlich dir überlassen. Ich habe oben einfach zwei wahllose Fantasien aufgegriffen.

Kleine Tagträume und Fantasien können uns auch dabei helfen abzuschalten. Angenommen, du hast einen wirklich stressigen Tag: Ein Meeting jagt das nächste und du kommst nicht zur Ruhe und fühlst dich völlig abgehetzt. Ein kleiner, zwei- bis dreiminütiger Ausflug auf deine Lieblingsinsel oder deinen Lieblingsurlaubsort wird dir dabei helfen, neue Kräfte zu tanken und zur Ruhe zu kommen.

Denn sind wir einmal ehrlich: Abschalten ist mitunter etwas, was vielen Menschen in unserer schnelllebigen Zeit immer schwerer fällt. Gefühlt kommen wir immer weniger zur Ruhe und Regenerieren immer weniger oder schlechter. Wir versuchen, dies durch verschiedene Apps und Gadgets zu kompensieren, meist mit mäßigem Erfolg.

Träumen und Visualisieren hat einen ganz besonderen Charme. Es kostet uns lediglich ein wenig unserer Zeit. Mehr brauchen wir nicht. Wir benötigen keine besondere Technik, keine App, müssen an keinen bestimmten Ort dafür reisen oder Ähnliches. Mit ein bisschen Übung können wir dies überall in unseren Alltag integrieren. Wir können es in der Bahn tun, im Büro, an unserem Schreibtisch und auch bei nahezu jeder anderen Tätigkeit. Alles, was es zum Träumen oder Visualisieren braucht, ist, die aktuelle Tätigkeit für ein oder zwei Minuten zu unterbrechen und uns einem kleinen Tagtraum oder einer Visualisierung hinzugeben.

Die Kraft der Visualisierung ist mittlerweile in vielen Büchern nachzulesen. Dabei ist dies nichts grandios Neues oder etwas, das wir erst mühsam erlernen müssten. Eigentlich können wir es bereits von klein auf. Wir verlernen es nur mit der Zeit. Ich bin mir ziemlich sicher, dass es dir als Kind ziemlich leichtgefallen ist, dir die wildesten, buntesten und schönsten Fantasien auszumalen. Das musste dir niemand zeigen oder beibringen, du musstest dafür auch kein Seminar besuchen oder viel Geld ausgeben. Fantasie und Kreativität sind uns Menschen inhärente Eigenschaften. Von Geburt an verfügen wir alle darüber. Die Frage, die sich stellt, ist, ob wir uns diese Eigenschaft erhalten und kultivieren oder ob sie uns mit der Zeit abhanden kommt bzw. verschollen geht.

Vielen Gesprächen, die ich mit anderen Menschen geführt habe, konnte ich entnehmen, dass ihnen diese Eigenschaft irgendwann ausgeredet wurde. Im Zuge der Erziehung und der damit verbundenen Vorbereitung auf das Leben wurde ihnen gesagt, dass Träume einem im Leben nichts brächten und man diese mit dem Erwachsenwerden bzw. Erwachsensein besser sein lasse.

Man solle sich auf «solide» Dinge der Realität konzentrieren, einen guten Schulabschluss machen, eine Ausbildung oder ein Studium absolvieren und anschließend einen vernünftigen Beruf ausüben, um sich eine Lebensgrundlage aufzubauen.

Dieses Prinzip ist nicht verkehrt, aber es erklärt für mich nicht die vielen Menschen, die diesem Pfad folgten und trotzdem eine große Unzufriedenheit oder Leere in sich verspüren. Es stellt sich die Frage, ob ein abgesichertes Leben ohne Fantasie, ohne Sinnstiftung, ohne Träume und Visionen dem Menschen wirklich das bietet, was er braucht.

Da auch ich Ähnliches immer wieder hörte, stellte sich mir die Frage, ob es tatsächlich eine Entweder-oder-Entscheidung sein muss.

Steht das eine im Widerspruch zum anderen? Kann ich keine solide Lebensgrundlage aufbauen, wenn ich mich hin und wieder auch Tagträumereien und Visionen hingebe? Bin ich zum Scheitern verdammt, wenn ich einem großen Traum nachjage, der vielleicht viele Jahre erst einmal keine Früchte trägt?
    Ein Blick in die Geschichte verrät uns das genaue Gegenteil. Viele der uns lieb gewonnenen Dinge in unserem Alltag waren irgendwann einmal der Traum oder die Vision eines Menschen.

Nehmen wir z. B. die Gebrüder Wright und ihren Traum vom Fliegen. Es war ihr großer Traum, ihre Vision, dass Menschen eines Tages mithilfe von Technik den Himmel bereisen können. Ein anderes Beispiel ist die Landung auf dem Mond. Niemand hätte gedacht, dass dies möglich wäre, bis es getan wurde.

Mit Sicherheit geht nicht jeder Traum von uns in Erfüllung, aber generell zu sagen, dass Träumen für unser Leben eher hinderlich als nützlich sei, ist meiner Ansicht nach falsch und mit den beiden Beispielen widerlegt. Träume bereichern unser Leben, bieten uns die Möglichkeit für Abenteuer, Zuflucht und Zerstreuung. Alles Dinge, die sich positiv auf unser Wohlbefinden auswirken.

Im Zusammenhang mit den etwas größeren Träumen möchte ich noch eines verdeutlichen. Solch große Träume und Visionen dürfen zu Zielen werden, müssen es aber nicht. Jeder Traum und jede Vorstellung erfüllt bereits damit ihren Zweck, wenn sie uns Vergnügen bereitet, sie unsere Stimmung hebt und uns als kleine Zuflucht vor den Schrecken und Widrigkeiten der Welt dient. *Kein Traum muss zwangsläufig zu einem Ziel werden!*

Welches Potenzial haben Träume, Vorstellungen und Visionen für uns?

- Träume erhellen unsere Laune.
- Träume sind ein Anker in schweren und herausfordernden Zeiten.
- Träume geben uns Orientierung und Halt.
- Träume lindern Schmerzen.
- Träume unterstützen unsere Regeneration.
- Träume berühren unsere und die Herzen anderer.
- Träume helfen uns dabei, unser Leben in vielen Farben zu sehen.

Wegen all diesen positiven Eigenschaften von Träumen und Visualisierungen möchte ich dich dazu einladen, dies wieder öfter zu tun und in deinen Alltag zu integrieren.

Wie das aussehen kann? Lass uns das einmal anschauen.

Falls du dich lange nicht mehr fantasievollen Gedanken, Tagträumereien oder großen Visionen hingegeben hast, kann es mitunter etwas schwer sein, auf Knopfdruck ein Feuerwerk an kreativen und bunten Gedanken zu erzeugen. Das ist okay und verständlich. Es ist wie mit dem Fahrradfahren. Wenn wir dies lange nicht gemacht haben, sind wir auch erst einmal ein bisschen unsicher und wackelig, aber nach kurzer Zeit gelingt uns das wieder spielerisch leicht.

Wie kannst du anfangen?

- Bewertungen und Urteile bewusst machen und ablegen
- Einen vertrauten, gemütlichen und geschützten Platz wählen
- Eine schöne Erinnerung bewusst machen
- Bewusst machen, dass du dich nicht zu limitieren brauchst
- Szenarien ausschmücken oder neue überlegen
- Ein Szenario festlegen, das du in Sekunden aufrufen und genießen kannst
- In den Alltag integrieren

Bewertungen und Urteile bewusst machen und ablegen

Zuerst gilt es, dir bewusst zu machen, wie du über Tagträume, Visualisierungen und Visionen denkst und urteilst. Vielleicht bist du der Thematik gegenüber neutral und offen. Vielleicht tust du es bereits und bist der Sache positiv gegenüber eingestellt. Oder du hast noch ein komisches Gefühl dem Ganzen gegenüber, bist skeptisch und irgendwie tauchen alte, vertraute Stimmen in deinen Gedanken auf, die dir sagen: «Träumen bringt nichts.»

Alles ist okay. Mach dir erst einmal bewusst, wie du über das Thema denkst und urteilst. Solltest du tatsächlich skeptisch gegenüber dem Thema sein, sieh es als kleines Experiment und beruhige deinen inneren Kritiker. Sag dir bzw. deinem inneren Kritiker, dass du es erst einmal testen möchtest und es nicht gleich eine generelle Veränderung deiner Einstellung bedeutet. Damit kannst du die innere Skepsis abholen und beruhigen. Schließlich hast du nichts zu verlieren und es kostet kein Geld o. Ä.

243

Einen vertrauten, gemütlichen und geschützten Platz wählen

Als Nächstes suche dir einen Platz, wo du ein Gefühl von Sicherheit, Geborgenheit und Vertrautheit hast. Gerade wenn du das lange nicht gemacht hast, kann es sehr wichtig sein, einen Platz zu haben, an dem du dich unbeobachtet und ungestört fühlst. Mach es dir also so richtig gemütlich!

Eine schöne Erinnerung bewusst machen

Am einfachsten ist es, mit etwas zu starten, was tatsächlich passiert ist. Mach dir eine wirklich schöne Erinnerung einmal ganz bewusst. Vielleicht etwas aus einem Urlaub, einer Geburtstagsfeier oder einem anderen schönen Moment in deinem Leben.

Versuch, dir diese Erinnerung so bewusst zu machen, wie es geht. Wie warm oder kalt war es bei dem Ereignis? Wie war die Luft? Hat es nach etwas Besonderem gerochen? Wer war dabei? Wie war die Stimmung in der Situation? Ist etwas total Lustiges oder Rührendes passiert? Wie hast du dich in dieser Situation gefühlt?

Versuch, noch einmal in diesen Augenblick einzutauchen und die Stimmung und Gefühle von damals nachzuempfinden.

Bewusst machen, dass du dich nicht zu limitieren brauchst

Als Nächstes darfst du dir bewusst machen, dass du in deinen Gedanken nicht limitiert bist. Du darfst dir alles ausdenken und vorstellen, was du möchtest. Es sind allein deine Gedanken und darin bist du völlig frei und musst niemandem darüber Rechenschaft ablegen. Es ist deine eigene kleine Welt.

Szenarien ausschmücken oder neue erfinden

Jetzt kannst du, wenn du möchtest, die Erinnerung nach Belieben ausschmücken und verändern oder dir ein neues Szenario ausmalen. Besonders geeignet sind Urlaubsorte. Du könntest dir eine Insel nach deinen Ideen und Wünschen gestalten. Dein Tagesprogramm frei gestalten und alles machen, was dir in den Sinn kommt. Das kannst du später auf alles andere übertragen. Deiner Fantasie sind hier wirklich keinerlei Grenzen gesetzt. Du darfst so kreativ sein, wie du möchtest.

Ein Szenario festlegen, das du in Sekunden aufrufen und genießen kannst

Wenn du dich wieder ein bisschen in die Tagträumerei und Visualisierung eingewöhnt hast, leg dir ein schönes Szenario fest, das du dir immer wieder vor Augen führst. Mach dir diese kleine Vorstellung so zu eigen, dass du diese binnen Sekunden vor deinem geistigen Auge erschaffen kannst. Dies ist wichtig für den nächsten Schritt.

In den Alltag integrieren

Um auch in unserer hektischen, schnelllebigen Welt von den positiven Seiten unserer Träume, Visualisierungen und Visionen profitieren zu können, gilt es, diese in unseren Alltag zu integrieren. Nun finden wir nicht überall im Alltag eine Wohlfühloase vor, die uns dazu einlädt. Um die Fähigkeit zu trainieren, auch an weniger schönen Orten oder in weniger schönen Situationen abschalten zu können, gilt es, mit unserem festgelegten Szenario zu starten. Dieses können wir bereits in Sekunden aufrufen. Jetzt begeben wir uns daran, es in den unterschiedlichsten Alltagssituationen aufzurufen und zu genießen. Das ist ein aktiver Prozess und kann unterschiedlich viel Zeit in Anspruch nehmen, je nach Situation, in der wir uns befinden. Mit ein bisschen Übung können wir an einen Punkt kommen, an dem wir nahezu überall kurz abschalten und das Bild vor unserem geistigen Auge genießen können. Ab jetzt sind uns keine Grenzen mehr gesetzt und wir können unserer Kreativität und unserer Fantasie freien Lauf lassen. Wann immer es uns danach verlangt, können wir uns eine kleine Auszeit von einigen Sekunden oder vielleicht auch einigen Minuten gönnen und uns ein angenehmes Bild, eine kleine Fantasie oder einen Traum vor Augen führen.

Mit dieser Methode haben wir das Instrument in der Hand, aktiv auf unsere Stimmung und unser Gefühlsleben einwirken zu können. Wir sind nun nicht länger ein Spielball der äußeren Umstände. Durch Träume oder Bilder verändern wir vielleicht nicht gleich die Situation, allerdings können wir unsere Gefühle und Emotionen, die wir damit verbinden, verändern. Und meist verändert dies dann wiederum alles.

Eine kleine Randnotiz möchte ich dir an dieser Stelle noch verraten: Wenn ich einmal nicht richtig motiviert bin, mich an die Kapitel des Buches zu setzen und zu schreiben, stelle ich mir vor, wie du, lieber Leser oder liebe Leserin, diese Kapitel liest. Vor meinem geistigen Auge habe ich dann unterschiedliche Situationen. Eine davon sieht z. B. so aus, dass du zerknirscht nach einem harten Arbeitstag nach Hause kommst, den Kamin anmachst und dieses Buch aufschlägst. Nach dem Lesen einiger Seiten verfliegt deine Anspannung und du hast wieder ein Lächeln im Gesicht.

Diese kleine Visualisierung weckt in mir direkt wieder die Motivation, weiterzuschreiben.

In diesem Sinne wünsche ich dir viele schöne Bilder, Fantasien, Träume und Visionen. Und wer weiß, vielleicht entsteht dabei etwas, womit du unser aller Leben beeinflussen wirst.

Lifehack #23

Such dir wohlgesinnte Menschen

**Das richtige Umfeld lässt
dich aufblühen und wachsen.**

In diesem Lifehack möchte ich dich gleich zu Beginn an einer «lebendigen» Veränderung und den damit verbundenen Denkprozessen teilhaben lassen: Der Titel dieses Lifehacks war ursprünglich «Such dir die richtigen Menschen». Nach einiger Zeit des Schreibens an diesem Lifehack kam mir ein Gedanke. Ich ließ die Tasten erst einmal verstummen und wollte diesen in Ruhe «ausdenken». Der Gedanke war der folgende: Was kann es bedeuten, wenn man von «richtigen» Menschen spricht bzw. schreibt? Impliziert dies nicht, dass es auch «falsche» Menschen geben muss? Und besteht bei einer Betrachtungsweise von richtig und falsch überhaupt noch Platz für Entwicklung, Annäherung, Vergebung und Neues entdecken? Und wer von uns wäre so eiskalt, sein Umfeld nach vordefinierten Präferenzen auszuwählen? Und wer könnte dies?

An dem Tag, als mir diese Gedanken durch den Kopf schossen, hatte ich bereits sechs Seiten geschrieben. Der Lifehack war noch nicht final, aber ich war guter Dinge, diesen am folgenden Tag fertigzustellen. Als mir jedoch dieser Gedanke kam, hörte ich auf zu schreiben, legte mich auf mein Sofa, schaltete alle Geräte wie TV, Smartphone oder Ähnliches, was für Ablenkung sorgen könnte, aus und dachte über diese Gedanken nach.

Mir fiel ein, dass ich diesen Satz schon in anderen Videos, Hörbüchern oder Podcasts gehört oder irgendwo im Internet einmal gelesen hatte. Andere Coaches, Therapeuten oder Speaker haben diesen Satz bereits in eigenen Formaten veröffentlicht und teilweise mit eigenem Gedankengut verziert. Der Satz fing an, mich zu stören. Ich erinnerte mich daran, dass überall, wo mir dieser Satz begegnet war, ein Schwarz-Weiß-Bild gezeichnet wurde. Das störte zutiefst mein Bedürfnis nach Differenzierung sowie meine ethische Grundhaltung gegenüber Menschen.

Es erschien mir wie ein aus zu wenigen Blickwinkeln betrachtetes Versprechen eines Allheilmittels, das Linderung bzw. Freude verspricht, indem es Menschen voneinander abgrenzt und ausgrenzt. Dieses Bild bzw. dieser Satz war von diesem Moment an für mich zu negativ geprägt. Es haftete ein zu starkes Schwarz-Weiß-Denken daran, als dass ich diesen Titel für den Lifehack als sinnvoll annehmen konnte.

Nichtsdestotrotz lagen gute Absichten dahinter. Auch die Beiträge, die ich dazu gefunden hatte, beabsichtigten im Kern alle, das Leben und Erleben der Menschen zu verbessern. Die Kernbotschaft darin war, dass wir uns mit «guten» Menschen umgeben sollen, da diese sich positiv auf und für uns auswirken. Darüber, und was dies bedeuten könnte, dachte ich noch ein wenig länger nach. Ich kam zu dem Schluss, dass mit «richtig» in diesem Zusammenhang nur *wohlgesinnt* verstanden werden kann. Je länger ich über dieses Wort nachdachte, umso sinniger wurde es für mich.

Also formulierte ich den Titel um in «Such dir wohlgesinnte Menschen».

Dieser Prozess war für mich auch noch einmal sehr bereichernd. Mit *wohlgesinnt* haben wir nun eine Betrachtungsweise, die Raum schafft. Es ist nicht mehr so starr wie bei richtig oder falsch. *Wohlgesinnt* schafft Platz für Entwicklung, Annährung, Vergebung und neues Entdecken und Aufeinanderzugehen.
Mit diesem Kern, der Wohlgesinntheit, bin ich sehr zufrieden und möchte mit dir näher betrachten, was genau damit gemeint ist.

Der Mensch als soziales Wesen ist permanent in Interaktion mit seiner Umwelt. Unser Umfeld beeinflusst uns ständig, ebenso wie wir unser Umfeld beeinflussen. Die spannende Frage ist also: Was für ein Umfeld braucht jeder Einzelne von uns, um

sich zu entwickeln und seine Potenziale freizulegen und aus-
zuleben?

Wir alle sind individuell, haben ganz eigene Erfahrungen gemacht und bringen unterschiedliche Fähigkeiten, Stärken,
Schwächen, Interessen und Leidenschaften mit in diese Welt.
Wir haben auch unterschiedliche Herkünfte und soziale Stän-
de. Entsprechend bunt oder auch eindimensional werden unsere Umfelder sein.

In Anbetracht all dieser Unterschiede und der vielen Facetten
gibt es dennoch einige Kriterien, die eine Allgemeingültigkeit
besitzen und uns als Orientierung dienen können. Sie bilden
unseren «Fixstern» und helfen uns, unseren Kompass auszurichten.

An dieser Stelle möchte ich zuvor noch kurz einige Themen
ansprechen, die gesellschaftlich eher unter den Teppich fallen
bzw. über die nicht gern gesprochen wird. Dieser Lifehack soll
dir dabei helfen, eine persönliche Orientierung zu finden und
dein Entscheidungs- und Urteilsvermögen zu schärfen, um
wohlgesinnte von eher destruktiven Menschen zu unterscheiden.

Gerade Menschen, die traumatische Erfahrungen in ihrem Leben gemacht haben, Menschen, die frühzeitig Opfer von Gewalt oder anderen Übergriffen wurden, ziehen im späteren
Leben ähnliche Konstellationen häufig magisch an. In diesem
Zusammenhang wird heute oft von toxischen Beziehungen,
narzisstischen Partnern und ähnlichen Dingen gesprochen.

Sollten dir, lieber Leser, liebe Leserin, solch schlimme Dinge
widerfahren sein, nutze den Lifehack als erste Hilfestellung
und scheue dich nicht davor, ggf. professionelle Hilfe in Form
eines Therapeuten in Anspruch zu nehmen.

Gerade das Thema Gewalt ist in unserer Gesellschaft immer noch stark tabuisiert. Deshalb möchte ich noch einmal dafür sensibilisieren. Gewalt gegenüber Frauen und Kindern ist keine Seltenheit, sondern findet vielerorts immer noch sehr häufig statt. Die erschreckenden Zahlen dazu kann jeder selbst beim Bundeskriminalamt recherchieren.

Aus den vorangegangenen Absätzen wird eines deutlich: Wohlgesinnte Menschen zu finden, stellt jeden von uns vor unterschiedliche Hürden bzw. Herausforderungen. Und es ist keineswegs so, dass wir uns das wirklich immer aussuchen können. Als Kinder leben wir in einer Abhängigkeit von unseren Eltern. Falls diese nicht das Wohlwollen eines Schutzbefohlenen an den Tag legen, haben wir schwere Zeiten vor uns.

Mir geht es hierbei darum, uns im Erwachsenenalter persönlich dazu zu ermächtigen, uns von destruktiven Menschen, temporär oder permanent, zu entfernen.

Mögliche psychologische Dynamiken können es uns unter Umständen erschweren, hier «klarzusehen» und entsprechende Entscheidungen und Handlungen für uns zu vollziehen.

Lass uns deshalb zuerst schauen, welche allgemeinen Kriterien wir an die oben beschriebene Wohlgesinntheit knüpfen können.

Bei *wohlgesinnt* habe ich ein Bild von einem liebevollen Menschen vor Augen. Stellen wir uns diesen Menschen mit unterschiedlichen Charakteristika vor. Wie würde uns dieser wohlgesinnte Mensch behandeln?

- Die Person achtet auf deine körperliche Unversehrtheit.
- Die Person achtet auf deine seelische Unversehrtheit.
- Die Person begegnet dir mit Respekt und auf Augenhöhe.
- Die Person lässt dich so sein, wie du bist.
- Die Person begegnet dir mit Empathie.
- Die Person behandelt dich fürsorglich.
- Die Person betrachtet dich mit einem liebevollen Blick.
- Die Person ist frei von Neid.
- Die Person unterstützt dich im Rahmen ihrer Möglichkeiten.
- Die Person feiert deine Erfolge mit dir.

Lass uns die Punkte für ein besseres Verständnis im Detail betrachten.

Die Person achtet auf deine körperliche Unversehrtheit

Eine uns gegenüber wohlgesinnte Person wäre nicht dazu imstande bzw. dazu bereit, irgendeine Form der Gewalt gegen uns auszuüben. Menschen, die uns wohlgesinnt sind, sind um unsere Unversehrtheit bedacht. Falls uns jemand körperliche Gewalt antut, uns also Schaden zufügt, und dies damit begründet, er oder sie wolle nur das Beste für uns, kann dies nur als gipfelnde Verhöhnung unserer Person und unserer Würde meinen. Gewalt ist ein aggressiver Akt, der eine Wohlgesinntheit dem Opfer gegenüber ausschließt. Wäre die Person wohlgesinnt, könnte sie diese Tat nicht vollziehen.

Gewalt stellt keine Form von Wohlgesinntheit dar. Wenn eine Person körperliche Gewalt gegen uns ausübt, dann mag sie vielerlei Motive dafür haben, wohlgesinnt ist sie uns gegenüber definitiv nicht.

Solltest du also unglücklicherweise Personen in deinem Umfeld haben, die dich auf solche Art und Weise behandeln, mach dir bewusst, dass dies kein wohlgesinntes Verhalten ist. Eine Person, die dir wohlgesinnt ist, würde stets versuchen, dich vor jeglichem körperlichen Schaden zu bewahren. Sie würde dich vor gefährlichen Aktivitäten warnen und vor äußeren Bedrohungen schützen. *Sie würde nie die Rolle des Täters einnehmen!*

Die Person achtet auf deine seelische Unversehrtheit

Eine uns wohlgesinnte Person würde nicht vorsätzlich unser Seelenheil angreifen bzw. in Mitleidenschaft ziehen. Unter Berücksichtigung der einzelnen Erfahrungen, die jeder von uns im Laufe seiner Erziehung genossen hat, zusammen mit den dort vorgefundenen Verhaltens- und Kommunikationsweisen, gilt es hier, zwei Dinge zu unterscheiden: den Vorsatz und die unbewusste Gewohnheit. Es gibt Menschen, die einen sehr schroffen und rauen Umgangston haben, der ihnen selbst gar nicht bewusst ist. Sie sind mit dieser Art der Kommunikation aufgewachsen und haben sich daran gewöhnt. Wenn uns Äußerungen dieser Personen kränken oder verletzen und wir sie darauf aufmerksam machen, sind sie häufig schockiert und entschuldigen sich bei uns. Es gibt durchaus viele Personen, die, sobald sie sich dieser schroffen Art bewusst sind, aktiv auf eine Verbesserung hinstreben. Sie reagieren dankbar auf diesen Hinweis, was wiederum ein Ausdruck der Wohlgesinntheit ist.

Diese Personen zähle ich zu den wohlgesinnten. Es ist nicht ihre Absicht, uns mit Äußerungen zu beleidigen oder zu kränken. Ihnen ist dies nicht bewusst.

Es gibt aber auch noch die Art von Menschen, die ganz bewusst und vorsätzlich Worte gegen uns richten, um uns zu verletzen, zu kränken oder kleinzumachen.

Diese Menschen sind uns definitiv nicht wohlgesinnt. Wenn

wir eine Person darauf aufmerksam machen, dass ihre Äußerungen uns verletzen, und sie diese trotzdem ständig wiederholt, können wir davon ausgehen, dass die Person uns nicht
wohlgesinnt ist.

Prüfe einmal, welche Personen einen Umgangston mit dir pflegen, der bei dir mehr schlechte Gefühle aufkommen lässt als
positive. Sprich die Person darauf an und beobachte die Reaktion. Wenn sie ggf. auch noch damit antwortet, dass du dich
nicht so anstellen sollst oder du zu sensibel seist oder Ähnliches, dann ist das meines Erachtens keine Person, mit der du
jetzt noch weiter Zeit verbringen solltest. Du wirst von dieser
Person nicht respektiert und dein seelisches Wohlergehen
scheint ihr völlig gleichgültig zu sein.

Wohlgesinnte Menschen sind stets bemüht, ein schönes Gefühl in uns zu hinterlassen. Sie hören uns zu und spenden uns
bei Bedarf tröstende und wohltuende Worte. Sie können uns
zum Lachen bringen, uns spannende Geschichten erzählen
oder uns mit interessanten neuen Fakten erhellen.
   Definitiv sind wohlgesinnte Menschen nicht daran interessiert, uns zu beleidigen oder zu kränken.

Die Person begegnet dir mit Respekt und auf Augenhöhe

Uns wohlgesinnte Menschen begegnen uns auf Augenhöhe
und behandeln uns mit Respekt. Das ist ein wichtiger Faktor
und er ergibt sich im Grunde genommen aus den vorherigen
beiden Punkten. Wer bereit ist, uns körperliche oder seelische
Gewalt anzutun, der respektiert uns nicht. In meiner Interpretation, du darfst hier gern anderer Meinung sein, ist dies
definitiv ein Grundkriterium für den Umgang mit anderen
Menschen.

Stell dir also die Frage, ob die Menschen in deinem Umfeld
dich auf Augenhöhe und mit Respekt behandeln. Wirst du ge-

hört und gesehen? Kannst du in Gesprächen deine Gedanken, Ideen und auch mögliche Bedenken äußern, ohne dafür beleidigt, diskreditiert oder dauerhaft auf den Arm genommen zu werden?

Wenn dem nicht so ist, würde ich mir die Frage stellen, ob es tatsächlich deine Zeit und dein Wohlergehen wert ist, Zeit mit diesen Menschen zu verbringen. Zeit mit Menschen, die deine Gedanken und Bedürfnisse nicht respektieren und ernst nehmen. Meiner Ansicht nach ist sie es nicht.

Die Person lässt dich so sein, wie du bist

Uns wohlgesinnte Menschen wollen uns nicht verändern und wir müssen uns auch nicht für sie verstellen. Sie schätzen und unterstützen unsere Authentizität. Damit meine ich nicht, dass sie uns nicht auch mal einen Hinweis geben, etwas in die ein oder andere Richtung zu machen, weil es auf diese Art vielleicht für uns besser wäre. Wohlgesinnte Menschen geben ihre Ratschläge mit einer offenen Haltung. Sie empfehlen uns etwas, fordern es aber nicht ein. Ob wir es umsetzen oder nicht, ist für sie beides völlig in Ordnung und ändert nichts an ihrer Zugewandtheit uns gegenüber.

Anders verhält es sich bei Menschen, die uns nicht oder weniger wohlgesinnt sind. Diese fordern vielleicht eine bestimmte Verhaltensweise, ein bestimmtes Auftreten oder einen gewissen Status ein.

Es gibt unglaublich viele Erzählungen von berühmten Persönlichkeiten, die, solange sie berühmt waren, sehr viele Freunde hatten und, sobald dieser Status nicht mehr vorhanden war, quasi allein dastanden.

Menschen, die uns nicht wohlgesinnt sind, wollen entweder von unserem Status oder Ähnlichem profitieren oder wir müssen uns an ihr Weltbild und ihre Weltanschauung und Meinung anpassen, um akzeptiert zu werden. Von Authentizität und echtem Interesse an unserer Person ist hier keine Spur.

Nun haben wir alle als soziale Wesen ein Bedürfnis nach Zugehörigkeit, Menschen, die unschöne Dinge im Elternhaus erlebt haben, häufig noch etwas stärker als andere Menschen. Ich möchte dich dafür sensibilisieren, dass echte Zugehörigkeit nur mit Authentizität, Akzeptanz und Respekt entsteht. Wenn du dich irgendwo verbiegen, quasi ein Schauspiel abliefern musst, um akzeptiert zu werden, ist es nicht echt und wird am Ende voraussichtlich nicht halten.

Uns wohlgesinnte Menschen erwarten dieses Schauspiel nicht von uns. Sie sehen, akzeptieren und lieben uns so, wie wir sind.

An dieser Stelle kannst du prüfen, ob du mit den Menschen in deinem Umfeld wirklich über alles sprechen kannst, ob du in jedem Outfit zu ihnen zu Besuch kommen kannst, ob du deine Meinung frei äußern kannst oder ob diese Dinge eher für Irritation sorgen und eine komische Stimmung aufkommen lassen, also ob lieber ein Schauspiel von dir gesehen wird.

Die Person begegnet dir mit Empathie

Uns wohlgesinnte Menschen begegnen uns mit Interesse und Empathie. Sie versuchen zu verstehen, was gerade bei uns los ist, warum wir traurig, wütend, ängstlich oder begeistert sind. Sie versuchen, unsere Gefühle und Emotionen nachzuvollziehen und entsprechend darauf zu reagieren.

Hier möchte ich darauf aufmerksam machen, dass die gezeigte Empathie durchaus unterschiedlich ausfallen kann. Nicht jeder Mensch ist gleich empathisch. Angenommen, wir sind zutiefst niedergeschlagen. Dann könnte die eine Person vielleicht sagen: «Kopf hoch, das wird schon wieder» und eine andere Person nimmt uns in den Arm und drückt uns einmal ganz fest.

Charakteristisch ist: Das Wohlwollen ist in beiden Handlungen zu erkennen. Die Person hat registriert, dass es uns nicht gut geht und versucht, darauf einzugehen. Menschen, die uns gänzlich ohne Empathie begegnen, registrieren unseren Gemütszustand nicht bzw. ignorieren diesen. Sie reden ggf. die Situation klein oder sagen uns, dass es nicht so schlimm sei oder wir uns nicht so anstellen sollen.

Frage dich, ob ein solcher Mensch dir in diesen Momenten wirklich guttun würde. Würdest du dir, wenn du traurig bist, eher einen empathischen oder einen nicht empathischen Menschen an deiner Seite wünschen? Was glaubst du, würde dir und deinem Gemütszustand guttun?

Die Person behandelt dich fürsorglich

Wohlgesinnte Menschen verhalten sich fürsorglich. Hiermit ist zum einen die leibliche Fürsorge gemeint. Sie würden uns z. B. etwas zu essen oder zu trinken anbieten. Sie würden sich erkundigen, ob es uns gut geht, ob wir gut geschlafen haben und ob wir gesund sind. Sie würden sich danach erkundigen, wie es uns im Allgemeinen geht, wie es im Beruf bei uns läuft und ob sonst alles in Ordnung ist.

Die Fürsorge und das Wohlwollen drücken sich in Interesse an unserer Person aus. Uns gegenüber wohlwollende Menschen erkundigen sich von Zeit zu Zeit, wie es uns geht und ob alles in Ordnung ist. Sie zeigen eine stete Bemühung um unsere Person. Sie möchten, dass es uns gut geht, wir gesund sind und unsere Ziele und Träume verwirklichen.

Es zeigt sich auch darin, dass sie uns vor Gefahren warnen und versuchen, uns vor möglichem Schaden zu bewahren. Ihr Denken und Handeln sind auf das Wohl unserer Person ausgerichtet.

Menschen, die uns nicht mit dieser Haltung begegnen, scheinen andere Interessen zu verfolgen bzw. kein Interesse an uns zu haben.

Frag dich selbst, ob es sich für dich lohnen kann, Menschen an deiner Seite zu haben, die kein Gefühl von Fürsorge für dich empfinden.

Die Person betrachtet dich mit einem liebevollen Blick

Wir alle machen, hoffentlich, viele Erfahrungen und auch Fehler in unserem Leben. Uns wohlgesinnte Menschen betrachten diese Ereignisse und uns mit einem liebevollen Blick. Auch wenn sie uns eindrücklich vor einer Entscheidung gewarnt haben und wir uns davon nicht haben abbringen lassen, reagieren sie liebevoll. Sie muntern uns auf oder schätzen es, dass wir diese Erfahrung nun gemacht haben und zu einer persönlichen Einsicht gekommen sind. Sie bringen eine Ruhe und Geduld mit, die es uns erlaubt, uns auszutesten und Fehler zu machen. Sie geben uns ein Gefühl von Vertrautheit und Geborgenheit.

Bei diesen Menschen wissen wir: Egal was wir machen, ausgenommen wir übertreten Gesetze, wir können uns ihrer Empathie, Fürsorge und Liebe gewiss sein. Diese Menschen treten uns gegenüber erwartungsfrei auf und wollen uns leben und wachsen sehen. Sie streben nicht danach, uns zu ihren Gunsten oder nach ihren Vorstellungen zu verändern oder zu formen. Diese Menschen haben Freude daran zu sehen, wie wir uns entwickeln und an unterschiedlichen Stellen über uns hinauswachsen.

Und falls wir einmal bei etwas scheitern, sind sie da, um uns wieder auf die Beine zu helfen.

Die Person ist frei von Neid

Uns gegenüber wohlgesinnte Menschen begegnen uns ohne Neid. Wenn wir einen Erfolg verbuchen, freuen sie sich für uns. Sie gönnen ihn uns. Wenn wir uns etwas Neues anschaffen, gratulieren sie uns. Sie haben die angenehme Fähigkeit, uns unsere Errungenschaften zuzugestehen, ohne daraus einen persönlichen Wettstreit zu machen. Dadurch kreieren Sie eine Atmosphäre der Leichtigkeit und des Vertrauens.

Neid ist für jedermann gut zu spüren. Neidische Menschen reden schlecht hinter unserem Rücken und gönnen uns unsere Erfolge nicht. Auch hier können wir sagen, dass kein Wohlwollen in Neid zu finden ist.

Die Person unterstützt dich im Rahmen ihrer Möglichkeiten

Dieser Punkt ist besonders spannend und darauf möchte ich etwas genauer eingehen. Wenn man im Internet recherchiert, wie man sich ein passendes Umfeld aufbaut, tauchen zwei Sätze bei den Treffern besonders häufig auf:

- Du bist im Durchschnitt das Mittel der fünf Personen, mit denen du am meisten Zeit verbringst.
- Wenn du die klügste, kreativste, charmanteste und engagierteste Person im Raum bist, bist du im falschen Raum.

Diese beiden Sätze betrachten unser Umfeld nach meiner Interpretation aus einer gewissen Geschäftssicht bzw. einem Optimierungscharakter. Entsprechend stringent ist der Nutzen-Gedanke in diesen beiden Sätzen. Die Botschaft lautet: «*Umgib dich mit Menschen, die dich besser machen.*»

Für mich ist dies eine gefährliche und ethisch zweifelhafte Darstellung. Ich glaube, niemand von uns wählt seine Freunde und Bekannten nach rein wirtschaftlichen Faktoren aus. Zumindest hoffe ich das. Sie unterstellt auch, dass mein Umfeld mich unterstützen muss und ich etwas von meinem Umfeld lernen kann. Sollte dies nicht der Fall sein, umgebe ich mich anscheinend nicht mit den richtigen Personen.

Das Leben besteht aber nicht bloß aus wirtschaftlichem Erfolg oder persönlicher Optimierung. Nicht jeder von uns strebt danach, ein eigenes Unternehmen zu gründen und immer neue Geschäftsmodelle und Geschäftsfelder zu erschließen.

Viele von uns wünschen sich ein Umfeld, das von Liebe, Fürsorge, Unterstützung, Ehrlichkeit, Loyalität und Harmonie geprägt ist. Ein Umfeld, in dem wir uns geborgen und sicher fühlen.

Da die beiden genannten Sätze meines Erachtens stark auf die wirtschaftliche Unterstützung und persönliche Optimierung fokussiert sind, möchte ich eine andere Form der Unterstützung wählen. Ich denke schon, dass es charakteristisch für eine wohlwollende Person ist, uns zu unterstützen.

Wie diese Unterstützung am Ende des Tages aussieht, ist jedoch mannigfaltig. Unterstützung kann sich in einer zarten Geste äußern, z. B. in einem stillen Zunicken gepaart mit einem Zuversicht ausdrückenden Blick oder in einem bekräftigenden: «Ich bin mir sicher, dass du das schaffen wirst!» Bis hin zu aktiver Hilfe in einer Sache. Unterstützung kann sich auch in einem aufmerksamen Zuhören und Fragenstellen äußern oder in einem fürsorglichen Vorbeischauen und etwas zu essen mitbringen.

Ich möchte dich dafür sensibilisieren, die unterschiedlichen Maßstäbe von «nach Kräften unterstützen» zu erkennen und zu berücksichtigen.

Ein starrer, auf ein Projekt oder Vorhaben bezogener Blick für Unterstützung könnte dazu führen, dass wir blind werden für die Unterstützung, die uns auf vielen anderen Wegen zuteilwird.

Wohlgesinnte Menschen werden uns mit ihrer Form der Unterstützung helfen. Mach deine Augen weit auf dafür, um dies zu erkennen. Denn nicht jeder, der sich eine Nacht lang mit uns in einem Meetingraum einschließt und über Lösungswege das Hirn zermartert, ist uns wohlgesinnt. Die Person aber, die um 1:00 Uhr morgens anruft und fragt, ob wir noch irgendetwas brauchen, unterstützt uns tatsächlich.

Die Person feiert deine Erfolge mit dir

Geteiltes Leid ist halbes Leid und geteilte Freude ist doppelte Freude. Wohlgesinnte Menschen freuen sich mit uns, wenn wir bei etwas Erfolg haben. Es bildet den Gegenpol zum Neid. Diese Menschen haben Freude daran zu sehen, wenn uns etwas gelingt. Sie können sich von Herzen mit uns freuen und diese Momente zu etwas Einzigartigem machen.

Genau solche Menschen brauchen wir in unserem Umfeld. Denn was nützt es uns, wenn wir Ziele realisieren und am Ende niemand da wäre, der sich tatsächlich mit uns freut?

Wie leer wäre unser innerlicher Zustand in solch einem Augenblick?

Wohlgesinnte Menschen freut es, wenn uns etwas gelingt, auch dann, wenn es ihnen selbst nicht gelungen ist. Sie erzeugen eine fröhliche, positive Atmosphäre frei von Neid und Missgunst. Auch in dieser Sache drückt sich wieder die Fürsorglichkeit aus.

Wir haben nun verschiedene Charakteristika gesehen, die das Wohlwollen einer Person uns gegenüber zum Ausdruck bringen. Für mich sind dies tatsächlich allgemeine Voraussetzungen, um uns als Mensch und Individuum frei entwickeln und entfalten zu können. Dabei bitte ich dich zu beachten, dass die Ausprägungen mitunter variieren können. Unterstützung, Empathie und Fürsorge können von jeder Person anders zum

Ausdruck gebracht werden. Nicht jeder, der uns nicht gleich in den Arm nimmt, wenn wir weinen, ist frei von Empathie. Wir dürfen ein Gespür für die einzelnen Ausprägungen unserer Mitmenschen entwickeln und so einander entdecken und auch gegenseitig fördern.

Unsere körperliche oder seelische Unversehrtheit zu missachten, ist für mich jedoch eindeutig. Eine Person, die uns vorsätzlich Gewalt antut, hat nichts in unserem Umfeld verloren. Da ich selbst Opfer von beiden Arten der Gewalt geworden bin, möchte ich dich besonders dazu ermutigen, dich von diesen Menschen zu entfernen. Jegliche Form von Gewalt widerspricht dem Wohlwollen.

Ganz im Sinne des Titels dieses Buches «Glücklichsein Selbstgemacht» liegt es nun in deiner Hand zu schauen, mit welchen Menschen du dich umgeben möchtest und von welchen Menschen du umgeben bist.

Du kannst dir die Frage stellen, ob die Personen in deinem Umfeld dir wirklich wohlgesinnt sind und ob die gemeinsame Zeit dein Leben und deinen Alltag schöner werden lässt oder nicht. Dein Glück liegt in deiner Hand und die Menschen, mit denen du deine Zeit verbringst, haben maßgeblichen Einfluss darauf. Wähle also weise oder zumindest nach Wohlwollen.

Eine kleine Ergänzung möchte ich zum Abschluss noch machen. Dieser Lifehack wird auch bei seiner Beherzigung nicht vollends vor Enttäuschungen und Schmerz schützen. Das ist auch nicht sein Ziel. Es gehört zum Leben dazu, gute wie schlechte Erfahrungen zu machen. Aber ich habe die Hoffnung, dass dieser Lifehack dir im Falle einer schlechten Erfahrung zumindest Trost spenden kann und dir dabei hilft, zur inneren Erkenntnis zu gelangen, dass der Verlust einer Person, die dich nicht mit Wohlwollen behandelt, keinen echten Verlust darstellt.

Lifehack #24

Deine produktive Zeit

Nine-to-five definiert nicht unsere produktivste Zeit.

In diesem Lifehack möchte ich mit dir auf die Themen Selbstorganisation, Produktivität und Zeitmanagement schauen. Genauer gesagt möchte ich mit dir einen Blick auf etwas werfen, das in den meisten Trainings und Ratgebern nicht auftaucht und vielen von uns nicht immer bewusst ist. Es geht um unser individuelles produktives Zeitfenster.

Ich glaube, die meisten von uns haben für sich verinnerlicht, dass unsere Produktivität zwischen 8:00 Uhr morgens und 18:00 Uhr abends stattfinden soll. Dies beruht auf den Strukturen, in denen wir uns täglich bewegen und mit denen wir aufgewachsen sind. Schichtdienste und Berufsfelder mit variierenden Arbeitszeiten sind hiervon ausgenommen.

In diesem Zeitfenster versuchen wir, tagtäglich so produktiv zu sein wie möglich. Doch klappt das auch immer? Ist jeder von uns um 9:00 Uhr morgens sogleich produktiv? Oder ist es nicht vielmehr so, dass manch einer von 8:30 bis 11:00 Uhr eine besonders produktive Phase hat und jemand anderes von 17:00 bis 19:00 Uhr oder gar von 21:00 bis 23:00 Uhr?

Ich möchte, dass du kurz in dich gehst und folgende Frage für dich beantwortest: Kannst du dich an einen Tag erinnern, an dem du verschiedene Aufgaben auf deiner Tagesliste hattest und sich die Erledigung dieser Aufgaben bis zu einem bestimmten Zeitpunkt wie ein Kaugummi gezogen hat? An dem du dich immer wieder bei prokrastinierenden Gedanken ertappt hast, die dich aufgehalten und abgelenkt haben? Es fühlte sich unglaublich schwer und zäh an und ging kaum voran, bis auf einmal ein Zeitpunkt eingetreten ist, an dem alles viel leichter erschien und fast schon spielend von der Hand ging. Auf einmal, fast wie von Zauberhand, war Energie vorhanden und nahezu alles, was auf deiner Tagesliste stand, hattest du in kurzer Zeit geschafft.

Dies nenne ich unser Produktivitätsfenster. Ich hoffe, du kannst dich an solch eine Situation erinnern. Ich möchte es dir anhand eines persönlichen Beispiels noch etwas konkreter vor Augen führen:

Für einen schmuddeligen Samstag im Februar des Jahres 2020 hatte ich mir diverse Aufgaben vorgenommen. Ich wollte etwas im Haushalt machen, Steuerunterlagen vorbereiten, einen Lifehack schreiben, für die Uni lernen und noch etwas nachrecherchieren. Der Wecker klingelte um 8:30 Uhr. Es stand viel auf dem Plan, also wollte ich früh loslegen. Ich frühstückte etwas und setzte mich an meinen PC, um mit den Steuerunterlagen zu starten. Doch irgendwie wollte es nicht so richtig funktionieren. Ich schweifte mit den Gedanken häufig ab, hatte Ideen zu dem Lifehack, den ich noch schreiben wollte, ging gedanklich die Hausarbeiten durch und was noch für die Uni anstand.

So verging eine gute Stunde und mit den Steuerunterlagen war ich nicht wirklich vorangekommen. Ich beschloss, erst einmal die Hausarbeiten zu erledigen und mich dieser Sache später wieder zu widmen. Sie läuft ja nicht weg und ich habe den ganzen Samstag Zeit. Also fing ich an, das Geschirr in der Küche abzuwaschen, und ging dabei gedanklich die nächsten Aufgaben durch. Staubsaugen, zusammenräumen, Müll rausbringen, abtrocknen usw. Während ich über die einzelnen Aufgaben nachdachte, wurde meine Wahrnehmung zunehmend zäher. Irgendwie waren keine richtige Energie und Motivation vorhanden.

Also beschloss ich, nach dem Spülen erst einmal ins Fitnessstudio zu gehen. Gesagt, getan, folgte auf das Spülen also ein Work-out. Nach meiner Rückkehr vom Work-out machte ich mir etwas zu essen, duschte und setzte mich auf mein Sofa. Mittlerweile hatten wir ca. 17:30 Uhr. Während ich auf dem Sofa saß, ging ich noch einmal gedanklich die Aufgaben durch, die ich mir für den Tag vorgenommen hatte. Gegen 18:15 Uhr war es dann so weit. Die Zähigkeit war wie weggewischt und mit einem Mal war ich voller Energie und Motivation. Ich stand auf und machte mit den Hausarbeiten weiter. Bis 19:00 Uhr hatte ich alle erledigt. Dann setzte ich mich an den PC, um die Steuerunterlagen vorzubereiten. 19:30 Uhr waren auch diese geschafft. Direkt im Anschluss setzte ich mich an einen Lifehack, der in seiner vorläufigen Fassung bis 20:45 Uhr zu Papier gebracht war. Dann nahm ich mir noch eine Stunde, um etwas für die Uni zu lernen. 21:45 Uhr, alles war erledigt.

Anschließend legte ich mich auf mein Sofa und ließ das Ganze kurz Revue passieren. Der gesamte Vormittag und auch Nachmittag hatten sich zäh und schwer angefühlt. Die Aufgaben gingen weder leicht von der Hand noch machte es Spaß. Und um kurz nach 18:00 Uhr verflog dies alles wie von Zauberhand und wandelte sich ins Gegenteil. Mein Energieniveau war voll, meine Motivation war da und die Tätigkeiten gingen leicht von der Hand.

Der wissbegierige kleine Wissenschaftler in mir wollte nun wissen, ob dies ein Zufall war oder sich wiederholen ließe. Also testete ich in den folgenden Tagen immer mal wieder gezielt, Aufgaben nach Möglichkeit in dieses Zeitfenster zu legen. Und siehe da, es ließ sich wiederholen. Ich stellte fest, dass ich persönlich zwischen 18:00 und 22:00 Uhr eine enorm produktive Phase habe und mir viele Dinge, die zu anderen Zeiten eher zäh oder notwendigerweise irgendwie erledigt wurden, sehr leichtfallen und im Ergebnis deutlich besser sind.

Also fing ich an, die Aufgaben, die ich selbstorganisiert erledigen kann, in dieses Zeitfenster zu legen, was bis heute sehr gut für mich funktioniert.

Worauf möchte ich mit dieser kleinen Geschichte hinaus? Ich weiß, dass wir in unserer schnelllebigen Zeit und je nach Arbeitsverhältnis mehr oder weniger große Spielräume haben, um uns unsere Zeit, in der wir etwas erledigen wollen oder müssen, frei einteilen zu können. Ein Arzt, ein Angestellter aus dem Einzelhandel oder der Dienstleistungsbranche sowie vielen anderen zeitgebundenen Berufen, wird sich kaum aussuchen können, wann er seine Arbeit verrichtet.

Mir ist ebenfalls bewusst, dass dieses Phänomen sich nicht verallgemeinern lässt und für jeden von uns zutrifft.

Diese Methode kann also zum einen nur für die Dinge gelten, die wir zeitungebunden und selbstorganisiert bearbeiten bzw. erledigen können.

Und zum anderen kann sie nur dann funktionieren, wenn du vom Typus her ähnlich bist wie ich und solch ein Zeitfenster bei dir vorhanden ist.

Ich möchte dich zu zwei Dingen einladen: zum einen dazu, zu prüfen, ob du solch ein Zeitfenster bei dir ebenfalls identifizieren kannst, und zum anderen, falls du besagtes Zeitfenster besitzt, dieses auszuprobieren.

Ich versuche dir nicht zu verkaufen, dass dies die beste oder einzig wahre Methode der Selbstorganisation ist. Vielmehr möchte ich dir eine weitere Option aufzeigen, die für dich hilfreich und bereichernd sein könnte. Vielleicht passt diese Methode sehr gut zu dir und erleichtert dir viele verschiedene Aufgaben.

Wie können wir von dieser Methode profitieren?

- Wir haben mehr Energie für die Aufgaben.
- Wir sind motivierter.
- Wir können die Zwischenzeit anders für uns nutzen.
- Wir schaffen, was wir uns vornehmen, weil wir merken, dass es gut läuft.

Wie kannst du nun feststellen, ob die Methode etwas für dich sein könnte?

- Achtsames Beobachten / Erinnern
- Zeitfenster validieren
- Selbstorganisierbare Tätigkeiten einplanen
- Öko-Check

Achtsames Beobachten / Erinnern

Hierbei gilt es, uns selbst zu beobachten und unseren Körper wahrzunehmen. Nimm die eingangs gestellte Frage und prüfe, ob du dich an Situationen, wie ich sie geschildert habe, erinnern kannst. Gab es in deiner Vergangenheit ähnliche Erlebnisse? Hattest du ebenfalls bestimmte Zeitfenster, in denen dir nahezu alles spielerisch von der Hand ging, du voller Energie und Motivation warst?

Beobachte dich in deinem aktuellen Alltag. Gibt es hier Zeiträume, bei denen du bemerkst, dass du deutlich mehr Energie zur Verfügung hast, dich besser konzentrieren kannst und die Aufgaben dir insgesamt leichter fallen?

Zeitfenster validieren

Wenn du festgestellt hast, dass du über solch ein Zeitfenster ebenfalls verfügst, grenze es konkret ein. Überprüfe, ob es sich wiederholen lässt und ob es an allen Tagen zur gleichen Zeit vorhanden ist. Halt deine Erkenntnisse fest. Es können auch mehrere Zeitfenster auftreten, beispielsweise von 10:00 bis 13:00 Uhr und 19:00 bis 21:00 Uhr. Die Zeitfenster sind absolut individuell und es gilt für dich herauszufinden, wo dein oder deine Zeitfenster liegen.

Selbstorganisierte Tätigkeiten einplanen

Wenn du dein bzw. deine Zeitfenster identifiziert hast, lege gezielt die Tätigkeiten, die du frei und selbstorganisiert erledigen kannst, in die Zeitfenster. Schau, ob es für dich funktioniert, ob du mit den Ergebnissen zufrieden bist und ob es dir hilft und deinen Alltag erleichtert.

Mach dies zu Anfang am besten mit Aufgaben, die nicht an Fristen gebunden sind, damit dir im Zweifelsfall nicht irgendetwas auf die Füße fällt.

Öko-Check

Alles ist in einem steten Wandel. Die Welt um uns herum ändert sich und auch wir, indem wir altern. Dadurch kann sich auch unser Zeitfenster ändern. Es kann gut sein, dass es in der einen Lebensphase später am Tag ist und zu einer anderen Lebensphase früher am Tag. Das ist völlig normal und kann und darf passieren. Mach dir darüber keine Sorgen.

Wichtig für uns ist, diesen Prozess von Zeit zu Zeit zu wiederholen und unser Zeitfenster zu überprüfen. Wenn wir feststellen, dass es sich verschoben hat, passen wir es einfach an.

Wie bereits erwähnt, stellt diese Methode keinen Anspruch auf Allgemeingültigkeit. Sie ist eine Sichtweise im Rahmen der vielen Zeitmanagement- und Selbstorganisationsmethoden, die du gegenprüfen darfst. Sie ist eine Option, die möglicherweise sehr gut zu dir passt und dir im besten Fall dein Leben erleichtert.

Auch wenn vielerlei Strukturen uns dazu verleiten mögen, zu glauben, dass wir zwischen 8:00 und 18:00 Uhr produktiv sein müssen, lade ich dich dazu ein, dich für diesen Gedanken hier zu öffnen und diesen für dich zu prüfen. Im Zuge der Corona-Situation ist ein Prozess des Umdenkens in Gang gesetzt worden, wodurch viele Arbeitgeber ihre Arbeitsort- und Arbeitszeitmodelle anpassen und verändern. Je nachdem, wo dein Zeitfenster liegt, kannst du das vielleicht mit deinem Arbeitgeber besprechen und es lässt sich ein Weg finden, dies zu deinen Gunsten etwas zu verschieben.

Ich drück dir die Daumen dabei und wünsche dir viel Motivation und Energie für deine Tätigkeiten.

Lifehack #25

Höre nicht auf die Naysayer

**Alle sagten, es ist unmöglich,
bis einer kam und es einfach machte.**

Den Ausdruck «Naysayer» habe ich aus einer Rede von Arnold Schwarzenegger aufgegriffen und sogleich übernommen. Einen Auszug der Rede könnt ihr unter folgendem YouTube-Link hören:

www.youtube.com/watch?v=NPoyoWzUMsw

«Naysayer» kommt aus dem Englischen und bedeutet übersetzt so viel wie «jemand, der sagt, dass etwas nicht möglich ist, nicht gut ist, nicht gelingen wird». Die Übersetzung macht auch gleich klar, worum es in diesem Lifehack geht.

Die Geschichte von Arnold Schwarzenegger ist beispielhaft für diesen Lifehack. Er hat sich zu einer Zeit für Bodybuilding begeistert, in der diese Sportart und der damit verbundene Körperkult kaum bekannt waren und eher verpönt als gefeiert wurden.

Viele Menschen in seiner Heimat Österreich hatten weder Verständnis für seine Leidenschaft noch teilten sie seine Ziele und Visionen. Soweit ich weiß, war auch der Rückhalt in seinem Elternhaus nicht wirklich vorhanden.

Kurz, niemand fand seine Leidenschaft für das Bodybuilding erstrebenswert oder gar schön. Es glaubte auch niemand daran, dass er mit Bodybuilding seinen Lebensunterhalt verdienen könnte. Viele Menschen um ihn herum versuchten, ihm diese Idee auszureden.

Es gibt eine weitere Sache, die Arnold Schwarzenegger getan hat und für die ich ihn tatsächlich sehr hoch schätze: Er hat Ballettstunden genommen. Nicht weil er Ballett so gern mochte, sondern weil es ihm half, seine Choreografie bei den Wett-kämpfen, im Speziellen bei seinen Mr.-Olympia-Auftritten zu verbessern. Auch dafür wurde er von vielen Menschen belächelt oder verspottet. Viele glaubten nicht daran, dass Ballett einen positiven Effekt auf das Posing hat und er damit Erfolg haben würde.

Wie uns seine Geschichte zeigt, hatten die Naysayer in allen Punkten unrecht.

Nun ist keiner von uns Arnold Schwarzenegger, aber ich glaube, viele von uns haben ähnliche Situationen bereits einmal im Leben erlebt. Situationen, in denen nahezu niemand das sieht, was wir sehen, in denen niemand an das glauben möchte, an das wir glauben, in denen wir allein auf weiter Flur stehen und alle um uns herum gegen unser Vorhaben oder unsere Idee sprechen. Und falls du glücklicherweise noch nie in solch einer Situation warst, nimm den Lifehack als Sensibilisierung dafür, was vielleicht einmal eintreten könnte, dir aber hoffentlich nie widerfährt.

Naysayer sind eine ganz besondere Kategorie von Menschen. Sie haben nämlich allem Anschein nach große Freude daran, anderen Menschen ihre Ideen und Träume kleinzureden, diese zu kritisieren, in ein schlechtes Licht zu rücken und im wahrsten Sinne des Wortes in der Luft zu zerfleddern. Wahrscheinlich gibt es den Naysayern einen Moment der persönlichen Freude oder Erleichterung in ihrem Alltag. Vielleicht fehlt ihnen auch einfach die Fantasie oder der Mut, zu träumen und etwas zu wagen.

Das Motiv der Naysayer spielt für uns keine weitere Rolle. Es wäre alles zu spekulativ und würde an deren Aussagen wenig ändern. Mir geht es lediglich darum, wie wir mit diesen Aussagen umgehen.

Vielleicht erinnerst du dich gerade an eine dieser Situationen. Du hattest eine Idee oder einen Traum und warst Feuer und Flamme. Du hast darüber gesprochen und wolltest andere Menschen mit deiner Euphorie anstecken oder einfach nur deine Freude darüber teilen. Unter den Hörern deiner Worte waren leider viele Naysayer, die deine Idee oder deinen Traum sofort torpediert haben. Sie haben dir auf unzählige Arten, mit Argumenten und ohne diese dargelegt, warum die Idee nicht funktionieren wird, nicht funktionieren kann. Sie haben dir erklärt, dass du das nicht durchhalten wirst, dass die Idee nichts taugt oder du auf dem Weg scheitern wirst.

Weder wurde deine Euphorie oder Freude geteilt noch deine Idee richtig gehört, geprüft oder gewürdigt. Es gab kein konstruktives Feedback und keine neuen Blickwinkel. Sie haben schlicht und ergreifend nur dagegengeredet.

So etwas kann ziemlich niederschlagend sein. Wenn wir unsere Freude teilen wollen und uns ein wenig Zuspruch oder Hoffnung von anderen wünschen, doch stattdessen nur niederschmetternde Worte zu hören bekommen, ist das alles andere als aufbauend und motivierend.

Und wenn wir in diesen Situationen nicht höllisch aufpassen, laufen wir vielleicht Gefahr, dass wir den Aussagen der Naysayer glauben. Wenn wir in diesen Augenblicken nicht sehr achtsam sind und uns von den Aussagen distanzieren, können diese in unseren Geist eindringen und unsere Vorhaben noch vor der eigentlichen Umsetzung zum Erliegen bringen. Dieser Lifehack soll eine Warnung an dich und gleichzeitig auch eine Sensibilisierung sein. Naysayer gibt es, und davon nicht zu knapp.

Ich wünschte, ich könnte dir hier sagen, dass dem nicht so ist und wir in einer perfekten Welt leben, in der die Menschen stets versuchen, uns zu motivieren, zu unterstützen und uns dabei helfen wollen, unsere Träume zu realisieren. Leider bestätigt mir die Realität immer wieder aufs Neue, dass dem nicht so ist.

Deshalb gilt es, sich dieser Tatsache bewusst zu werden und zu lernen, uns davor zu schützen. Wir müssen unsere Leidenschaften, Träume, Ideen und Visionen vor schlechten Aussagen anderer Menschen verteidigen. Eine kleine Nachschärfung noch an dieser Stelle: Mit Naysayern sind nicht unsere Freunde und Bekannten gemeint, die uns vor einem schweren Fehler bewahren wollen, ein kritisches Gespräch mit uns führen oder uns vielleicht auf eine sehr naive Sichtweise hinweisen. Es sind die Menschen, die ungeachtet dessen gegen unsere Vorhaben sprechen.

Dies kann unter Umständen auch für uns bedeuten, dass wir die einzige Person sind, die an die jeweilige Sache glaubt.

Wie das geht, das schauen wir uns in den kommenden Punkten an. Mir persönlich haben diese geholfen, mich vor den Aussagen der Naysayer zu schützen und meinen Ideen, Träumen, Visionen und Leidenschaften nachzueifern.

- Die Bereitschaft, den Weg auch allein zu gehen
- Entferne dich von den Naysayern
- Selbstvertrauen
- Selbstwirksamkeit
- Worten keine Bedeutung schenken
- Bleib dir selbst treu

Die Bereitschaft, den Weg auch allein zu gehen

Diesen Punkt zu erkennen und zu akzeptieren, war für mich persönlich sehr motivierend und bereichernd. Dabei haben mir ein Vergleich mit Essen und das Bewusstmachen der Globalisierung geholfen. Es ist völlig normal und okay, dass nicht jeder von uns jedes Lebensmittel oder jede Mahlzeit gleich gern mag. Manch einer mag z. B. Rosenkohl sehr gern, eine andere Person, beispielsweise ich, mag Rosenkohl überhaupt nicht. Das ist völlig in Ordnung und dagegen würden die wenigsten Menschen etwas sagen.

Diese Tatsache habe ich auf meine Ideen, Träume und Visionen übertragen. Ich habe mir gesagt, dass es völlig in Ordnung ist, wenn andere Menschen diese nicht mögen oder nicht verstehen und nachvollziehen können. Wichtig ist nur, dass ich sie mag und mir vorstellen kann.

Der zweite Punkt war das Bewusstmachen der Globalisierung. Es kann durchaus sein, dass wir in unserem näheren Umfeld auf viele Naysayer treffen und niemand unsere Idee, unseren Traum, unsere Leidenschaft oder Vision teilt. Dann fragte ich mich, angelehnt an Arnold Schwarzeneggers Geschichte, wie wahrscheinlich es wäre, dass ich bei über acht Milliarden Menschen auf der Welt niemanden finden würde, der sich meiner Sache anschließt. Ich kam zu dem Schluss, dass dies sehr unwahrscheinlich ist. Vielleicht dauert es etwas länger, die passenden Mitstreiter zu finden, aber finden würde ich diese früher oder später.

Diese beiden Gedanken haben mir persönlich unglaublich viel Mut und Kraft gegeben. Zu akzeptieren, dass nicht jeder um mich herum meine Absichten teilen muss, gepaart mit der Annahme, dass ich definitiv irgendwo Personen finden werde, die es tun, gab und gibt mir stets die Zuversicht, meine Ideen, Träume, Leidenschaften und Visionen auch allein zu starten.

Und etwas Positives kommt noch hinzu: In unserer jetzigen Zeit haben wir durch das Internet die Möglichkeit, uns mit

Menschen aus der ganzen Welt binnen Sekunden zu vernetzen. Du siehst, es ist gerade eine sehr gute Zeit, die Naysayer zu ignorieren und deine Ziele zu verfolgen. Das Internet kann dabei ein erster Hilfepunkt sein, gleichgesinnte bzw. deinem Vorhaben gegenüber wohlgesinnte Menschen zu finden.

Entferne dich von Naysayern

Es wird uns immer wieder passieren, dass wir auf Naysayer treffen. Das ist unvermeidbar und gehört zum Leben dazu wie der Zyklus von Tag und Nacht. Wir haben jedoch Einfluss darauf, wie viel Zeit wir mit diesen Personen verbringen.

Wenn du feststellst, dass eine Person in diese Kategorie gehört, reduziere die gemeinsame Zeit und konzentriere dich lieber auf dein Vorhaben.

Keiner von uns braucht ständig negative Äußerungen und Vibes um sich herum. Das lenkt uns nur ab, macht uns unfokussiert und sabotiert im schlimmsten Fall unsere Pläne.

Selbstvertrauen

Unser Selbstvertrauen ist in diesem Zusammenhang ein wirklich wichtiger Punkt. Denn die Aussagen der Naysayer können Sorgen, Ängste und Zweifel in uns schüren. Sie können uns verunsichern und demotivieren.

In Lifehack #8 bin ich bereits intensiv auf das Thema Selbstvertrauen eingegangen, deshalb möchte ich dich an dieser Stelle auf diesen Lifehack hinweisen.

Stärke dein Selbstvertrauen, mach dir immer wieder bewusst, was du bis jetzt alles geschafft hast und lass dich nicht verunsichern oder dir Zweifel einreden.

Selbstwirksamkeit

Die Selbstwirksamkeit ist ein weiterer wichtiger Faktor, der uns vor den Äußerungen der Naysayer schützt. Hierauf bin ich ebenfalls bereits intensiv in Lifehack #9 eingegangen. Deshalb möchte ich dir ans Herz legen, die beiden Lifehacks #8 und #9 im Anschluss zu lesen, falls du dies noch nicht getan haben solltest.

Wenn wir wissen, dass wir eine Wirksamkeit haben, dass wir etwas verändern oder schaffen können, lässt dies weniger Zweifel zu. Mit einem starken Gefühl der Selbstwirksamkeit nehmen wir die negativen Äußerungen wahr, aber sie dringen nicht in unsere Gedankenwelt ein. Selbstwirksamkeit und Selbstvertrauen sind wie eine Art Teflonschicht, die uns vor den «unbegründeten» Diskreditierungen schützt.

Worten keine Bedeutung schenken

Das ist häufig leichter gesagt als getan. Manche Aussagen oder Wörter treffen uns manchmal einfach direkt ins Herz. Das ist okay und völlig menschlich. Wir können uns keinen absoluten Schutzwall um uns herum errichten, der uns vor allem schützt. Das ist auch nicht notwendig. Wir können nämlich im Nachgang etwas tun, und zwar den Worten weniger bzw. keine Bedeutung schenken.

Dazu kannst du Folgendes tun: Schreib dir die Aussagen der Naysayer im Nachgang an ein Gespräch, so gut du dich erinnern kannst, auf. Wenn du das gemacht hast, drehe das Blatt um, sodass du nicht mehr siehst, was auf dem Blatt steht.

Jetzt mach dir bewusst, dass alles, was auf dem Blatt steht, nur Worte sind. Aneinanderreihungen von Buchstaben, die Worte formen, die einen Zweck erfüllen sollen. Ob du diese annimmst oder nicht, liegt in deinem Entscheidungsbereich.

Mach dir dies wirklich ganz klar bewusst: Es liegt in deinem Entscheidungsbereich!

Wenn du das getan hast, drehe dein Blatt wieder um und lies dir durch, was darauf steht. Versuche, alle Äußerungen neutral zu betrachten, und analysiere, ob in einer Aussage ein nützlicher Hinweis drinsteckt, ein neuer Blickwinkel auftritt oder ein anderer nützlicher Beitrag enthalten ist. Wenn nichts davon in den Sätzen enthalten ist, zerknülle das Papier und wirf es weg. Auf diese Weise hast du gleich noch ein Ritual zum Loslassen der negativen Äußerungen.

Bleib dir selbst treu

Als solche Situationen in der Vergangenheit bei mir auftraten, habe ich mir etwas ganz bewusst gemacht: Bleibe ich mir selbst treu, wenn ich auf die Naysayer höre? Kann ich ruhigen Gewissens und ohne Reue in ein paar Wochen, Monaten oder Jahren in den Spiegel blicken und mir sagen, dass es die richtige Entscheidung war, mich von den Naysayern beeinflussen zu lassen?

Jedes Mal, wenn die Antwort kein eindeutiges und klares «Ja» war, hat es mir Kraft gegeben, die negativen Aussagen zu ignorieren und mir selbst treu zu bleiben. Und dazu möchte ich dich einladen und dir mit diesem Lifehack ein wenig Kraft und Mut spenden. Die Naysayer interessiert es nicht, ob es gelingt oder nicht. Es interessiert sie nicht, wie du dich dabei fühlst und welche Hürden und Schwierigkeiten du bewältigen musst. Wenn du dein Vorhaben umgesetzt hast, sind sie entweder kurz erstaunt oder neutral. Sie werden deine Freude und deinen Erfolg nicht mit dir teilen. Und falls es erst einmal nicht klappt, werden sie sagen: «Siehst du, habe ich dir doch gesagt, dass es nicht funktioniert.»

Also stell dich vor einen Spiegel, schau dich einen Augenblick in Ruhe an und frag dich, ob du in ein paar Monaten oder Jahren damit leben könntest, wenn du jetzt auf die negativen Äußerungen hören würdest.

Fühle in dich hinein und achte auf deine Intuition und deine innere Stimme. Folge deinem Herzen! Denn die Verantwortung dafür, wie sich dein Leben gestaltet, trägst du allein. Keiner der Naysayer wird für irgendeine deiner Entscheidungen die Verantwortung übernehmen. Warum also solltest du deren Äußerungen über deine stellen? Glaub an dich! Es gibt am Ende keine Garantie dafür, ob etwas gelingt oder nicht. Wichtig allein ist, wie du dich dabei fühlst. Und wenn es bedeutet, dass du den Weg erst einmal allein startest, dann starte allein. Hauptsache, du blickst nicht eines Tages mit Reue und Vorwürfen zurück.

In diesem Zusammenhang schau dir gerne mal Lifehack #1 und Lifehack #2 an. Sie könnten interessant für dich sein. Ich wünsche dir ganz viel Kraft und Mut bei der Umsetzung deiner Pläne.

Lifehack #26

Erfolg durch Neidresistenz

Verzage nicht aufgrund des Neides anderer.

So leid es mir tut, diesen Lifehack zu schreiben, es kommt leider viel zu häufig in unserer Gesellschaft vor, dass Menschen auf deinen Erfolg mit Neid reagieren.

Das Wichtigste für dich vorab: Es ist nicht deine Baustelle. Wenn Menschen ein Neidproblem haben, dann ist es ihres und nicht deins. Etwas anderes allerdings wird zu deiner Baustelle, nämlich wie du mit den Auswüchsen des Neides anderer umgehst.

Die Auswirkungen von Neid sind mannigfaltig. Er kann sich darin äußern, dass Menschen sich von dir distanzieren, dass sie nach Dingen in deinem Leben suchen, die du angeblich falsch machst, dass sie nach Fehlern in deiner Arbeit suchen oder einfach schlecht über dich reden. Es kann auch so weit gehen, dass sie dich öffentlich anprangern, dein Hab und Gut beschädigen oder es kann ganz andere Formen annehmen, die ich gar nicht alle hier aufzählen kann.

Ich will dich jedoch in diesem Lifehack darauf vorbereiten, damit du, falls es einmal so weit sein sollte, nicht vor Schreck oder Schmerz erstarrst und zu viele negative Gefühle dich überrumpeln.

Vielleicht klingt es im ersten Moment etwas banal für dich und du sagst dir: «Warum sollte es mich kümmern, was andere Leute über mich denken oder sagen?» Das ist richtig, ich sehe es genauso. Jedoch wirkt es indirekt auf uns.

Wenn lieb gewonnene Menschen, Freunde und Bekannte oder Geschäftspartner sich plötzlich anders verhalten als sonst oder gar gegen uns sind und uns wie einen Feind behandeln, lässt das niemanden von uns völlig kalt. Als soziale Wesen ist keiner von uns davor gewappnet, hierdurch einen emotionalen Schmerz zu empfinden.

Wenn lieb gewonnene Unterstützung ausbleibt, Aufträge storniert werden oder üble Nachrede eintritt, kann dies Zweifel in uns wecken und uns dazu bringen, uns selbst infrage zu stellen. Und darin liegt die Gefahr. Es geht mir hier nicht darum, sich nicht selbst kritisch zu reflektieren und das eigene Verhalten auf den Prüfstand zu stellen. Es geht mir darum, dich dafür zu sensibilisieren, dich nicht aufgrund des Neidverhaltens anderer an diese Menschen anzupassen und ggf. deine Ziele und Projekte aufzugeben oder dich kleinzumachen.

Gerade für die sensibleren Menschen unter uns kann dies zu einer echten Kraftanstrengung werden. Unsere Empathie und unser Mitgefühl können uns zu Gedanken führen, dass wir vielleicht lieber etwas zurückstecken. Wenn wir uns vom Neidverhalten anderer beeinflussen lassen, könnte es passieren, dass wir unsere Erfolge nicht mehr so gerne feiern und zeigen. Es könnte dazu führen, dass wir Aufgaben oder Herausforderungen nicht annehmen, um andere vor einem Gefühl des «Kleinseins» zu bewahren und deren Neid von uns fernzuhalten. Wir könnten anfangen, uns selbst zu hemmen, damit der Neid der anderen nicht zu groß bzw. zu stark wird.

Wir könnten Gefahr laufen, Verantwortung für die anderen zu übernehmen und zu versuchen, deren Neidauswüchse durch persönliche Opfer zu schmälern.

Jetzt eine ganz direkte Frage an DICH: Wem nützt das? Ich möchte dir einige Zeilen zeigen, die häufig mit Nelson Mandela in Verbindung gebracht werden. Im Netz herrscht keine genaue Einigkeit darüber, ob diese Zeilen wirklich von Mandela sind oder, wie andere Quellen berichten, von Marianne Williamson. Ganz gleich, von wem die folgenden Zeilen sind, sie sind wundervoll und werden hoffentlich allein durch ihr Lesen deine Neidresistenz stärken.

Unsere größte Angst ist nicht, unzulänglich zu sein.
Unsere größte Angst ist, grenzenlos mächtig zu sein.
Unser Licht, nicht unsere Dunkelheit, ängstigt uns am meisten.
Wir fragen uns: Wer bin ich denn, dass ich so brillant sein soll?
Aber wer bist du, es nicht zu sein?
Du bist ein Kind Gottes.
Es dient der Welt nicht, wenn du dich klein machst.
Sich klein zu machen, nur damit sich andere um dich herum nicht unsicher fühlen,
hat nichts Erleuchtetes.
Wir wurden geboren, um die Herrlichkeit Gottes, der in uns ist, zu manifestieren.
Er ist nicht nur in einigen von uns, er ist in jedem einzelnen.
Und wenn wir unser Licht scheinen lassen,
geben wir damit unbewusst anderen die Erlaubnis, es auch zu tun.
Wenn wir von unserer eigenen Angst befreit sind,
befreit unsere Gegenwart automatisch die anderen.

Mit wachsendem Erfolg und auch Misserfolg wird sich eines sehr deutlich zeigen – nämlich wer wirklich hinter dir steht und wer nicht. Die neidischen Menschen werden sich in Zeiten von Erfolg von dir distanzieren und vielleicht sogar versuchen, dir Steine in den Weg zu legen. In Zeiten von Misserfolg werden sie da sein und über dich lachen und deine Rückschläge feiern.

Davon sollst du dich bitte nicht unterkriegen lassen. Dies ist leider ein ganz normaler Prozess in unserer Kultur. Vielmehr möchte ich dich dafür sensibilisieren, deine Aufmerksamkeit auf die Menschen zu richten, die dich in diesen Zeiten unterstützen und an deiner Seite bleiben. Die Menschen, die sich über deine Erfolge freuen und dir bei Misserfolgen wieder auf die Beine helfen.

Ich möchte, dass du, ungeachtet wie viele Menschen dir mit Neid begegnen mögen, niemals anfängst, dich kleinzumachen und dein Licht zu dimmen.

Wann immer es dir schwerfällt oder deine Gemütslage durch neidische Menschen oder deren Reaktionen getrübt ist, nimm diesen Lifehack zur Hand und lies dir die in kursiv geschriebenen Zeilen von Nelson Mandela / Marianne Williamson durch. Für mich ist dies der beste Tipp, den ich dir in diesem Zusammenhang geben kann und möchte.

Ich für meinen Teil empfinde diese Arbeit an unserer Persönlichkeit als ausgesprochen wertvoll, da sie uns dazu ermächtigt, wirklich erfolgreich werden zu können. Sie macht uns unabhängig und frei und bewahrt uns davor, zum Spielball anderer, neidischer Menschen zu werden.

Denn neidische Menschen erfreut nichts mehr, als dich scheitern zu sehen. Wenn sie sich an deinem Unglück laben können, ist ihr Tag gerettet. Aber blicke nicht mit Frust, Wut oder anderen destruktiven Gedanken oder Emotionen auf diese Menschen. Konzentriere dich darauf, deine Erfolge zu genießen, lasse dein Licht scheinen und dich nicht von den Äußerungen oder dem Verhalten neidischer Menschen bremsen oder kleinmachen. *Es ist nicht deine Baustelle!*

Das wünsche ich mir für dich. Ich möchte, dass du Erfolg hast. Ich möchte, dass du mit deinen Ideen, Visionen, Plänen und Träumen die Welt bereicherst, dass du mit einem Feuer in dir deine Ziele und Träume verfolgst und das Leben aufbaust, das du dir wünschst.

Lifehack #27

Ein prima Arbeitsumfeld

Ein Fisch kann nur im Wasser existieren.

Wir verbringen durchschnittlich 250 Tage pro Jahr an unserem Arbeitsplatz, abzüglich Urlaub und Feiertage. Das heißt, zwei Drittel unseres Jahres verbringen wir überwiegend am Arbeitsplatz.

Dieser Umstand macht diesen Lifehack für mich unglaublich wichtig. Zu wissen, dass wir die meiste Zeit des Jahres an unserem Arbeitsplatz verbringen, bringt für mich verschiedene Überlegungen mit sich.

- Wie beeinflusst der Arbeitsplatz mein allgemeines Wohlbefinden?
- Fühle ich mich an meinem Arbeitsplatz wohl?
- Was brauche ich, um mich an meinem Arbeitsplatz wohlzufühlen?
- Ist mir bewusst, dass ich so viel Zeit am Arbeitsplatz verbringe?
- Was bedeutet es für mich, so viel Zeit am Arbeitsplatz zu verbringen?

Lass uns ein wenig auf die Fragen eingehen und den genauen Zusammenhang näher betrachten. Wir alle wissen, Privates und Berufliches lässt sich nicht immer trennscharf abgrenzen. Wenn bei uns zu Hause etwas vorgefallen ist, ein Angehöriger erkrankt ist, ein Streit mit dem Partner am Vorabend stattgefunden hat oder wir auf einer Geburtstagsfeier ein wenig über die Stränge geschlagen haben, hat dies Auswirkungen auf unseren nächsten Arbeitstag. Umgekehrt kann ein anstrengendes Meeting, ein Streit mit einem Kollegen oder unserem Vorgesetzten sich auf unsere private Abendplanung und unseren Gemütszustand auswirken.

Es ist ein fließendes Miteinander, das niemand von uns völlig ausklammern kann. Trotz dieser Tatsache begegnen mir immer wieder Menschen, die das altbackene Credo verfolgen «Arbeit ist Arbeit und privat ist privat». Man könne sich eben nicht immer alles aussuchen, erst recht nicht auf der Arbeit.

Dieses Aussuchen möchte ich gern ein bisschen detaillierter betrachten. Wir alle leben in einer von Geld bestimmten Welt. Entsprechend müssen wir irgendwie unsere Brötchen verdienen. Nichtsdestotrotz denke ich, dass wir deshalb nicht alles billigend in Kauf nehmen müssen.

Zumindest dürfen wir unser Arbeitsumfeld und die damit verbundenen Umstände von Zeit zu Zeit hinterfragen. Da viele von uns den Großteil ihrer Zeit am Arbeitsplatz verbringen, sollte dieser entsprechend angenehm ausgestaltet sein. Wer von uns kann sich bitte auf Dauer in einer Umgebung wohlfühlen, die ihm nicht gefällt?

Stell dir vor, dein Arbeitstag ist täglich von Stress und Hektik begleitet. Zusätzlich verstehst du dich nicht gut mit deinen Kollegen und gerätst auch immer wieder mit deinem Vorgesetzten aneinander. Persönliche Bedürfnisse und Rücksichtnahme fehl am Platz. Von Woche zu Woche laugt dich dieser Zustand mehr und mehr aus. Privat hast du immer weniger Motivation, deinen Hobbys nachzugehen, etwas für deine Gesundheit zu tun oder etwas mit deinem Partner und den Kindern zu unternehmen.

Ist ein Geldbetrag dieses Opfer wirklich wert? Kannst du dir sicher sein, den notwendigen Geldbetrag für dein Leben nirgendwo anders zu verdienen?

Das alte Credo «Arbeit ist Arbeit und privat ist privat» kann heute nicht mehr gelten. Die Ansprüche der Arbeitswelt an uns sind in den letzten Jahrzehnten dermaßen gestiegen, dass Arbeit eben nicht mehr bloß Arbeit ist. Die Übergänge zwischen privat und Arbeit sind fließend.

Unser Arbeitsalltag hat einen maßgeblichen Einfluss auf unsere Gesundheit, unser Wohlbefinden und unsere Gemütslage. Mit Blick auf die Zeit, die wir an unserem Arbeitsplatz verbringen, könnte man schon fast von einer zweiten Familie sprechen. Und so sehe ich auch unser Arbeitsumfeld an.

In unserem Job ist jeder von uns mit täglichen Herausforderungen konfrontiert. Diese Tätigkeitsherausforderungen sollten auch die eigentliche Herausforderung darstellen. Unser Arbeitsumfeld soll sich für uns gut anfühlen. Wir benötigen hier ein Gefühl von Rückhalt, Unterstützung, Verständnis und Wertschätzung, um einen guten Job machen zu können.

Wenn wir uns stattdessen in einem Umfeld von Mobbing, Druck, Anfeindung, Herabwürdigung, politischen Intrigen und permanenten Konflikten wiederfinden, macht uns das auf Dauer krank.

Nun ist mir bewusst, dass nicht jeder Arbeitsplatz gleich ist und wir nicht überall die gleichen Möglichkeiten haben, Einfluss zu nehmen. Ich möchte dich aber darum bitten, dir die Frage zu stellen, ob du dich grundsätzlich an deinem Arbeitsplatz wohlfühlst.

Notiere dir diese und die jeweiligen Antworten auf die folgenden Punkte und nutze sie für deine weitere Reflexion:

- Brauchst du klar geregelte Rollen- und Verantwortungsdefinitionen?
- Brauchst du Raum für eigenverantwortliches Handeln?
- Brauchst du Raum für Kreativität?
- Bist du zufrieden mit deinem Arbeitszeitmodell?
- Kannst du dich mit deinem Vorgesetzten über alle Themen austauschen?
- Verstehst du dich gut mit deinen Kollegen?
- Gibt es Raum für Zwischenmenschliches?

Schreib dir alle Fragen auf, die dir im Zusammenhang mit deinem Arbeitsumfeld einfallen, und beantworte diese. Ich kann und möchte hier keine pauschale Antwort geben, da sowohl die einzelnen Arbeitsplätze als auch wir als Mensch zu individuell sind. Ein Mitarbeiter im Einzelhandel wird seine Einsatzzeiten kaum verhandeln können, ein Entwickler in der IT-Branche schon eher.

Was allerdings nicht verhandelbar sein sollte, ist das Gefühl, das uns unser Arbeitsplatz bzw. unser Arbeitsumfeld vermittelt. Im Fokus steht die Aufgabe des jeweiligen Berufes. Diese versuchen wir bestmöglich zu erfüllen, unter Berücksichtigung der jeweiligen Tagesform. Was keiner von uns gebrauchen kann, ist ein Arbeitsumfeld, das uns immer wieder ein schlechtes Gefühl vermittelt und zulasten unserer Freizeit und Gesundheit geht.

Und hier kommen wir nun doch wieder von allgemeinen Dingen zur Arbeit. Denn womit fühlen sich die meisten von uns wohl?

* Wenn wir respektiert und wertgeschätzt werden.
* Wenn wir in unserer Entwicklung unterstützt werden.
* Wenn wir Rückhalt erfahren.
* Wenn wir gehört und gesehen werden.
* Wenn wir keine Angst vor negativen Konsequenzen haben müssen.
* Wenn wir uns mit einbringen können.
* Wenn wir uns mit den anderen Personen gut verstehen.

…

Prüfe einmal, wie du dich in deinem Arbeitsumfeld fühlst. Fehlt dir etwas oder bist du rundum zufrieden? Falls dir etwas fehlt, notiere dir genau, was. Was frustriert dich vielleicht gerade an deinem Arbeitsumfeld?

Dazu ein kleines Beispiel, um die Sache noch etwas zu verdeutlichen.

In einem Coaching hatte ich eine Klientin, die unglücklich mit ihrem derzeitigen Arbeitsumfeld war. Sie arbeitete als Physiotherapeutin in einer Praxis, die überwiegend Kassenpatienten behandelt. Im Gespräch beklagte sie, dass ihre Patienten die Dinge, die sie ihnen mitteilte, nicht umsetzen würden. Durch ihre große Expertise auf ihrem Gebiet konnte sie jedem Patienten hilfreiche Tipps mitgeben, die die Mehrzahl allerdings nicht umsetzte. Zu Anfang des Coachings war sie ziemlich frustriert über diesen Umstand. Sie machte verständlicherweise ihren Erfolg und ihr Wirken davon abhängig, ob die Patienten diese Tipps beherzigten und umsetzten.

Dadurch, dass der überwiegende Teil dies nicht tat, war die allgemeine Laune im Keller. In unserem Gespräch versuchte ich, verschiedene Perspektiven aufzuzeigen und nachvollziehbar zu machen. Wir blickten auf den Fakt, dass sie sich abhängig macht von der Reaktion ihrer Patienten. Wenn sie die Bewertung ihres Jobs allein davon abhängig macht, ob die Patienten die Tipps umsetzen oder nicht, wird sie nicht glücklich werden. Zum anderen fragte ich sie, ob sie sich sicher sei, im richtigen Arbeitsumfeld zu sein. Sie wollte wissen, was ich damit meine. Also erklärte ich es. Ich sagte, dass meiner Ansicht nach viele Patienten aufgrund einer hausärztlichen Überweisung in die Praxis kommen und nicht aus freiem Willen. Viele dieser Menschen waren vielleicht noch nie bei einer Physiotherapie und empfinden allein diesen Zustand als unangenehm, peinlich, beschämend oder herausfordernd. Viele Menschen hadern mit sich selbst und finden sich nun auch noch in einer Situation wieder, in der sie sich körperlich «entblößen» müssen. Dadurch könnten sie sich sehr verletzlich und ausgeliefert fühlen. In Anbetracht dieser Überlegungen könnte ich mir sehr gut vorstellen, dass die Patienten kaum noch Kapazität hätten, die gut gemeinten und wertvollen Tipps zu berücksichtigen oder zu beherzigen.

Anders würde es sich wahrscheinlich in einer Einrichtung verhalten, in die Menschen freiwillig kommen – Gesundheitszentren, private Einrichtungen o. Ä.

Dorthin kommen Menschen, die häufig für die Themen bereits sensibilisiert sind, die Expertise der Therapeuten sogar einfordern und auch bereitwillig umsetzen. An dieser Stelle wurde klar, dass nicht der Job an sich, auch nicht die Kollegen oder der Vorgesetzte für ein unpassendes Arbeitsumfeld sorgten, sondern die Klientel. Die Erwartungshaltung passte nicht in das derzeitige Arbeitsumfeld, wohl aber in ein anderes.

Damit möchte ich sagen: Prüfe, was deine Ansprüche an deinen Job und dein Arbeitsumfeld sind. Niemand muss heutzutage dauerhaft in einem Arbeitsumfeld bleiben, das auslaugt, keinen Spaß bereitet und im schlimmsten Fall krank macht.

Es gilt herauszufinden, was wir genau benötigen und wo wir dies finden können. Auch ein klärendes Gespräch mit unserem Vorgesetzten kann dabei helfen, die Umstände unseres Arbeitsumfeldes zu verändern. Es verlangt allerdings unseren Mut und unser Handeln. Von allein wird sich in unserem Arbeitsumfeld nichts verändern.

Um Klarheit über einzelne Situationen zu erlangen, notiere dir Auffälligkeiten, Emotionen, Störgefühle usw. direkt im Anschluss an ein Ereignis. Dadurch hast du es frisch und unverfälscht auf deinem Blatt stehen und vergisst es nicht im Nachhinein.

Da wir so viel unserer kostbaren Zeit am Arbeitsplatz verbringen, verdient jeder ein Arbeitsumfeld, das zu ihm passt. Ob du es dir selbst auch zugestehst, liegt bei dir. Ich hoffe, ich konnte dich für diese Überlegungen begeistern und dazu motivieren, über dein Arbeitsumfeld nachzudenken und dir bewusst zu machen, dass es enormen Einfluss auf unser Wohlbefinden, unseren Gemütszustand und unsere Gesundheit hat. Welchen Preis dir diese Faktoren wert sind, entscheidest du allein.

Aus Erfahrung kann ich dir allerdings sagen, dass ich viele Menschen kenne, die ihren Arbeitsplatz zugunsten eines weniger gut bezahlten gewechselt haben und damit deutlich zufriedener und glücklicher sind. Der Faktor Geld scheint also nicht alles zu sein. Am Ende des Tages müssen wir alle unsere Rechnungen bezahlen können, das steht fest. Wie viel Geld wir darüber hinaus für unsere Freizeitaktivitäten und unseren Lebensstil tatsächlich benötigen und ob ein schlechtes Arbeitsumfeld diesen Preis aufwiegt, darfst du selbst durchdenken und für dich beantworten.

Lifehack #28

Fühl dich nicht für alles verantwortlich

Jeder Mensch ist für sich selbst verantwortlich, das ist nicht deine Aufgabe.

Im Rahmen der Persönlichkeitsentwicklung spielt das Thema Verantwortung und Abgrenzung eine wichtige und große Rolle. Bist du viel und häufig für andere Menschen da? Versuchst du ständig, Probleme von Freunden, Familienmitgliedern und Kollegen zu lösen? Investierst du mehr Zeit in die Unterstützung anderer als in dich oder deine Projekte? Machst du dir häufig noch einen Kopf darüber, ob deine Wortwahl unpassend war und die Reaktion daher rührte?

Falls du die obigen Fragen bejaht hast und du dich gerade ertappt fühlst, sei unbesorgt. Es ist schön, wenn du die Antworten mit Ja beantwortet hast. Für andere Menschen da zu sein, ist eine wundervolle Sache. Ebenso wie über sich selbst zu reflektieren. Ersteres allerdings nur in einem gewissen Maß. Wenn wir nicht aufpassen, können wir uns dabei verlieren. Wir können uns Lasten auf unsere Schultern legen, die nicht uns gehören. Wir können Gefahr laufen, uns für nahezu alles verantwortlich zu fühlen. Und das wäre nicht nur sehr belastend, sondern würde uns irgendwann selbst schädigen.

Du darfst mir an dieser Stelle laut nachsprechen: «Ich bin nicht für die Probleme meiner Mitmenschen verantwortlich!»

Ich weiß, das kann sich im ersten Moment ein bisschen komisch für dich anfühlen. Vielleicht wird sogleich eine innere Stimme in dir laut, die sagt: «Halt, stopp, das ist nicht richtig. Wir müssen doch anderen Menschen helfen.»

Du darfst diese innere Stimme beruhigen und würdigen. Mit diesem Lifehack strebe ich nicht an, anderen Menschen unsere Hilfe zu verweigern. Es geht darum, das richtige Maß für unsere Unterstützung auszuloten. Es geht darum klarzustellen, bis wohin unser Verantwortungsbereich geht und ab wann jemand anderes die Verantwortung zu übernehmen hat, nämlich die Person, die das Problem hat.

Es geht darum, Menschen Hilfe zur Selbsthilfe zu geben und uns keine Bürden aufzuerlegen, die nicht tatsächlich uns gehören.

Dieses Maß der Abgrenzung kann mehr oder weniger interessant für dich sein. Je nachdem, ob du dies bereits gut oder weniger gut kannst.

Warum fällt es uns so schwer, uns nicht verantwortlich zu fühlen?

Wenn es einem unserer Liebsten oder einem näheren Bekannten schlecht geht, leiden wir förmlich mit. Für viele von uns ist es nahezu unmöglich, nichts zu tun und uns nicht verantwortlich zu fühlen. Die Situation stehen zu lassen, nicht einzugreifen und zu helfen, fühlt sich falsch an. Du würdest sicher alles Erdenkliche tun, um der Person wieder ein Lächeln ins Gesicht zu zaubern oder zumindest das Problem lösen wollen.

Für diese Gefühle und die damit verbundene Besorgnis gibt es gute Gründe. Wir Menschen sind soziale Wesen. In unserem Gehirn sorgen die sogenannten Spiegelneuronen dafür, dass wir die Emotionen und Gefühle unseres Gegenübers nicht nur wahrnehmen, sondern auch mitfühlen. Sie sind unsere «Gefühlsantennen», mit denen wir den Gemütszustand anderer Menschen wahrnehmen und mitempfinden können. Das macht z. B. Empathie erst möglich.

Diese Antennen können bei jedem von uns unterschiedlich stark ausgeprägt sein. Bei dem einen ein bisschen mehr, bei dem anderen ein bisschen weniger. Hinzu kommt noch etwas: unsere Erfahrungen. Je nachdem, welche Erfahrungen wir im Laufe unseres Lebens gemacht haben, kann Verantwortung übernehmen auch ein «Gesehenwerden» darstellen.

Auf diese Weise bekommen wir Aufmerksamkeit. Wir sind auf einmal wichtig.

Je feiner unsere Antennen sind, umso stärker ist unser Drang danach, anderen zu helfen.

Stell dir folgendes Szenario vor:

Du bist in einem Raum voller Menschen. Eine weitere Person betritt den Raum. Plötzlich verändert sich die gesamte Stimmung. Zum Positiven oder zum Negativen, je nachdem, welch eine Ausstrahlung die Person hat.

Aufgrund unserer Spiegelneuronen erleben wir ein Übertragungsphänomen. Ich bin mir sicher, du hast so etwas schon einmal erlebt.

Die Spiegelneuronen machen Empathie, Verständnis und Mitgefühl überhaupt erst möglich. Könnten wir diese Dinge nicht nachempfinden, sähe unser soziales Miteinander wahrscheinlich anders aus.

Nun kennen wir bereits einen Aspekt, der unseren Drang, zu helfen und Verantwortung zu übernehmen, begünstigt bzw. beeinflusst. Neben diesem ersten gibt es noch einen weiteren Aspekt: unsere negativen Gefühle bzw. unser Umgang damit. Negative Gefühle wie Traurigkeit, Wut, Ärger, Scham, Eifersucht oder Unsicherheit haben keinen guten Stand in unserer Gesellschaft. Niemand von uns hat sie gern. Falls sie bei uns aufkommen, möchten die meisten von uns diese so schnell wie möglich wieder loswerden.

Hier kommt der zweite Aspekt ins Spiel, der Einfluss auf unser Verantwortungsgefühl hat. Da die meisten von uns negative Gefühle nicht mögen und diese gern schnell wieder loswerden wollen, halten wir auch die Übertragungsphänomene anderer nur schwer aus.

Wenn sich die negativen Gefühle anderer auf uns übertragen und wir selbst diese nicht gut aushalten können, versuchen wir, sie schnell zu beseitigen. In diesem Fall bedeutet dies, wir übernehmen die Verantwortung für die Gefühle der anderen Person und versuchen, die Situation zu bereinigen und das Problem zu lösen. Schließlich wollen wir dieses Unwohlsein in uns wieder loswerden.

Entsprechend versuchen wir alles, um die negativen Gefühle bei der anderen Person aufzulösen.

Wir starten das Heldenspiel, in dem wir als glorreicher Retter auftreten. Weiter oben habe ich bereits kurz das Muster des «Gesehenwerdens» angerissen. Dieses findet sich in der Heldenrolle wieder. Mit einem Helden oder Retter verbinden die meisten von uns etwas Positives. Etwas Ehrenhaftes und Erhabenes. Wir werden gesehen und können uns bedeutsam fühlen.

Auf Feuerwehrleute, Rettungskräfte, Katastrophenhelfer o. Ä., die Menschen, die sich nicht selbst helfen können, aus brenzlichen Situationen befreien bzw. retten, mag das zutreffen. Was uns dabei im Gedächtnis bleibt und durch Erzählungen weitergetragen wird, ist: «Wer jemanden rettet, ist wichtig.» Solch eine Person kann sich gut fühlen und stolz auf sich sein.

Es ist gut nachvollziehbar, dass jeder von uns gern solche Gefühle spüren möchte. Sie verleihen uns und unserem Leben eine gewisse Bedeutung und sorgen dafür, dass wir uns gut fühlen.

Je weniger wir diese Gefühle aus uns selbst heraus entwickeln können, umso stärker wird unser Drang danach, diese auf andere Weise zu kreieren. Der schnellste Weg ist, die Verantwortung für die Probleme anderer zu übernehmen und uns als Retter zu präsentieren.

Es könnte auch eine willkommene Vermeidungsstrategie sein, um uns nicht um unsere eigenen Probleme kümmern zu müssen. Vielleicht haben wir eine persönliche Baustelle, die besonders unangenehm und schmerzhaft ist. Statt uns dieser anzunehmen, ist es doch deutlich angenehmer, einer anderen Person zu helfen und im Glanz des Retters zu strahlen. Auf diese Weise ernten wir positive Gefühle und müssen uns nicht um unsere eigene schmerzhafte Baustelle kümmern. Unser Gewissen können wir ebenfalls leicht beruhigen, denn wir haben etwas Gutes getan. Somit ist alles im Lot.

Die Sache hat allerdings einen entscheidenden Haken: Als Held oder Retter benötigen wir auch immer ein Opfer. Wenn wir die Personen in unserem Umfeld immer wieder retten, erhalten wir deren Opferrolle aktiv mit aufrecht. Wir stehen in diesem Moment der persönlichen Weiterentwicklung dieser Person im Wege.

Wie soll sie persönliche Lösungswege entwickeln, um selbstständig ihre Probleme zu lösen, wenn wir immer zur Stelle sind?

In den folgenden zwei Beispielen möchte ich dir fünf Rollen vorstellen und im Anschluss näher erläutern.

Beispiel 1:

Angenommen, dein Freund klagt darüber, dass er viel zu viele tägliche Aufgaben und kaum noch Zeit für interessante Dinge habe (Opferrolle). Hier hast du zwei Möglichkeiten: Erstens, du übernimmst ungefragt nach Möglichkeit einige dieser Aufgaben oder machst Vorschläge, wie diese zu lösen seien. (Hier gehst du in die Helden- / Retterrolle.)

Oder zweitens, du fragst, wie er es früher geschafft hat, diese Aufgaben zu bewältigen, und ob er etwas braucht und ob es etwas Konkretes gibt, was du für ihn tun kannst. (Hier gehst du in die Helferrolle.)

Beispiel 2:

Dein Partner kommt immer häufiger schlecht gelaunt nach Hause und beschwert sich über seinen Chef und seine Arbeit. Er würde schikaniert und schlecht behandelt werden und könne nichts dagegen tun (Opferrolle). Du eilst sogleich zu ihm und versuchst, mit tröstenden Worten die Stimmung zu verbessern: «Nimm es nicht so schwer, morgen wird sicher wieder ein besserer Tag.» (Helden- / Retterrolle).

Oder du konfrontierst deinen Partner mit der Situation als Gegenpol. Du könntest sagen: «Hör mal, du kommst immer häufiger schlecht gelaunt nach Hause, darüber mache ich mir Sorgen. Ich an deiner Stelle würde mir überlegen, zum Betriebsrat zu gehen. Mich macht es traurig, wenn ich dich jeden Abend so nach Hause kommen sehe.» (Hier wirst du zum Gegenpol.)

Die einzelnen Rollen kurz erläutert:

Opfer

Das Opfer sieht sich im Rahmen der Situation selbst erst einmal nicht dazu imstande, die Situation zu bewältigen. Es fühlt sich überfordert und hilflos. Es wünscht sich, gerettet zu werden. Häufig stellt es Forderungen an sein Umfeld. Wenn diese nicht erfüllt werden, reagiert es mit Schuldzuweisungen.

Held / Retter

Der Held bzw. Retter eilt dem Opfer zu Hilfe und übernimmt die Verantwortung für das Problem. Er kümmert sich um die Lösung und verhindert ein persönliches Wachstum beim Opfer. Dies passiert entweder unaufgefordert oder um der Forderung des Opfers nachzukommen.

Gegenpol

Der Gegenpol äußert klar und neutral, d. h. weder besserwisse-risch noch in einem Befehlston, seine Meinung zu der Sachlage und gibt damit einen Denkanstoß. Er versucht auf diese Weise, dem Opfer weitere Blickwinkel zu der Situation zu geben, um daraus eigene Lösungsmöglichkeiten ableiten zu können.

Bedürftiger

Der Bedürftige kann klar artikulieren, was er gerade benötigt, stellt Bitten und keine Forderungen. Im Rahmen der Bitte kann der Bedürftige konkrete Handlungs- oder Hilfestellungen for-mulieren, um seine Lösungsstrategie zu realisieren. Dem Be-dürftigen ist klar, dass einer Bitte nicht nachgekommen wer-den muss. Er kann auch ein Nein akzeptieren, ohne darauf mit Schuldzuweisungen zu reagieren.

Helfer

Der Helfer kann die konkrete Bitte des Bedürftigen unterstüt-zen und dieser nachkommen. Die Hauptverantwortung für das Anliegen bleibt beim Bedürftigen. Der Helfer steht zur Seite und unterstützt damit das persönliche Wachstum des Bedürfti-gen. Er liefert Hilfe zur Selbsthilfe. Dem Helfer steht es immer frei, ob er ein Hilfegesuch annehmen möchte oder nicht. Falls dies passiert, geschieht es auf freiwilliger Basis.

Mit diesen fünf Rollen kannst du deine persönlichen Konstel-lationen in deinen zwischenmenschlichen Beziehungen unter die Lupe nehmen.

In welchen Rollen findest du dich in deinen einzelnen Be-ziehungen wieder?

Ist eine der Rollen dabei dominant? Hast du vielleicht viele Beziehungen, in denen du als Held auftrittst?

Notiere dir die einzelnen Situationen und Ereignisse. Was genau ist passiert und wie kam es dazu?

Wie waren deine Gefühle in dieser Situation? Hattest du ein Übertragungsphänomen und wolltest die damit verbundenen negativen Gefühle loswerden?

Beantworte die Fragen ganz in Ruhe und schau, welche Konstellationen sich ergeben.

Mach dir bewusst, in welcher Beziehung du wie auftrittst. Versuche, dich bei identifizierten Heldenrollen in eine Helferrolle zu bringen.

Ich weiß, gerade am Anfang kann es sehr schwer sein, sich von dieser Rolle zu trennen. Häufig plagt uns ein schlechtes Gewissen. Wir fühlen uns schlecht, weil wir einer anderen Person gefühlt Hilfe verweigern.

Das ist allerdings eine verzerrte Wahrnehmung. Es gibt keinen Grund, uns schlecht zu fühlen. Ich möchte dir auch sagen, warum: Wenn wir in unsere eigene Vergangenheit blicken, in welchen Situationen haben wir dann häufig persönliches Wachstum erfahren? Welche Situationen haben uns vor Augen geführt, was wir alles können, und uns eigene Lösungswege entwickeln lassen? Es waren Situationen, in denen wir uns hilflos und überfordert fühlten, in denen wir nicht gleich eine Idee oder eine Antwort hatten.

Was hat uns die Situation erleichtert? Ein helfendes Angebot. Jemand, der uns einen neuen Blickwinkel gezeigt hat. Eine Person, die uns Hilfe zur Selbsthilfe gegeben hat. Dadurch konnten wir für die jeweilige Situation eigene Lösungsstrategien entwickeln, Selbstwirksamkeitserfahrungen sammeln, unser Selbstvertrauen stärken und persönliches Wachstum erlangen.

Wenn wir also die Heldenrolle verlassen, bedeutet dies nicht, dass uns die andere Person in diesem Moment gleichgültig ist. Es bedeutet auch nicht, dass uns das Wohlergehen der anderen Person nicht am Herzen liegt. Es bedeutet, dass wir in diesem Moment Verantwortung für uns übernehmen und das richtige tun, indem wir in die Helfer- oder Gegenpolrolle schlüpfen.

Hierdurch geben wir dem Opfer die Möglichkeit, ebenfalls die Erfahrungen persönlichen Wachstums zu erlangen und künftig eigenständig in diesen Situationen handeln zu können.

Mach dir dies bitte ganz deutlich bewusst. Es wird die Situationen, in denen du als Held auftreten möchtest, erleichtern und dich besser in die Rolle des Helfers oder Gegenpols schlüpfen lassen.

Dafür brauchst du kein schlechtes Gewissen zu haben, denn es ist eine großartige und herzliche Hilfe, die du damit leistest.

Und noch etwas zum Schluss: Wir alle erleben die Welt nicht objektiv, sondern subjektiv durch unsere persönlichen Filter. Zu diesen Filtern gehören unsere Erfahrungen, unsere Prägung, unsere Glaubenssätze, Werte, Überzeugungen, Gedanken und Gefühlsstrukturen.

Hierfür ist jeder von uns selbst verantwortlich. Sollte also eine Äußerung oder eine Handlung bei einem anderen Menschen eine Irritation auslösen oder sich die Person gekränkt oder verletzt fühlen, liegt es in ihrem Verantwortungsbereich, dies zu klären und zu ergründen.

Ein ethisches und respektvolles Menschenbild und eine damit verbundene Ausdrucks- und Handlungsweise des Absenders einmal vorausgesetzt. Wenn wir uns stattdessen Wörter, Gesten oder Handlungsweisen bedienen, die allgemein als kränkend, verletzend oder beleidigend interpretiert werden können, liegt dies sehr wohl in unserem Verantwortungsbereich. Also meine herzliche Einladung an dich: Überprüfe genau, ob es in deinem Leben Beziehungen oder Situationen gibt, in denen du mehr Verantwortung übernimmst, als du eigentlich solltest. Diesen Punkt für dich zu klären und dir klarzumachen, kann sehr viel Ruhe und Entspannung in deinen Alltag bringen.

Lifehack #29

Bewusste Entscheidungen

**Wer selbst keine Entscheidung trifft,
für den wird eine Entscheidung getroffen.**

Entscheidungen spielen eine wirklich große Rolle in unserem Leben. Es vergeht kein Tag, an dem wir nicht verschiedenste Entscheidungen treffen, angefangen bei der Wahl unserer Garderobe, unseres Essens, unserer Freizeitaktivitäten, unseres Studienganges oder unserer Berufswahl. Jeden Tag wird eine Vielzahl an Entscheidungen von uns verlangt. Doch die meisten von unseren Entscheidungen treffen wir nicht bewusst, sondern unbewusst.

Von klein auf werden wir von unserer Umwelt beeinflusst, greifen Vorstellungen, Meinungen, Werte, Glaubenssätze und vieles mehr auf und verinnerlichen diese. Dieses Sammelsurium beeinflusst uns bei unseren Entscheidungen. Es sorgt dafür, dass wir viele Entscheidungen aus einem Autopiloten heraus oder intuitiv treffen.

Ich möchte mit dir in diesem Lifehack einen Blick darauf werfen, warum es wertvoll für uns ist, bewusste Entscheidungen zu treffen. Warum das Treffen bewusster Entscheidungen Einfluss auf unser Wohlbefinden hat.

Dazu zwei kleine Beispiele, die ich bereits mehrfach selbst erlebt habe.

Die Wahl des Studiums

Im Alter von fünfundzwanzig Jahren begann ich mein erstes Studium. Ich schrieb mich an einer Hochschule ein und belegte das Fach Betriebswirtschaftslehre (BWL). Hatte ich mich zu diesem Zeitpunkt bewusst dafür entschieden? Nicht in dem Sinne, den ich mit diesem Lifehack meine. Ich begann mit diesem Studium, weil mein Vater mir immer gesagt hatte, ich solle BWL studieren. Mit BWL stünden einem alle Möglichkeiten offen und man würde immer einen Job finden. Also schrieb ich mich für BWL ein. Weniger, weil ich es so spannend und aufregend fand, sondern vielmehr, damit mein Vater mich nicht immer wieder damit nerven würde. Zu Beginn des Semesters lernte ich viele andere Kommilitonen und Kommilitoninnen kennen. Ich fragte sie, warum sie sich für BWL entschieden hätten. Die Essenz der Antworten war: 80 Prozent wussten nicht, was sie studieren sollten, also entschieden sie sich für BWL. Die anderen zwanzig Prozent waren tatsächlich an BWL interessiert und hatten sich bewusst für dieses Studienfach entschieden.

Die erste bewusste Entscheidung im Zusammenhang mit meinem BWL-Studium traf ich im vierten Semester, als ich mich dazu entschied, das Studium abzubrechen. Ich grübelte lange darüber nach und tat mich am Anfang überhaupt nicht leicht damit. Ich hing immer wieder der Frage nach, warum ich mich für BWL entschieden hatte, was ich mir von dem Studium versprach und was ich damit machen wollte. Während ich über diese Fragen nachdachte, wurden die Gedanken und Beweggründe immer klarer für mich. Ich wollte BWL studieren, um es meinem Vater recht zu machen. Das war der einzige Grund. Es machte mir keinen Spaß. Ich hatte auch keine Vorstellung, was ich mit dem Studium später anfangen wollte. Es war tatsächlich einfach nur, um zu Hause Ruhe zu haben vor den immer gleichen Gesprächen.

Als mir das klar wurde, traf ich die bewusste Entscheidung, diesen Studiengang abzubrechen. Und dies war eine wirkliche Befreiung zu diesem Zeitpunkt.

Es fühlte sich gut an, obwohl ich einen riskanten Schritt gemacht hatte. Obwohl dies einen Makel von außen auf mich hätte werfen können. Ich entschied es so, aus mir heraus. Und bis heute kann ich sehr gut mit dieser Entscheidung leben.

Eine Therapie kommt nicht infrage

Ich hatte einmal einen guten Bekannten, der an einem psychischen Leiden litt. Kurz, er war depressiv. Er hatte auch erkannt, dass etwas mit ihm nicht stimmte, sich die Dinge seiner Kontrolle entzogen und er nicht wusste, wie er damit umgehen sollte.

Ratschläge von Freunden und Bekannten, sich Hilfe zu suchen und einen Therapeuten zu konsultieren, lehnte er kategorisch ab. Für die Entscheidung der Ablehnung brauchte er nicht einmal einen Bruchteil einer Sekunde.

In einem persönlichen Gespräch fragte ich ihn danach, warum er sich gegen die Hilfe durch einen Therapeuten entschied. Er erläuterte mir seine Ängste. Was würden die Leute über ihn sagen, wenn sie erfahren würden, dass er zu einem Therapeuten geht? In seiner Antwort schwangen viele Klischees, Meinungen, Glaubenssätze und Urteile mit, die er irgendwo aufgeschnappt hatte.

Ich fragte ihn, ob er sich mit der Frage einmal ganz bewusst beschäftigt und eine bewusste Entscheidung getroffen habe, statt wie aus der Pistole geschossen unbewusst diesen Verallgemeinerungen und Vorurteilen nachzugeben. Nein, antwortete er, habe er nicht.
 Wir gingen die Frage gemeinsam durch, um am Ende eine bewusste Entscheidung herbeiführen zu können. Nachdem er alles in Ruhe betrachtet hatte, kam er zu dem Schluss, doch einen Therapeuten aufzusuchen.

Wir können und müssen nicht jede kleine Entscheidung am Tag von vorne bis hinten durchdenken. Viele Entscheidungen treffen wir ohnehin in einem so unbewussten Grad, dass wir dazu nicht einmal einen Denkprozess starten können.

Es geht mir hier um die Themen, die in unserem Geist auftauchen, jedoch kaum Beachtung finden. Themen, die wir entscheiden, ohne uns wirklich Gedanken darüber zu machen.

Ich durfte im Laufe meines Lebens bereits einige sehr unzufriedene Menschen kennenlernen. Dabei stellte ich fest, dass diese häufig keine bewussten Entscheidungen trafen und sich dadurch in einer Spirale aus Vorwürfen, Schuldzuweisungen, Selbstmitleid und Opferrolle befanden.

Bei einer Fortbildung zum Datenschutzbeauftragten traf ich einen Mann mittleren Alters. Er hatte Jura studiert und arbeitete in einer Rechtsanwaltskanzlei. In den Pausengesprächen fragte ich ihn, ob ihm sein Job gefalle und wie er dazu kam, dieses Seminar zu machen.

Seine Antwort war ebenso sinnbildlich für viele andere Personen wie auch schockierend zugleich für mich. Er sagte, er möge es nicht, als Anwalt tätig zu sein. Er habe Jura nur studiert, um seine Eltern glücklich zu machen. Hätte er eine Wahl gehabt, hätte er sich anders entschieden.

Ich würde diese Aussage anders formulieren. Hätte er sich damals bewusster entschieden, wäre sein Leben anders verlaufen. Eine Wahl haben wir immer. Falls nicht gerade unser Leben bedroht ist, können wir stets wählen. Die Frage ist, ob wir uns mit dem entsprechenden Sachverhalt beschäftigen und eine bewusste Entscheidung treffen.

Hätte besagter Anwalt sich frühzeitig mit dieser Frage auseinandergesetzt, wäre er vielleicht zu dem Schluss gekommen, dass er Jura nur seinen Eltern zuliebe studieren wird. An diesem Punkt hätte er die Möglichkeit gehabt, verschiedene, ganz bewusste Entscheidungen zu treffen.

- Er hätte darüber mit seinen Eltern sprechen können.
- Er hätte sich ein anderes Studium aussuchen können.
- Er hätte bemerken können, an welchen Stellen er eher fremdgesteuert ist statt selbstbestimmt.

Diese und viele weitere Erkenntnisse hätte er frühzeitig erlangen können, wenn er sich mit dieser Entscheidung aktiv auseinandergesetzt hätte und eine bewusste Entscheidung getroffen hätte.

Bewusste Entscheidungen geben uns immer die Antwort auf unser «wieso». Damit wirken sie sowohl motivierend als auch befreiend. Wenn wir uns ganz bewusst für etwas entscheiden, aus uns selbst heraus, suchen wir später nicht nach Schuldigen. Bewusste Entscheidungen gehen Hand in Hand mit unserer Eigenverantwortung. Wenn in unserem Leben also etwas nicht so ist, wie wir es uns wünschen, können wir einmal prüfen, welche Entscheidungen uns dorthin geführt haben. Haben wir uns tatsächlich bewusst für diese Dinge entschieden oder haben wir uns von unserer Außenwelt beeinflussen lassen und eher unbewusst gehandelt?

Das klingt jetzt vielleicht ein wenig hart, so ist es aber nicht gemeint. Ich möchte dir gern aufzeigen, dass bewusste Entscheidungen einen großen Einfluss auf unser Wohlbefinden haben. Wenn wir uns aktiv und bewusst für etwas entscheiden, sind wir im Reinen mit dieser Entscheidung. Ungeachtet dessen, welches Ergebnis dabei rauskommt. Wenn wir unbewusst entscheiden oder uns gar von anderen zu einer Entscheidung drängen lassen, laufen wir Gefahr, uns später in Schuldzuweisungen zu verstricken, und fühlen uns obendrein nicht sehr wohl.

Deshalb lade ich dich ein, dich mit den wesentlichen Fragen deines Lebens zu beschäftigen und bewusste Entscheidungen zu treffen. Dazu möchte ich dir auch gern zeigen, wie wir dies tun können.

Nimm dir ein Blatt Papier und einen Stift und notiere die Themen, die dich im Geiste beschäftigen. Deine Lebenssituation, die Frage nach deinem Studium, eine neue Anschaffung, die Kriterien für deine Partnerwahl, deine Vorstellung davon, wie du mit anderen Menschen kommunizieren möchtest usw.

Notiere dir alle Themen, die dir durch den Kopf gehen, sämtliche Fragen, die du vielleicht schon länger mit dir herumträgst und zu denen du noch keine Entscheidung getroffen hast.

Nun nimm jeden einzelnen Satz und notiere dir alles, was dazu in dir auftaucht: jedes Vorurteil, jede Aussage von anderen Personen, die dir dazu einfällt, jede Angst, jeden Zweifel, jede Chance. Schreib alles auf, was zu diesem Punkt in deinem Geist auftaucht. Mach dies für jeden Punkt auf deinem Blatt.

Als Nächstes wartest du ein, zwei oder drei Tage und schaust danach noch einmal auf dein Blatt. Beobachte, ob dir noch etwas Weiteres zu den Punkten einfällt. Wenn ja, ergänze es.

Nun versuch, dir auszumalen, was an den Entscheidungen für diese Punkte dranhängt. Nehmen wir als Beispiel die Wahl eines Studienganges.

- Deine Entscheidung bedeutet, eine entsprechende Uni oder Hochschule zu finden, an der du den gewünschten Studiengang absolvieren kannst.
- Deine Entscheidung bedeutet, dich für die nächsten drei bis fünf Jahre mit diesem Themenbereich auseinanderzusetzen.
- Deine Entscheidung bedeutet, möglicherweise dein Berufsleben, also viele Jahre, auf diesem Studium aufzubauen.
- Deine Entscheidung bedeutet, viel Zeit in Lernen zu investieren.
- Deine Entscheidung bedeutet, den Großteil deiner Zeit mit Themen aus diesem Bereich zu verbringen.

...

Versuch, dir klarzumachen, was mit dieser Entscheidung alles verbunden ist. Frage dich als Nächstes, warum du diese Entscheidung mit Ja beantworten würdest.

Welche Antworten tauchen dabei auf? Ist da vielleicht so etwas wie:

- Weil meine Eltern wollen, dass ich dieses Studium mache.
- Weil alle in meiner Familie diesen Studiengang gemacht haben.
- Weil man ohne Studium heutzutage keinen Job findet.
- Weil ich anderen beweisen möchte, dass ich das Zeug zu diesem Studium habe.
- Weil mich dieser Themenbereich schon seit Jahren fasziniert und ich gern wissen möchte, was es noch alles zu lernen und zu entdecken gibt in diesem Bereich.

Wenn du diese Fragen analysiert und für dich geklärt hast, kannst du eine bewusste Entscheidung dazu treffen. Wenn dir deine Motive und Ängste, deine Beeinflussungen und deine Vorurteile klar sind, kannst du diese bewusst betrachten und bei deiner Entscheidung berücksichtigen.

Hiermit kannst du eine wirklich bewusste Entscheidung treffen. Wenn du diese Fragen alle unbeachtet und unbeantwortet lässt, läufst du Gefahr, unbewusste Entscheidungen zu treffen, die dich womöglich an einen Ort führen, der dir nicht gefällt.

Tatsächlich habe ich noch keinen Menschen kennengelernt, der mit bewusst getroffenen Entscheidungen wirklich unzufrieden war. Die Menschen, die sich die Zeit genommen haben, diese Fragen für sich zu klären und zu prüfen, was alles an dieser Entscheidung dranhängt und was sie gerade in ihrem Entscheidungsfindungsprozess beeinflusst, waren durchweg im Einklang mit ihren daraus getroffenen Entscheidungen.

Diese Menschen waren, ungeachtet ihrer Lebensumstände, zufrieden mit ihren Entscheidungen und machten das Beste aus den jeweiligen Umständen. Sie waren frei von Schuldzuweisungen, Selbstvorwürfen oder Reue.

Genau das wünsche ich mir für dich und deshalb empfinde ich dieses Thema als ausgesprochen wichtig. Wenn wir selbst keine klaren Entscheidungen für uns treffen, trifft im Zweifelsfall jemand anderes die Entscheidung für uns. Und ob uns diese dann wirklich gefällt und uns glücklich macht, ist mehr ein Glücksspiel als ein aktiver Gestaltungsprozess.

Für bewusste Entscheidungen braucht es Zeit, Kraft und durchaus auch Mut. Wir können in der Auseinandersetzung mit den einzelnen Themen Dinge entdecken, die uns Angst machen, uns verunsichern oder auf die wir derzeit noch keine richtige Antwort kennen. Das ist völlig in Ordnung und normal. Aber erst wenn wir diese Dinge kennen, können wir bewusst entscheiden, wie wir damit umgehen.

Angenommen, wir stellen fest, dass wir uns sehr schwer damit tun, uns für ein bestimmtes Studienfach zu entscheiden. Dann könnte eine bewusste Entscheidung z. B. auch so aussehen, dass wir uns ein Semester zugestehen und in viele verschiedene Vorlesungen hineinschnuppern, um für uns zu einer größeren Sicherheit in der Wahl unseres Studienganges zu gelangen. Mit dieser Entscheidung könnten wir sicherlich gut leben. Zumindest besser als im Zweifelsfall ein Studium zu absolvieren, das uns keine Freude bereitet und wir im schlimmsten Fall später bereuen würden.

In diesem Sinne wünsche ich dir viel Mut, Kraft und auch die nötige Zeit, um zu deinen bewussten Entscheidungen zu gelangen.

Lifehack #30

Dein eigener Weg

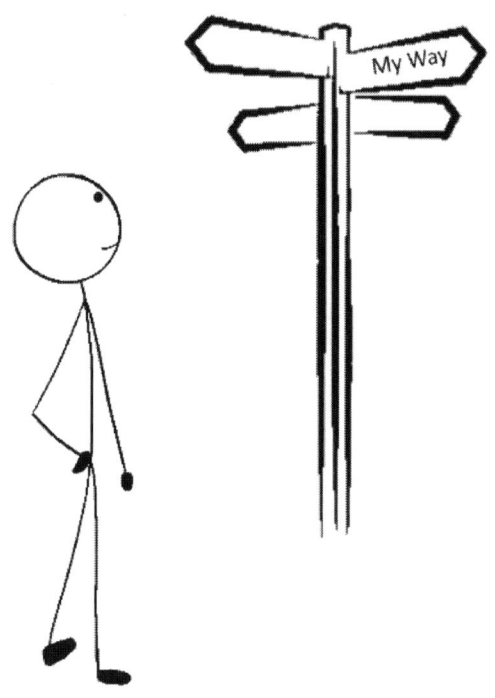

**Ausgetretene Pfade führen nur
an bereits bekannte Orte.**

Dieser Lifehack ist kein Spruch aus einem Glückskeks, nein, er ist wirklich so gemeint. Häufig können wir diesen Inhalt in verkürzter Form auf einem kleinen Zettel lesen, in einem Instagram-Post, auf den Seiten eines Glückskalenders oder anderen kurzweiligen «Gute-Laune-Machern».

Dabei ist die Botschaft alles andere als trivial. Sie verdient es, genauer betrachtet zu werden. Genau das möchte ich mit dir in diesem Lifehack tun.

Im Grunde genommen dreht sich doch unser ganzes Leben darum, unseren eigenen persönlichen Weg durchs Leben zu finden und herauszufinden, was wir wollen, was wir uns wünschen, wie wir uns unser Leben vorstellen und wie wir diesen Weg bestreiten können. Auf diesem Weg werden wir permanent beeinflusst. Von klein auf wird uns erklärt, was gut für uns sei, was wir zu tun und zu lassen hätten, was wir tun sollten, um uns eine vernünftige Zukunft aufzubauen, und wie wir unser Leben gestalten sollten. In den meisten Teilen unserer Erde wird uns dies im Rahmen unserer Erziehung und Schulbildung vermittelt.

Wir sind also von klein auf von Menschen umgeben, die augenscheinlich genau wissen, was gut und richtig für uns ist. Ebenfalls häufig anzutreffen ist die Konstellation, dass Kinder die unrealisierten Träume der Eltern verwirklichen sollen. Das ist nur ein Ausschnitt und hat keine Allgemeingültigkeit. Natürlich gibt es auch viele Eltern, die ihre Kinder nach Kräften dabei unterstützen, ihren eigenen Weg zu finden und zu gehen. Es ist bunt und es gibt alles.

Was ich dir mit diesem Lifehack einmal bewusst machen möchte, ist, bei dir zu prüfen, welchen Weg du gerade gehst. Gehst du deinen eigenen Weg oder bist du gerade dabei, einen Weg zu gehen, den dir andere Personen so vorgezeichnet haben?

Ich kenne dich nicht persönlich. Ich weiß nicht, was deine einzigartigen Fähigkeiten und Eigenschaften sind oder wofür du dich interessierst. Ich weiß auch nicht, was dir Sorgen oder Ängste bereitet und dich vielleicht derzeit an der ein oder anderen Stelle verzagen, hadern oder zweifeln lässt. Worin ich mir allerdings sehr sicher bin, ist, dass du besondere Eigenschaften und Fähigkeiten besitzt, die nur darauf warten, dass du diese für deinen eigenen Weg einsetzt.

Die Frage, die ich aufwerfen möchte, ist: Bist du dir dieser Dinge selbst bewusst?

Im Laufe unseres Lebens dürfen wir unzähligen unterschiedlichen Situationen ins Gesicht blicken, die von uns gemeistert werden wollen. Dabei gibt es nicht nur einen Weg, um ans Ziel zu gelangen, sondern viele. Welcher der richtige für dich ist, kann dir niemand sagen. Genau dies ist es, was es für uns herauszufinden gilt.

Unser Weg entscheidet mit über unser Wohlbefinden und unsere Zufriedenheit. Die äußeren Einflüsse verleiten uns als soziale Wesen dazu, uns anzupassen und vor allem zu rechtfertigen. Dabei vergessen wir häufig, dass die erste und einzige Person, vor der wir uns rechtfertigen dürfen, wir selbst sind.

Nehmen wir einmal das Beispiel Beruf, da die Thematik hierbei sehr gut verdeutlicht werden kann. Ich behaupte jetzt einfach mal, dass die meisten Eltern sehr darauf bedacht sind, ihren Kindern alles Notwendige mitzugeben und zu vermitteln, damit diese im späteren Leben einen Beruf ergreifen. Die Frage, die sich damit verbindet, geht allerdings ein wenig unter. Es ist das Motiv für den Beruf:

Warum benötigen wir einen Beruf? Wir benötigen einen Beruf, um in einer monetären Welt unser Überleben zu sichern. Unsere Wohnung kostet Geld, unsere Nahrung kostet Geld, Versicherungen, Vergnügen etc.

Die Frage, ob wir einen Beruf ausüben wollen, steht in Anbetracht der Umstände also weniger im Raum. Vielmehr geht es um die Frage, womit wir Geld verdienen möchten. Die Anforderung, Geld zu verdienen, ist da und gilt für uns alle. An dieser Stelle nehmen wir einmal an, dass jeder von uns den Weg über einen Beruf (Unternehmer, Gründer etc. eingeschlossen) nehmen möchte, und lassen rechtswidrige Wege, um Geld zu verdienen, bewusst außen vor.

Ich denke, in vielen Haushalten der Republik werden den Kindern die gängigen, etablierten Berufsbilder vorgeschlagen, die sich bis dato bewährt haben. Je nach Gusto wird zu einer Ausbildung oder einem Studium geraten, um den damit verbundenen Beruf ausüben zu können.

Was fehlt, ist häufig die Auseinandersetzung damit, ob dies etwas für uns ist und zu uns passt. Da die Beeinflussung bereits in jungen Jahren beginnt, bemerken viele von uns diese gar nicht. Dadurch können persönliche Glaubenssätze und Verhaltensweisen entstehen, die konträr zu unserem persönlichen Weg sind. Wir machen unter Umständen etwas, um es unseren Eltern recht zu machen und deren Anerkennung, Zuneigung oder Liebe zu gewinnen, bemerken dabei allerdings nicht, dass wir in die völlig falsche Richtung laufen.

Dies habe ich bereits häufiger beobachtet, als du dir gerade vielleicht vorstellen kannst. Das ist auch völlig normal, denn die meisten von uns bemerken es erst einmal gar nicht.

Arzt, Anwalt oder Steuerberater sind, denke ich, die absoluten Klassiker, die vielen von uns in ihrer Jugend vorgeschlagen wurden. Diese Berufe sind sicherlich allesamt dazu geeignet,

Geld zu verdienen und unser Überleben abzusichern. Es heißt jedoch nicht, dass diese Berufe zu uns passen und uns glücklich machen.

Vor einigen Jahren noch wurden Computerspieler müde belächelt oder als Nerds bezeichnet. Computerspielen galt als ungesundes Hobby, etwas für Einzelgänger oder sozial scheue Menschen, um einmal einige Klischees aufzugreifen. Niemand konnte sich wirklich vorstellen, dass dieses Hobby für irgendetwas wirklich nützlich sein könnte. Wenn damals jemand von uns zu unseren Eltern gesagt hätte, er oder sie wolle sein Geld mit Computerspielen verdienen, hätten die meisten von uns sicherlich keinen großen Zuspruch oder Begeisterung geerntet.

Heute gibt es einen etablierten Markt für dieses Segment und viele Menschen verdienen ihren Lebensunterhalt damit, hauptberuflich Computerspiele zu spielen. Auf sogenannten Streaming-Plattformen filmen sie sich selbst und das jeweilige Computerspiel. Sie sind ihren eigenen Weg gegangen und haben sich hierfür entschieden.

Ein weiteres Beispiel sind die sogenannten Influencer auf Instagram. Niemand hätte vor zehn Jahren geglaubt oder konnte es wissen, dass wir eines Tages unseren Lebensunterhalt damit verdienen könnten, in einer App Bilder zu posten. Heute verdient eine Vielzahl von Menschen ihren Lebensunterhalt genau damit.

Worauf ich hinaus möchte, ist Folgendes: Die Welt ist in einem steten Wandel. Immer wieder tauchen neue technologische Erfindungen auf dem Markt auf oder etablierte Prozesse verändern sich. Sowohl im Beruf als auch in allen anderen Bereichen gilt es für uns, unseren eigenen persönlichen Weg zu finden, der uns glücklich und zufrieden macht. Es ist völlig normal, dass unsere Liebsten uns auf einen nach bestem Wissen und

Gewissen gerichteten Weg lenken wollen. Schließlich sind sie um unser Wohlergehen besorgt. Es bedeutet aber nicht, dass dies unser Weg ist. Wir allein dürfen herausfinden, was genau der Weg ist, der uns glücklich und zufrieden macht.

Genau hierfür möchte ich dich sensibilisieren und es dir bewusst vor Augen führen. Wie im Vorwort bereits angesprochen, ist es auch eine Arena, unseren eigenen Weg zu finden. Niemand anderes kann uns sagen, was genau uns glücklich und zufrieden macht. Niemand kann uns sagen, auf welche Art und Weise genau wir etwas zu tun haben, damit wir zufrieden sind. Wir allein dürfen herausfinden, wie wir Dinge angehen und umsetzen, um glücklich und zufrieden zu sein. Und darüber sind wir niemandem Rechenschaft schuldig.

Arnold Schwarzenegger z. B. war im Bodybuilding siebenmal Mr. Olympia und fünfmal Mr. Universum. Er hatte keine Unterstützung von seinem Umfeld in diesem Bereich und entschied sich für diesen Sport zu einer Zeit, als dieser noch mehr als unpopulär war. In Lifehack #25 betrachten wir die Geschichte von Arnold Schwarzenegger noch ein bisschen genauer. Dort kannst du dir auch die andere Seite hierzu ansehen, nämlich was dich ggf. davon abhält, deinen eigenen Weg zu gehen.

Ich lade dich also dazu ein, dir bewusst Gedanken darüber zu machen, was dein Weg in den einzelnen Bereichen deines Lebens sein könnte. Wo hast du das Gefühl, etwas zu tun, weil es so von dir erwartet wird und nicht, weil du es tatsächlich gern so möchtest? An welchen Stellen verlangst du sehr viel von dir ab oder bürdest dir zu viel auf, nur um Erwartungen anderer zu bedienen, statt dir Gedanken über deinen eigenen Weg in dieser Sache zu machen und diesen zu verfolgen? An welchen Stellen bist du damit beschäftigt, das Spiel des Rechtfertigungskarussells zu spielen?

In den anderen Lifehacks habe ich nach diesen Erläuterungen gern erste Tipps gegeben, mit denen du in das jeweilige Thema starten konntest. Bei diesem Thema werde ich dies aufgrund der Komplexität nicht tun. Vielmehr geht es hier um die Sensibilisierung für dieses Thema. Die Hilfestellung und Tipps findest du in diesem Fall in allen anderen Lifehacks. Jeder einzelne soll dich dabei unterstützen, deinen eigenen Weg zu finden und zu gehen. Die Lifehacks sollen dir allesamt die Klarheit, den Mut und die Kraft geben, deinen Weg zu finden, zu erkennen und zu bestreiten, und zwar in jeder großen und kleinen Lebenslage.

Beginnen kannst du, indem du dir folgende Fragen stellst, um dein Bewusstsein für die Sache zu schärfen:

- Was interessiert dich wirklich?
- In welchen Situationen hast du das Gefühl, nicht nach deinen Wünschen oder Vorstellungen zu handeln?
- Aus welchem Grund übst du deinen derzeitigen Beruf aus?
- Erfüllt dich dein derzeitiger Beruf?
- Wie gehst du mit deinen Ängsten um?
- Bist du zufrieden mit deiner Art, Probleme anzugehen?
- Wie kommunizierst du mit anderen Menschen?
- Welche Vorurteile kannst du bei dir erkennen?
- Welche Glaubenssätze hast du?
- An welchen Stellen rechtfertigst du dich häufig?
- In welchen Situationen fühlst du dich hilflos oder überfordert?
- In welchen Situationen oder bei welchen Fragen hörst du eher auf andere?

Die Fragen sollen dir dabei helfen, zu erkennen, wo du gerade noch nicht deinen eigenen Weg gehst. Sie sollen dir dabei helfen, Klarheit darüber zu gewinnen, wo du ggf. lieber die Meinung oder den Rat anderer annimmst, ohne zu prüfen, ob dies wirklich sinnig für dich ist.

Unseren eigenen Weg zu finden und in jeder erdenklichen Situation zu gehen, schützt uns davor, uns in Vorwürfe und Schuldzuweisungen zu verzetteln. Unseren eigenen Weg zu finden, führt uns auf einen Pfad der Eigenverantwortung und der bewussten Entscheidungen. Ich bin davon überzeugt, dass wir am Ende des Tages am zufriedensten mit den Dingen sind, die wir uns selbst aussuchen und selbst entscheiden.

Wenn es uns gelingt, unser Bewusstsein hierfür zu schärfen, wir unsere Bereitwilligkeit zu eigenen Entscheidungen trainieren und aus der Rechtfertigungsspirale austreten, gibt es nur noch eine Person, mit der wir diese ausmachen dürfen – uns selbst. Allein dieser Fakt erleichtert uns unser Leben ungemein und führt uns zu mehr Zufriedenheit und Wohlbefinden.

Auf dieser Reise wünsche ich dir viele tolle Erkenntnisse, Neugier, Mut und Kraft.

Lifehack #31

Eigenverantwortung – der Schlüssel der Persönlichkeitsentwicklung

Verantwortung übernehmen bedeutet Freiheit.

Dieser Lifehack spricht ein Thema an, das für den gesamten Prozess unserer Persönlichkeitsentwicklung Relevanz hat: die Eigenverantwortung. Ich denke, es lässt sich zurecht behaupten, dass wir besonders dann Fortschritte in unserer Persönlichkeitsentwicklung erfahren, wenn wir uns unserer Eigenverantwortung bewusst sind und diese annehmen.

Im Zusammenhang mit Verantwortung geht häufig ein weiteres Thema einher – das Thema der Schuld. Verantwortung tritt im Alltag häufig dann in Erscheinung, wenn etwas nicht so gelaufen ist, wie es geplant war, und ein Schuldiger dafür die Verantwortung übernehmen soll. Das ist die bekannte Suche nach einem Sündenbock. Eine Person, der wir die Verantwortung und damit auch die Schuld zuweisen können.

Auch dieses Prinzip lernen wir von klein auf. Wenn wir unser Zimmer nicht aufgeräumt haben, wurde nicht gefragt, ob die Aufgabe richtig kommuniziert und verstanden wurde, sondern wir wurden in die Verantwortung genommen und dafür zur Rechenschaft gezogen. Dann gab es Schimpfe oder andere erzieherische Maßnahmen.

So hat sich bei vielen von uns ein Denken manifestiert im Sinne von: «Für jede Handlung muss es einen Verantwortlichen geben und wenn diese Handlung schiefgeht, ist der Verantwortliche schuld.»
In den seltensten Fällen erlebe ich es, dass Menschen sich die Frage stellen, was ihr jeweiliger Eigenanteil an dieser Situation ist und somit ihrer Eigenverantwortung unterliegt. Damit meine ich nicht die Schuldfrage, sondern die reflektierte Sicht auf die Situation.

Ein Mangel an Eigenverantwortung äußert sich deutlich in verschiedenen Ausdrucksformen: Jammern, Nörgeln, Kritisieren und Rückzug in die Opferrolle. Allesamt Formen der Verantwortungsabwehr und der Schuldzuweisung.

Die Aussage dahinter ist: «Das, was mir gerade passiert, ist nicht richtig und jemand anderes ist daran schuld.» Und noch etwas ist charakteristisch für die Ablehnung von Eigenverantwortung: ein Denken in «Soll-Sätzen».

- Man sollte mich mit mehr Respekt behandeln.
- Man sollte mich auch mal loben.
- Man sollte mich besser für meine Arbeit entlohnen.
- Mein Partner sollte mich glücklich machen.
- Die Kollegen sollten sich besser vorbereiten.

...

Wenn wir die Verantwortung für uns und unser Handeln abgeben und auf jemand anderes übertragen, kann uns dies im ersten Moment ein Gefühl der Erleichterung geben. Wir sind die Sache erst einmal los und können wieder durchatmen. Die Gefahr hierbei ist, dass wir damit auch unsere Handlungsfähigkeit abgeben und auf das richtige Ergebnis nur noch hoffen dürfen. Tritt das Ergebnis nicht so ein, wie wir es uns vorgestellt haben, finden wir uns sehr schnell in der Schuldfrage wieder und starten ein Konflikt-Karussell.

Dies ist nicht nur kontraproduktiv für unsere persönliche Entwicklung, sondern auch unfair gegenüber der anderen Person.

Ich weiß, dass viele diese Worte nicht unbedingt gern hören werden. Vor allem Menschen, die es sich in ihrer Opfer-, Nörgler- oder Jammererrolle gemütlich gemacht haben, werden beim Lesen dieser Zeilen womöglich einen großen inneren Widerstand spüren.

An dieser Stelle versichere ich dir, es ist nicht meine Absicht, dich zu kränken oder zu schikanieren. Mir liegt dein Wohlergehen am Herzen.

Lass uns ein wenig deutlicher auf die angesprochene Unfairness, Entwicklungshemmung und Schuldzuweisungen blicken. Ich möchte dir dies gern anhand eines Beispiels näher vor Augen führen.

In meiner Kindheit und Jugend war ich häufig Opfer von körperlicher und seelischer Gewalt. Mir sind sehr unschöne Dinge widerfahren, die Auswirkungen auf meine Entwicklung hatten. Es wäre ein Leichtes gewesen, die jeweiligen Täter dafür zu verurteilen und ihnen die Schuld zuzuweisen. Zu Anfang tat ich dies auch. Hat dies etwas an den Resultaten verändert? Nein, hat es nicht. Die Schuldzuweisung hat nichts in den damaligen Lebenssituationen geändert. Was allerdings eine Veränderung gebracht hat, war, zu erkennen, dass ich selbst die Verantwortung für mich und mein Leben übernehmen darf. Ich stellte fest, in welchen Bereichen ich einen für mich unschönen Lebenszustand empfand, und beschloss, die Verantwortung für die Veränderung zu übernehmen. Die Ursache dessen und die damit verbundene Schuld blieb bei den Tätern. Die Verantwortung für die Veränderung habe ich jedoch selbst übernommen. Ich setzte mich mit den jeweiligen Situationen auseinander und arbeitete daran, die Ereignisse zu verarbeiten und in positive Bahnen zu lenken.

So ist z. B. auch der erste Lifehack #1 *Eine Vision von dir selbst* entstanden. Ich übernahm für mich die Verantwortung dafür, was für ein Mensch ich sein möchte. Wie in Lifehack #1 beschrieben, fiel es mir schwer, ein Lob und anerkennende Worte an eine andere Person zu richten. Hätten Schuldzuweisungen hieran etwas verändert? Hätte ich durch dauerhaftes Nörgeln, Jammern und Rückzug in eine Opferrolle gelernt, wie ich anderen Menschen ein Lob, aufmunternde oder anerkennende

Worte zuspreche? Die Antwort ist eindeutig Nein. Nichts davon hätte ich mit der Ablehnung meiner Eigenverantwortung
erlernen können. Mit deren Annahme hat sich aber eine neue
Tür geöffnet. Es tat sich die Chance auf, genau die Dinge zu
erlernen, die ich erlernen wollte. Diese Annahme der Eigenverantwortung ist der Weg heraus aus der Opferrolle, weg von
Schuldzuweisungen und Nörgeleien. Hiermit können wir tatsächlich die gewünschten Veränderungen erreichen und unser
Leben selbstbestimmt gestalten.

Und dies ist eine Entscheidung. Wenn wir uns dauerhaft in
einer Situation wiederfinden, die wir als nicht wünschenswert
oder schön erachten, ist dies keine Frage der Schuld, sondern
unserer persönlichen Wahl. Wir waren anscheinend bislang
nicht dazu bereit, Eigenverantwortung zu übernehmen.

Ein weiteres plakatives Beispiel aus unserem Alltag: Angenommen, du bist der Ansicht, dein Arbeitgeber bezahlt dich
zu schlecht.
   Dann kannst du darüber meckern, dich bei Kollegen und
Freunden darüber auslassen und dich täglich oder monatlich
darüber ärgern und deinem Arbeitgeber die Schuld dafür in
die Schuhe schieben.

Du kannst aber auch Eigenverantwortung übernehmen und
zumindest versuchen, die Situation zu verändern. Du kannst
deinen Chef um eine Gehaltserhöhung bitten. Du kannst Argumente sammeln, um dein Anliegen zu untermauern. Du
kannst auch nach einem neuen Arbeitgeber suchen, der dich
besser bezahlt. Du kannst dich auch persönlich fortbilden, um
einen höheren Gehaltsanspruch geltend machen zu können.

Es gibt viele Möglichkeiten, die in deinem eigenen Verantwortungsbereich liegen. Die Frage ist: Welche scheint am
erfolgversprechendsten zu sein? Die Übernahme der Eigen-

verantwortung ist immer der beste Weg, um an unser Ziel zu gelangen und einen zufriedeneren Alltag zu erleben.

Mir ist bewusst, dass es durchaus schwer sein kann, die gewohnten Muster der Schuldzuweisungen und der Opferrolle zu verlassen. Schließlich haben wir uns hieran gewöhnt und Neues empfinden wir häufig erst einmal als anstrengend, vielleicht beängstigend oder auch überfordernd.

Lass uns schauen, wie wir Stück für Stück zu mehr Eigenverantwortung gelangen können:

- Anerkennen der Situation
- Würdigung unserer Gefühle
- Bewusst machen, was uns stört
- Auflösen der Schuldfrage
- Vergeben und den Blick nach vorn richten
- Mut zu Fehlern
- Hilfe suchen und annehmen

Anerkennen der Situation

Zuerst gilt es, die einzelnen Situationen, in denen wir anderen für verschiedene Dinge die Schuld zuweisen, anzuerkennen. Notiere dir einmal alle aktuellen oder auch vergangene Situationen, in denen du anderen Personen die Schuld dafür gegeben hast, dass etwas nicht so verlaufen ist, wie du es dir vorgestellt bzw. gewünscht hast.

Notiere dir ebenfalls die Dinge, die dir fehlen, die du nicht kannst oder schmerzlich vermisst, wo dir deiner Meinung nach ein Unrecht widerfahren ist, an dem jemand anderes schuld ist. Schreib dir alles auf, wofür du jemand anderem die Schuld gibst, völlig schonungslos. Keine Sorge, du brauchst diese Notizen niemandem zu zeigen, sie sind einzig und allein für dich.

Würdigung unserer Gefühle

Als Nächstes schreibst du dir zu den jeweiligen Situationen und Ereignissen die Gefühle auf, die du damit verbindest. Hat dich eine Situation wütend oder traurig gemacht? Wurdest du durch irgendetwas zornig oder aggressiv? Machst du jemandem an einer Stelle Vorwürfe?

Schreib dir alles zu den jeweiligen Situationen auf. Wenn diese Dinge auf deinem Blatt stehen, schau sie dir an und würdige sie. Sag dir, dass es in dieser Situation okay war, diese Empfindungen zu spüren. Zu diesem Zeitpunkt haben diese Situationen die auf deinem Blatt stehenden Gefühle ausgelöst, die auch sein dürfen. Das ist okay.

Versuche, dich in eine neutrale Position zu bringen und aus einer Vogelperspektive auf die einzelnen Gegebenheiten zu blicken.

Bewusst machen, was uns stört

Wenn du dein Blatt vor dir liegen hast, zusammen mit den Gefühlen zu den einzelnen Situationen, analysiere, was genau dich daran stört. Wo fühlst du dich ungerecht behandelt und gibst jemand anderem die Schuld dafür?

Schreib dir deine Vorstellung zu den einzelnen Situationen auf, z. B. so:

«Man müsste mich fairer entlohnen.»

«Mein Chef hätte so nicht mit mir reden dürfen.»

«In meiner Partnerschaft gebe ich immer mehr, als ich zurückbekomme.»

…

Sei hierbei so konkret wie möglich, gehe ruhig ins Detail.

Auflösen der Schuldfrage

Als Nächstes folgt der etwas kniffelige Teil. Wir lösen uns von der Schuldfrage. Jede Situation, die jetzt auf deinem Zettel steht, ist bereits vergangen. Mach dir dies bitte ganz deutlich bewusst. Keine Schuldzuweisung, kein Nörgeln, kein Jammern wird diese Situation rückwirkend verändern!

Die Schuld für die jeweilige Situation einer anderen Person zuzuweisen, wird ebenfalls keine Veränderung bringen, höchstens für einen minimalen Augenblick unseren Frust besänftigen, wenn überhaupt.

Es ist absolute Energieverschwendung, wenn wir uns weiter mit der Schuldfrage beschäftigen. Zumal an den meisten Situationen stets zwei Personen beteiligt sind. Außer bei einem Verbrechen fällt mir keine Situation ein, in der eine Person die alleinige Schuld tragen würde. Mach dir also klar, dass du, bewusst oder unbewusst, zur Hälfte an der jeweiligen Situation beteiligt bist.

Vergeben und den Blick nach vorn richten

Um die Schuldfrage noch etwas leichter auflösen zu können und uns auf unser eigenverantwortliches Handeln zu konzentrieren, vergib den Schuldigen. Falls dir ein Unrecht widerfahren ist, mach dir bewusst, dass es bereits jetzt Vergangenheit ist, auch wenn es vielleicht noch wehtut. Lass die Schuldfrage los und stelle dir stattdessen die Frage: Was kann ich jetzt tun, um eine Veränderung der Situation zu bewirken?

Sag dir selbst, dass jeder Mensch in jeder Situation versucht, bestmöglich zu handeln. Es war der Person in einer jeweiligen Situation anscheinend nicht möglich, anders zu agieren. Vergib ihr und richte deinen Blick nach vorne. Vergeben heißt nicht akzeptieren oder gutheißen. Falls uns ein Unrecht angetan wurde, dürfen wir dies ohne Weiteres im Hier und Jetzt verurteilen und eine Auffassung haben, die sich gegen ein solches

Verhalten richtet. Vergeben bedeutet anzuerkennen, dass diese Situation vorbei ist, wir nicht mehr an dieser Stelle unseres Lebens stehen und nun selbstbestimmt weitergehen dürfen.

Mut zu Fehlern

Eigenverantwortung zu übernehmen, bedeutet auch, dass wir früher oder später Fehler machen. Wir werden feststellen, dass etwas nicht den gewünschten Erfolg bringt, wir vielleicht mit etwas ins Fettnäpfchen treten oder uns gehörig vertun.

Das kann alles passieren. Lass dich davon nicht entmutigen, sondern erfreue dich dieser Ereignisse. Sie alle bereichern dich um Erfahrungen und Fähigkeiten, um mit neuen Situationen besser umgehen zu können. Sie stärken dein Selbstvertrauen, deine Lösungskompetenzen und deine Zuversicht.

Nur wer bereit ist, Fehler zu machen, kann neue Erfahrungen sammeln und wachsen. Trau dich also ruhig, Fehler zu machen, und freue dich über jeden Fehltritt. Das gehört zu unserem Leben dazu und bietet obendrein noch den Bonus, dass wir früher oder später sehr unterhaltsame Anekdoten erzählen können.

Hilfe suchen und annehmen

Zur Eigenverantwortung gehört auch, anzuerkennen, dass wir bei einem Thema oder einer Sache ggf. Hilfe benötigen. Wir können nicht alles können und auch nicht alles wissen. Dafür ist unsere Welt zu komplex und zu groß. Wir dürfen uns auch überfordert, hilflos und ängstlich fühlen im Angesicht verschiedener Situationen. Das ist menschlich. Eigenverantwortung bedeutet, diese Gefühle anzunehmen, anzuerkennen und um Hilfe zu bitten und zu suchen. Wir müssen nicht alles allein können oder meistern. Falls du also ein Thema hast, mit dem du dich gerade sehr schwertust und bei dem du dich dabei ertappst, dass du immer wieder anderen dafür die Schuld zuweist, übernimm die Verantwortung und gesteh dir ein, dass du Hilfe in Anspruch nehmen darfst. Das ist keine Schwäche, sondern eine große Stärke. Niemand von uns muss die Kämpfe des Lebens allein bestehen.

Ich hoffe, ich konnte dir ein wenig Mut machen und dich für dieses Thema begeistern. Persönlich bin ich davon überzeugt, dass wir tatsächlich erst dann zu einem glücklichen und zufriedenen Leben gelangen werden, wenn wir Schuldzuweisungen, Nörgeleien und ein Verharren in der Opferrolle aufgeben und uns eigenverantwortlich um uns selbst kümmern. Die wenigsten Dinge im Leben kommen einfach so zu uns geflogen. Die Dinge, die uns wichtig sind, die wir uns in unserem Leben wünschen, erfordern unser Zutun. Dieses Zutun äußert sich in der Annahme von Eigenverantwortung gepaart mit der entsprechenden Handlungsbereitschaft und Reflexion.

Wenn wir mit diesem Schritt beginnen, steht uns die Welt offen. Wir können jeder Situation etwas Positives abgewinnen, aus jeder Situation lernen und unser Leben nach unseren eigenen Vorstellungen gestalten.

Dazu lade ich dich ein und wünsche dir ganz viel Mut und Kraft hierbei.

Lifehack #32

Hinterherlaufen ist die falsche Richtung

**Was zu uns gehört, kommt freiwillig,
wir müssen nicht darum kämpfen.**

Wir Menschen sind soziale Wesen. Ich glaube, ich kann ohne schlechtes Gewissen behaupten, dass die meisten von uns es sehr schätzen, mit anderen in Kontakt zu treten und sich auszutauschen, Liebe, Lob und Anerkennung zu erfahren und gemeinsam eine schöne Zeit zu erleben.

Das ist unser seelisches Brot. Am schönsten ist dies, wenn es auf Freiwilligkeit basiert bzw. aus Gemeinsamkeit geboren wird.

Hier kommen wir auch gleich zur Kehrseite dieser Medaille. Als soziale Wesen ist es für uns auch normal, dass wir Angst vor dem Alleinsein haben. Vielleicht erlebst du gerade einen kleinen Schauer, der dir den Rücken runterläuft, wenn du an diese Vorstellung denkst. Im Volksmund wird Alleinsein häufig mit Einsamkeit gleichgesetzt. Diese Betrachtungsweise werden wir uns im Laufe des Lifehacks näher anschauen und darauf eingehen, was genau dies mit Hinterherlaufen zu tun hat.

Von Hinterherlaufen spreche ich, wenn wir uns in eine «Bittsteller-Position» begeben. Damit meine ich den Umstand, dass wir immer wieder verschiedene Menschen fragen, ob sie Zeit mit uns verbringen möchten bzw. ob sie Zeit für uns haben.

Hier möchte ich etwas genauer in die Differenzierung mit dir gehen, damit klar wird, was genau gemeint ist: Es ist völlig normal, dass wir andere Menschen fragen, ob sie Zeit für uns haben oder etwas gemeinsam unternehmen wollen. Wir fragen unsere Freunde und Bekannten oder diese uns. Ebenfalls kann es hierbei natürlich vorkommen, dass wir oder unsere Freunde mal keine Zeit haben und den vorgeschlagenen Termin absagen oder einen neuen vorschlagen. In dieser Kommunikation und diesem Austausch ist stets die Freiwilligkeit und der beidseitige Wille zu erkennen, gemeinsame Zeit zu verbringen.

Beide Seiten entscheiden sich aktiv dafür, Zeit mit der anderen Person zu verbringen, weil sie diese schätzen. Man ist in diesem Fall keine Option, sondern eine *Wahl*. Wir entscheiden uns für eine Person oder andere Personen entscheiden sich für *uns*.

Merke: Wir können aus Optionen auswählen, eine Wahl ist demnach eine freiwillige Entscheidung unsererseits.

Es gibt allerdings noch andere Fälle. Es gibt Situationen, in denen wir für andere Personen nicht die erste Wahl oder überhaupt eine Wahl sind, sondern eine Option, ein Lückenfüller, bis etwas Besseres kommt. Gerade in einseitigen Liebesbeziehungen ist dies gut zu beobachten. Eine Person fragt immer wieder nach Treffen, wann man wieder etwas zusammen unternimmt, macht Vorschläge und nimmt den Großteil der Mühe auf sich, um ein Treffen entstehen zu lassen. Die andere Person ist eher reserviert und passiv. Sie kümmert sich kaum, ist eher gelangweilt oder vielleicht sogar genervt und macht keine Anstalten, sich zu treffen. Die erste Person ist gewillt, einen Ozean zu überqueren, nur um die andere Person zu sehen. Die andere Person ist nicht einmal gewillt, das Haus zu verlassen, um eine Begegnung entstehen zu lassen. An dieser Stelle herrscht bereits ein sehr großes Ungleichgewicht sowohl in der Bereitschaft als auch im persönlichen Zutun der einzelnen Personen. Wie unschwer zu erkennen ist, gibt die erste Person dreihundert Prozent, während die zweite Person sich mit fünf Prozent bereits schwertut.

Wie sieht die Kommunikation aus, wenn wir von anderen als Option gesehen werden?

In einer Kommunikation, in der wir selbst als Option gehandelt werden, können unter anderem Aussagen wie die folgenden fallen:

«Ich weiß noch nicht, ob ich dann Zeit habe.»

«Ich muss erst einmal gucken, was alles so anliegt.»

«Ich will jetzt noch nicht so weit planen.»

«Ich kann doch jetzt noch nicht wissen, ob ich an dem Tag Lust habe.»

«Muss ich mal schauen, weiß ich jetzt noch nicht.»

«Das ist mir jetzt zu anstrengend.»

…

Wenn wir selbst von anderen als Option wahrgenommen werden, fehlt die klare Entscheidung, die *Wahl für uns.* Wir werden zu einer Option, zu einer Art «Notlösung», falls sich nichts Besseres ergibt. Damit werden wir auf eine Wartebank gesetzt. Die Antworten auf unsere Fragen ähneln allesamt mehr Ausflüchten als gewollten Zusagen. Es entsteht eine Art ungleiches Machtverhältnis, in der die eine Person der anderen erlaubt, gemeinsame Zeit zu verbringen.

Da wir diese Situationen fast immer nur im Rückblick erkennen können, gerade wenn wir verliebt sind, möchte ich die Thematik etwas greifbarer machen.

Dazu ein Beispiel, welches der ein oder andere vielleicht noch aus Schultagen kennt: Im Sportunterricht wählt der Sportlehrer zwei Personen aus, die abwechselnd die anderen Schüler für ihr Team nominieren sollen. Die zwei stehen auf, die restlichen Schüler sitzen auf der Bank.

Abwechselnd wählt jeder eine Person. Nach und nach werden es weniger auf der Bank. Zu guter Letzt ist nur noch eine Person übrig, die automatisch in das Team kommt, das mit Wählen an der Reihe ist.

Die Person, die zuletzt gewählt wurde, war in diesem Fall sogar nicht einmal eine Wahl oder eine Option, sondern eine unvermeidbare Entscheidung. Vielleicht hätte niemand diese

Person gewählt, wenn die Rahmenbedingungen nicht so konstruiert gewesen wären, dass jeder in ein Team kommt.

Was glaubst du, wie sich diese Person fühlt? Wird sie ein freudiges Gefühl haben? Glaubst du, sie wird bemerkt haben, dass sie keine wirkliche Wahl war? Glaubst du, sie wird sich in dem Team wirklich «willkommen» fühlen?

Ich denke nicht. Ich glaube, jeder, der solch eine Situation einmal erlebt hat, hatte kein angenehmes Gefühl, als Letzter auf der Bank zu sitzen und unfreiwillig in ein Team geschubst zu werden.

Wenn wir Menschen hinterherlaufen, passiert das Gleiche. Wir setzen uns selbst auf die Bank und warten darauf, dass irgendjemand uns notgedrungen in sein Team aufnimmt.

An dieser Stelle machen wir uns selbst zu einem Bittsteller und zu einer Option für andere.

Warum ist dies nicht gut?

Wie im Beispiel bereits skizziert, werden wir keine schönen Gefühle mit solch einer Situation in Verbindung bringen. Wenn wir im späteren Leben anderen Menschen hinterherlaufen, wird dies ebenfalls von unschönen Gefühlen begleitet. Fragen wir uns doch einmal, wie es sich anfühlt, vertröstet oder abgelehnt zu werden.

- Wir fühlen uns klein.
- Wir fühlen uns wertlos.
- Wir fühlen uns ungeliebt.
- Wir fühlen uns einsam und isoliert.
- Wir fühlen uns abgelehnt.
- Wir sind traurig.

- Wir sind enttäuscht.
- Wir haben Selbstzweifel.
- Wir werden wütend.
- Wir machen anderen Vorwürfe.

...

Eine Option zu sein und keine Wahl, scheint eine Menge unschöner Gefühle und Emotionen mit sich zu bringen. Eine Frage an dich: Möchtest du diese haben? Möchtest du dich gern schlecht fühlen?

Anderen Menschen hinterherzulaufen, birgt noch eine Gefahr und öffnet uns auch sogleich die Tür zu den möglichen Ursachen: nämlich aus- und benutzt zu werden. Dies würde die Spirale von unschönen Gefühlen weiter verstärken und noch weitere Faktoren wie Vorwürfe, Schuldzuweisungen und Ähnliches auf den Plan rufen.

Wir würden immer häufiger Konfliktsituationen erleben und schüren.

Dem Kontakt fehlen von außen betrachtet Leichtigkeit, Freude, Respekt, Wohlwollen, Fürsorge und Freiwilligkeit. Wenn wir uns selbst in der Rolle einer «Option» befinden, schwingt immer ein Gefühl von sich beweisen und sich die gemeinsame Zeit erkämpfen müssen mit. Als Option sind wir ständig damit beschäftigt, die andere Person davon zu überzeugen, dass es sich für sie lohnt, Zeit mit uns zu verbringen.

Bist du nicht auch der Ansicht, dass dieses Verhalten sehr kräftezehrend zu sein scheint und viel Frustrationspotenzial bietet?

Wie kann es aber angesichts dieser Dinge dazu kommen, dass wir Menschen hinterherlaufen?

Hier können unter anderem folgende Dinge mit hineinspielen:

- Selbstwert – Wertbestätigung
- Selbstliebe – Geliebt werden wollen
- Angst vor dem Alleinsein – Einsamkeit und Rollenmodelle
- Langeweile

  ...

Selbstwert – Wertbestätigung

Wie uns das Leben täglich bestätigt, leben wir nicht in einer perfekten Welt. Viele Menschen wachsen unter Bedingungen auf, die nicht immer Rücksicht auf ihre Würde und ihre freie Entfaltung nehmen. So kann es durchaus sein, dass wir bereits in unserer Kinderstube Erfahrungen gesammelt haben, die unseren Selbstwert bzw. unsere Würde verletzten.

An dieses Verhalten haben wir uns unter Umständen gewöhnt. Wenn wir im späteren Lebensverlauf nicht gelernt haben, unseren Selbstwert zu definieren, zu verteidigen und diesen selbst anzuerkennen, könnte es sein, dass wir auf der Suche nach Wertbestätigung sind und dafür anderen hinterherlaufen. Wir alle konstruieren dabei unsere Realität bzw. unsere Normalität aus unseren Erfahrungen. Entsprechend würde es uns selbst erst einmal nicht auffallen, dass wir bei anderen nach Wertbestätigung suchen. Uns fehlen das Bewusstsein und die Klarheit hierfür.

Wir würden vielleicht immer wieder feststellen, dass wir sehr viel für andere tun, vollen Einsatz geben und am Ende enttäuscht werden. Wir müssten feststellen, dass unsere Mühen nicht belohnt und wir am Ende vor den Kopf gestoßen werden. Dann sitzen wir frustriert, enttäuscht und wütend in unserem Zimmer und beklagen uns über die ungerechte Welt.

Dabei könnte es sein, dass wir bei anderen die Wertbestätigung suchen, die wir uns selbst gerade noch nicht geben können. Unbewusst sind wir bereit, große Mühen auf uns zu nehmen, nur um eine kleine Bestätigung zu erfahren. Hierbei haben wir eine verschwommene Sicht aufgrund unserer Erfahrungen. Uns ist nicht klar, dass wir nach Bestätigung suchen. Uns ist nicht klar, dass unsere «Normalität» unter Umständen weit entfernt von einer generellen Norm liegt und dass wir tief im Minusbereich stecken. Und dies gilt es für uns zu prüfen und festzustellen.

Hierzu möchte ich dir zum einen den Lifehack #21 *Erkenne deinen Wert* an dieser Stelle ans Herz legen. Dieser beschäftigt sich mit genau diesem Thema. Zum anderen schreib bitte auf, wie deine Gefühlswelt mit deinen einzelnen Kontakten ist. Hast du Kontakte, denen du «hinterherläufst»? Kontakte, bei denen du stets der Initiator bist und häufig vertröstet wirst?

Und was möchtest du gerade von der anderen Person?

Selbstliebe – Geliebt werden wollen

Ein anderer möglicher Faktor für das Hinterherlaufen ist mangelnde Selbstliebe. Natürlich wollen wir alle lieben und geliebt werden, das ist ein völlig normales, menschliches Bedürfnis. Wenn wir allerdings jemandem hinterherlaufen, kompensieren wir etwas. Wir nehmen die Mühen und Strapazen, Absagen, Entschuldigungen und Vertröstungen bereitwillig auf uns und hoffen auf einen kleinen Krümel Liebe und Zuneigung. Wir opfern eigene Pläne, um im Zweifelsfall «Gewehr bei Fuß» zu stehen für die andere Person. Unsere eigenen Bedürfnisse und Empfindungen erkennen wir in diesem Augenblick nicht an. Im Gegenteil, wir ignorieren sie, verneinen sie oder schätzen sie gering. Wir heben die andere Person auf ein Podest und versuchen alles, um deren Wohlwollen zu erhalten und ein bisschen Zuneigung und Nähe zu bekommen.

Es könnte sein, dass wir bewusst oder unbewusst etwas an uns ablehnen, von dem wir uns erhoffen, dass die andere Person es als liebenswert betrachtet. Solange dieser Punkt im Verborgenen liegt oder nicht von uns angenommen wird, besteht die Möglichkeit, dass wir dies bei anderen suchen und dafür auch anderen hinterherlaufen.

Angst vor dem Alleinsein – Einsamkeit und Rollenmodelle

In unserer Kultur herrschen immer noch einige Klischees, Vorurteile und Schubladen, die nicht mehr zeitgemäß sind oder vielleicht auch nie waren. Eine gängige Gleichsetzung im Volksmund ist Alleinsein und Einsamkeit.

Noch immer gehen viele Menschen davon aus, dass jemand, der allein lebt oder allein Zeit verbringt, einsam ist. Dabei ist allerdings zu unterscheiden, dass Alleinsein ein Zustand ist und Einsamkeit ein Gefühl.

Wir können uns in einer großen Menschenmenge einsam fühlen und allein auf einem Berg tiefe Verbundenheit mit Menschen erleben. Beides ist möglich. Wenn wir uns mit den Menschen um uns herum nicht identifizieren können, wir kein Gefühl von Verbundenheit kreieren können, fühlen wir uns einsam.

Wir können allein durch den Wald spazieren gehen und uns mit unseren Kollegen, Freunden und unserer Familie fest verbunden fühlen. Dabei erleben wir kein Gefühl von Einsamkeit.

Einsamkeit und Alleinsein sind also zwei völlig unterschiedliche Dinge.

Bei vielen Menschen greift auch aufgrund ihrer Erziehung und den damit verbundenen Rollen- und Lebensvorstellungen eine Angst, nämlich dass sie «versagt» haben, wenn sie bis zu einem bestimmten Alter keinen Partner haben. Die Angst, dass sie nicht «richtig» sind im Sinne der Gesellschaft. Die daraus resultierenden Ängste können ebenfalls dazu führen, dass wir anderen Menschen hinterherlaufen.

Langeweile

Ein weiterer Punkt, der dafür sorgen kann, dass wir anderen Menschen hinterherlaufen, ist persönliche Langeweile. Vielleicht haben wir nie gelernt, uns mit uns selbst zu beschäftigen. Vielleicht wurden wir auch nahezu immer von anderen «bespaßt» und haben uns daran gewöhnt.

Wenn wir selbst nicht über Methoden verfügen, uns zu beschäftigen und dadurch Langeweile vorzubeugen, könnte dies ebenfalls ein Faktor dafür sein, warum wir anderen hinterherlaufen.

Wie können wir feststellen, ob wir anderen Personen hinterherlaufen?

Um festzustellen, ob wir anderen Personen hinterherlaufen, kannst du zum einen die oben aufgeführten Punkte einmal für dich persönlich überprüfen. Gibt es Personen in deinem Umfeld, bei denen einer der genannten Punkte zutreffend ist?

Du kannst dir auch ein Emotionstagebuch für einige Wochen anlegen und schauen, wie du dich im Kontakt mit verschiedenen Personen fühlst. Wenn du im Kontakt mit einer bestimmten Person immer wieder negative Gefühle bemerkst und notierst, du in deinem Tagebuch liest, dass du immer wieder der Initiator für ein Treffen warst, hast du es quasi schwarz auf weiß.

Stell dir auch die Frage, warum du unbedingt Zeit mit dieser Person verbringen möchtest. Was gibt sie dir, das du augenscheinlich nicht auf anderem Wege erhalten kannst?

Was können wir tun, wenn wir feststellen, dass wir anderen Personen hinterherlaufen?

Wenn du festgestellt hast, dass du einer Person hinterherläufst, gilt es, den Grund dafür zu eruieren. Verschiedene Motivationen habe ich bereits erklärt. Prüfe einmal, ob eine davon zutreffend ist.

Wenn du den Grund kennst, der nahezu immer in uns selbst liegt, kannst du diesen bearbeiten. Vielleicht ist es an der Zeit, an deiner Selbstliebe oder an deinem Selbstwert zu arbeiten oder zu lernen, dich mit dir selbst zu beschäftigen.

Offensichtlich liegt etwas in dir verborgen, was gesehen werden möchte. Bislang hast du dieser Sache keine Aufmerksamkeit geschenkt. Jetzt wäre also der passende Zeitpunkt, hier genauer hinzuschauen und zu ergründen, warum du dieser Person so bereitwillig hinterherläufst.

Warum nimmst du es in Kauf, eine Option für eine andere Person zu sein?

Wenn du dir diese Frage selbst beantworten kannst, hast du auch die Lösung. Das Erkennen und die Klarheit darüber, dass wir einer Person hinterherlaufen und aus welchem Grund, ist der Löwenanteil der Arbeit. Sobald wir dies klar haben und nicht mehr akzeptieren wollen, ändern wir automatisch dieses Verhalten.

Gehe die Punkte alle in Ruhe durch und prüfe, ob du einer anderen Person hinterherläufst. Unsere Lebenszeit ist zu kostbar, als dass wir diese damit verbringen sollten, uns selbst als eine Option behandeln zu lassen. Es gilt das alte Sprichwort: «Wer etwas will, findet Wege, wer etwas nicht will, findet Gründe.»

Wenn also jemand immer wieder Gründe dafür findet, keine Zeit mit dir zu verbringen, störe ihn oder sie nicht weiter. Konzentriere dich auf dich und deine Entwicklung.

Dabei wünsche ich dir ganz viel Kraft, Mut und Umsetzungsstärke. Denn eines versichere ich dir, es gibt zahlreiche Menschen da draußen, die du noch nicht kennst und die mit absoluter Sicherheit gern Zeit mit dir verbringen wollen. Für diese Menschen wirst du nie eine Option sein, sondern immer eine Wahl. Und dieser Unterschied ist deutlich spürbar.

Lifehack #33

Profitiere von Kritikfähigkeit

**Wer Kritik einem anderen übel nimmt,
trägt persönliche Zweifel.**

In diesem Lifehack möchte ich mit dir auf ein Thema blicken, das uns immer wieder begegnet und ein «Evergreen» in der Persönlichkeitsentwicklung darstellt: Kritik bzw. die Kritikfähigkeit. Kritik ist nichts, was sich ausschließlich auf bestimmte mediale Bereiche bezieht wie die Filmindustrie oder die Literatur. Von dort kennen wir vielleicht Filmkritiker oder Literaturkritiker. Kritik als Instrument der Beurteilung gehört mittlerweile zum festen Bestandteil unseres Arbeits- und privaten Lebens und taucht dort in unterschiedlichen Facetten auf.

Dabei können wir selbst als Kritik-Geber oder als Kritik-Empfänger auftreten. Und je nachdem, wie es um unsere Kritikfähigkeit bestellt ist, kann Kritik unterschiedliche Auswirkungen haben.

Bei uns selbst als Empfänger kann sie negative Gefühle und Emotionen auslösen, zu Niedergeschlagenheit, Verlegenheit, Demotivation oder Frustration führen. Sie kann uns aber auch wichtige Hinweise liefern, unsere Arbeit verbessern, uns vor Fehlern oder Schaden schützen und unseren Horizont erweitern.

Als Kritik-Geber erleben wir die gleichen Dimensionen. Je nachdem, wie wir unsere Kritik äußern, kann dies andere Menschen verletzen, diskreditieren, demotivieren, irritieren oder kränken. Wir können unsere Worte aber auch so wählen, dass kaum Platz für solche Interpretationen ist und diese eher als hilfreich, inspirierend, motivierend oder wertschätzend wahrgenommen werden.

Beide Fälle, Kritik-Geber und Kritik-Empfänger, gehören zur Kritikfähigkeit, liegen in unserem persönlichen Machtbereich und wir können Einfluss darauf nehmen. Wir können beeinflussen, welche Gefühle wir in unserem Gegenüber wecken wollen und welche wir bei uns erwachsen lassen möchten. Das kann am Anfang ein wenig mühsam sein und erfordert definitiv unsere Einsatzbereitschaft.

Wahrscheinlich gibt es deshalb nicht ohne Grund sehr viele Seminare, in denen Führungskräften beigebracht wird, wie man Kritik richtig äußern solle. Ich wähle hier bewusst den Konjunktiv, da in den meisten dieser Seminare die sogenannte Sandwich-Technik vermittelt wird, die meiner Auffassung nach versucht, eine einfache Antwort auf ein komplexes Thema zu liefern. Die Sandwich-Technik bedeutet verkürzt: «Sag zuerst etwas Nettes, dann deine Kritik und zum Schluss noch mal etwas Nettes.» (Siehe auch Lifehack #19)

Viel sinnhafter, würdevoller und uns Menschen wohlgesinnter empfinde ich die Gewaltfreie Kommunikation nach Marshall B. Rosenberg. Hierzu werde ich dir auch später ein paar Beispiele geben, die dies verdeutlichen werden. (Bei Interesse siehe auch «Empfohlene Literatur» im Quellenverzeichnis)

Doch zuallererst, lass uns vorn anfangen und etwas näher auf die zwei Rollen blicken, die wir im Rahmen von Kritik einnehmen können, und den Begriff der Kritik klar abgrenzen von einer Meinung.

Was ist Kritik?

Unter dem Begriff Kritik lässt sich im Allgemeinen die Beurteilung eines Gegenstandes oder einer Handlung unter Berücksichtigung von (vereinbarten oder allgemein anerkannten) Maßstäben verstehen.

Was ist (persönliche) Meinung?

Mit Meinung an dieser Stelle ist die persönliche Meinung jeder Person gemeint. Diese ist Ausdruck der persönlichen Auffassung, des Geschmacks etc., stets subjektiv und hat keinen allgemeingültigen Charakter. Das ist meine persönliche Definition von Meinung.

Wir als Kritik-Empfänger

Als Kritik-Empfänger erleben wir uns immer wieder in unserem Leben. Ich glaube, die meisten von uns können sich wenigstens einmal pro Woche an eine Gegebenheit erinnern, in der wir selbst, unser Handeln, unser Auftreten oder unsere Arbeit direkte Kritik erfahren haben oder in der WIR die Äußerung einer anderen Person als Kritik aufgefasst haben.

Mitunter sind interpretierte Meinungen, Äußerungen und Kommentare die häufigere Form, die wir als Kritik wahrnehmen. Vielleicht deshalb, da es durchaus viele Menschen gibt, die schnell und ungefragt ihre Meinung kundtun. Hierbei kann es schnell passieren, dass wir eine allgemeine Äußerung als Kritik auf uns beziehen.

Es ist allerdings ein Unterschied, ob tatsächlich Kritik geäußert wird oder ob wir etwas als Kritik interpretieren.

Hierzu zwei kleine Beispiele:

Begründete Kritik

Angenommen, wir wollen uns von einem Tischler einen Tisch herstellen lassen. Wir besprechen mit ihm, welches Holz verwendet werden und welche Maße der Tisch haben soll sowie den Preis. Wir nehmen verschiedene Definitionen vor, die als Maßstab für unseren Tisch herangezogen werden können, so auch, dass der Tisch vier Beine haben soll.

Nach dem vereinbarten Zeitraum kommen wir zu unserem Tischler und er präsentiert uns den für uns angefertigten Tisch. Auf den ersten Blick ist zu erkennen, dass der Tisch nicht wie vereinbart vier Beine hat, sondern lediglich drei.

An dieser Stelle können wir die Anzahl der Beine kritisieren, da hierüber im Vorfeld ein Maßstab festgelegt wurde, den es einzuhalten galt. Der Tischler hat einen Tisch mit drei Beinen statt vier hergestellt. Dies können wir tatsächlich kritisieren.

Interpretierte Kritik

Angenommen, wir sind zu einer Firmenfeier eingeladen. Zum feierlichen Anlass beschließen wir, uns schick zu kleiden. Wir ziehen einen hellen Anzug mit einem hellblauen Hemd an und unsere Begleitung ein passendes Kleid in einem ähnlichen Farbton. Auf der Feier äußert ein anderer Gast, gut hörbar, seine Meinung über die zum Anlass treffenden Farben der Garderobe. Der Gast teilt einem Kreis an Zuhörern mit, dass helle Farben und Blautöne absolut unangebracht seien.
Wir hören diese Aussage und fühlen uns vielleicht kritisiert.

Tatsächlich hat in Beispiel zwei allerdings keine Kritik stattgefunden. Der Gast, der die Äußerung getätigt hat, tat lediglich seine Meinung kund. Wir haben im Zweifelsfall aus dieser Meinung eine Kritik herausgehört, auf uns übertragen und angenommen.

Ich wage zu behaupten, dass dieser Umstand deutlich häufiger vorkommt als die tatsächliche Kritik.
Es geht aber noch weiter. Wir haben nun schon einmal eine Abgrenzung zwischen «echter Kritik» und «Meinung». Nun kann es durchaus vorkommen, dass wir mit echter Kritik konfrontiert werden und diese ziemlich viele unschöne Gefühle und Emotionen in uns weckt.

Vielleicht bedient sich unser Kritik-Geber einer Wortwahl, die wir als schroff und verletzend interpretieren. Vielleicht nutzt unser Kritik-Geber viele Verallgemeinerungen und irritiert uns, wodurch wir uns womöglich ungerecht behandelt fühlen. Vielleicht pauschalisiert unser Kritik-Geber auch verschiedene Fakten oder Gegebenheiten, wodurch wir in einem viel schlechteren Licht dastehen, als es die Sachlage tatsächlich zulassen würde.

Zu guter Letzt kann auch das Umfeld Auswirkungen darauf haben, wie wir mit der Kritik umgehen und welche Gefühle und Emotionen sie in uns weckt. Du wirst mir dabei zustimmen, dass es sich für uns anders anfühlen kann, wenn wir eine andere Person um Kritik zu etwas bitten und dies in einem Vieraugengespräch in einer privaten, geschützten Atmosphäre besprechen, statt ungefragt in einem Raum voller Zuhörer vor unserem Chef oder einer anderen Person kritisiert zu werden.

Das alles kann passieren und auf das meiste können wir Einfluss nehmen.

Zwischen dem gesprochenen, dem gehörten und dem interpretierten Wort können mitunter Welten liegen. Ebenso kann die Wahl des passenden Umfeldes sich ausgesprochen positiv oder auch negativ in diesem Moment auf uns auswirken.

Um unsere Kritikfähigkeit als Empfänger zu verbessern, ist es für uns hilfreich, uns vom Gehörten besser abgrenzen zu können, uns unserer Interpretationen und Bewertungen bewusst zu werden und mit gezielten Fragen Klarheit zu erlangen. Zusätzlich können wir immer versuchen, ein für uns positives Umfeld zu wählen. Dies alles können wir unter anderem mit den folgenden Punkten erreichen, auf die ich im Anschluss näher eingehen werde:

- Die Örtlichkeit klären
- Eine neutral-positive Haltung
- Meinung von Kritik unterscheiden
- Unsere Interpretation prüfen und klärende Fragen stellen
- Worte neutral stehen lassen

- STOPP-Funktion

Die Örtlichkeit klären

Bei echter Kritik bitten im Normalfall entweder wir eine Person darum, uns zu etwas eine Kritik zu geben, oder eine andere Person teilt uns mit, dass sie uns zu etwas eine Kritik bzw. Meinung geben möchte. Ein klassisches Beispiel aus dem Arbeitsumfeld wäre das Mitarbeitergespräch. Hier wissen wir häufig im Vorfeld, dass und wann es stattfindet. Uns ist in der Regel bewusst, dass es im Verlauf des Gespräches durchaus auch zu Kritik seitens unseres Chefs kommen kann.

Prinzipiell können wir bei geplanter oder absehbarer Kritik versuchen, das Gespräch an einem Ort unserer Wahl zu führen. Wenn du ein Gespräch führen möchtest, von dem du weißt, dass du Kritik hörst oder geben möchtest, versuche, einen Ort zu wählen oder vorzuschlagen, an dem du dich wohlfühlst.

Am besten ist, je nach Wetterlage und Anlass, ein für beide Seiten neutraler Ort geeignet. Das kann ein Café sein, ein Spaziergang im Freien, eine Parkbank o. Ä.
Dieser Punkt gilt gleichermaßen für Kritik-Geber wie auch Kritik-Empfänger.

In einer entspannten Atmosphäre ist die Gesprächsstimmung im Allgemeinen lockerer, was sich positiv auf die Kritik bzw. die damit verbundenen Reaktionen, Gefühle und Emotionen auswirkt.

Eine neutral-positive Haltung

Ich persönlich habe mir über die Zeit eine neutral-positive Haltung aufgebaut, die ich sowohl bei Kritik als auch bei anderen Formen der Kommunikation versuche einzunehmen. Das bedeutet, ich gehe davon aus, dass das, was mir die andere Person sagt, rein objektiver Natur ist, also eine Beobachtung, oder zu meinem Besten dienen soll. Ganz gleich in welcher Form mein Gegenüber seine Kritik äußert, gehe ich erst einmal vom Besten für mich und dem Wohlwollen der anderen Person aus. Dadurch fällt es mir leichter, positive Aspekte auch in unglücklich formulierten Sätzen zu finden. Des Weiteren fällt mir auch die Abgrenzung zum Gehörten leichter. Sollte ich nach dem Hören der Kritik die Vermutung haben bzw. sich herausstellen, dass die andere Person nicht mein Wohlwollen im Sinn hat, kann ich das Gehörte einfach aus meinen Gedanken streichen. Denn warum sollte ich Aussagen beherzigen, die nicht das Beste für mich im Sinn haben.

Hierzu ein kleines Beispiel:

Ein sehr guter Freund sagte einmal zu mir: «Du hast einen sehr schroffen Umgangston.»

Die Aussage für sich allein hätte ich als Rüge oder Kränkung auffassen können. Durch die neutral-positive Haltung vermutete ich allerdings, dass mehr dahintersteckt. Ich dachte, er möchte mich bestimmt auf etwas aufmerksam machen, das meine zwischenmenschliche Kommunikation verbessern kann. Ich fasste die Aussage also weder als Kränkung noch als Kritik auf, sondern als Hinweis und fragte nach.

Meinung von Kritik unterscheiden

Es ist ein Unterschied, ob uns jemand tatsächlich kritisiert oder seine Meinung kundtut. Kritik ist stets an uns gerichtet. Sie betrifft unsere Person oder unser Handeln. Eine allgemein geäußerte Meinung, womöglich unter mehreren Personen, die nicht direkt an uns gerichtet ist, stellt keine Kritik dar und braucht demnach auch nicht als solche von uns aufgefasst werden. Ob wir aus einer allgemeinen Aussage eine Kritik heraushören, liegt bei uns. Achte also darauf, ob eine Person dich direkt anspricht oder ob du eine allgemein geäußerte Meinung zu einer Kritik umwandelst.

Unsere Interpretation prüfen und klärende Fragen stellen

Zwischen dem Gesagten und dem von uns Verstandenen können Fehler bzw. Abweichungen auftreten. Wir können eine Aussage völlig anders interpretieren, als sie gemeint war. Speziell dann, wenn unser Gegenüber einen anderen Wortschatz hat bzw. Sprachstil pflegt als wir. Um Missverständnisse zu vermeiden und nicht voreilig auf unsere Interpretation zu reagieren, empfehle ich dir, mit klärenden Fragen bzw. einer Wiederholung des Gehörten für Klarheit zu sorgen. Du hörst dir also in Ruhe an, was dein Gegenüber dir sagt, und gibst der Person mit eigenen Worten wieder, was gerade bei dir angekommen ist.

Beispiel:
Ein Chef sagt im Mitarbeitergespräch zu seinem Angestellten: «Beim Projekt Mustermann haben Sie aber ganz schön geschludert.»
Der Mitarbeiter hat hieraus interpretiert, dass sein Chef seinen Arbeitsstil für schluderig hält.

Diese Interpretation könnte er klären, indem er seinem Chef sagt, was er verstanden hat:
«Ich habe es gerade so verstanden, dass Sie meinen Arbeitsstil als schluderig und ungenau sehen.»

Der Chef hätte nun die Möglichkeit, dies zu korrigieren:
«Da haben wir uns falsch verstanden, das wollte ich nicht ausdrücken. Ich meinte lediglich Ihren Arbeitsstil im Fall Mustermann. Ich hatte den Eindruck, dass Sie da nicht ganz bei der Sache waren. Waren Sie vielleicht abgelenkt?»

Darauf könnte der Mitarbeiter konkret Bezug nehmen und eine klärende Frage stellen, die ihm eine hilfreiche Information liefert:
«Ah, da habe ich Sie tatsächlich missverstanden. Ja, im Fall

Mustermann war ich tatsächlich etwas abgelenkt, da ich noch die beiden anderen Fälle zu bearbeiten hatte. Was genau hätten Sie sich im Fall Mustermann noch gewünscht bzw. was hat Ihnen gefehlt?»

Mit der Offenlegung unserer Interpretation sowie klärenden Fragen können wir Missverständnisse frühzeitig aus dem Weg räumen und an hilfreiche und fundierte Informationen für die Zukunft gelangen.

Worte neutral stehen lassen

Worte können eine ungeheure Macht über uns haben. Wie viel Macht wir diesen über uns gewähren, liegt aber bei uns. Wie in der neutral-positiven Haltung bereits angesprochen, dürfen wir uns von böswilligen Äußerungen oder Beleidigungen gern distanzieren. Ich betrachte solche Äußerungen als Einladung zu einem Spiel. Wenn eine Person mir gegenüber das Feld der Kritik verlässt und den Eindruck erweckt, dass sie mich beleidigen oder provozieren möchte, steht es mir frei, die Einladung anzunehmen oder abzulehnen. In den meisten Fällen lehne ich die Einladung ab und lasse die Worte neutral stehen. Ich habe dann ein Bild von einem Fußball vor Augen, den mir die andere Person zuspielt. Wenn ich erkenne, dass der Ball nicht als wohlwollender Pass gedacht ist, lasse ich diesen einfach an mir vorbeirollen.

Mit diesem Bild fällt es mir sehr viel leichter, auch unschöne Äußerungen neutral stehen zu lassen. Sie berühren mich dann nicht weiter bzw. weniger.

STOPP-Funktion

Wie auch immer ein Kritikgespräch verläuft – es steht uns jederzeit zu, «STOPP» zu sagen. Sollten wir merken, dass die Äußerungen der anderen Person uns emotional aufwühlen, drohen, uns aus der Bahn zu werfen, oder vor Wut zum Kochen bringen, dürfen wir jederzeit Stopp sagen.

Niemand kann uns gegen unseren Willen festhalten oder dazu nötigen, uns etwas anzuhören, das derartige Reaktionen bei uns auslöst.

Mach also im Zweifelsfall von diesem Recht Gebrauch und verlasse die Situation. Falls es noch möglich ist, sag, dass du das Gespräch zu einem anderen Zeitpunkt fortführen möchtest, da du das bisher Gesagte erst einmal sacken lassen möchtest.

Diese Punkte helfen uns dabei, mit Kritik als Kritik-Empfänger besser umzugehen. Wie verhält es sich nun damit, wenn wir als Kritik-Geber auftreten. Als Kritik-Geber verfolgen wir mit unserer Kritik meist eine bestimmte Absicht bzw. ein bestimmtes Ziel.

Im Normalfall wollen wir Kritik dort anbringen, wo unserer Ansicht nach ein vereinbarter Maßstab nicht erfüllt bzw. eine Vereinbarung nicht eingehalten wurde. Als Kritik-Geber können wir mit den folgenden Punkten einen positiven Einfluss auf das Gespräch nehmen und dadurch versuchen, es zu einem gelungenen Abschluss zu führen. Auf die einzelnen Punkte gehe ich im Anschluss ein:

- Unsere Haltung
- Wahl der Örtlichkeit
- Gemeinsamen Maßstab klären
- Objektiv bleiben
- Benennen, was gefehlt hat
- Abgewandelte Ich-Botschaft der Gewaltfreien Kommunikation
- Bedürfnisoffenbarung
- Mitteilen, was wir uns für die Zukunft wünschen

Unsere Haltung

An dieser Stelle möchte ich vor allem meine persönliche
Sichtweise zum Ausdruck bringen. Mit meiner humanistischen Haltung ist mir persönlich immer daran gelegen, meine Mitmenschen aufzubauen, zu ermutigen, zu fördern und
zu unterstützen. Als Kritik-Geber kommt daher für mich nur
eine wertschätzende und wohlwollende Haltung infrage. Ich
glaube nicht, dass wir mit destruktiver Kritik Menschen dabei
helfen, sich selbst zu verwirklichen oder das Beste aus sich zu
machen. Entsprechend empfinde ich es als unsere Aufgabe, zu
prüfen, was wir mit unserer Kritik beabsichtigen und ob wir
uns in einer humanistischen, den Menschen bejahenden Haltung befinden.

Bedienen wir uns aus einer wohlwollenden Haltung heraus
einer Sprache und Gesten, die unserem Gegenüber bewusst
werden und es erkennen lassen, dass wir um dessen Wohlbefinden besorgt sind? Kritik, die etwas anderes beabsichtigt,
vielleicht sogar das Ziel hat, die andere Person kleinzumachen
oder zu erniedrigen, sollte uns vielmehr als Warnung unserer
eigenen Charakterzüge dienen.

Kritik an einer Person oder deren Handlungen kann nur dann eine
positive Wirkung haben und entfalten, wenn unser Wohlwollen der
Person gegenüber erkennbar ist.

Wahl der Örtlichkeit

Als Kritik-Geber empfiehlt es sich ebenfalls, einen neutralen
Ort für das Gespräch zu wählen bzw. vorzuschlagen. Neutrale
Orte lockern die Atmosphäre und sorgen insgesamt für eine
angenehmere Gesprächssituation.

Gemeinsamen Maßstab klären

Vor der Äußerung der eigentlichen Kritik empfiehlt es sich, zu
klären, ob der Maßstab, an dem wir unsere Kritik festmachen,

allen Gesprächspartnern bekannt ist bzw. war. Sofern wir feststellen, dass dies nicht der Fall ist, schlage ich vor, den Maßstab zu klären und sich gemeinsam darauf zu verständigen und die Kritik zu verschieben. Es könnte sich herausstellen, dass die Kritik nach Klärung des Maßstabs überflüssig wird, da die Person unsere Kritikpunkte nun von allein beseitigt hat.

Objektiv bleiben

Wenn wir tatsächliche Kritikpunkte identifiziert haben, empfiehlt es sich, diese in objektiver Form vorzubringen. Wir können anhand des vereinbarten bzw. gemeinsam festgelegten Maßstabs aufzeigen, wo ein Mangel aufgetreten ist. Dann können wir im gemeinsamen Gespräch ergründen, wie es dazu kommen konnte. Wir können nützliche Informationen erhalten, wenn wir objektiv und neutral bleiben. Es könnte sich herausstellen, dass ein organisatorischer Mangel vorliegt, der nichts mit der Person zu tun hat.

Benennen, was gefehlt hat

Im Rahmen von Kritik empfehle ich, konkret zu benennen, was gefehlt hat bzw. schiefgelaufen ist. Allgemeine Aussagen sorgen für Verwirrung oder dafür, dass sich die andere Person ungerecht behandelt fühlt.

Statt zu sagen: «Du bist immer unpünktlich», kannst du klarer formulieren: «Am Freitag, zu unserer Verabredung um 18:00 Uhr bist du 20 Minuten zu spät gekommen.»

Abgewandelte Ich-Botschaft der Gewaltfreien Kommunikation

Sofern es sich nicht um Dinge mit konkreten Charakteristika oder Mängeln handelt, sondern stattdessen um Verhaltensweisen oder persönliche Charakterzüge, ist es hilfreich, unser Gegenüber abzuholen und an unserer Gefühlswelt teilhaben zu lassen.

Wenn wir unser Gegenüber mit «Du-Sätzen» konfrontieren, sind Wortgefechte und Diskussionen vorprogrammiert. Hilfreicher ist hier eine abgewandelte Form der Ich-Botschaft der Gewaltfreien Kommunikation.

Im vorherigen Abschnitt hatten wir das Beispiel mit dem Zuspätkommen. Fatale Kritik in Du-Sätzen wäre z. B.:

«Typisch, du kommst ja immer zu spät.»

«Du hast ein miserables Zeitmanagement.»

«Du bist die am schlechtesten organisierte Person, die ich kenne.»

Die abgewandelte Form der Ich-Botschaft zielt darauf ab, für ein gemeinsames Verständnis zu sorgen. Dies könnte in diesem Falle so aussehen:

«Es hat mich wirklich frustriert, dass ich 20 Minuten in der Kälte warten musste. Für mich ist Pünktlichkeit sehr wichtig und ich fühle mich absichtlich vor den Kopf gestoßen, wenn du mich warten lässt.»

Mit der Selbstoffenbarung fördern wir ein gemeinsames Verständnis und Austausch. Unser Gegenüber kann nachvollziehen, warum wir das Verhalten gerade kritisieren und wie es dazu kommt. Unser Gegenüber kann hierauf eingehen und ggf. erklären, wie die Verspätung zustande gekommen ist und dass er oder sie kein Verschulden daran hat. So kann die Kritik kurzerhand geklärt werden und der Abend ist gerettet.

Bedürfnisoffenbarung

Im Zusammenhang mit der Ich-Botschaft aus dem vorherigen Abschnitt können wir in unserer Kritik mitteilen, was uns gefehlt hat bzw. geholfen hätte. So könnten wir auf die Situation bezogen mitteilen, dass wir uns eine kurze Nachricht oder einen Anruf gewünscht hätten.

Mitteilen, was wir uns für die Zukunft wünschen

Im Idealfall vereinbaren wir für die Situationen ein Vorgehen, dem beide Parteien zustimmen. Damit können gleiche Situationen für die Zukunft leichter vermieden werden. In unserem Beispiel wäre es die Vereinbarung aus dem vorherigen Punkt, bei einer Verspätung eine kurze Nachricht zu senden oder anzurufen.

Bei allen angesprochenen Punkten ist mir eines wichtig: Es geht um Menschen. Es geht darum, wie wir uns und andere sich im Angesicht von Kritik fühlen. Ungeachtet dessen, ob es sich um tatsächliche Kritik, um ein Feedback oder eine geäußerte Meinung handelt, ist die neutral-positive Haltung der beste Schritt für uns, unsere Kritikfähigkeit zu verbessern.

Wenn wir die Aussagen der anderen Menschen neutral-positiv betrachten und es uns gelingt, gewinnbringende Punkte auch in schlecht kommunizierten Sätzen zu entdecken, schützen wir uns vor unliebsamen Emotionen und Gefühlen. Wir kommen damit auf ein Level an Gelassenheit, welches unserem Seelenfrieden sehr zuträglich ist.

Ich hoffe, ich konnte dir meine Gedanken verständlich darstellen und dich sowohl inspirieren als auch eine Hilfestellung zu diesem komplexen Thema mitgeben.

Lifehack #34

Sex - die schönste Nebensache der Welt

Wer bei sich angekommen ist, kann wahrlich genießen.

In diesem Lifehack möchte ich mit dir über die schönste Nebensache der Welt sprechen: Sex. Sex kann etwas wahrlich Wundervolles sein. Jeder, der eine gute Erinnerung an ein sexuelles Erlebnis hat, wird mir zustimmen. Es kann aber auch etwas Unschönes und Unangenehmes sein. Durch viele Gespräche mit meinen Mitmenschen weiß ich, dass die Bandbreite der persönlichen Empfindung und Wahrnehmung hier nahezu unendlich ist.

Wir wollen unseren Blick darauf richten, was in unserem Machtbereich liegt, um den Geschlechtsakt zu einem schönen Erlebnis werden zu lassen.

Damit steigen wir auch gleich ein: Um ein schönes sexuelles Erlebnis zu erfahren, gibt es ein paar allgemeine Faktoren, die auf jeden von uns zutreffen. Wenn dem nicht so wäre, gäbe es keine Sexual- und Paartherapeuten.

Was könnten also Faktoren sein, die unsere sexuellen Begegnungen sabotieren oder auch begünstigen?

• Stress
• Scham und Minderwertigkeitsgefühle
• Vergleiche
• Erwartungen
• Offenheit

Die fünf genannten Punkte sind allgemeiner Natur und haben maßgeblichen Einfluss darauf, wie wir uns in einer sexuellen Begegnung fühlen. Gehen wir die einzelnen Punkte einmal durch.

Stress

Einer der größten Lust-Killer, wenn nicht sogar der Lust-Killer Nummer eins, ist Stress. Ich habe im Laufe meines Lebens viele Männer und Frauen kennengelernt, die die Offenheit besaßen, ganz frei mit mir über dieses Thema zu sprechen. Sie teilten mir mit, dass sie häufig von ihrer Arbeit so gestresst seien, dass sie keinerlei Lustempfinden mehr verspürten und den Partner bzw. die Partnerin häufig vertrösteten. Und wenn es dann einmal zum Geschlechtsakt komme, wären sie gar nicht richtig bei der Sache, sondern im Kopf noch bei den für Stress sorgenden Gedanken und Themen.

Sie würden mehr oder weniger halbherzig mitmachen, allerdings keinen wirklichen Spaß dabei empfinden.

Das finde ich zum einen sehr schade und zum anderen alarmierend. Stress hat definitiv allgemeingültigen Charakter und kann jeden von uns treffen. Nun können einige von uns besser mit Stress umgehen als andere. Manch einer kann diesen für den Augenblick ausblenden, andere wiederum werden völlig davon vereinnahmt. Um einen Geschlechtsakt genießen zu können, sei es nun ein One-Night-Stand oder im Rahmen einer Beziehung, benötigen wir einen freien Kopf.

Wenn wir gestresst sind, die Situation nicht loslassen können und innerlich permanent an den stressigen Gedanken hängen, können wir uns auf die schöne Situation überhaupt nicht einlassen.

Daher wäre ein erster Punkt für uns, dafür zu sorgen, dass wir unseren Stress loswerden. Nun wird der ein oder andere vielleicht sagen: «Mir hilft Sex aber dabei, mich zu entstressen.» Ja, diese Aussage habe ich bereits häufiger gehört. Ich behaupte aber, dass der Stress hierbei in einem kontrollierten Maße vorhanden ist und sich die Person noch auf die neue Situation einlassen kann.

Menschen, die völlig gestresst und überfordert sind, können sich kaum bis gar nicht auf die schöne Situation einlassen bzw. wehren diese von vornherein ab.

Deshalb ist es für uns allgemein wichtig, Wege zu finden, um unseren Stress zu verarbeiten und abzubauen. Stress kann nicht nur unser Liebesleben beeinträchtigen, sondern uns auf Dauer krank machen. Nicht umsonst ist dieser Punkt auch Thema vieler Paartherapeuten.

Wir tun also gut daran, wenn wir uns Methoden und Strategien aneignen, um unseren Stress abzubauen. Für viele eignet sich hierzu Sport, eine künstlerische Tätigkeit wie Malen, Töpfern oder Musizieren, aber auch alltägliche Dinge wie Kochen oder die Wohnung aufräumen.

Es bieten sich auch gezielte Techniken wie autogenes Training und Ähnliches an. Teste verschiedene Dinge aus, wenn Stress für dich ein Thema ist. Denn unbeachtet hat er zumindest großes Potenzial, früher oder später Einfluss auf dein Liebesleben zu nehmen.

Scham und Minderwertigkeitsgefühle

Ein Punkt, der für viele Menschen sowohl eine enorme Hürde als auch eine Tortur im Zusammenhang mit dem Liebesakt darstellen kann, sind Scham und Minderwertigkeitsgefühle.

Wenn wir diese Gedanken und Gefühle in uns tragen, ist es nahezu unmöglich, eine sexuelle Begegnung zu erfahren und zu genießen. Wir wären so in unserem Kopf gefangen, würden mit Tausenden Gedanken kämpfen und von unangenehmen Gefühlen geflutet, dass von einem schönen Erlebnis kaum die Rede sein kann.

Dieser Punkt hängt stark zusammen mit meiner Definition von Selbstliebe. In Lifehack #10 gehe ich hierauf genau ein.

Wichtig für uns ist Folgendes: Wenn wir uns selbst nicht akzeptieren, uns als attraktiv und auch wertvoll erachten, wie sollen wir uns dann freudig auf einen Liebesakt einlassen? Wir hätten mit so vielen Zweifeln und Sorgen zu kämpfen, wären mit uns selbst am Hadern und hätten kaum eine echte Chance auf Genuss.

Um einen tatsächlichen Genuss im Liebesakt entdecken und erfahren zu können, gilt es, uns selbst anzunehmen und zu akzeptieren. Zweifel daran lösen immer wieder Gedankenkarusselle aus, sorgen für Stress und reißen uns aus der Situation. Wir könnten unter diesen Umständen gar nicht genießen.

Eine Behauptung möchte ich an dieser Stelle aufstellen, die wir uns wirklich bewusst machen dürfen: Niemand von uns würde freiwillig mit einer Person intim werden, die wir nicht auf irgendeine Art anziehend finden. Wenn also jemand mit dir intim werden möchte, kannst du ruhig glauben, dass er oder sie dich anziehend findet.

Vergleiche

Die lieben Vergleiche verstärken die vorangegangenen Punkte noch mehr. Gerade durch Social Media ist dieser Faktor auf ein neues Niveau gestiegen. Wo wir uns früher nur mit Menschen aus unserem näheren Umfeld vergleichen konnten, können wir dies nun mit wenigen Klicks mit Menschen aus der ganzen Welt. Viele Frauen und Männer fühlen sich hierdurch massiv unter Druck gesetzt. Es werden unreflektiert «künstliche Bilder» als Maßstab übernommen und an die eigene Person angelegt. Wenn man diesen Maßstäben dann nicht gerecht wird, fühlt man sich schlecht und bestärkt das Karussell von Stress, Scham und Minderwertigkeitsgefühlen. Als Gipfel kann dann noch eine zusätzliche Angst in uns entstehen, dem Partner oder der Partnerin nicht zu genügen.

Ein erster Tipp wäre, dein Social-Media-Verhalten zu beobachten und ggf. zu korrigieren. Zweitens mache dir bewusst, dass die meisten der dort gezeigten Bilder nicht echt sind! Die Bilder werden mit Photoshop und Filtern bearbeitet und sind fern von jeder Realität.

Falls du dich wirklich unbedingt vergleichen möchtest, tu dies wenigstens mit echten Menschen. Gehe im Sommer in ein Freibad oder an einen See und schau dir echte Menschen an. Dort wirst du dann wiedererkennen, dass auch andere Menschen nicht perfekt sind. Dauerhafte Vergleiche mit Social-Media-Profilen machen uns unglücklich und stärken die negativen Faktoren.

Mach dir keine unnatürlichen Maßstäbe zu eigen, die niemand von uns erfüllen kann.

Sie lösen nur Stress und im schlimmsten Fall Minderwertigkeitsgefühle und Ängste bei uns aus.

Du bist prima, so wie du bist, und wenn du dies selbst erkennst, wirst du mit absoluter Sicherheit auch Freude am Liebesakt empfinden.

Erwartungen

Der nächste Killer für unser Liebesleben sind Erwartungen. Wenn wir gedanklich an zu vielen Erwartungen hängen, sind wir nicht im Hier und Jetzt, sondern mit unserem Kopf ganz woanders. Wir analysieren die Situation, gucken, ob sie der Erwartung entspricht oder nicht, sind vielleicht frustriert, wenn der erste Faktor nicht so eingetreten ist, wie wir es uns vorgestellt haben, und steigen aus, bevor es überhaupt losgeht.

Erwartungen lenken unseren Blick, unsere Wahrnehmung von dem ab, was tatsächlich gerade ist, und wir verpassen den Moment. Wir halten ständig Ausschau, ob das, was wir uns vorstellen, kommt oder nicht. Mit dieser Ablenkung lassen wir uns nicht auf die jetzige Situation ein und können bestenfalls ein mittelmäßiges Erlebnis erfahren. Hiermit sabotieren wir uns selbst.

Versuch also, Erwartungen aus deinem Liebesleben herauszuhalten, und konzentriere dich lieber auf deine Beobachtung.

Nimm wahr, was passiert, wie sich einzelne Dinge anfühlen, und richte deinen Blick ins Hier und Jetzt. Genuss bedeutet vor allem, völlig in einer Sache aufzugehen und sich ihr hinzugeben. Völlig in die Situation einzutauchen, mit allen Sinnen.

Auch dies ist ein allgemeingültiger Punkt, der für jeden von uns Bedeutung hat: Wenn wir unsere Erwartungen ausklammern und uns der Situation offen hingeben, haben wir die Chance, etwas Tolles zu erfahren und zu entdecken. Es muss nicht alles perfekt sein, es wird schön werden, wenn wir uns fallen lassen und darauf einlassen.

Offenheit

Der für mich wichtigste Punkt im Zusammenhang mit unserem Liebesleben. Wenn wir offen mit unserem Gegenüber über alles sprechen und alles thematisieren können, kreieren wir eine Atmosphäre von Vertrautheit, Respekt und echter Intimität. Mit Offenheit können wir auch Einfluss auf die vorangegangenen Punkte nehmen. Wir könnten z. B. offen ansprechen, dass wir uns gerade ziemlich unattraktiv finden oder wirklich gestresst sind. Wenn unser Gegenüber dies aufnimmt und anerkennt, kann aus diesem Verständnis heraus bereits eine Lösung entstehen. Ebenfalls ist Offenheit wichtig, um unsere Wünsche und unsere Ablehnungen zu äußern.

Der Liebesakt ist eine zweiseitige Erfahrung, die auf Würde, Respekt, Liebe und Lust fußt. Es soll für beide Beteiligten eine wundervolle Erfahrung, eine Verschmelzung darstellen und ist neben der reinen Anziehung Ausdruck von Vertrauen, einem der höchsten Werte und Gefühle in unserer menschlichen Natur. Daher sollte zwischen beiden Beteiligten die Offenheit herrschen, alles an- und aussprechen zu können. Diese Freiheit baut ebenfalls Stress ab und wirkt positiv auf unser Wohlbefinden.

Das muss nicht im Feuer des Eifers sein, es darf auch gern, je nach Situation, davor sein, um das Liebesspiel einzuleiten, oder danach, um ein wenig die Verbundenheit zu stärken.

Alle genannten Punkte liegen in unserem persönlichen Machtbereich und erfordern im Zweifelsfall unser Zutun. Ich glaube nicht, dass wir ein erfülltes Liebesleben haben können, wenn wir gestresst sind, mit Scham oder Minderwertigkeitsgefühlen kämpfen, uns permanent mit anderen Menschen vergleichen oder immense Erwartungen an unser Liebesspiel knüpfen.

Wenn wir Offenheit kultivieren, wir mit uns in Einklang sind, uns annehmen und akzeptieren und als attraktiv und wertvoll erachten, werden wir wahrhaft schöne Erfahrungen in unseren Liebesbeziehungen erfahren können.

Und dies hat sicherlich für viele Menschen am Ende des Tages Einfluss darauf, ob sie sich glücklich fühlen oder nicht.

In diesem Sinne hoffe ich, dass dir die Zeilen ein wenig Mut machen, falls du dich in dem ein oder anderen Punkt wiederentdeckt hast. Ich hoffe, dass sie dich motivieren, an den persönlichen Themen zu arbeiten, damit du bei keiner intimen Begegnung durch diese Faktoren gehemmt wirst und es wunderschöne Erlebnisse und Erfahrungen für dich werden können.

Eines möchte ich zum Schluss noch sagen: Es mag eine etwas romantische Vorstellung von mir sein, jedoch halte ich den Geschlechtsakt zwischen zwei Menschen für den höchsten Ausdruck an Vertrauen und Wertschätzung, den wir einem anderen entgegenbringen können.

Daher bitte ich dich, deinen jeweiligen Liebespartner mit Würde und dem entsprechenden Respekt zu behandeln. Sex ist etwas Tolles und Wunderschönes und sollte es stets für beide Beteiligten sein. Sich innerhalb dieser Situation über oder unter jemanden zu stellen, also die persönlichen Bedürfnisse zu missachten, entbehrt meinem Menschenbild. Es ist ein beidseitiges Erlebnis, bei dem beide Personen ihr Zutun in gegenseitigem Wohlwollen zum Ausdruck bringen sollten.

In diesem Sinne wünsche ich dir viel Spaß.

Lifehack #35

Mach dir die Sichtweisen und Erfahrungen anderer zunutze

Die Sichtweise eines anderen kann uns eine neue Tür öffnen.

Die im Buch enthaltenen Lifehacks dienen alle dazu, dir einen Einblick in einzelne Themen der Persönlichkeitsentwicklung zu geben. In diesem Zusammenhang können Sichtweisen, Erfahrungen und Werte anderer Menschen ausgesprochen wertvoll für uns sein, zumindest, wenn wir wissen, wie wir uns diese zunutze machen können.

In welchem Zusammenhang können uns diese Dinge nun von Nutzen sein? Jeder von uns, ob er will oder nicht, trifft täglich eine Vielzahl an Entscheidungen. Sowohl im beruflichen als auch im privaten Bereich werden tagtäglich Entscheidungen von uns abverlangt, sei es bei der Bearbeitung einer Aufgabe, der Lösung eines Problems, einem kreativen Prozess, der Wahl unserer Kleidung oder verschiedensten Kauf- und Investitionsentscheidungen.

Lass uns noch ein paar weitere Beispiele betrachten. Da könnte noch die Wahl der Schule für unsere Kinder sein, die Wahl eines Geschäftspartners, die Wahl des Partners, die Wahl unseres Wohnortes usw.

Die Liste könnte ich über viele Seiten fortführen, aber ich denke, die Sache ist jetzt an der Stelle klar: Es geht um Entscheidungen. Hast du dich einmal gefragt, wie wir Menschen unsere Entscheidungen treffen? Hast du einmal bewusst darüber nachgedacht?

Lass uns einen Blick darauf werfen, wie wir Menschen gängigerweise unsere Entscheidungen treffen.

Grundsätzlich können wir sagen, dass wir bei unserer Entscheidungsfindung die möglichen Alternativen festhalten, uns Informationen beschaffen und anschließend die Wahlmöglichkeiten bewerten. Im Anschluss daran treffen wir dann unsere Entscheidung.

Dieser Prozess wird aber auch noch von anderen Faktoren begleitet: unseren Erfahrungen, unserer Erziehung, unseren Glaubenssätzen, unseren Werten und unseren angeborenen individuellen Eigenschaften.

Es gibt Menschen, die sind von Natur aus ein wenig vorsichtiger als andere, und es gibt solche, die von Natur aus ein bisschen risikofreudiger sind. Es gibt introvertierte und extrovertierte Menschen. Es gibt Menschen mit viel und mit wenig Fantasie. Es gibt rationale und emotionale Menschen. Es gibt skeptische Menschen und es gibt gutgläubige Menschen. Kurz, es gibt eine Menge unterschiedliche Menschen auf unserer Erde. Und jeder einzelne von ihnen hat eine ganz eigene Sicht auf das Leben und die darin stattfindenden Situationen und Ereignisse.

Jeder hat eigene Erfahrungen gemacht, gute wie schlechte. Das alles beeinflusst uns ebenfalls bei unseren Entscheidungen.

Genau diese Vielfalt ist ein unglaublicher Schatz und ein Türöffner für neue Blickwinkel, Betrachtungsweisen und Chancen. Jeder von uns ist ein bisschen anders und jeder von uns darf so sein, wie er ist.

Und dafür möchte ich dich sensibilisieren und dich dazu einladen, diese Vielfalt für dich zu erkennen und zu nutzen.
    Ich lade dich dazu ein, diesen Prozess an einem ganz aktuellen Beispiel mit mir zusammen zu betrachten: Vielleicht hast du schon einmal etwas vom Bitcoin gehört.

Ganz einfach ausgedrückt, es ist ein digitales Gut, das nur in limitierter Form verfügbar ist.
    Ich möchte gar nicht auf die technischen Details o. Ä. eingehen, da mir dazu die Expertise fehlt. Aber genau das macht dieses Thema zu einem so guten Beispiel, denn es stellen sich eine Menge Fragen:

- Lohnt es sich, Bitcoins zu kaufen?
- Wo kann man Bitcoins sicher kaufen?
- Wie funktioniert Bitcoin genau?
- Was gibt es bei Bitcoin zu beachten?
- Wozu kann man Bitcoin gebrauchen?
- Ist Bitcoin legal?
- Muss man für Bitcoin Steuern zahlen?
- Ist Bitcoin eine Kryptowährung?
- Was sind die Vorteile der einzelnen Währungen?
- Warum sollte man Bitcoin ggf. anderen Kryptowährungen vorziehen?
  usw.

Bei einer ersten Recherche auf Google und YouTube findet man schnell diverse Treffer zu dem Thema und auch viele unterschiedliche Meinungen. Es gibt Menschen, die den Bitcoin befürworten, und ebenso gibt es Menschen, die sich dagegen aussprechen.

Kurz gesagt, stellt der Bitcoin im Augenblick eine Investitionsmöglichkeit dar, mit welcher man Geld verdienen oder auch verlieren kann. *Es ist meines Erachtens eine Risikoinvestition.*

Die Sichtweisen anderer Menschen helfen uns, für uns zu einer relativ objektiven Entscheidungsfindung zu gelangen. Ich selbst stecke auch noch in diesem Prozess und informiere mich eher sporadisch als proaktiv. Dabei versuche ich möglichst viele unterschiedliche Sichtweisen zu bekommen, um die Sache besser einschätzen zu können. Mal lese oder schaue ich mir einen dem Bitcoin eher wohlgesinnten Beitrag an, dann einen eher skeptischen, mal einen etwas technischen und dann auch mal einen emotionalen Erfahrungsbericht.

Auf diese Art und Weise versuche ich, mir die Tür für eine Chance offenzuhalten. Von Natur aus bin ich bei Dingen, die ich nicht richtig verstehe oder in denen ich nicht direkt einen Benefit erkennen kann, eher ein bisschen skeptisch. So bin ich noch immer auch diesem Thema gegenüber skeptisch. Allerdings setze ich mich immer mal wieder damit auseinander, um auch andere Sichtweisen in meine Beurteilung und die damit verbundene Entscheidung einfließen zu lassen.

Dieses Vorgehen lässt sich als Art Risikobewertung betrachten und dabei ist es doch viel mehr. Es hilft uns, Risiken, Chancen, Lösungswege und unbekannte Informationen zu entdecken.

Meiner Erfahrung nach machen wir gerade dies bei Dingen, zu denen wir uns eine Meinung gebildet haben, häufig nicht mehr. Wir betrachten das Thema nicht noch einmal oder suchen nach anderen Sichtweisen. Vielmehr ist es doch so, dass wir an einer getroffenen Entscheidung festhalten und dabei bleiben, zumindest für eine längere Zeit, oder uns für die Sichtweisen anderer verschließen.

Blicken wir auf ein weiteres Beispiel, welches spätestens mit Eintritt ins Berufsleben und dem Auszug aus dem elterlichen Heim für viele von uns relevant wird: das Thema Versicherungen.
Am Markt gibt es sowohl eine Fülle an Anbietern als auch an Versicherungsprodukten. Hier eine Entscheidung darüber zu treffen, mit welcher wir uns gut fühlen, kann mitunter sehr herausfordernd sein. Auch bzw. gerade hier helfen uns die Sichtweisen und Erfahrungen anderer Menschen. Wir können uns die Erfahrung von Angestellten und von Selbstständigen zunutze machen. Wir können mit Menschen sprechen, die zur Miete wohnen und die ein Eigenheim besitzen. Wir können mit jüngeren und mit älteren Menschen sprechen. Insgesamt bekommen wir dann ein abgerundetes Bild darüber, welche

Versicherungen die einzelnen Personen abgeschlossen haben, aus welchem Grund und vielleicht auch mit welcher Zahlungsweise.

Denn ob wir monatlich, quartalsweise oder jährlich unsere Prämien bezahlen, kann ebenfalls Vor- und Nachteile haben. Dies wissen wir aber mitunter nicht von vornherein und unser Versicherungsmakler gibt uns nur eine einzige Sichtweise auf die Thematik, nämlich seine.

Wenn wir also die Sichtweisen und Erfahrungen anderer Menschen in unseren Entscheidungsprozess einbeziehen, werden wir Entscheidungen treffen können, mit denen wir gut schlafen können. Wir haben die Gewissheit, verschiedene Aspekte berücksichtigt zu haben. Das gibt uns ein gutes Gefühl.

In diesem Zusammenhang möchte ich dir eine kleine Methode vorstellen, die dir dabei helfen kann. Vielleicht hast du schon mal von dem Kommunikationspsychologen Friedemann Schulz von Thun gehört. Dieser veröffentlichte 1989 ein erweitertes Werte- und Entwicklungsquadrat.
Dieses Modell habe ich ein wenig zweckentfremdet und für unseren Entscheidungsprozess umgestaltet:

Bei Themen, bei denen wir noch nicht genau wissen, was zu tun ist bzw. wie wir uns entscheiden sollen, ist dieses Modell genau die richtige Hilfestellung für uns. Ich möchte anmerken, dass die Grafik nur eine Vereinfachung darstellt und du die einzelnen Bereiche beliebig erweitern darfst.

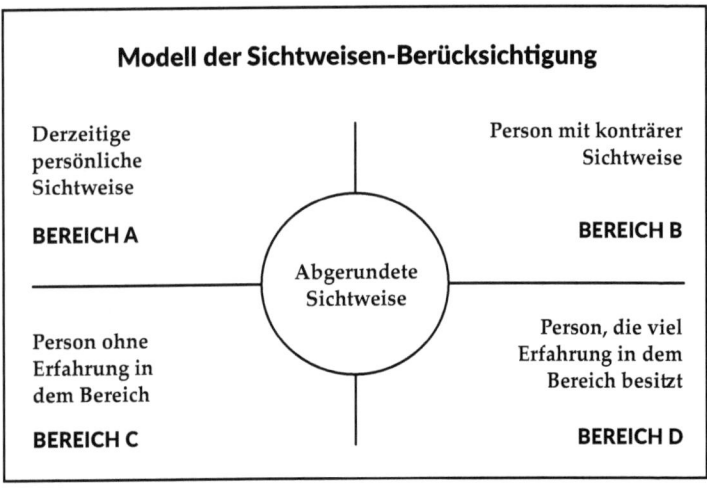

Nehmen wir noch einmal das Thema mit den Versicherungen und gehen es am Modell durch. Stellen wir uns dazu vor, wir sind gerade mit unserem Studium oder unserer Ausbildung fertig, haben uns eine eigene Mietwohnung gesucht und wollen von zu Hause ausziehen. Nun stellt sich uns die Frage, ob und welche Versicherungen wir für unseren neuen Lebensabschnitt brauchen.

Unsere Informationen und die daraus resultierende Sichtweise ist der Bereich A des Modells. Eine Entscheidung nur auf diesen Bereich bezogen, könnte viele Aspekte unberücksichtigt lassen. Wir sind vielleicht der Ansicht, dass wir zum derzeitigen Zeitpunkt gar keine Versicherung brauchen und das Geld lieber anders investieren möchten. Außerdem kennen wir auch keinen Versicherungsmakler, den wir hierzu fragen könnten.

Wenn wir uns nun mit Personen aus dem Bereich B unterhalten, können wir neue Informationen erlangen. Diese Personen sind davon überzeugt, dass es sinnig ist, verschiedene Versicherungen abzuschließen. Auf Nachfrage erklären sie uns auch, warum bzw. was sie zu dieser Sichtweise geführt hat. An dieser Stelle bekommen wir einen Einblick in neue Blickwinkel, Entscheidungs- und Denkprozesse. Vielleicht ist etwas dabei, was uns noch nicht bewusst war und einen Informationsgewinn für uns darstellt.

Als Nächstes sprechen wir mit Personen aus dem Bereich C. Das könnte in diesem Falle ein Kollege sein, der ebenfalls von zu Hause ausziehen möchte. In den Gesprächen können wir gemeinsam betrachten, wie er über das Thema Versicherungen denkt, welche Fragen er sich hierzu stellt und wo er nach Antworten dazu sucht.

Auch hierbei kann für uns ein Informationsgewinn herauskommen. Die andere Person könnte Fragen haben, die wir uns gar nicht gestellt haben, allerdings für sinnvoll erachten. Wir sind froh, diese Fragen nun ebenfalls auf unserem Zettel zu haben und sie bei unserer Entscheidung berücksichtigen zu können. Auch hier haben sich durch die neuen Fragen ein Informationsgewinn und neue Blickwinkel ergeben.

Als Drittes suchen wir uns Personen, die bereits Erfahrung auf diesem Gebiet haben. Das könnten hier Makler, Eltern, Großeltern, Verwandte oder die Eltern von Freunden sein (und viele mehr). Wir könnten mit ihnen darüber sprechen, welche Versicherungen sie haben, warum sie diese haben und weshalb sie diese als wichtig erachten. Die neu gewonnenen Informationen können wir nun ebenfalls in unseren Entscheidungsprozess mit einfließen lassen.

Insgesamt werden wir mit großer Wahrscheinlichkeit unterschiedliche Gewichtungen in den einzelnen Quadranten vornehmen. Nicht alle bringen in jeder Situation den gleichen Nutzen. Letzten Endes ist es auch abhängig davon, welche Informationen uns von den Personen zurückgespielt werden.

Um noch eine kleine Ergänzung zum vorherigen Beispiel zu geben: Beim Thema Versicherungen werden wir wahrscheinlich den Bereich D und B als wichtiger einstufen. Im Bereich der Softwareentwicklung oder bei Usability Tests ist es allerdings ausgesprochen hilfreich, Personen zu der Thematik zu befragen, die sich damit überhaupt nicht auskennen. Hierdurch erlangen die Entwickler wichtige Hinweise, die sie bei ihrer Programmierung berücksichtigen können.

Das Schöne an dieser Methode ist, wir befinden uns nun, wenn wir auf das Modell blicken, im mittleren Kreis. Wir haben alle Quadranten berücksichtigt und somit hat sich für uns ein rundes Bild ergeben. Wie wir uns entscheiden, bleibt nach wie vor uns überlassen. Allerdings haben wir mit Sicherheit nun ein besseres Gefühl bei unserer Entscheidung. Wir wissen, dass wir Dinge berücksichtigt haben, die uns vorher nicht bewusst waren. Wir konnten über die möglichen Pro und Kontras nachdenken und so das Risiko, das vielleicht damit einhergeht, besser abschätzen.

Dies gibt uns zum einen ein besseres Gefühl mit der Entscheidung, die wir treffen, und lässt uns auch leichter zu einer Entscheidung finden. Gerade für Menschen, die sich damit schwertun, kann dieses Vorgehen die Entscheidungsfindung deutlich erleichtern.

Wenn wir uns also die Sichtweisen und Erfahrungen anderer anhören und würdigen, können wir viele nützliche Informationen gewinnen und für uns nutzbar machen.

Dieser Gewinn äußert sich dann unter anderem in folgenden Punkten:

- Wir stärken unsere Problemlösefähigkeiten.
- Wir können aus Fehlern anderer lernen und diese vermeiden.
- Wir erlangen neue Blickwinkel und generieren Chancen.

- Wir fördern die Entwicklung unseres Charakters.
- Wir vergrößern die Auswahl unserer Alternativen.
- Wir kommen in Projekten besser voran.
- Wir treffen ausgereifte Entscheidungen .
- Wir bekommen ein klareres Bewusstsein für die Sache.
- Wir sind zufriedener mit unseren Entscheidungen.

Insgesamt haben mir die Sichtweisen anderer immer geholfen, ein klareres und runderes Bild über die jeweiligen Sachverhalte, Herausforderungen oder auch Schicksalsschläge zu bekommen. Andere Sichtweisen haben mich aufgemuntert, mir Mut gemacht, mich getröstet, motiviert, träumen lassen, mich bestätigt, zum Nachdenken gebracht oder vor möglichem Schaden bewahrt. All dies und noch vieles mehr ist der Schatz, der in den Sichtweisen anderer Menschen liegt und von uns entdeckt werden will. Mit einer offenen Haltung können wir uns diese Reichtümer nutzbar machen. Davon profitieren nicht nur wir, sondern auch die anderen, da es ein ständiger Austausch sein darf.

Zu guter Letzt noch ein kleiner Hinweis, den ich als wichtig empfinde: Es ist auch eine Entscheidung, zum derzeitigen Zeitpunkt vielleicht noch keine Entscheidung treffen zu wollen. Es kann durchaus sein, dass wir bei einem Thema zu dem Schluss gelangen, dass wir hier noch keine endgültige Entscheidung treffen können oder möchten. Das ist völlig okay und darf auch ein Ergebnis des Austauschs sein.

In diesem Sinne wünsche ich dir einen tollen Austausch mit deinen Mitmenschen und viele positive und bereichernde Blickwinkel und Perspektiven.

Lifehack #36

Viel Interesse bedeutet wenig Langeweile

Wer sich für viel interessiert, hat keine Langeweile.

Du wirst mir sicherlich zustimmen, Menschen, die sich leidenschaftlich für etwas interessieren, sind selten gelangweilt. Eher das Gegenteil könnte eintreten, nämlich dass ihr Interesse in eine Besessenheit umschlägt. Aber so weit möchte ich hier jetzt gar nicht ausholen. Ich möchte mit dir darauf blicken, wie wertvoll es für uns sein kann, unserem persönlichen Interesse ein wenig auf die Sprünge zu helfen.

Ich bitte dich, nach den kommenden Zeilen deine Augen zu schließen und dich daran zurückzuerinnern, wie es damals als Kind für dich war. Wie war die Welt? War nicht alles irgendwie spannend? Haben nicht die verschiedensten Dinge dein Interesse und deine Neugier geweckt? Wolltest du nicht auch wissen, was in einem bestimmten Zimmer ist? Was sich in einer anderen Straße, einem anderen Dorf oder einer anderen Stadt verbirgt? Wolltest du nicht auch wissen, wie die unterschiedlichsten Dinge funktionieren? Wie die unterschiedlichen Geschmacksrichtungen heißen und entstehen? Warum es regnet oder schneit? Wie Donner und Blitze entstehen? Wie das Telefon oder der Fernseher funktioniert? Wie Züge und Autos fahren? Wie der einzigartige Duft am Morgen nach einem Gewitter zustande kommt und wie der Strom seinen Weg in unsere Steckdosen findet?

Diese und viele weitere Fragen hatten sicherlich viele von uns, als wir Kinder waren. Die ganze Welt um uns herum war spannend und hat unsere Neugier und unser Interesse geweckt. Kein Tag war langweilig. Immer gab es etwas Neues zu entdecken und zu beobachten. Immer wieder taten sich neue Fragen auf, deren Antworten es zu finden galt.

Die Welt war ein Geschenk, eine Kiste voller Überraschungen, die nur darauf wartete, von uns entdeckt zu werden. Und das taten wir. Langeweile tauchte gar nicht auf. Wohl eher erinnern wir uns an die Rufe unserer Eltern, dass für heute Schluss sei mit dem Entdecken und wir nach Hause kommen sollen und unsere Neugier und unsere Interessen morgen weiterverfolgen dürfen. Es sei Zeit, etwas zu essen und uns bettfertig zu machen.

Und wie ist es jetzt?

Ist dieser kleine Entdecker in dir immer noch aktiv? Kommt er bildlich gesprochen immer noch täglich bei dir vorbeigeflitzt und lädt dich zu einem Abenteuer oder einer Entdeckungsreise ein? Und wenn ja, nimmst du diese Einladung an? Lässt du dich von diesem kleinen Entdecker inspirieren und begibst dich auf eine spannende kleine Reise?

Ein Blick auf die Unterhaltungsindustrie lässt vermuten, dass eine nicht unerhebliche Anzahl an Menschen die Rufe und Einladungen dieses kleinen Entdeckers nicht mehr hört bzw. wahrnimmt. Vielleicht schleicht sich auch in deinem Alltag bzw. in deiner freien Zeit des Öfteren eine unangenehme Langeweile ein. Eine Langeweile, die du als unschönen Gemütszustand empfindest, mit dem du dich nicht wohlfühlst.

Ein Zustand, den du als unerfüllend und unbefriedigend wahrnimmst.

In diesem Zustand wissen wir häufig nicht, was wir mit uns anfangen sollen. Wir sind unkonzentriert, vielleicht ein wenig genervt, aufgewühlt und werden von einer inneren Unruhe umgetrieben.

Irgendetwas wollen wir tun und wissen gleichzeitig nicht, was. Wir sind motiviert und gleichzeitig demotiviert. Auf den ersten Blick scheint alles schnöde und belanglos. Nichts ist da, das tatsächlich unsere Aufmerksamkeit auf sich zieht und unsere Neugier und Begeisterung zu wecken vermag.

Vielleicht flüchten wir in diesen Momenten in einen TV-Film, eine Netflix-Serie oder scrollen ein wenig durch die immer verfügbare Social-Media-Welt. Immer in der Hoffnung, doch noch auf etwas Interessantes zu stoßen, das unsere Begeisterung weckt.

Damit wir nicht zu vage über dieses Thema sprechen, möchte ich meine Definition von Langeweile mit dir teilen: Für mich ist Langeweile ein Zustand, in dem wir uns nach etwas Interessantem und Sinnhaftem sehnen, jedoch nicht wissen, wo wir dies finden. Es ist ein Zustand frei von Motivation, Kreativität und Einsatzbereitschaft gepaart mit einem Gefühl von innerer Unruhe, Anspannung, Erwartungsdruck und Unzufriedenheit.

Wer mit dieser Definition übereinstimmt, wird mir recht geben, wenn ich sage, damit fühlt sich niemand von uns wohl.

Was können wir nun tun, um uns vor dieser unliebsamen Langeweile zu schützen? Das Beste, was wir tun können, ist, präventiv gegen die Langeweile vorzugehen, und zwar, indem wir unsere Neugier und unser Interesse kultivieren und fördern. Je mehr Interessen wir haben und je offener und neugieriger wir für die Welt werden, umso weniger Chancen hat die Langeweile, ein dauerhafter Gast in unserem Hause zu werden.

Jetzt sind wir keine Kinder mehr und viele unserer Fragen aus Kindertagen haben mittlerweile eine Antwort erfahren. Die offensichtlichen Phänomene unseres Alltags sind entzaubert. Wie können wir jetzt noch Dinge und Themen finden bzw. identifizieren, die wir als interessant erachten?

Dazu brauchen wir Neugier. Niemand, weder unsere Partner, Eltern, Freunde, Verwandten noch unsere Kollegen, kann uns sagen, was für uns interessant ist. Das darf jeder einzelne von uns selbst herausfinden. Und wenn wir es entdecken, wissen wir intuitiv, ob es uns interessiert oder nicht. Eines braucht es für Interesse allerdings: Es braucht unser aktives Handeln.

Es gilt, wie zu unseren Kindertagen Neues zu entdecken, uns Fragen über die Welt zu stellen und uns wieder zu wundern. In dem Wort Neugier steckt das Wort «Neu» drin. Genau darum geht es: Neues, Unbekanntes zu finden und zu ergründen.

Ich weiß, dass dies durch eine Tatsache in unserer Gesellschaft erschwert wird. Zumindest bei uns in Deutschland gilt die Devise, wenn man etwas anfängt, sollte man es auch durchziehen. Diese Haltung kann es uns deutlich erschweren, im Erwachsenenalter noch ständig neue Dinge auszuprobieren und zu testen. Zu hastig sind doch immer wieder Personen an unserer Seite, die fragen, ob wir dieses oder jenes jetzt endlich einmal durchgezogen haben.

Lass dich davon nicht entmutigen. Die meisten meinen es entweder nur gut mit uns oder trauen sich selbst bloß einfach nicht, etwas Neues auszuprobieren.

Die Welt ist so groß, so vielseitig und bietet so viele Möglichkeiten, dass für jeden von uns etwas Interessantes zu finden ist. Deshalb empfehle ich dir Folgendes, um möglichst viele Interessen oder tiefgehende Leidenschaften zu entdecken und aufzubauen:

- Nimm dir Zeit, Ruhe und Muße.
- Teste viele unterschiedliche Dinge.
- Stell dir Fragen.
- Beobachte achtsam und wundere dich wieder.

Nimm dir Zeit, Ruhe und Muße

Um Dinge, Themen oder Personen zu finden, die für uns interessant sind, bedarf es Zeit, Ruhe und Muße. Der Alltag von vielen von uns ist schon hektisch genug, da müssen wir uns nicht auch noch hierfür eine Frist setzen oder uns selbst Zeitdruck machen.

Nimm dir immer mal wieder Zeit hierfür. Das kann allein oder auch mit anderen Personen sein. Beides ist völlig okay. Wichtig ist, dass du diese Zeit genießen kannst, dein Kopf frei ist und du tatsächlich die Welt um dich herum wahrnehmen kannst.

Teste viele unterschiedliche Dinge

Wenn du deinen zeitlichen Rahmen hast, geht es auch gleich ans Eingemachte: Neues entdecken. Du kannst damit starten, dir eine Liste mit Dingen zu erstellen, über die du noch nichts wirklich weißt oder mit denen du noch keine Erfahrung gemacht hast.

Schreib dir auf, welche Sportarten du noch nicht kennst, welche Sprachen du noch nie gehört hast und was dir zum Thema Kunst einfällt. Schreib dir auf, aus welchen Ländern du noch nie ein Gericht gegessen hast. Schreib dir deine Fragen im Zusammenhang mit Social Media, dem Internet und Computern auf. Schreib dir auf, aus welchen Büchergenres du noch nie etwas gelesen hast.

Das Prinzip ist hoffentlich deutlich geworden. Diese Dinge kannst du alle anfangen auszuprobieren. Ich garantiere dir, früher oder später wirst du bei etwas stehen bleiben und merken, dass es dich tatsächlich interessiert. Es wird ein Gefühl entstehen, welches dich immer wieder zu dieser Sache bringt. Um dieses zu finden, hilft probieren, probieren, probieren.

Stell dir Fragen

Wenn es mehr um Interesse im intellektuellen Sinne geht, hilft es, sich Fragen zu stellen. Nehmen wir hierzu einmal das Thema Corona, da es gerade ganz aktuell ist.

In diesem Zusammenhang können wir uns viele Fragen stellen, die ebenfalls in Interesse münden können:

- Was ist eigentlich ein Virus?
- Wie entsteht ein Virus?
- Wie viele Virenarten gibt es?
- Wie kommt es zu Mutationen?
- Gibt es auch harmlose Viren?
- Wie groß sind Viren?

...

Jedes Thema können wir uns mit Fragen weiter eröffnen und ergründen. Du könntest dies sogar mit diesem Thema machen.

- Was ist Interesse?
- Wie entsteht Interesse?
- Kann man Interesse trainieren?
- Wer beschäftigt sich beruflich mit Interesse?

...

Wenn wir uns Fragen überlegen, regen wir unseren Geist an und setzen uns aktiv mit einer Thematik auseinander. Auch hierbei können wir tiefergehendes Interesse für ein Thema entdecken oder gar eine neue Leidenschaft.

Beobachte achtsam und wundere dich wieder

Der letzte Punkt unterstützt alle anderen. Wenn wir uns wieder etwas Ruhe nehmen und achtsam die Dinge um uns herum beobachten, können wir wieder wie in Kindertagen anfangen, uns zu wundern.

Wir könnten uns darüber wundern, wie die riesigen Steinplatten an einem Kran, die zur Stabilisierung dienen, eigentlich nach oben kommen.

Wir könnten uns darüber wundern, wie die Elektrizität bei Straßenbahnen eigentlich von den oberen Leitungen zum Antrieb in der Bahn führt.

Wir könnten uns darüber wundern, dass tonnenschwere Flugzeuge in die Luft aufsteigen oder voll beladene Schiffe über den Ozean fahren, ohne unterzugehen.

Wir könnten an einem sternenklaren Abend wieder zum Himmel blicken und uns über die Sterne wundern und von deren Faszination anstecken lassen.

Wenn wir unseren Blick wieder ins Hier und Jetzt holen, zumindest in einigen Augenblicken immer mal wieder, werden wir faszinierende Dinge entdecken können. Dieses Wundern wird automatisch Fragen in uns aufkommen lassen, uns zu Handlungen motivieren und früher oder später tieferes Interesse wecken. Um diesem Interesse nachgehen zu können, werden wir immer wieder versuchen, uns Zeit zu nehmen.

Und wenn es so weit ist, werden wir Langeweile kaum noch kennen. Vielmehr werden wir uns wünschen, dass wir mehr Zeit hätten, die einzelnen Themen und Dinge weiter zu ergründen oder zu tun.

Lifehack #37

Du tust genug

**Die Leistung unseres Tuns sollten wir nicht
von der Bestätigung anderer abhängig machen.**

In diesem Lifehack möchte ich mit dir ein bisschen über unsere persönliche Leistung bzw. unseren Einsatz und unsere Anstrengungen sprechen. Ich weiß nicht, ob es schon immer so war wie jetzt, aber ich habe den Eindruck, dass wir uns heute ständig und überall vergleichen. Auf der Arbeit und in unserer Freizeit. Immer wieder beobachte ich Menschen oder höre in Gesprächen, wie Einzelne sich fragen, ob sie genug tun, und wie sich dabei ein schlechtes Gefühl in ihnen breitmacht.

In vielen Arbeitsbereichen wird die Leistung bzw. der Erfüllungsstand einer Zielerreichung mit sogenannten «Key Performance Indicators», kurz KPI, gemessen. Im Privaten vergleichen wir uns bei Hobbys und Freizeitaktivitäten mit anderen Personen über Social Media oder verschiedene Formen von App-Tracking. Dabei stellen sich Fragen wie:

«Habe ich heute genügend Schritte gemacht?»

«Bin ich diese Woche genügend Kilometer gejoggt?»

«Max hat gestern drei Stunden trainiert, vielleicht sollte ich mein Pensum auch erhöhen.»

«Ernähre ich mich gesund genug? Ich glaube, ich muss noch etwas mehr auf meine Ernährung achten.»

Die Vergleiche und Fragen durchziehen alle Bereiche unseres täglichen Lebens. Angefangen bei Morgenroutinen, Ernährungstipps, Fitnesstipps, Schlafgewohnheiten, unseren Arbeitsabläufen usw.

Nahezu kein Bereich ist mehr ungetrackt. Überall wird gemessen und verglichen. Und immer häufiger erlebe ich Menschen, die sich mit der Frage schwertun, ob sie tatsächlich genug tun und ob ihre Leistung und ihr Einsatz ausreichend oder gut ist im Vergleich zu anderen.

Dabei wird immer nur auf die allgemeinen Definitionen oder die Leistungen anderer geschaut. Hierin liegt eine große Gefahr, für die ich dich in diesem Lifehack gern sensibilisieren möchte:

Es geht um die Gefahr, durch dieses Verhalten in eine große Überforderung und massive Unzufriedenheit zu geraten. Es geht um die Gefahr, uns selbst schlechtzureden, persönliche Grenzen zu ignorieren oder zu missachten. Es geht um die Gefahr, unreflektierte Leistungsansprüche anzunehmen. Es geht um die Gefahr, zu glauben, sich vor anderen für die persönliche Leistung rechtfertigen oder erklären zu müssen.

Denn genau diese Erklärungen und Rechtfertigungen gepaart mit der Übernahme fremder Leistungsvorstellungen erzeugen schlechte Gefühle in uns und verderben uns sprichwörtlich unser Wohlbefinden.

Versuche, dich einmal an eine Situation zu erinnern, in der du dich per App, Social Media oder im Austausch mit anderen Personen in Bezug auf deine Leistung schlecht gefühlt hast.

Hat ein Freund dir vielleicht ein Bild gesendet, auf dem der Stand seiner Joggingstrecke zu erkennen war? Hat dir vielleicht jemand ein Bild von seinem Schrittzähler des heutigen Tages gesendet? Hat dir vielleicht jemand berichtet, wie lange er diese Woche im Fitnessstudio war und wie viele Sätze er bei einer bestimmten Übung gemacht hat? Und wie war dein Gefühl bei diesen Nachrichten? Hast du bei einer dieser Nachrichten insgeheim bei dir gedacht: «Mensch, so viel hat er schon gemacht, ich müsste wirklich auch mehr tun.»?

Genau das ist unser Punkt!

Dieses schlechte Gefühl, das da in uns entstehen kann. Bevor wir dazu kommen, wie wir dies mit einzelnen Schritten ganz langsam verändern und ablegen können, möchte ich, dass du dir etwas ganz bewusst machst.

Niemand kann von außen in dich hineinblicken. Niemand kann erkennen, wie anstrengend eine Sache für dich ist. Niemand kann sehen oder fühlen, wie viel Kraft, Mut und Überwindung dich einzelne Dinge kosten. Deshalb hat auch niemand anderes das Recht, dir zu sagen, du würdest womöglich zu wenig tun. Niemand läuft in deinen Schuhen und kennt deine Anstrengung oder deinen Schmerz. Mach dir also bitte ganz deutlich bewusst, dass du niemandem eine Erklärung schuldest, außer dir selbst. Nur dir selbst gegenüber bist du, wenn überhaupt, eine Rechenschaft schuldig. Ganz gleich um welche Tätigkeit oder welches Ziel es sich handelt.

Angenommen, du bist stark übergewichtig und möchtest abnehmen. Dann kann es bereits eine riesige Anstrengung und Herausforderung für dich sein, dich überhaupt in einem Fitnessstudio anzumelden und dort auf ein Laufband zu gehen. Allein dies kann von dir bereits mehr Kraft und Mut erfordern, als andere in einem ihrer Work-outs verbrennen. Also lass dir nicht von außen einreden, du würdest womöglich zu wenig tun. Finde deinen Rhythmus für die Dinge, die du erreichen möchtest. Achte auf deine Ressourcen und deine persönlichen Grenzen.

Jetzt möchte ich mit dir auf die einzelnen Punkte blicken, wie wir uns selbst aus diesem Rechtfertigungsmodus befreien können und darauf achten, unsere persönlichen Ressourcen und Grenzen zu akzeptieren und zu respektieren.

Dabei helfen uns die folgenden Punkte, auf welche ich im Anschluss näher eingehe:

- Orientierung einholen ist okay
- Persönliche Ziele definieren
- Sich selbst und seine Grenzen kennenlernen und respektieren

- Ziele anpassen
- Den persönlichen Einsatz würdigen
- Kein schlechtes Gewissen von außen einreden lassen
- Die Fremdvorstellung nicht annehmen

Orientierung einholen ist okay

Es ist völlig in Ordnung, sich umzuschauen und zu sehen, wie viel andere in einem Bereich tun oder was erforderlich sein könnte, um an das gewünschte Ziel zu gelangen. Wichtig hierbei ist, dass uns der Einsatz der anderen als Orientierung gilt und nicht als direkter Maßstab für uns.

Angenommen, wir wollen einen Marathon laufen: Wir können uns anschauen, wie andere Läufer für einen Marathon trainieren, wie sie ihre Ernährung anpassen, um ihren Körper für diese Strapazen zu versorgen usw. Wir sollten dabei aber auch beachten, wie lange diese Personen dieses Ziel bereits verfolgen. Wie lange sie ggf. schon dafür trainieren.

Persönliche Ziele definieren

Nach der Orientierung leiten wir persönliche Ziele für uns daraus ab. Dabei berücksichtigen wir, wie unsere körperliche Verfassung, unser Alltag, unsere Gesundheit und alle weiteren Faktoren dies zum jeweiligen Zeitpunkt zulassen.

Nehmen wir wieder unser Beispiel mit dem Marathon: Ein trainierter Marathonläufer wird sicherlich mehrmals pro Woche einige Kilometer laufen, beispielsweise dreimal pro Woche jeweils zehn bis fünfzehn Kilometer.

Das gilt es für uns bei der Festlegung unserer persönlichen Ziele zu beachten. Diese Person ist an dieses Trainingspensum gewöhnt. Unser Ziel könnte also lauten, innerhalb der nächsten sechs oder acht Monate dahin zu kommen, eine Strecke von fünfzehn Kilometern zweimal pro Woche zu laufen.

Dieses Ziel brechen wir dann weiter runter, bis wir ein überschaubares Ziel für unseren Start haben, beispielsweise für den Anfang dreimal pro Woche drei Kilometer zu laufen.

Sich selbst und seine Grenzen kennenlernen und respektieren

Wenn wir unser persönliches Ziel festgelegt haben, bedarf es, dies in der Praxis zu testen und zu sehen, ob es für uns passt oder nicht. Wir dürfen herausfinden, ob wir mit unserem gesetzten Ziel im Rahmen unserer Ressourcen sind oder ob wir bereits an persönliche Grenzen stoßen. Wenn dem so ist, dürfen wir lernen, diese anzuerkennen und zu respektieren.

Angenommen, die drei Kilometer pro Woche würden uns völlig erschöpfen und wir wären nach dieser Einheit zu nahezu nichts anderem mehr imstande und völlig am Ende unserer Kräfte. Dann wäre dies ein deutliches Signal dafür, dass wir über unsere Leistungsfähigkeit hinausgehen und unsere persönliche Grenze missachten.

Ziele anpassen

Wenn wir merken, dass wir unsere persönlichen Ressourcen überlasten, dürfen wir jederzeit unsere Ziele anpassen. Wir sind nicht dazu verpflichtet, uns selbst zu geißeln und mehr von uns abzuverlangen, als gut oder gesund für uns ist.

Bei unserem Beispiel könnte dies bedeuten, dass wir von den drei Kilometern pro Woche erst einmal auf einen Kilometer pro Woche gehen. Und dies so lange, bis wir diese Strecke wirklich gut bewältigen können und uns nach dieser Einheit wohlfühlen.

Dies gilt für alle gesetzten Ziele. Wenn wir uns selbst überfordern und zu viel von uns abverlangen, wirkt dies demotivierend und ggf. auch gesundheitsschädlich für uns. Das braucht wirklich niemand. Schließlich wollen wir den Prozess genießen, ein gutes Gefühl und Spaß bei der Sache haben und unser Ziel erreichen.

Den persönlichen Einsatz würdigen

Zu guter Letzt möchte ich, dass du deinen Einsatz würdigst. Niemand außer dir weiß, wie schwer dir das, was du dir vorgenommen hast, fällt. Niemand außer dir kann diese Leistung wirklich würdigen und anerkennen. Also tu dies bitte.

Um noch einmal auf unseren Marathon zurückzukommen: Wenn wir zu Beginn nur eine Strecke von einem Kilometer schaffen, weil wir lange nicht oder vielleicht noch nie gelaufen sind, dann würdige diese Anstrengung. Du bist gerade dabei, etwas zu trainieren, was du vielleicht noch nie oder über einen längeren Zeitraum nicht mehr getan hast. Es ist völlig in Ordnung, dass dies am Anfang wieder eine Herausforderung und Anstrengung darstellt. Niemand verlangt von dir, dass du das Pensum eines Marathonläufers absolvierst. Wie auch immer unser Pensum aussehen mag, wir dürfen es würdigen. Wir dürfen uns selbst auf die Schulter klopfen und sagen:

«Gut gemacht! Obwohl der Tag heute anstrengend war, habe ich mir die Laufschuhe angezogen und bin meinen Kilometer gelaufen. Und das ist super!»
Sei stolz auf dich!

Allein die Tatsache, diese Herausforderung angenommen zu haben, in die Arena getreten zu sein, verdient unsere persönliche Anerkennung. Und tatsächlich erst einmal nur unsere persönliche. Denn wir müssen niemand anderem etwas beweisen und auch keine von außen vorgegebenen Anforderungen erfüllen.

Kein schlechtes Gewissen von außen einreden lassen

Wie groß oder klein dein persönliches Ziel auch sein mag, lass dir von außen kein schlechtes Gewissen einreden. Wenn du dir ein persönliches Ziel definiert hast und diesem nachgehst, hat keine andere Person das Recht, dir deine Leistung schlechtzureden. Du brauchst kein schlechtes Gewissen zu haben deswegen.

Bezogen auf unser Beispiel heißt dies: Wenn Personen dir sagen wollen, ein Kilometer pro Einheit sei zu wenig, lass diese Personen einfach reden. Wenn du dein Pensum definiert hast, es zu deiner körperlichen und gesundheitlichen Verfassung und in deinen Alltag passt, brauchst du absolut kein schlechtes Gewissen zu haben. Es geht um dein Ziel, deinen Spaß, deine Gesundheit.

Die Fremdvorstellung nicht annehmen

Es wird immer wieder Personen in allen Bereichen geben, die dir sagen möchten, wie viel du zu tun hast. Nimm diese Fremdvorstellungen bitte nicht unreflektiert an.

Prüfe immer wieder, welche persönliche Leistung DU erbringen kannst und im Rahmen deiner Ressourcen liegt. Wenn du nämlich deine Ressourcen überforderst, wird keine dieser Personen sich darum kümmern, ob es dir noch gut geht oder nicht. Einzig und allein du selbst trägst die Verantwortung dafür, auf dich, dein Wohlbefinden und deine Gesundheit zu achten.

Wenn andere in einem Bereich mehr tun als wir, ist das völlig in Ordnung. Vielleicht sind sie in dieser Sache trainierter, vielleicht fällt ihnen diese Sache leichter oder sie haben einen Alltag, der mehr zulässt. Das alles wissen wir nicht und deshalb dürfen wir die Vorgaben bzw. Vorstellungen anderer nicht einfach so für uns übernehmen.

Das Fazit lautet: Lass dir von niemandem sagen, du würdest zu wenig tun. Niemand steckt in deinen Schuhen und weiß, wie herausfordernd und kräftezehrend eine Tätigkeit für dich ist, außer dir. Definiere selbst deine Ziele und achte auf deine persönlichen Grenzen. Lass dir kein schlechtes Gewissen von anderen einreden oder mach dir selbst keines durch Vergleiche mit anderen. Die einzige Person, der du Rechenschaft schuldig bist, ist die, die du im Spiegel sehen kannst. Und wenn du ehrlich zu dir sagen kannst, dass du an diesem Tag das Beste gegeben hast, was dir möglich war, ist dies immer ausreichend, und zwar völlig unabhängig davon, wie viel andere tun oder was als allgemeine Definition normiert wird.

In diesem Lifehack steckt auch ein wenig gesellschaftliche Kritik meinerseits. Er soll ebenfalls dazu dienen, uns alle dafür zu sensibilisieren, dass wir Menschen uns nicht wirklich vergleichen können. Ein sauberer, linearer Vergleich ist nur bei Maschinen möglich. Maschinen, die identisch konzipiert sind, mit ein und demselben Zweck, können miteinander verglichen werden. Wenn hier Unterschiede in der Performance auftreten, kann tatsächlich objektiv geprüft werden, wo der Fehler liegt. Bei uns Menschen ist dies völlig anders. Jeder von uns ist unterschiedlich. Jeder von uns hat unterschiedliche Stärken und Schwächen und da ist es völlig natürlich und legitim, dass die Performance unterschiedlich ausfällt. Dies dürfen wir uns selbst immer wieder bewusst machen und akzeptieren und damit anderen die Freiheit zugestehen, anders zu performen als wir. Das ist ein wichtiger Schritt hin zu einer wirklichen Work-Life-Balance und der Anerkennung unserer unterschiedlichen Stärken und Fähigkeiten.

Lifehack #38

Was dein Herz berührt

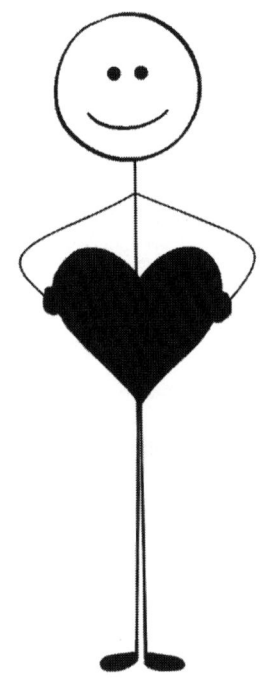

Einzig, was unser Herz berührt, nährt unsere Seele.

Gleich zu Beginn habe ich eine Frage an dich: Wann hast du dich das letzte Mal so richtig lebendig gefühlt? Wann hattest du das Gefühl, als würden tausend bunte Farben durch dich strahlen und deinen gesamten Körper durchfluten? Wann hattest du das letzte Mal das Gefühl, vollkommen im Hier und Jetzt zu sein? Wann hattest du das letzte Mal das Gefühl von freudiger Ergriffenheit, dass sich gerade etwas ereignet hat, das dich im Herzen berührt?

Ich hoffe und wünsche mir für dich, dass es nicht allzu lange her ist.

Als Kinder wissen wir sehr genau, was unser Herz berührt, und wir haben auch keine Scheu, dies zu zeigen und zu artikulieren. Wir tragen unser Herz sprichwörtlich «auf der Zunge» und haben keine Scheu, unsere Emotionen zu zeigen, wenn uns etwas berührt. Wir lachen und strahlen oder weinen und seufzen. Wir sagen, wenn uns etwas traurig macht oder ängstigt oder wenn etwas einfach unglaublich schön für uns ist und dieses unbeschreiblich schöne Gefühl aus unserem Herzen in uns emporsteigt.

Denk einmal zurück, vielleicht hattest du einen Lieblingsfilm oder ein Lieblingsbuch als Kind. Vielleicht gab es einen besonderen Ort, eine besondere Person, ein besonderes Bild oder ein besonderes Tier, das es immer wieder geschafft hat, dein Herz zu berühren. Vielleicht waren es bestimmte Situationen, in denen du etwas gemacht hast. Vielleicht hast du dich liebevoll um ein verletztes Tier gekümmert, deinen Großeltern bei etwas geholfen oder ein besonderes Ritual mit deinen Eltern oder Freunden gehabt.

Ich hoffe, du hast eine solche Erinnerung und lässt diese gerade vor deinem geistigen Auge Revue passieren. Vielleicht steigt sogar gerade ein bisschen dieses tollen Gefühls dabei in dir auf.

Wie viele andere Dinge im Leben können sich auch diese Ereignisse oder Dinge verändern. Da wir uns verändern und erwachsen werden, können auch die Dinge, die uns berühren, sich verändern. Aber, und davon bin ich überzeugt, jeder von uns kann etwas in unserer Welt finden, das sein Herz berührt, wenn wir mit offenen Augen und offenem Herzen durch die Welt gehen.

Leider kann es uns auch passieren, dass uns die kindliche Leichtigkeit, diese Gefühle zu empfinden und zu zeigen, mit der Zeit verloren geht. Es kann uns passieren, dass wir im Laufe des Erwachsenwerdens beigebracht bekommen, diese Gefühle nicht zu zeigen. Es kann passieren, dass uns beigebracht wird, dass es sich nicht «schicke» oder wir uns dadurch nur angreifbar machen würden.

Es könnte auch tatsächlich sein, dass wir schlechte Erfahrungen damit gemacht haben, zu zeigen, was uns berührt, und dass wir von anderen Menschen in diesen Fällen beschämt, verspottet oder geärgert wurden. Es könnte sein, dass eine andere Person dieses Wissen schamlos ausgenutzt hat, um uns zu manipulieren und zu verletzen.

Natürlich hoffe ich inständig, dass dir so etwas nicht widerfahren ist. Aber aus persönlicher Erfahrung weiß ich, dass so etwas passieren kann. Und wenn es passiert, tut es weh.

Sollten wir Blessuren dieser Art davongetragen haben oder sollte uns beigebracht worden sein, diese Emotionen nicht zu zeigen, sondern in uns verborgen zu halten, besteht die Gefahr, dass wir unseren Zugang hierzu verlieren.

Wir könnten eines Tages aufwachen und uns vielleicht nicht mehr daran erinnern, was tatsächlich unser Herz berührt. Vielleicht fehlt uns sogar die Erinnerung daran oder sie ist mittlerweile so verblasst, dass kein wirkliches Gefühl mehr in uns aufsteigt.

Wie auch immer der Zustand gerade bei dir ist, ich bin davon überzeugt, dass gerade die Dinge, die unser Herz berühren, unser Leben erst wirklich lebenswert machen. Diese tiefgehenden Eindrücke und Erlebnisse sorgen dafür, dass wir uns in jenem Augenblick wirklich lebendig fühlen.

Was passiert in solch einem Augenblick?

In solch einem Moment der Ergriffenheit hat nichts anderes mehr Platz. Keine Sorgen, keine quälenden Gedanken und auch kein Stress. In diesen Momenten der tiefen Ergriffenheit nehmen wir nur den Augenblick wahr und die zahlreichen positiven Gefühle, die er in uns auslöst. Wir haben für einen kurzen Augenblick oder einen Moment ein Empfinden tiefer Glückseligkeit.

Also möchte ich dich dazu einladen, wieder aktiv nach diesen Momenten zu suchen. Ich möchte dich dazu einladen, dein inneres Kind und dessen Neugier wiederzuentdecken. Ich möchte dich dazu einladen, deinem inneren Kind zu erlauben, diese Ergriffenheit wieder zu spüren und zu zelebrieren.

Ich möchte mich mit dir auf die Suche danach machen, herauszufinden, was dein Herz berührt.

Zu wissen und zu erleben, was unser Herz berührt, ist für mich eine Essenz des Lebens. Es ist ein Quell von Kraft, Zuversicht, Mut und Motivation. Wenn wir diesen in unser Leben wieder integrieren, wird es uns schwerfallen, nur graue Wolken am Himmel zu sehen. Denn wir finden immer wieder etwas, das uns berührt und die Welt in etwas Wunderschönes für uns verwandelt.

Dieses einzigartige Gefühl schenkt uns unglaublich viele schöne Dinge.

- Es schenkt uns Hoffnung.
- Es schenkt uns Zuversicht.
- Es schenkt uns Mut.
- Es schenkt uns unvergessliche Momente.
- Es schenkt uns Erinnerungen.
- Es spendet uns Trost.
- Es erleichtert uns den Tag.
- Es schenkt uns Kraft.

…

Ich glaube fest daran, dass es sich für uns alle lohnt und unserem persönlichen Wohlbefinden sehr zugute kommt, wenn wir wissen, was unser Herz berührt, und uns erlauben, diese Dinge in unseren Alltag zu integrieren und zu leben.

Wie finden wir heraus, was unser Herz berührt?

Hier gibt es verschiedene Wege, wie wir dies herausfinden können: Wir können z. B. in unsere Vergangenheit blicken.

Nimm dir hierzu immer mal wieder eine Stunde Zeit und mach es dir so richtig gemütlich. Mach dir etwas Leckeres zu trinken, einen Tee, Kaffee oder wonach es dir beliebt. Nun versuch, ganz bewusst in Erinnerungen zu schwelgen. Versuch, dich an Ereignisse zu erinnern, in denen du dieses Gefühl von tiefer Ergriffenheit hattest, Situationen, in denen dein Herz vor Glück tanzte.

Was genau war es? Wie waren die Umstände? War eine bestimmte Person dabei? Hast du etwas Bestimmtes gemacht? Hast du eine bestimmte Szenerie beobachtet? Was ist in dieser passiert?

Schreib dir auf, woran du dich erinnerst. Notiere dir jedes Detail und versuche herauszufinden, ob sich daraus etwas Allgemeines ableiten lässt. Hattest du vielleicht tolle Erlebnisse mit Tieren?

Hast du jemandem geholfen? Hast du eine besonders rührende Filmszene gesehen?

Notiere wirklich alles und schau, ob du etwas von diesen Ereignissen in dein jetziges Leben wieder integrieren kannst.

Eine zweite Methode ist achtsames Beobachten. Es gilt, wieder ein Gefühl für uns selbst zu bekommen. Nimm dir auch hierzu ein wenig Zeit und horche in dich hinein, wie du dich bei der ein oder anderen Sache fühlst. Teste verschiedene Dinge aus und beobachte, ob sich positive Emotionen in dir regen.

Ein kleines Beispiel hierzu von mir: Ich habe mit der Zeit für mich erkannt, dass es mich nahezu immer berührt, wenn ich anderen Menschen helfen kann. Letzte Woche habe ich meiner Vermieterin, die 88 Jahre alt ist, dabei geholfen, ein Zugticket zu kaufen. Ich fuhr sie zum Bahnhof und half ihr dabei, am Ticketautomaten eine Fahrkarte für den Zug zu kaufen. Augenscheinlich eine Kleinigkeit. Mir hat es jedoch ein unbeschreiblich gutes Gefühl gegeben, einem anderen Menschen helfen zu können.

Entsprechend versuche ich immer wieder, solche Kleinigkeiten in meinen Alltag zu integrieren. Und glaub mir, es bieten sich im Laufe eines Tages unzählige Möglichkeiten, anderen Menschen zu helfen. Du kannst dir also vorstellen, dass nahezu kein Tag vergeht, an dem ich nicht ein tolles Ereignis erlebe.

Dabei sind es nicht die riesigen Dinge, sondern die kleinen: jemanden an der Supermarktkasse vorlassen, jemanden in Ruhe abbiegen oder einparken lassen, ohne gleich auf die Hupe zu hämmern, wenn es einen Augenblick länger dauert, jemandem ein Lächeln schenken oder ein lobendes Wort an jemanden richten, für einen Augenblick dem Zwitschern der Vögel lauschen oder ein Eichhörnchen einen Moment lang beobachten, bis es einen entdeckt und schleunigst das Weite sucht.

Es gibt unglaublich viele Dinge in unserer Welt, die unser Herz berühren können. Nimm dir von Zeit zu Zeit einen kleinen Augenblick und beobachte die Geschehnisse um dich herum und in dir. Schau, was in dir ein positives Gefühl aufkommen lässt, und versuche, diese zu mehren.

Mit dem Vermehren der Augenblicke kommen wir noch zum letzten Punkt in diesem Lifehack.

Erlaube dir, deine Emotionen zu leben

Falls dem so ist, dass du dir deine Emotionen aus irgendeinem Grund in der Vergangenheit versagt haben solltest, mach dir Folgendes bewusst.

Du bist ein lebendiges Wesen. Keine andere Person und kein gesellschaftlicher Umstand haben das Recht, dir deine Emotionen zu versagen. Du darfst Emotionen haben und leben. Es gehört zu unserer menschlichen Natur, Emotionen zu empfinden und vor allem die schönen.

Sag dir also selbst, dass du einen Anspruch auf schöne, ergreifende und tiefgehende Emotionen hast und niemandem darüber Rechenschaft ablegen musst. Jede Person, die dir diese versagen möchte, handelt gegen die Menschlichkeit. Auf derartige Personen brauchst du nicht zu hören!

In diesem Sinne wünsche ich dir die schönsten und ergreifendsten Momente für dein Leben. Such sie, kreiere sie und lebe sie. Sie werden dein Leben auf eine Art und Weise bereichern, die du dir zum jetzigen Zeitpunkt vielleicht noch nicht vorstellen kannst.

Lifehack #39

Ein schöner Anblick
hebt die Stimmung

**Wenn unser Blick täglich auf etwas Schönes fallen kann,
haben wir täglich einen Grund zum Lächeln.**

In diesem Lifehack möchte ich dich dazu einladen, dein Leben auf eine besondere Art ein bisschen schöner und entspannter zu gestalten. Ich möchte dich einladen, ein bestimmtes Mosaik in deinen Alltag zu integrieren. Ein Mosaik, das uns dabei helfen wird, leichter abzuschalten und zu genießen. Ein Mosaik, das unsere Achtsamkeit trainiert und uns leichter ins Hier und Jetzt kommen lässt und damit vor zu viel Grübelei bewahrt.

Ein Mosaik, das die Macht hat, unsere Laune ein wenig zu erheitern, und uns einen kleinen, flüchtigen Moment des Glücks schenkt. Anders als im Lifehack #38 geht es hierbei um die kleinen, kurzen, häufig flüchtigen Augenblicke, die uns aus unserer derzeitigen Gefühlslage kurz herausholen und unsere Stimmung verschönern.

Das Mosaik, von dem ich spreche, ist der Anblick von etwas Schönem. Schön ist, wie wir alle wissen, relativ. Das macht das Ganze auch so spannend, wie ich finde. Ich weiß nicht, was für dich schön ist, darüber kann ich keine pauschale Aussage machen und das möchte ich auch nicht. Aber ich bin mir ziemlich sicher, dass es etwas gibt, das du als schön empfindest. Mit Sicherheit gibt es etwas, dessen Anblick dich in deinem Herzen, in deinem Inneren berührt. Etwas, das dich für einen Augenblick zum Träumen bringt und alles, was gerade los ist oder los war, für einen Moment vergessen lässt.

Es versprüht förmlich eine gewisse Magie, zumindest für uns. Dies könnte beispielsweise eine bestimmte Blume oder ein Baum sein. Ein bestimmtes Bild, ein Foto oder ein Stein, eine Skulptur, eine Münze, ein bestimmtes Haus oder ein Garten. Hier gibt es keine Grenzen oder Vorschriften.

Was genau es für dich ist, entscheidest du. Wozu ich dich ermutigen möchte, ist, die Chance der Wahrnehmung dieses Objektes zu kultivieren, es also auf eine Art und Weise in deinen Alltag zu integrieren, dass du es leicht und häufig zu Gesicht bekommst.

Vielleicht kennst du das: Nach einem blöden Streit sortierst du ein bisschen in der Wohnung, blickst in verschiedene Schränke und mit einem Mal fällt dir eine Box mit alten Fotos in die Hände. Du setzt dich hin und schaust ein wenig die alten Bilder durch und fängst an, in Erinnerungen zu schwelgen.

Du erinnerst dich an die schönen Momente und Erlebnisse. Du erinnerst dich daran, wie das Wetter an dem Tag war und was alles so passiert ist. Und ehe du dich versiehst, ist die schlechte Laune durch den Streit wie von Zauberhand verflogen. Auf einmal haben wir viele positive Gefühle in uns und denken auch ganz anders über den Streit.

Wie wäre es nun, wenn du die Fotos, vielleicht auch ein besonderes Foto, nicht nur per Zufall sehen würdest? Wie wäre es, wenn du eines dieser Fotos herausnehmen und in einen schönen Rahmen packen würdest? Dann hättest du die Chance, häufiger darauf zu blicken und dich an diesen schönen Moment zu erinnern.

Um genau diese Magie geht es mir hier. Schöne Dinge helfen uns dabei, unsere Stimmung aufzuhellen. Vielleicht kennst du die Übung, bei der wir uns vor den Spiegel stellen und lächeln sollen. Auch ein erzwungenes Lächeln soll unsere Laune aufhellen. Ich weiß nicht, wie es dir geht, für mich persönlich war diese Übung irgendwie nichts. Ich empfinde es nicht als so aufhellend, mich allein vor meinen Spiegel zu stellen und erzwungen zu lächeln.

Daher habe ich nach anderen Möglichkeiten Ausschau gehalten. Dabei bin ich eher zufällig auf die Sache mit dem schönen Anblick gestoßen.

Ich muss gestehen, mir fällt es ziemlich leicht, schöne Dinge in der Welt zu entdecken. Wenn ich unterwegs bin, sei es zu Fuß, mit dem Auto oder der Bahn, entdecke ich nahezu immer etwas in der Landschaft, was ich als schön empfinde und was mich berührt.

Entsprechend viele Dinge habe ich in meinen Alltag und damit in meine tägliche Verfügbarkeit integriert. Und das kannst du auch. Dazu lade ich dich ein.

Auf meiner Terrasse z. B. wächst eine wunderschöne Efeuhecke. Jeden Morgen gehe ich kurz zur Terrassentüre oder auf die Terrasse und schaue mir diese für einen Augenblick lang an. Dann entdecke ich ein neues Blatt, einen neuen Grünton oder einen Tropfen Morgentau auf einem der Blätter. Für mich ist dies ein sehr schöner Anblick und er erhellt sogleich meinen Tag. Wenn ich den Efeu betrachte, erfreut er mein Auge und ich versuche, so viele unterschiedliche Facetten der einzelnen Grüntöne und Blattgrößen aufzunehmen, wie es meine Sinne in diesem Moment zulassen.

Hin und wieder kaufe ich mir eine Lilie – meine Lieblingsblume – und stelle sie für mich gut sichtbar ins Wohnzimmer. Von meinem Arbeitsplatz im Homeoffice kann ich direkt ins Wohnzimmer blicken und somit auf die Lilie. Wann immer ich also ins Wohnzimmer blicke, sehe ich etwas für mich Schönes. Auch das erhellt jedes Mal meinen Gemütszustand.

Wenn ich die einzelnen Dinge betrachte, bin ich dabei sehr achtsam und lasse mich voll und ganz darauf ein. Ich versuche, mit meinem Blick jede Facette der jeweiligen Sache zu greifen: bei dem Efeu die einzelnen Farbtöne und die Blattstruktur, bei der Lilie die Form der Blätter, die Farbe, wie sie gewachsen ist. Ich nehme auch ihren Duft wahr und beobachte über die Tage die Veränderung, wenn die Knospe aufgeht und sie erblüht.

Schöne Dinge zu betrachten, ist also eine hervorragende Achtsamkeitsübung für uns und hilft uns somit gleichzeitig, abzuschalten. Wenn wir versuchen, die einzelnen Facetten der Sache zu greifen, sie vielleicht auch berühren oder daran riechen, richten wir unsere volle Aufmerksamkeit in diesem Moment darauf. Und wenn wir das tun, ist in unserem Kopf schlicht und ergreifend einfach kein Platz mehr für anderes. Also auch nicht für negative Gedanken, Sorgen oder Ängste.

Der Anblick von schönen Dingen erhellt somit unser Gemüt und hilft uns abzuschalten.

Für diesen Aspekt möchte ich gern dein Bewusstsein schärfen und dich einladen, es auszuprobieren. Fang damit an, dass du dir selbst die Frage beantwortest: Der Anblick welcher Sache ist für dich schön? Wenn du das weißt, integriere es gut sichtbar in deinen Alltag.

Platziere ein Objekt im Flur, eines im Wohnzimmer und eines in deiner Küche. Halte auf deinem Weg zur Arbeit die Augen nach etwas offen, das dich erfreut. Schau dich beim Spaziergang nach etwas um, das dich verzaubert.

Und falls du nichts in deiner unmittelbaren Umgebung hast, schau, wo du es finden kannst. Nutze es, um einen schönen Ausflug zu machen und einmal herauszukommen.

Meiner Erfahrung nach wird es immer schwerer für uns, dauerhaft betrübt oder lange von schlechten Gefühlen begleitet zu sein, je mehr schöne Dinge wir in unseren Alltag integrieren.

Zum Abschluss noch eine rationale Frage: Angenommen, du hattest einen wirklich miesen Tag und bist auf dem Weg nach Hause. Was glaubst du, hat mehr Chancen, dich wieder aufzumuntern: ein Heimweg, bei dem du eine sichere Sache erblicken kannst, die dich erfreut, gepaart mit einem Zuhause, wo weitere schöne Dinge darauf warten, von deinem Blick erfasst zu werden? Oder ein Heimweg und ein Zuhause ohne die bereits als schön identifizierten Dinge? An dieser Stelle hättest du immer noch den Versuch mit dem «Zwangslächeln vor dem Spiegel».

In diesem Sinne wünsche ich dir, dass du viele schöne Dinge in deinen Alltag integrierst und von jedem einzelnen so oft wie möglich verzaubert wirst. Damit du nie wirklich lange betrübt oder dauerhaft besorgt bist und immer etwas findest, dessen Anblick dich aufmuntert und abschalten lässt.

Lifehack #40

Dein Spaß

«Freude ist die einfachste Form der Dankbarkeit.»

Karl Barth

In diesem Lifehack möchte ich mit dir auf die wundervollen und wertvollen Seiten von Spaß blicken und dir meine Unterscheidung von Spaß und der Bekämpfung von Langeweile vorstellen.

Vielleicht wunderst du dich gerade, warum ich in dem Buch das Thema «Spaß» aufgreife. Spaß kennt doch schließlich jeder von uns. Wir alle werden uns hoffentlich an Situationen erinnern, in denen wir ausgiebig gelacht haben und viel Spaß hatten. An Ereignisse, in denen wir ausgiebige Momente der Heiterkeit und Unbeschwertheit erlebt haben und ein richtig gutes Gefühl hatten.

Leider durfte ich in den letzten Jahren des Öfteren beobachten, dass es durchaus Menschen gibt, die nicht wissen bzw. nicht mehr wissen, was ihnen tatsächlich Spaß macht.

Es ist irgendwie im Trubel des Alltags verloren gegangen. Dafür ist etwas anderes an die Stelle gerückt. Die Bekämpfung von Langeweile und die Suche nach Zerstreuung.

Der Alltag vieler Menschen scheint mittlerweile derart vollgepackt, stressig und kräftezehrend zu sein, dass sich viele in ihren ruhigen Minuten nur noch danach sehnen, ein wenig abzuschalten. Sie möchten den Kopf frei kriegen, nicht mehr über die Arbeit, die Geschehnisse des Tages oder andere Sorgen nachdenken.

Zu dieser Gruppe gesellt sich eine zweite, die ich beobachten durfte. Diese Gruppe hat durchaus viel Freizeit. In der freien Zeit wissen diese Personen allerdings nichts mit sich anzufangen. Mit Netflix & Co. wird versucht, die freie Zeit irgendwie totzuschlagen. Es gilt, die bedrohliche Langeweile zu bekämpfen.

In diesen beiden Konstellationen ist der eigentliche Kern von Spaß nicht mehr zu erkennen. Es fehlt an der begeisternden

Fröhlichkeit, Heiterkeit und Ausgelassenheit. Es fehlt dieses tiefe Gefühl von Freude und Dankbarkeit, welches sich mit wirklichem Spaß in uns offenbart.

Warum genau ist Spaß aber wichtig für uns?

Wenn wir Spaß erleben, ausgiebig lachen, von Fröhlichkeit und Heiterkeit ergriffen sind, werden viele positive Stoffe in unserem Körper freigesetzt, die sich positiv auf unser Wohlbefinden auswirken. Für mich persönlich ist Spaß Teil einer gesunden Psyche und eines angenehmen Wohlbefindens.

Ich erinnere mich an einige Aussagen, die mir in den Neunzigerjahren begegneten, die das Thema Spaß in ein bestimmtes, ja sogar sehr schlechtes Licht rückten. Es wurde von der sogenannten Spaßgesellschaft gesprochen und dass die Jugend nichts mehr im Sinn habe, außer den persönlichen Spaß zu mehren. So zeichnete sich ein ziemlich negatives Bild von Spaß, das zahlreiche Menschen als reine Hedonisten darstellte.

In dieser Zeit könnte sich somit auch ein gesellschaftliches Bild entwickelt haben, das dem Spaß gegenüber nicht unbedingt wohlgesinnt ist.

Demgegenüber steht der heutige Zeitgeist des «YOLO»: «you only live once». In sozialen Medien gibt es verschiedenste Treffer zum Hashtag #yolo, die Menschen in ausgiebigen Partysituationen und anderen Erlebnissen zeigen.

Hierdurch ist ein gewisser Kontrast entstanden, bei dem auf der einen Seite Menschen sind, die nicht mehr wissen, was ihnen tatsächlich Spaß bereitet, und auf der anderen Seite Menschen, die eine hedonistische Maxime verfolgen und ihren persönlichen Spaß über alles stellen.

Ich möchte nicht den Moralapostel spielen und bestimmen, wie viel Spaß und Vergnügen allgemein das richtige Maß darstellt. Vielmehr möchte ich mit dir einen Blick darauf werfen, welche Formen des Spaßes für uns hilfreich sind.

Spaß ist eines der schönsten Dinge in unserem Leben. Wenn wir echt empfundenen Spaß erleben, sind wir von Glücksgefühlen durchflutet. Spaß macht unser Leben leichter, bunter, spannender und schöner. Ich mag mir kaum vorstellen, wie anstrengend sich ein Leben anfühlen muss, wenn man keinen wirklichen Spaß empfindet bzw. keine Quelle hat, von der man diesen bezieht.

Lass uns also einmal auf zwei Quellen blicken, aus denen wir Spaß beziehen können:

• Spaß als Einzelperson
• Spaß in einer Gruppe

Spaß als Einzelperson

Ich halte es für unglaublich wertvoll, wenn wir etwas haben, das uns Spaß macht und mit dem wir uns allein beschäftigen können. Warum? Nicht immer haben unsere Freunde und Bekannten Zeit, etwas Gemeinsames zu unternehmen. Wenn wir keine Quelle von eigenem Spaß hätten, würden wir uns abhängig machen.

Die Corona-Situation führte uns dies auf drastische Weise vor Augen. Viele Menschen, die nichts haben, was sie allein tun konnten und sie mit Spaß erfüllt, werden eine wirklich schwere Zeit erlebt haben.

Menschen hingegen, die Dinge hatten, die sie allein tun konnten und die ihnen Spaß bereiteten, werden wahrscheinlich einen weniger starken Leidensdruck verspürt haben.

Darum halte ich es für besonders bereichernd, wenn wir nach Dingen oder Tätigkeiten suchen, die uns Spaß machen und allein getan werden können.

Hier ein paar Beispiele:

- Ein Spaziergang (ist sogar kostenfrei)
- Ein Buch lesen
- Ein Musikinstrument lernen
- Kochen
- Fotografieren
- Eine Programmiersprache lernen
- Ein Computerspiel spielen
- Ein Puzzle legen
- Musik hören
- Sport machen
  ...

Es gibt tatsächlich unzählig viele Dinge, die wir allein tun können. Bei welchen du Spaß empfindest, kann und möchte ich nicht sagen. Wichtig ist mir, dass du erkennen kannst, wie wir davon profitieren.

Eine unabhängige und vielleicht sogar kostenfreie Quelle von Spaß liefert uns die Chance, täglich positive Gefühle in uns freizusetzen.

Wenn wir hiervon gar mehrere Quellen haben, die wir uns im Laufe des Tages immer wieder nutzbar machen können, kann keine graue Wolke *dauerhaft* an unserem Gemütshorizont bestehen. Wir lockern unsere Laune und unser Empfinden stets etwas hiermit auf. Das bedeutet nicht, dass wir keine Probleme oder Sorgen hätten, sondern dass diese uns nicht so sehr belasten, wie sie es ohne diese Quellen täten.

Begib dich auf die Suche nach Dingen oder Tätigkeiten, die du allein machen kannst. Teste aus, was dir Spaß macht und wobei du tatsächlich dieses innere Gefühl von Freude und Dankbarkeit verspürst. Beobachte dich ganz genau, horche in dich hinein und fühle, bei welcher Sache du einfach ein gutes Gefühl hast. Bei welcher Sache hast du das Gefühl, wieder ein bisschen Kind zu sein, erlebst dich als verrückt, ausgelassen, heiter und fröhlich? Suche nach diesen Dingen und überlege, wie du diese in deinen Alltag integrieren kannst.

Spaß in einer Gruppe

Ebenfalls besonders schön ist es, mit anderen Menschen zu lachen und Freude zu teilen. Sich einer Gruppe zugehörig zu fühlen, etwas Gemeinsames zu unternehmen und dabei Spaß zu haben, ist unglaublich schön und bereichernd. Als soziale Wesen ist dies für uns Menschen essenziell. Für den einen mehr, für den anderen weniger.

Sich zu einem gemeinsamen Brettspieleabend zu verabreden, gemeinsam zu kochen und Geschichten auszutauschen, Situationskomik zu genießen, gemeinsam einer Sportart nachzugehen, zu musizieren oder zu tanzen sind alles Dinge, die viel Spaß machen können. Hier sind wir aktiv dabei und erleben die Augenblicke mit all unseren Sinnen.

Die Vorfreude auf ein gemeinsames Kinoerlebnis, einen Besuch in einem Freizeitpark oder bei einem Comedian, gepaart mit dem Spaß des Augenblickes lässt unser Herz vor Freude tanzen.

Jede dieser beiden Quellen gibt unserem Leben ein gutes Gefühl. Wie du diese im Einzelnen ausgestaltest, bleibt dir überlassen. Ich wünsche mir für dich, dass du dir beide zugänglich machst, falls du es noch nicht getan hast.

Im Zusammenhang mit Spaß und der Bekämpfung von Langeweile möchte ich noch auf einen Punkt konkreter eingehen: das Handeln. In diesem Zusammenhang könnte Lifehack #16 interessant für dich sein, da sich dieser speziell um dieses Thema dreht. Bei all meinen Beobachtungen und Erfahrungen ist mir eines aufgefallen. Spaß entsteht meist beim Handeln und bewusstem «dafür entscheiden». Bei der Bekämpfung von Langeweile nehmen wir eine passive Rolle ein und versuchen lediglich, Ablenkung auf irgendeine Art zu erfahren.

Ich meine hier nicht irgendeine Form von Komik, die wir als Zuschauer erleben und die uns zum Lachen bringt. Um die mit Spaß verbundenen positiven Gefühle und Emotionen zu erfahren, bedarf es einer bewusst getroffenen Entscheidung für etwas. Wenn ich den Fernseher nur einschalte, um irgendetwas zu hören und zu sehen, jedoch keine klare Vorstellung davon habe, was ich eigentlich sehen möchte, dient es lediglich dazu, meine Langeweile zu vertreiben und für ein bisschen Ablenkung zu sorgen.

Wenn wir allerdings ganz bewusst einen bestimmten Film sehen möchten, für den wir uns entschieden haben und auf den wir bereits eine gewisse Vorfreude besitzen, wird der Film zu einem Erlebnis.

Ich hoffe, ich konnte dir die wertvolle Bedeutung von Spaß und den Unterschied zu Ablenkung und Zerstreuung klar darstellen und dich dazu motivieren, aktiv nach Spaß-Quellen für dich zu schauen. Es geht hierbei nicht darum, jede Minute oder jede Stunde des Tages mit Spaß zu füllen. Es geht auch nicht darum, ein spaßiges Ereignis an das nächste zu reihen und sämtliche weltlichen Verpflichtungen über Bord zu werfen.

Mir geht es darum, dir zu zeigen, dass Spaß etwas ist, was unser Leben bereichert und dass nichts Verwerfliches oder Frevelhaftes daran ist, Spaß zu haben. Es geht mir darum, dich in die Lage zu versetzen, verschiedene Quellen in deinen Alltag zu integrieren, um jederzeit die Möglichkeit zu haben, aus eigenem Antrieb heraus deinen Tag ein bisschen schöner zu gestalten. Und wenn dir das einmal nicht gelingt, ein Tag wirklich sprichwörtlich «kacke ist», dann ist das auch okay. Auch das gehört zum Leben dazu.

Und sind wir einmal ehrlich: Wenn wir keinen Spaß im Leben hätten, was würde unser Leben dann lebenswert machen?

Also geh raus, entdecke die Welt, teste dich aus und finde so viele Dinge wie möglich, die dir sowohl allein als auch in der Gruppe Spaß machen. Damit du jeden Tag einen Grund zur Freude hast.

Glaub mir, das macht das Leben sehr viel angenehmer und leichter.

Lifehack #41

Was gut schmeckt,
tut der Seele gut

Zu wissen, was uns schmeckt, beantwortet viele Fragen.

Dieser Lifehack bildet zusammen mit den Lifehacks #38 und #39 eine Quelle täglicher Positivität.

Auf den ersten Blick hört es sich ziemlich einfach an und scheint offensichtlich: Das, was uns schmeckt, tut uns auch gut. Bei näherem Hinsehen verbirgt sich hier aber einiges mehr dahinter.

Auf dieses Mehr und die genauen Einzelheiten möchte ich näher mit dir eingehen. Zuerst möchte ich dir zeigen, wie wir von diesem Lifehack profitieren können. Wie bereits oben erwähnt, liefert uns das Wissen darüber, was uns schmeckt, zusammen mit der Fähigkeit, es zuzubereiten, eine weitere Quelle, etwas Positives in unseren Alltag zu integrieren.

Ich konnte schon häufig beobachten, dass Menschen auf die Frage «Was möchtest du essen?» mit Achselzucken oder «Keine Ahnung, mir egal» reagiert haben.

Wenn wir selbst nicht wissen, was uns schmeckt und worauf wir gerade Lust haben, wird die Zubereitung eines passenden Gerichtes für den Koch zu einem kleinen Glücksspiel. Nicht selten entpuppt sich dann die getroffene Wahl als unbefriedigend und führt zu Nörgeleien und Unzufriedenheit, und zwar sowohl für uns selbst als auch für den Koch.

Niemand mag es, sich in der Küche um die Zubereitung einer Mahlzeit zu bemühen und am Ende dafür kritisiert zu werden oder als Dank Nörgeleien zu hören. Und niemand mag es, sich an den Tisch zu setzen und auf dem Teller etwas zu erblicken, worauf er gerade so gar keine Lust hat. Das ist für beide Seiten frustrierend.

Wenn wir aber ziemlich genau wissen, was uns schmeckt und was wir heute möchten, können wir dies klar kommunizieren und diese Irrwege vermeiden. Wir können es der anderen Person mitteilen oder es uns selbst zubereiten. Um es zubereiten zu können, gilt es, dies im Vorfeld zu erlernen.

Ein kleines, plakatives Beispiel hierzu:

Stell dir vor, du kommst nach einem zermürbenden Arbeitstag nach Hause. Dein Partner fragt dich, wie dein Tag war und was du gern essen möchtest. Du antwortest kurz und salopp: «Ist mir egal.» Entsprechend deiner Antwort bereitet dein Partner etwas zu, worauf er Lust hat. Nachdem du angekommen bist und dich etwas akklimatisiert hast, wirst du zu Tisch gerufen. Voller Enttäuschung entdeckst du Kartoffelsalat mit Bockwurst auf deinem Teller. Eigentlich hättest du jetzt doch lieber eine frische Gemüse-Lasagne gegessen. Das gibt deinem Tag den Rest und du stehst entnervt auf und setzt dich aufs Sofa.

In diesem kleinen, plakativen Szenario hast du die Chance vergeben, deinen Tag wieder etwas besser zu machen. Obendrein hat es vielleicht auch noch für schlechte Stimmung zu Hause gesorgt, da dein Partner sich jetzt vielleicht vor den Kopf gestoßen fühlt.

Wenn wir wissen, was uns schmeckt und wann wir was gern hätten und brauchen, bringt dies immer wieder positive Lichtblicke in unseren Alltag. Drehen wir das Beispiel hierzu einmal um.

Stell dir erneut vor, du kommst nach einem zermürbenden Arbeitstag nach Hause. Wieder fragt dich dein Partner, wie dein Tag war und was du gern essen möchtest. Du nimmst dir einen Augenblick Zeit und denkst darüber nach. Dann sagst du, dass du wirklich Lust auf diesen türkischen Auflauf mit Paprika und Hackfleisch von neulich hättest zusammen mit einem grünen Salat.

Dein Partner sagt: «Gern, dann machen wir das. Ich bräuchte dann nur ein bisschen Hilfe von dir bei der Zubereitung.»

Nachdem du angekommen bist, gehst du in die Küche und hilfst bei der Zubereitung. Während ihr das Essen macht, sprecht ihr über deinen Tag und seid voller Vorfreude aufs Essen. Als dieses fertig ist, genießt du das köstliche Mahl und fühlst dich gleich viel besser als noch vor einer Stunde. Der miserable Tag ist mit einem Mal nur noch halb so schlimm.

Ich mag dieses romantische, harmonische Bild. Allein die Vorstellung beim Schreiben dieses Beispiels hebt meine Laune. Es verdeutlicht eines: Wenn wir wissen, was uns schmeckt und worauf wir gerade Lust haben, macht es unseren Tag gleich ein bisschen schöner.

Wenn wir das Thema Essen und Trinken beiläufig behandeln und eher als reine Nahrungsaufnahme statt als Genuss betrachten, vergeben wir täglich die Chance, unser Wohlbefinden und unsere Laune positiv zu beeinflussen.

Mit einem klaren Bewusstsein darüber, was wir mögen und wann wir was gern essen oder trinken würden, können wir uns zu jeder Tageszeit eine kleine Freude machen. Und damit haben wir selbst die Möglichkeit, unseren Alltag immer wieder mit etwas Positivem zu verschönern.

Wie genau erlangen wir nun aber dieses Bewusstsein und stellen fest, was uns schmeckt und was wir wann brauchen?

Geschmack ist relativ! Was für mich ein vorzüglicher Gaumenschmaus ist, könnte bei dir auf totale Ablehnung stoßen und umgekehrt. In meiner Kindheit habe ich etwas Faszinierendes beobachtet, was du selbst im Laufe deines Lebens auch schon erlebt haben wirst. Ein und dasselbe Gericht kann ganz unterschiedlich schmecken. Wenn meine Mutter Pizza zubereitet hat, war das meist nie so richtig nach meinem Geschmack. Die Pizza meiner Tante hingegen empfand ich als wahren Genuss. Es gilt also, Dinge zu testen und auszuprobieren. Und hierbei möchte ich dich zu einer bedingungslosen Offenheit einladen. Ich weiß nicht, wie es dir geht, aber bei mir gab es früher bestimmte Lebensmittel, die ich partout nicht mochte. Bei mir war das beispielsweise Rosenkohl. Die Zubereitungsart meiner Mutter hat mir überhaupt nicht geschmeckt und dieses Gemüse in einen wahren Graus verwandelt.

Was habe ich also gemacht? Wann immer es irgendwo Rosenkohl gab, habe ich einen großen Bogen um dieses Gemüse gemacht. Ich habe dem Gemüse bzw. einer anderen Zubereitungsart lange Zeit keine zweite Chance gegeben. Ähnlich verhielt es sich mit Auberginen. Ich testete diese einmal nach Art meiner Mutter und empfand diese als nicht schmackhaft.

Viele Jahre später gab ich der Aubergine eine zweite Chance, als ich bei einem Freund türkischer Abstammung zum Essen eingeladen war. Seine Mutter hatte ein traditionelles Gericht mit Auberginen zubereitet. Anfangs etwas widerwillig ließ ich mich auf den Versuch ein, schließlich wollte ich nicht unhöflich sein. Und was glaubst du, ist passiert? Zu meiner Überraschung waren diese Auberginen ausgesprochen lecker. Das sonst verschmähte Gemüse entpuppte sich bei dieser Zubereitungsart als wahre Gaumenfreude. Ich war total begeistert und stellte für mich etwas fest.

Es kommt nicht unbedingt auf das Nahrungsmittel selbst an, sondern vor allem auch auf die Zubereitungsart. Mein Entdeckungsdrang war geweckt. Ich testete viele Nahrungsmittel, die bis dato nicht (mehr) zu meinen Favoriten zählten, in verschiedenen Küchen aus. Und voilà, das Phänomen ließ sich nahezu immer wiederholen. Nahrungsmittel, deren Zubereitungsart mir in der heimischen Küche nicht zusagten, wurden bei anderen Zubereitungsarten zu echten Highlights.

Mittlerweile lehne ich nahezu kein Nahrungsmittel mehr kategorisch ab, sondern suche nach der für mich passenden Zubereitungsart. Geschmäcker sind eben verschieden. Und dazu möchte ich dich einladen.

Es gibt nahezu keine Lebensmittel, die uns generell nicht schmecken oder schmecken können. Häufig sind es die Zubereitungsarten. Mach dich auf die Suche nach verschiedenen Zubereitungsarten für verschiedene Lebensmittel und teste aus, was dir schmeckt und was nicht. Auf diese Weise schärfst du zum einen deine Achtsamkeit für dich und deinen Körper und zum anderen erweiterst du stets deinen Horizont und hast Gesprächsstoff.

Wenn du ein Bewusstsein dafür entwickelst, was dir schmeckt und wann du es gern essen bzw. trinken möchtest, löst du dich von diesem täglichen Glücksspiel. Du kommst in die Position, selbst täglich dafür sorgen zu können, dir ein schmackhaftes Essen zu holen oder zuzubereiten. Und wenn wir ehrlich sind, hebt ein gutes Essen doch bei den meisten von uns gleich die Laune.

Wenn wir wissen, was uns schmeckt, und wir dieses Gericht auch selbst zubereiten können, versetzt uns dies in eine unglaublich machtvolle und glückbringende Position. Zum einen können wir nahezu jederzeit das essen, was wir möchten. Zum anderen können wir ein Date mit unseren Kochkünsten beglücken und haben ein Gesprächsthema.

Das bringt uns auch gleich zum nächsten Punkt, dem Erlernen, die Dinge selbst zuzubereiten. Es mag vielerorts noch das Rollenmodell oder Klischee geben, dass die Frau das Essen zubereitet. Zum einen kenne ich bereits selbst genügend Beispiele, die dies widerlegen, zum anderen sind wir auch in diesen Punkten glücklicherweise in einem steten Wandel. An dieser Stelle möchte ich gerade die Herren der Schöpfung dazu einladen, sich mit dem Thema Kochen näher zu beschäftigen.

Wenn wir nicht nur wissen, was uns schmeckt und was wir gerade möchten, sondern auch in der Lage sind, uns dies selbst zuzubereiten, können wir wirklich immer für einen positiven Lichtblick in unserem Alltag sorgen.

Für mich war dies nie ein wirkliches Thema, da ich bereits von klein auf sowohl in der Küche meiner Eltern als auch meiner Großeltern mithelfen musste. Daher habe ich bereits früh diverse Handgriffe und Tätigkeiten in der Küche erlernt. Auch hier gilt, Übung macht den Meister. Trau dich, etwas auszuprobieren. Vielleicht mag es beim ersten Mal schiefgehen und noch nicht den gewünschten Genuss auf den Teller zaubern, aber mit etwas Übung wird dir dies gelingen.

Ich kann mich noch gut daran erinnern, als ich das erste Mal selbst Spaghetti Bolognese zubereitet habe. Ich war in der sechsten Klasse und hatte meine Familie dazu überredet, dass ich an diesem Abend das Essen zubereiten werde. Hoch motiviert durch eine Koch-AG in der Schule ging ich eines Abends ans Werk. Ich kochte die Nudeln, briet das Hackfleisch an, schälte die Tomaten und machte alles so, wie es in dem Rezept stand. Doch irgendwie hatte ich die Sache mit dem Salz nicht im Griff. Ich kippte eine ordentliche Ladung Salz ins Nudelwasser und in die Sauce. Es kam, wie es kommen musste, das Essen war völlig versalzen. Nicht einmal mit dem höchstmöglichen guten Willen konnte man einen Teller von dem Gericht essen.

War ich im Angesicht dieses Ergebnisses geknickt? Ja, absolut. Wollten die anderen, dass ich zeitnah noch einmal für sie koche? Nein. Habe ich es dennoch gemacht? Erst einmal nicht.

Nach dieser Erfahrung hatte ich die Nase voll vom Kochen und kam erst später wieder darauf zurück. Genau genommen als ich ausgezogen bin. Als junger Mann begnügte ich mich anfänglich mit den üblichen Fertigprodukten und leichten Dingen wie Rührei. Nach kurzer Zeit stellte ich allerdings fest, dass mir viele dieser Gerichte nicht wirklich schmeckten und mich mit einem unzufriedenen Gefühl zurückließen. Also fing ich wieder an, mich mit dem Kochen zu beschäftigen.

Während meiner Zeit zu Hause hatte ich diverse Kochsendungen notgedrungen mit ansehen dürfen, da meine Mutter diese liebte. Ich erinnerte mich an die diversen Gerichte, die dort zubereitet wurden, und testete mich darin aus, sie nachzukochen. Da Übung bekanntlich den Meister macht, wurde ich immer besser darin. Ich testete Salatdressings, Soßen, Nudelgerichte, Fleischgerichte, Gerichte mit Reis und vieles mehr. Ich entdeckte neue Gewürze aus anderen Küchen und fing an, selbst zu experimentieren und zu kombinieren. Ich testete, was mir schmeckt, welchen Geruch ich als angenehm empfand und welche Zutaten sich zu etwas für mich Schmackhaftem kombinieren ließen.

Mittlerweile bin ich in dieser Sache ziemlich versiert und würde behaupten, dass ich gut kochen kann. Ich weiß ganz genau, was mir schmeckt und wann ich was gern essen oder trinken möchte. Und ich kann mir diese Dinge jederzeit selbst zubereiten.

Entsprechend schön ist mein Alltag. Ich erlebe nahezu keinen Tag mehr, an dem ich etwas esse bzw. essen soll, worauf ich keine Lust habe. Täglich bereite ich mir die Dinge zu, nach denen mir gerade der Sinn steht, und erlebe dabei ein tolles Gefühl.

Und dieses Gefühl möchte ich gern mit dir teilen. Ich möchte dich für diese Freiheit anstecken und inspirieren. Ich wünsche mir, dass du dich ebenfalls mit deinem Geschmacksempfinden auseinandersetzt, dich kennenlernst, weißt, was dir schmeckt und was nicht. Ich möchte, dass du dich selbst ein wenig austestest und ausprobierst, um ebenfalls täglich die Möglichkeit zu haben, dir mit einem schmackhaften Essen deinen Tag zu verschönern.

Dabei wünsche ich dir viel Freude beim Ausprobieren und Mut, verbannten Lebensmitteln auf eine neue Art eine zweite Chance zu geben.

Lifehack #42

Zeit für dich

**Erholung und persönliches Wachstum entspringen
Zeit mit dir selbst.**

Zeit für sich kann viele unterschiedliche Gesichter haben und ist entsprechend facettenreich. Um beispielsweise dieses Buch hier zu lesen, benötigst du Zeit für dich. Um einem Hobby nachzugehen, zu reflektieren, dich mit Themen wie Achtsamkeit, Selbstliebe, deinem Denken und Urteilen über die Welt und deinen Glaubenssätzen zu beschäftigen, benötigst du Zeit für dich. Um dich zu erholen, zu regenerieren und dich um deine Gesundheit zu kümmern, benötigst du Zeit für dich.

Diese Zeit für dich kann bedeuten, dass du für eine gewisse Zeit allein bist oder auch mit einer bestimmten Gruppe von Personen zusammen. Das ist ebenso unterschiedlich wie die einzelnen Bereiche, in denen wir Zeit für uns brauchen. Allerdings haben alle Bereiche bzw. Themen, die hiermit zusammenhängen, eines gemeinsam: Wenn wir uns keine Zeit für uns nehmen, können wir uns auch nicht um diese Themen kümmern.

Wenn ich in der Vergangenheit mit anderen Menschen über dieses Thema gesprochen habe, erfuhr ich unterschiedliche Reaktionen und Sichtweisen. Manche waren von einem schlechten Gewissen geplagt, wenn sie sich Zeit für sich selbst nahmen, manchmal sogar schon, wenn sie nur darüber nachdachten. Sie hatten Sorge, sie würden dadurch ihren Verantwortungen und ihrer Fürsorgepflicht nicht mehr gerecht werden. Andere wiederum hatten die genau gegenteilige Ansicht. Sie nahmen sich jederzeit Raum für sich selbst, um ihren Interessen und Hobbys nachzugehen und sich um sich selbst zu kümmern, und sie hatten dabei keinerlei schlechtes Gewissen. Im Gegenteil, sie empfanden es als grenzüberschreitend, wenn ihnen eine andere Person dieses Verhalten verwehren wollte.

Wie du vielleicht schon in anderen Kapiteln bemerkt hast, bin ich selbst ein großer Freund von Balance und Harmonie. Und diese pflege ich auch in diesem Thema. Jeder von uns hat täglich 1440 Minuten, also vierundzwanzig Stunden zur Verfügung. In dieser Zeit gilt es, sowohl unseren weltlichen Verpflichtungen nachzukommen als auch uns um uns selbst zu kümmern. In welchem Maß du das für dich machen möchtest, darfst du selbst entscheiden.

Ich möchte dich dafür sensibilisieren und auch inspirieren, dir Zeit für dich zu nehmen. Denn es gibt durchaus viele Themen, unter anderem viele aus diesem Buch, die deine Zeit und dein Zutun erfordern.

Angenommen, du möchtest etwas für deine Entspannung tun, um den Stress der Arbeit loszuwerden, dann benötigst du Zeit für dich. Oder du möchtest dich mit dem Thema der Achtsamkeit näher auseinandersetzen, ein bisschen dazu recherchieren und vielleicht die ein oder andere Übung machen, dann benötigst du Zeit für dich.

Oder du möchtest in Ruhe einen Film gucken, dich ein bisschen berieseln lassen oder dich einem deiner Hobbys widmen oder Sport machen, auch hierfür benötigst du Zeit für dich.

Wir können also sagen: Um uns um unser Wohlbefinden, unsere Gesundheit und unsere persönliche Entwicklung kümmern zu können, benötigen wir Zeit für uns selbst. Ohne diese werden wir in diesen Bereichen kaum merkliche Fortschritte machen oder sogar Gefahr laufen, diese völlig zu vernachlässigen und dadurch einen Schaden zu erleiden.

Für die meisten Themen dieses Buches z. B. benötigst du gezielt Zeit für dich allein. Ich denke, jeder, der schon einmal versucht hat, ein Buch intensiv zu lesen oder etwas zu lernen, wird mir zustimmen, dass wir dazu Ruhe und Konzentration benötigen. Es gilt also, uns diese Zeit im Alltag zu nehmen und dieses «Nehmen» in unseren Alltag zu integrieren.

Aber wie machen wir das nun genau? Wie besänftigen wir unser schlechtes Gewissen oder bremsen unsere Egozentrik?

- Wir dürfen lernen, uns diese Zeit zuzugestehen
- Die Zeit in unseren Alltag einplanen
- Diese Zeit lernen, aktiv einzufordern
- Wir setzen es um, uns Zeit für uns zu nehmen

Wir dürfen lernen, uns diese Zeit zuzugestehen

Gerade für die Menschen unter uns, die schnell ein schlechtes Gewissen entwickeln, wird darin die größte Herausforderung liegen. Sobald wir uns diese Zeit nehmen, meldet sich das schlechte Gewissen und fängt an, uns Vorwürfe zu machen.

Hier können wir mit verschiedenen Dingen entgegenwirken. In akuten Situationen machen wir uns bewusst, dass wir diese Gedanken haben. Wir versuchen, diese nicht zu werten, sondern lassen sie neutral stehen. Wenn wir merken, dass wir ein schlechtes Gewissen bekommen, blicken wir achtsam hin und würdigen es. In diesen Situationen könntest du z. B. zu dir selbst sagen:

«Ich sehe euch, liebe Gedanken, ihr möchtet mich auf etwas aufmerksam machen. Wenn ich mit meiner persönlichen Zeit fertig bin, höre ich, was ihr mir sagen wollt, und kümmere mich darum. Ich werde euch nicht vergessen.»

Vor oder nach unserer persönlichen Zeit können wir dieses Vorgehen einmal analysieren, um das Thema mit dem Kopf besser zu fassen. Können wir tatsächlich sagen, dass es etwas Verwerfliches ist, sich Zeit für sich zu nehmen? Sind wir die einzigen Menschen, die sich Zeit für sich nehmen? Machen wir selbst anderen Vorwürfe, wenn diese sich Zeit für sich nehmen? Können wir etwas Gutes darin erkennen, sich Zeit für sich selbst zu nehmen?

Wenn wir die Fragen beantworten, kommen wir sicher alle schnell zu der Erkenntnis, dass es nichts Verwerfliches oder Schlimmes ist, sich einmal Zeit für sich selbst zu nehmen. Wir kommen zu dem Schluss, dass wir alle dies in mehr oder weniger ausgeprägter Form benötigen und davon profitieren.

Dies gilt es, uns immer wieder bewusst zu machen. In den 24 Stunden, die jedem von uns am Tag zur Verfügung stehen, ist auch ein Zeitraum für uns selbst enthalten. Jeder von uns hat das Recht, diesen frei für sich zu definieren und auch einzufordern. Wir brauchen uns von niemandem hierzu ein schlechtes Gewissen einreden zu lassen oder eine Rechenschaft ablegen.

Die Zeit in unseren Alltag einplanen

Der Alltag von jedem von uns sieht ganz unterschiedlich aus und nicht jeder Tag gleicht dem anderen. Entsprechend gilt es für uns zu schauen, wann wir die Zeit für uns selbst einplanen können. Jeder von uns hat weltliche Verpflichtungen, diese erledigen wir zuerst. In der freien Zeit dazwischen, abzüglich unseres Schlafes, planen wir etwas Zeit für uns selbst ein. Das können 30 Minuten oder auch drei Stunden sein. Das bleibt ganz dir und deiner Tagesstruktur überlassen. Es kann auch sein, dass wir uns gar nicht jeden Tag Zeit für uns nehmen, sondern vielleicht einmal pro Woche. Schau, wie und wann es am besten in deinen Alltag passt.

Diese Zeit lernen, aktiv einzufordern

Wenn Menschen dies noch nicht aktiv leben und häufig für alle Personen in ihrem Umfeld erreichbar und greifbar sind, kann dies am Anfang zu Irritationen führen. Auf einmal für sie nicht mehr Gewehr bei Fuß zu stehen, könnte Menschen in unserem Umfeld anfänglich frustrieren. Hier gilt es, dem schlechten Gewissen entgegenzuwirken wie oben beschrieben und die Zeit für uns aktiv einzufordern.

Es kann mitunter dazu kommen, dass unser Umfeld sehr kreativ wird und diverse Situationen erzeugt, in denen wir «angeblich» gebraucht werden. Das ist ein typischer Abwehrmechanismus aus unserer Umwelt. Mach dir bewusst, dass nahezu nichts so tragisch oder wichtig sein kann, als dass es nicht eine Stunde warten könnte (tatsächliche Notfälle einmal ausgenommen). Für unser Umfeld kann es ebenfalls zu einem Lernprozess werden, festzustellen, dass wir nicht mehr permanent verfügbar sind. Das ist normal und auch völlig in Ordnung. Wir müssen nicht immer bei allem dabei sein. Dieser Prozess beinhaltet auch die Chance, dass unser Umfeld lernt, mit verschiedenen Situationen allein umzugehen und daran zu wachsen. Lass nicht zu, dass Vorwände die persönliche Zeit mit dir sabotieren. Fordere sie aktiv für dich ein und nimm dir deine Zeit.

Wir setzen es um, uns Zeit für uns zu nehmen

Wenn wir Zeit für uns geplant haben, fordern wir diese aktiv ein und setzen es um. Wenn unser Umfeld versucht, diese Zeit zu sabotieren bzw. keine Rücksicht darauf nehmen will, such dir einen Ort, an dem du deine Zeit genießen kannst. Trainiere es, dir immer wieder Zeit für dich zu nehmen und dich mit dir zu beschäftigen.

Nur wenn wir uns die Zeit für uns nehmen, können wir uns um die Dinge kümmern, die uns interessieren, sei es ein Buch zu lesen, zu reflektieren, uns Gedanken über eine vergangene Situation zu machen, zu regenerieren, uns weiterzubilden, uns sportlich zu betätigen und etwas für unsere Gesundheit zu tun oder etwas, was uns sonst noch Spaß macht. Ohne Zeit für uns verhungern diese Bedürfnisse in uns und führen früher oder später mit ziemlicher Sicherheit zu Unzufriedenheit und Vorwürfen.

Uns Zeit für uns selbst einzuräumen und einzufordern, hat für mich auch viel mit persönlicher Achtung, Respekt, Wertschätzung und Würde uns selbst gegenüber zu tun. Wenn wir permanent auf die Dinge in der Welt und die Befindlichkeiten anderer Personen eingehen, vergessen wir nämlich am Ende eine Person – uns selbst. Und haben wir es nicht auch verdient, etwas Zeit mit uns zu verbringen, privat, ungestört, ganz mit und für uns allein? Ich denke schon!

Und aus persönlicher Erfahrung kann ich dir sagen, es lohnt sich. Wie in allem gilt es, die Balance zu finden, nicht in ein rücksichtsloses Verhalten zu verfallen und auch nicht in eine Form der Selbstaufopferung. Wenn uns das gelingt, können wir die Früchte des Lebens genießen und laufen nicht Gefahr, später zu bereuen, etwas nicht probiert, etwas nicht gelesen oder etwas nicht getan zu haben, weil wir uns keine Zeit dafür genommen haben.

Es liegt in unserer persönlichen Verantwortung, uns die Zeit für uns zu nehmen.

Ich hoffe, ich konnte dir näherbringen, wie wichtig es für unser persönliches Wohlbefinden, unsere Gesundheit und unsere Entwicklung ist, Zeit mit uns selbst zu verbringen. Bei deiner Zeit mit dir wünsche ich dir viel Freude.

Lifehack #43

Reflexion liefert Erkenntnis

learn to reflect

**Reflexion ist die Voraussetzung
für persönlichen Erkenntnisgewinn.**

In diesem Lifehack möchte ich mit dir über die besonders positiven Seiten der Selbstreflexion sprechen und darüber, wie sie unsere Entwicklung und unser Wohlbefinden stärkt.

Selbstreflexion ist unser Weg zu persönlicher Erkenntnis, zu neuen Perspektiven und zu persönlicher Weiterentwicklung. Durch Selbstreflexion können wir Verständnis für uns und verschiedene Situationen gewinnen und Verhaltensänderungen bei uns herbeiführen.

Im Grunde geht es darum, unser Leben so angenehm wie möglich zu gestalten. Nun kann es immer wieder einmal vorkommen, dass wir in Situationen oder Lebensphasen landen, die sich für uns nicht so angenehm anfühlen, oder dass wir Entscheidungen getroffen haben, die wir bereuen oder von denen wir uns im Nachhinein wünschten, wir hätten anders reagiert oder anders entschieden.

Das kann im beruflichen Umfeld oder auch in unserem privaten Bereich stattfinden. Die Selbstreflexion hilft uns dabei, diese Situationen zu verstehen, Zusammenhänge und persönliches Zutun zu erkennen und eine Verhaltensänderung für die Zukunft daraus abzuleiten.

Das klingt auf den ersten Blick sehr theoretisch. Lass uns hierzu gleich auf ein Beispiel blicken, damit es verständlicher wird:

Während der zweiten Hälfte meiner Schullaufbahn war ich kein besonders guter Schüler. Ich ließ mich leicht ablenken, machte viel Blödsinn und lernte meist nur kurz vor den Klassenarbeiten, wenn überhaupt. Entsprechend zäh gestalteten sich diese Schuljahre. Als ich später auf die Handelsschule ging, fragte ich einen Bekannten, wie er es anstellt, stets gute Noten zu haben. Er antwortete mir, er würde nichts Besonderes tun, lediglich im Unterricht aufpassen und mitschreiben und das Mitgeschriebene später noch einmal kurz wiederholen.

Eines Nachmittages setzte ich mich zu Hause hin und reflektierte diese Aussage und mein bisheriges Verhalten in der Schule. Was mache ich während der Schulstunden? Ich bin häufig mit anderen Dingen beschäftigt, folge nicht wirklich dem Unterricht. Ich stellte fest, dass ich oft damit beschäftigt war, Pläne für den Nachmittag zu schmieden oder irgendeinen Unsinn mit Schulkameraden auszuhecken. Ich war ständig in Gespräche mit meinen Mitschülern verstrickt oder unternahm Versuche, einem Mädchen aus der Klasse den Hof zu machen.

Ich kam zu der Erkenntnis, dass ich nie wirklich dem Unterricht folgte und auch später am Nachmittag nie noch einmal etwas nacharbeitete. Ebenfalls kam ich zu der Erkenntnis, dass sich die Schule bzw. die Klassenarbeiten und der Lernaufwand auf diese Art regelmäßig als anstrengend, nervig und unliebsam herausstellten. Da ich nie aufgepasst hatte, musste ich quasi fast immer alles lernen, was bis dahin durchgenommen wurde.

Mir wurde klar, dass ich auf diese Weise keinen guten Abschluss machen würde. Diese Erkenntnis bewog mich dazu, mein Verhalten zu ändern. Also testete ich besagtes Verhalten meines Bekannten aus und fing an, dem Unterricht aktiv zu folgen, mir ein paar Notizen zu machen und am Nachmittag noch einmal zehn Minuten dort hineinzusehen.

Was soll ich sagen, es hat meinen Schulalltag revolutioniert. In nahezu allen Fächern, außer Spanisch, funktionierte diese Methode hervorragend. Ich musste kaum noch viel lernen für die Klassenarbeiten, da ich stets im Thema war, und es gelang mir, einen der besten Abschlüsse des Kreises zu machen.

Die Selbstreflexion hat mir die notwendige Erkenntnis und Einsicht gegeben, mein Verhalten zu ändern und etwas Neues auszuprobieren. Sie hat mir geholfen, mir meines Verhaltens bewusst zu werden, die Zusammenhänge zwischen dem Gefühl der Anstrengung und meinem Verhalten zu erkennen, und sie hat mich zu der Entscheidung geführt, dieses zu ändern.

Und das ist es im Prinzip. Selbstreflexion hilft uns zu erkennen, wie wir in einzelnen Situationen handeln, interpretieren und reagieren, schafft Verständnis für uns und unsere Motive und bereitet so den Nährboden für Veränderungen.

Kommen wir zurück zur Theorie. Wir Menschen neigen dazu, uns alles erklären zu wollen. Unser Geist braucht eine Erklärung, sonst finden wir keine Ruhe. Nun gibt es aber auch unzählig viele Situationen, in denen wir keine befriedigende Erklärung finden können. Zumindest auf den ersten Blick.

Gerade im Zusammenhang mit Liebeskummer ist Selbstreflexion ein wirksames Mittel zur Verarbeitung unserer Trauer. Vielleicht hattest du ebenfalls einmal die Situation, dass du verlassen wurdest.

Dann kennst du auch das Gefühl, wenn einem sprichwörtlich «der Boden unter den Füßen» weggezogen wird. Man versteht die Welt nicht mehr und fühlt sich, als wäre man im freien Fall.

Wir versuchen, uns irgendwie diese Situation zu erklären, zu erklären, wie er oder sie uns verlassen kann, wo doch eigentlich alles gut läuft. Zumindest aus unserer Perspektive. In diesem Zusammenhang kommt es dann auch häufig zu Vorwürfen, Schuldzuweisungen und anderen Abwehrreaktionen. Freunde und Bekannte versuchen, uns aufzumuntern, indem sie Sätze sagen wie: «Er oder sie hat dich doch gar nicht verdient.»

Für mich persönlich waren solche Sätze oder bedingungsloser Zuspruch nie wirklich hilfreich, da sie mich nicht dabei unterstützten, die Situation zu verstehen und Erkenntnisse für mich zu gewinnen. Ich war seit jeher ein großer Freund davon, Situationen mit anderen kritisch zu reflektieren und verschiedene Sichtweisen zu einem Thema zu bekommen.

In gescheiterten Liebesbeziehungen ist es doch häufig so, dass wir eher an einer Idee oder einem Wunsch festhalten und uns die Gegebenheiten schönreden, um diese Vorstellung aufrechtzuerhalten, statt der Wahrheit ins Gesicht zu blicken.

Wenn man im Nachhinein verschiedene Situationen reflektiert, kommen die meisten von uns zu der Erkenntnis, dass das ein oder andere, was zum Beziehungsaus geführt hat, nicht wirklich neu ist. Wir wollten es nur nicht anerkennen. Mit der Selbstreflexion können wir erkennen, an welchen Stellen wir vielleicht Ja gesagt haben, obwohl wir eigentlich Nein sagen wollten. Wir können zu der Erkenntnis kommen, dass wir häufig unsere Bedürfnisse oder unsere Würde vernachlässigt haben. Und wir können zu der Erkenntnis kommen, dass zu allem im Leben zwei gehören. Wenn wir in einer Beziehung, sei es eine Liebesbeziehung oder eine Freundschaft, schlecht behandelt werden, kann dies im Idealfall nur einmal passieren. Denn dann würden wir sagen: «So nicht!»

Falls es öfter passiert, können wir mit der Selbstreflexion prüfen und erfahren, wie häufig es dazu gekommen ist und wann. Wie oft haben wir uns unter welchen Umständen auf eine Art behandeln lassen, die wir uns nicht gewünscht, aber irgendwie zugelassen haben?

Mit diesen Erkenntnissen können wir dann weiterarbeiten und unsere Verhaltensweisen für die Zukunft verändern. Wir können uns darum kümmern, nicht mehr Ja zu sagen, wenn wir Nein meinen. Wir können uns darum kümmern, ein unangebrachtes Verhalten uns gegenüber nicht mehr zu akzeptieren.

Das würde, wie in Lifehack #31 beschrieben, in unsere Eigenverantwortung fallen.

Selbsterkenntnis hilft uns dabei, über verschiedene Dinge ein empfundenes «Gewahrwerden» zu erfahren. Was meine ich damit? Ganz plakativ: Wenn ich dir sage: «Leg deine Hand nicht auf die heiße Herdplatte, das tut weh», hast du die Information darüber. Du weißt, dass es wehtun wird, hast aber keinerlei Erfahrung über die Art und die Intensität des Schmerzes. Wenn du deine Hand auf die heiße Herdplatte legst, wirst du einen persönlichen Schmerz empfinden und wirst dir dessen gewahr. Du hast diese Information quasi gespürt.

Und so ist es auch mit vielen anderen Gedanken, Handlungen und Äußerungen. In vielen Momenten unseres Lebens handeln wir intuitiv, ohne darüber nachzudenken. Wenn uns jemand anderes auf diese intuitiven Handlungsweisen aufmerksam macht, ist das erst einmal eine Information (wie die Aussage mit der heißen Herdplatte). Durch unsere Selbstreflexion legen wir bildlich gesprochen unsere Hand auf die Herdplatte und werden uns dessen bewusst. Wir haben die Chance zu erkennen, dass wir in bestimmten Situationen intuitiv handeln, wir können erkennen, wozu dieses Handeln geführt hat, wir können rückblickend bewerten, ob wir den daraus resultierenden Ausgang als gut oder nicht gut beurteilen und uns selbst dafür sensibilisieren und Handlungsalternativen für die Zukunft entwickeln.

Schauen wir uns einmal die einzelnen Schritte einer gezielten Selbstreflexion an:

- Bewusstsein über unangenehme oder sehr angenehme Gefühle und Gedanken
- Eine kritische Analyse der Situation
- Entwicklung neuer Blickwinkel und Handlungsalternativen

Bewusstsein über unangenehme oder sehr angenehme Gefühle und Gedanken

Wir können nicht jeden einzelnen Tag unseres Lebens reflektieren. Daher orientieren wir uns an den Situationen, die uns besonders starke unangenehme oder besonders starke positive Gefühle und Gedanken beschert haben. Die unangenehmen möchten wir im besten Fall in Zukunft vermeiden und die angenehmen häufen.

Uns dieser Situationen bewusst zu werden, ist also unser erster Schritt. Wir selektieren diese und beginnen mit unserer Reflexion. Gerade auch in Bezug auf unsere vorhandene Zeit ist es weder ratsam noch möglich, jede einzelne Situation unseres Tages oder Lebens kritisch zu beleuchten.

Wenn du also mit einer persönlichen Reflexion beginnen möchtest, nimm dir ein Blatt Papier, such dir ein ruhiges Plätzchen und fühle in dich hinein. Was waren Momente, in denen du besonders unangenehme Gefühle und Gedanken hattest, und was waren Augenblicke, in denen du besonders positive Gefühle und Gedanken hattest?

Notiere dir diese auf deinem Blatt. Versuch dabei, nur die Situation zu beschreiben und dich nach Möglichkeit nicht in eine Interpretation zu begeben. Beschreib die Kulisse aus Sicht eines Beobachters.

Eine kritische Analyse der Situation

In diesem Schritt folgt die Auseinandersetzung mit den einzelnen Gefühlen. Schau in die Situation hinein, versuch nachzuvollziehen, warum du dich gerade in dieser so gut oder schlecht gefühlt hast.

- Was ist passiert und was hat diese Gefühle in dir ausgelöst?

- Wurde ein Bedürfnis von dir missachtet?
- Wie hast du einen bestimmten Satz oder eine Handlung interpretiert?
- Lässt sich dieser Satz oder diese Handlung auch anders interpretieren?
- Was hat dir in diesem Moment so große Freude bereitet?
- Wie hat es dich berührt?
- Wie hast du auf Ereignisse reagiert?
- Welche konkreten Handlungen oder Aussagen hast du gemacht?
- Was hast du nach der Situation zu dir selbst gesagt (Stichwort innerer Kritiker)?

Mach dir hier ganz genau bewusst, was in dieser Situation bei dir los war. Wie hast du einzelne Handlungen oder Aussagen interpretiert und was waren deine Gedanken und deine Urteile dazu? Schreib dir diese Dinge ganz genau auf, lass kein Detail aus.

Entwicklung neuer Blickwinkel und Handlungsalternativen

Als Drittes überlege dir alternative Blickwinkel und Handlungsalternativen zu den Punkten auf deinem Blatt. Wie hättest du in einer Situation noch reagieren können? Wie hättest du ein Verhalten oder eine Aussage auch interpretieren können? Wie könntest du zukünftig in ähnlichen Momenten reagieren? Wie kannst du die schönen Augenblicke häufen und die unangenehmen reduzieren?

Wenn dir nicht gleich selbst ein paar Alternativen dazu einfallen, frag gern einen guten Freund, wie er stattdessen gehandelt hätte. Alternativ versuch dir vorzustellen, wie eine Person, die du sehr schätzt, reagiert hätte. Das darf jede beliebige Person sein, auch eine prominente, die du nicht richtig kennst.

Durch diesen Prozess wirst du dir der schönen und unschönen Situationen und Ereignisse in deinem Leben gewahr und erarbeitest dir aktiv neue Handlungsoptionen für die Zukunft. Das schützt dich zum einen davor, in eine Opferrolle zu verfallen, und stärkt zum anderen dein Selbstvertrauen und deine Selbstwirksamkeit. Zu guter Letzt fördert es noch dein persönliches Bewusstsein und schafft Klarheit für dich selbst.

Wir alle verfolgen Wünsche, Ziele und Träume in unserem Leben. Dabei geraten wir alle in die unterschiedlichsten Situationen, gute wie weniger gute. Selbstreflexion ist nicht als Mittel gedacht, uns vor schlechten Ereignissen gänzlich zu bewahren oder dauerhaft Sonnenschein in unser Leben zu ziehen. Sie hilft uns, uns selbst und die unterschiedlichen Erfahrungen in unserem Leben besser zu verstehen und nach bestem Wissen und Gewissen Handlungsalternativen zu kreieren, mit denen wir diese Wünsche, Träume und Ziele erreichen können und einen so angenehmen Lebensalltag wie möglich empfinden.

Für mich ist Selbstreflexion zu einer beinahe täglichen Routine geworden. Immer wieder blicke ich auf Situationen, die entweder nicht so schön waren, wie ich es gern gehabt hätte, nicht den gewünschten Ausgang nahmen, den ich erhofft hatte, oder so schön waren, dass ich diese gern häufig wiederholen würde.

Da ich hierin eines der wertvollsten Instrumente sehe, die unser Leben und Erleben in dieser Welt bereichern, kann ich es dir wirklich nur ans Herz legen, dich ebenfalls damit zu beschäftigen. Wenn wir lernen zu reflektieren, unseren Geist zu öffnen und uns immer wieder neue Blickwinkel zu eigen machen, kreieren wir ein positives Gefühl in uns, das uns vor einer großen Menge an negativen Gedanken und Gefühlen schützt.

Ich hoffe, ich konnte dich für das Thema der Selbstreflexion begeistern und wünsche dir viel Spaß, neue Erkenntnisse,

Blickwinkel und Handlungsalternativen für deine zukünftigen Tage.

Lifehack #44

Achtsamkeit verschönert den Moment

Achtsamkeit ist die Fähigkeit, Wunder in den kleinen Dingen des Lebens zu entdecken.

«Achte gut auf diesen Tag, denn er ist das Leben
– das Leben allen Lebens.
In seinem kurzen Ablauf liegt alle Wirklichkeit
und Wahrheit des Daseins, die Wonne des Wachsens,
die Größe der Tat, die Herrlichkeit der Kraft
– denn Gestern ist nichts als ein Traum
und das Morgen nur eine Vision.
Das Heute jedoch – recht gelebt – macht jedes Gestern
zu einem Traum voller Glück
und jedes Morgen zu einer Vision voller Hoffnung.
Drum achte gut auf diesen Tag!»

Maulana Dschalal ad-Din ar-Rumi, um 1230,
Persischer Dichter und Mystiker

Diese Zeilen finde ich sehr passend für dieses Thema. Es bedeutet, wenn wir einen Tag achtsam leben, wird dieser zu einer wundervollen Erinnerung und gibt uns gleichzeitig Hoffnung für den nächsten Tag, dass dieser ebenfalls wunderschön wird. Achtsamkeit hat also nicht nur Auswirkungen im Hier und Jetzt, sondern auch auf unsere Vergangenheit und unsere Zukunft. Wir können sagen, Achtsamkeit bereichert unser generelles Wohlbefinden. Denn wenn wir einen tollen Tag erleben, ist er morgen eine schöne Erinnerung für uns und lässt uns heute darauf hoffen, dass morgen ebenfalls schön wird.

Mit Achtsamkeit nehmen wir uns selbst und unser Umfeld besser wahr, was verschiedene positive Aspekte mit sich bringt:

- Wir bekommen ein besseres Körpergefühl.
- Wir haben die Chance zu bemerken, was wie auf und in uns wirkt.
- Wir bekommen ein klareres Bewusstsein für unsere Gedanken, Gefühle, Interpretationen und Urteile.
- Wir interpretieren und bewerten bewusster und werden offener.

- Wir bekommen eine größere Sensibilität für das eigene Umfeld.
- Wir werden offener für neue Informationen.
- Wir kreieren neue Kategorien zur Strukturierung unserer Wahrnehmungen.
- Wir bekommen ein erhöhtes Bewusstsein für unterschiedliche Perspektiven bei der Lösung von Problemen.
- Wir werden weniger gestresst und können gezielt Stress abbauen.
- Wir können klarer kommunizieren.

…

Wir sehen also, Achtsamkeit kann einen großen Einfluss auf unser Erleben und unser Wohlbefinden nehmen. Mittlerweile dürften die meisten von uns schon einmal mit dem Begriff Achtsamkeit in Berührung gekommen sein. Häufig wird er mit Yoga oder Meditationen in Verbindung gebracht. Das sind tatsächlich traditionelle Möglichkeiten, unsere Achtsamkeit zu trainieren, aber bei Weitem nicht die einzigen.

Ich werde dir zum Schluss dieses Lifehacks noch zwei Übungen zeigen, wie du ganz einfach, ohne Yogamatte oder Meditationskissen deine Achtsamkeit im Alltag trainieren kannst.

Zunächst möchte ich aber noch ein wenig tiefer darauf eingehen, wie wir von Achtsamkeit profitieren können. Die meisten von uns erleben einen stressigen Alltag. Häufig finden wir uns in einer Art «Autopilot» wieder und fühlen uns mehr oder weniger getrieben von äußeren Umständen und unseren Reaktionen. Irgendwie ist uns die Kontrolle abhandengekommen.

Immer seltener ertappen wir uns dabei, wie wir Dinge tatsächlich wahrnehmen, entdecken und uns über diese wundern. Automatisch, ja fast schon mit mechanischer Präzision reagieren wir nur noch auf die einzelnen Begebenheiten. Unsere Interpretationen und Urteile sind rasend schnell und es scheint, als wäre uns der «Pause-Knopf» verloren gegangen, um einen Moment innehalten zu können und zwischen Beobachtung und Reaktion abzuwägen.

Die Würdigung des Momentes ist von so kurzer Dauer, dass sie keinen spürbaren Platz mehr in unserem Bewusstsein einnimmt.

Dementsprechend können wir uns gehetzt, fremdbestimmt, ausgebrannt, ahnungslos, freudlos und vielleicht sogar hoffnungslos fühlen.

Achtsamkeit ist, um im Bildnis zu bleiben, unser «Pause-Knopf» zur Wahrnehmung und Würdigung des Momentes und zur Feststellung, was gerade um uns herum passiert und was es in uns auslöst. Sie bietet uns die Möglichkeit, die Kontrolle über unsere Reaktionen zurückzuerlangen.

Dazu ein kleines Beispiel:

Es ist kurz vor deiner Mittagspause und du beschließt, diese an der frischen Luft zu verbringen, um ein wenig abzuschalten. Während du durch die Straße spazierst, denkst du an deinen nächsten Termin heute Nachmittag, wann und wie du die Präsentation fertigstellen sollst und wo du die Anfrage deiner Kollegin noch unterbringen kannst.

Während du in deinen Gedanken versunken bist, die Mittagszeit mit Planung verbringst, statt abzuschalten, entgeht dir die ältere Dame, die dich freundlich anlächelt. Dir entgeht ebenfalls der wunderschöne Garten eines alten Fachwerkhauses. Ebenfalls ist dir dein Hungergefühl entgangen, als du mit deinen Grübeleien begonnen hast. Du kommst aus deiner Pause zurück, hast keinen der schönen Momente und auch deinen knurrenden Magen nicht wahrgenommen. Stattdessen stürzt du dich ins nächste Meeting.

So oder so ähnlich ereignen sich wahrscheinlich viele Mittagspausen in der Republik. Und wie fühlen wir uns dann am Abend, wenn wir nach Hause kommen? Mit ziemlicher Wahrscheinlichkeit nicht besonders wohlgestimmt, vor Energie strotzend und bereit zu aufregenden Taten in der Freizeit.

Wir werden wahrscheinlich keine tolle Erinnerung an diesen Tag haben und uns mit dieser Aussicht auch nicht auf den morgigen Tag freuen. Unser Wohlbefinden wird insgesamt nicht sonderlich positiv sein.

Mit mehr Achtsamkeit in unserem Alltag verändern wir genau diese Szenarien. Wir wären in die Mittagspause gegangen und hätten die Umgebung beobachtet. Wir hätten in uns hineingehört und beobachtet, was der Anblick der einzelnen Gebäude und Menschen in uns bewirkt. Wir hätten die freundliche ältere Dame wahrgenommen, dass sie uns angelächelt hat, und dies vielleicht als positiv bewertet. Wir hätten den wunderschönen Garten des Fachwerkhauses erblickt und uns an einer der Blumen oder der allgemeinen Farbenpracht erfreut. Wir hätten die unterschiedlichen Farben wahrnehmen und uns darüber wundern können, dass es solch farbenprächtige Pflanzen gibt. Wir hätten das Knurren unseres Magens bemerkt und uns etwas Schmackhaftes zu essen geholt.

Auf diese Weise wären wir mit hoher Wahrscheinlichkeit vergnügter, erholter und gesättigt zurück an unseren Arbeitsplatz gekommen.

Achtsamkeit hilft uns dabei, uns selbst und unsere Umwelt besser wahrzunehmen. Bestandteil der Achtsamkeit ist die neutrale Beobachtung, ohne zu werten. Zumindest für den ersten Moment. Es geht darum wahrzunehmen, was um uns herum und in uns passiert.

Hierzu noch ein weiteres Beispiel:

Du hattest einen miserablen Arbeitstag und kommst völlig genervt von der Arbeit. Beim Betreten der Wohnung fragt dich dein Partner, wie es dir geht und wie dein Tag war. Du bist noch völlig in deinem Modus und reagierst ungebremst mit einer patzigen Antwort auf die Frage und gehst in dein Arbeitszimmer. Dein Partner bleibt verwundert in der Küche stehen. Der Rest des Abends verläuft ebenso unentspannt wie der gesamte Tag.

Achtsamkeit kann an diesen Stellen auch unsere zwischenmenschliche Kommunikation verbessern. Wenn wir selbst nicht richtig wissen, was mit uns los ist, und uns dies nicht objektiv vor Augen führen, können wir es auch niemand anderem mitteilen. Eine achtsame Art in diesem Szenario hätte folgende sein können:

Du hattest einen miserablen Arbeitstag und bist auf dem Weg nach Hause. Nachdem du vor deinem Haus angekommen bist, nimmst du dir fünf Minuten, um innezuhalten. Du bemerkst, dass du ziemlich gestresst und genervt bist und dich nach Ruhe sehnst. Du bemerkst, dass du keine Lust hast, jetzt gleich von deinem Partner in ein Gespräch verwickelt zu werden. Diese Beobachtung wertest du nicht, sie ist weder gut noch schlecht, sie ist einfach nur gerade. Du betrittst die Wohnung.

Dein Partner fragt dich, wie es dir geht und wie dein Tag war. Du antwortest, dass der Tag sehr anstrengend war, du gerade total genervt bist und noch keinen Kopf für weitere Fragen oder ein Gespräch hast und erst einmal ein paar Minuten allein im Arbeitszimmer für dich brauchst.

Dein Partner erhält eine klare Information, kann die Situation einschätzen und dir die Ruhe geben, die du gerade brauchst.

Hier hat Achtsamkeit für eine bessere zwischenmenschliche Kommunikation gesorgt. Das bietet die Chance, dass der Abend im Gegensatz zum Rest des Tages noch sehr schön werden kann. Verkürzt gesagt bedeutet Achtsamkeit, in unterschiedlichen Situationen gedanklich einen Schritt zurückzutreten und uns selbst sowie die Kulisse zu beobachten. Zu schauen, wie was auf uns wirkt und welche Gedanken, Gefühle, Emotionen, Interpretationen und Urteile in uns aufsteigen. Um dann aus dieser «Pause-Funktion» heraus eine bewusste Entscheidung zu treffen. Ebenfalls sorgt die Achtsamkeit dafür, dass wir mit unseren Sinnen unsere Umwelt wieder besser wahrnehmen und entdecken. Sie beschert uns schöne Erfahrungen.

Du kannst es dir ungefähr so vorstellen: Wenn du mit einem Sportwagen an einer wunderschönen Blumenwiese vorbeirast, wirst du kaum Zeit haben, eine Blume wirklich zu erfassen und zu betrachten. Wenn du stattdessen zu Fuß an dieser Blumenwiese vorbeigehst, kannst du dir die einzelnen Blumen genau anschauen, kannst an jeder einzelnen schnuppern, dich daran erfreuen und bemerken, welche dir besonders gut gefallen.

Durch Achtsamkeit können wir also gezielt feststellen, was uns guttut, sich für uns gut anfühlt und was uns berührt und unseren Tag verschönert.

Dafür brauchen wir alle unsere Sinne und Zeit. Falls du gerade Sorge hast, dass das Training von Achtsamkeit nicht in deinen Alltag passt, sei unbesorgt, die beiden Übungen, die ich dir gleich vorstelle, finden wirklich in jedem Alltag einen Platz:

- Das Kaffeeritual
- Die Rosine

Das Kaffeeritual

Nimm dir am Tag fünf bis zehn Minuten Zeit, um deinen Kaffee zuzubereiten. Das muss nicht immer der erste Kaffee des Tages sein, darf es aber. Wichtig ist, dass du dir bewusst fünf bis zehn Minuten Zeit hierfür nimmst.

Achte darauf, was um dich herum ist. Wo machst du den Kaffee? In der Küche? Welche Schränke oder Schubladen musst du öffnen, um an das Kaffeepad, die Kaffeebohnen oder -kapseln zu gelangen? Wie fühlt sich die Schranktür, Schublade oder das Behältnis an? Ist es warm oder kalt? Weich oder hart? Wähle bewusst eine Tasse für deinen Kaffee aus. Öffne den Schrank, in dem deine Kaffeetassen stehen, und lass alle für einen Augenblick auf dich wirken. Welche spricht dich heute am ehesten an? Fühle einmal in dich hinein, nach welcher Tasse dir heute zumute ist. Nimm sie in die Hand und ertaste die Struktur der Tasse. Ist sie vielleicht ganz glatt und kühl? Hat sie an einer Stelle eine Einkerbung oder Wölbungen? Streiche mit deiner Hand über die Außenwand der Tasse und nimm ihre Struktur wahr.

Das Gleiche machst du mit dem Behältnis, in dem du den Kaffee aufbewahrst. Streiche auch über dieses mit deiner Hand darüber, öffne es und nimm das Aroma wahr, das dir entgegenströmt.

Wenn deine Kaffeemaschine vorbereitet ist, schalte sie ein und beobachte für einen Moment, wie der Kaffee langsam in deine Tasse fließt bzw. tröpfelt. Nimm wahr, dass du die Geräusche hören, den Geruch riechen und mit den Augen sehen kannst, dass etwas passiert. Nimm wahr, wie das Geräusch an und in dein Ohr dringt und wie der Duft in deine Nase strömt und du diesen mit einem tiefen Atemzug in dich aufnehmen kannst.

Sobald dein Kaffee fertig ist, bereite dir diesen weiter so zu, wie du ihn magst, mit Milch, Zucker oder Honig womöglich. Spüre ganz bewusst die Oberflächen, Temperaturen, Gerüche und das Aussehen der weiteren Zutaten.

Wenn du deinen Kaffee so zubereitet hast, wie du ihn magst, fühle, wie sich die Temperatur der Tassenaußenwand verändert hat. Mach dir bewusst, dass die eben noch kühle Tassenwand nun eine deutliche Wärme ausstrahlt. Riech ganz bewusst vor dem ersten Schluck an deinem Kaffee und nimm wahr, wie dessen Duft in deine Nase dringt. Dann nimm einen Schluck und fühle, wie sich der Kaffee über Zunge und Gaumen verteilt und wie sich die Temperatur auf der Zunge und im Mund anfühlt. Welcher Geschmack macht sich breit? Welche Aromen kannst du wahrnehmen?

Genieße den ersten und die kommenden Schlucke ganz bewusst und versuch, alles mit so vielen Sinnen wie möglich wahrzunehmen. Wenn du merkst, dass du mit den Gedanken abschweifst oder mit Tagträumereien anfängst, konzentriere dich wieder auf deine Tasse Kaffee. Wie schwer ist diese nach ein paar Schlucken noch? Wie hat sich die Temperatur verändert und wie lange bleibt der Geschmack am Gaumen haften? Bleib mit deiner Aufmerksamkeit bei dir und deinem Kaffee, bis du diesen in Ruhe getrunken hast.

Das Ganze funktioniert übrigens auch mit Tee und jedem anderen Getränk, nach dem dir gerade ist.

Die Rosine

1. Nimm dir eine einzelne Rosine.
2. Betrachte die Rosine, als ob du noch nie in deinem Leben eine gesehen hättest.
3. Beschreib sie mit allen Details (Farbe, Form, Oberfläche …).
4. Schließe die Augen und spüre die Rosine, wie sie auf deiner Hand liegt (schwer oder leicht). Nimm die Rosine zwischen Daumen und Zeigefinger und ertaste die Konsistenz (weich oder hart, wie fühlt sich die Oberfläche an?).
5. Frag dich einmal, woher die Rosine wohl kommt. Wie viele Menschen waren an ihrem Entstehungsprozess beteiligt?

6. Riech einmal an der Rosine. Welche Gedanken und Gefühle kommen dabei in dir auf?

7. Lege als Nächstes die Rosine auf deine Zunge – aber bitte noch nicht kauen. Wie fühlt sie sich an? Gibt es schon einen Geschmack?

8. Nun kaue die Rosine genau ein Mal und spüre nach. Was verändert sich?

9. Kaue die Rosine nun mindestens 10- bis 20- mal und bleibe achtsam. Lege ruhig eine Pause ein und nimm deine Sinne wahr. Was schmeckst du? Wo genau im Mund schmeckst du etwas?

10. Jetzt schluck die Rosine herunter. Versuch zu spüren, wie sie die Speiseröhre hinabgleitet. Was passiert weiter? Was kannst du noch wahrnehmen?

Diese Übung kannst du auch mit jedem anderen beliebigen Lebensmittel machen.

Mit diesen beiden Übungen kannst du in wenigen Minuten in deinem Alltag deine Achtsamkeit trainieren. Du wirst bereits nach wenigen Tagen eine Veränderung deiner Achtsamkeit bemerken, wenn du diese Übungen ein paar Tage in Folge machst.

Ich möchte damit abschließen, dich zu diesen Übungen einzuladen und deine Achtsamkeit ein wenig zu trainieren. Mach dies ein paar Tage und beobachte auch, was dir in deiner Umgebung und bei dir in den kommenden Tagen auffällt. Nimm wahr, wie du wacher, bewusster und achtsamer wirst und sich dein Wohlbefinden verändert.

Dieser Lifehack reicht nicht aus, um das gesamte Spektrum an Achtsamkeit zu erläutern. Ich hoffe dennoch, dass ich dein Interesse für dieses Thema wecken konnte und dir bewusst geworden ist, dass wir mit Achtsamkeit einen Schlüssel in der Hand halten, der unseren Alltag und unser Leben nachhaltig positiv beeinflussen kann. Vielleicht bist du ja sogar so interessiert, dass du dich mit diesem Thema noch etwas mehr auseinandersetzen möchtest.

Ich wünsche dir viel Freude bei der Übung deiner Achtsamkeit und wundervolle Momente.

Lifehack #45

Eigenempathie für dich

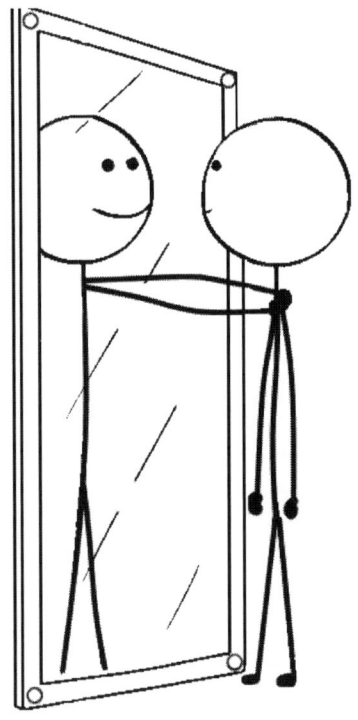

**Wenn wir uns selbst ein guter Freund sind,
kann uns nichts erschüttern.**

An der ein oder anderen Stelle im Buch habe ich bereits das Wort Eigenempathie verwendet. Durch meine lieben Feedbackleser wurde ich darauf aufmerksam gemacht, dass nicht jedem klar ist, was damit gemeint ist. Da dieses Thema zu groß ist, um es in einem anderen Lifehack nebenbei zu behandeln, und obendrein auch zu wichtig, als es beiläufig mit ein paar knappen Sätzen zu erläutern, widmen wir uns diesem Thema hier in aller Ausführlichkeit.

Es ist kein seltenes Phänomen, dass wir für andere leichter und mehr Empathie aufbringen können als für uns selbst. Bei uns selbst gelingt uns dies häufig weniger gut. Eher kennen wahrscheinlich viele von uns einen strengen inneren Kritiker oder Richter, der wenig empathisch auftritt und stattdessen sprichwörtlich «die Peitsche» schwingt.

In Situationen, in denen wir durch Empathie und Einfühlungsvermögen versuchen würden, andere aufzumuntern, ihren Mut zu stärken oder sie dazu bewegen wollen würden, den Kopf nicht hängen zu lassen, kommt, wenn es um uns selbst geht, bei uns eine harsche innere Stimme zum Vorschein. Diese sagt uns vielleicht, wir sollen uns nicht so anstellen, sollen nicht so schwach sein, sollen uns mehr anstrengen, dürfen keine Fehler machen oder wir müssten mehr leisten.

Ein gutes Beispiel hierfür sind zum einen unsere täglichen Herausforderungen, in denen wir häufig mehr von uns abverlangen, als wir es von anderen tun würden. Zum anderen sind ganz klar psychische Erkrankungen ein weiteres gutes Beispiel hierfür. Viele Menschen tun sich immer noch sehr schwer damit, sich eine psychische Krankheit einzugestehen. Aus meiner Erfahrung weiß ich, dass dies gerade für viele Männer immer noch ein großes Tabuthema ist. Krank zu sein, wird mit Schwäche, Un-Männlichkeit, Peinlichkeit und einer persönlichen Herabwürdigung gleichgesetzt. Von Empathie für sich selbst ist keine Spur.

Wenn uns eine Krankheit oder alltägliche Dinge schwerfallen oder an unsere persönliche Grenze bringen, verurteilen sich viele von uns dafür. Wir machen uns Vorwürfe, nicht stark genug zu sein, und schämen uns. Dieses Verhalten ist weit weg von Eigenempathie. Aber wir brauchen Eigenempathie, um gut für uns sorgen zu können, unsere persönlichen Grenzen zu akzeptieren und uns nicht zu überfordern.

Eigenempathie ist ein Schutz für uns selbst, zu viel von uns abzuverlangen. Sie schützt uns davor, uns selbst in ein Karussell von Selbstvorwürfen, Scham und persönlicher Ausbeutung zu stürzen. Ohne ein gesundes Maß an Eigenempathie laufen wir Gefahr, Raubbau an uns selbst zu betreiben.

Ein kleines Beispiel soll dies noch ein wenig verdeutlichen:
Angenommen, ein guter Freund verliert seinen Job. In einem persönlichen Gespräch erzählt er dir davon und auch, wie sehr ihn dies belastet und wie er sich dafür schämt. Wie würdest du reagieren? Ich denke, die meisten von uns würden versuchen, empathisch darauf zu reagieren, ihm zuhören und versuchen, ihn etwas aufzubauen. Wir würden vielleicht etwas sagen wie: «Ich kann gut verstehen, dass dich das fertigmacht. Ich glaube aber nicht, dass du daran die Schuld trägst. Du bist gut in deinem Job und wirst sicher bald wieder eine neue Stelle finden. Schau, was du bis jetzt alles überstanden hast. Das ist jetzt nur ein kleiner Stein auf deinem Weg.»

So oder so ähnlich könnte solch ein Gespräch ablaufen. Ich denke, dir ist klar geworden, was gemeint ist. Wie sähe dieses Gespräch mit uns selbst aus? Angenommen, wir würden unseren Job verlieren, was würden wir in Gedanken zu uns selbst sagen?

Würden wir Sätze sagen wie: «Das ist wirklich eine belastende Situation für mich. Ich darf gerade etwas geknickt sein, denn ich mache mir Sorgen darum, wie es nun weitergeht. Ich glaube, ich werde es schaffen, schließlich habe ich in der Vergangenheit schon ganz andere Situationen gemeistert.»

Oder würden wir vielleicht Sätze sagen wie: «Ich Idiot, jetzt habe ich auch noch meinen Job verloren. War ja klar, dass das ausgerechnet mir passiert, ich kann einfach nichts. So wie ich mich auf der Arbeit gezeigt habe, war es nur eine Frage der Zeit, bis ich gekündigt werde.»

Ich glaube, Letzteres ist eher die Regel als die Ausnahme. Und wenn wir so mit uns selbst ins Gericht gehen und keinerlei Empathie für uns selbst aufbringen – wie motiviert und zuversichtlich werden wir dann wohl sein, die Situationen zu meistern? Richtig, nicht sonderlich viel. Wir werden eher noch zerknirschter sein. Ohne Eigenempathie blockieren wir viele Prozesse in uns, die wichtig für unsere Gesundheit und unser Wohlbefinden sind. Ohne Eigenempathie überfordern wir uns womöglich, verlangen viel zu viel von uns ab, gönnen uns keine Regeneration und gestehen uns auch keine menschlichen Schwächen zu. Wir könnten sagen: Ohne Eigenempathie machen wir uns unser Leben selbst sehr schwer.

Obendrein opfern wir viel unserer kostbaren Zeit ohne Eigenempathie. Unser Maß an Eigenempathie entscheidet ebenfalls mit darüber, wie wir Situationen annehmen und ob und wann wir gewillt sind, Hilfe in Anspruch zu nehmen.

Gehen wir noch einmal auf das Thema mit der psychischen Erkrankung ein. Angenommen, wir würden uns dauerhaft schlecht fühlen. Um zu wissen, was genau mit uns los ist, bräuchten wir eine ärztliche Diagnose. Diese würde aber unter Umständen auch klarstellen, dass wir eine Erkrankung, beispielsweise eine Depression, haben. Für viele Menschen sind gerade die psychischen Erkrankungen immer noch ein so großes Tabuthema, dass sie lieber einen langen Leidensweg in Kauf nehmen, ehe sie sich dazu entschließen, Hilfe in Anspruch zu nehmen. Die inneren Kritiker sind in diesem Falle noch so laut, dass wir nahezu nicht anders können. Scham, Selbstverurteilungen, Ängste und vieles mehr werden von diesen inneren Stimmen forciert. Eigenempathie hilft uns, schneller Hilfe zuzulassen und uns um uns selbst zu kümmern. Die wenigsten von uns, ausgenommen Menschen, die tatsächlich keine Empathie haben oder noch über ein sehr eingeengtes Weltbild verfügen, würden einem Freund bei einer Erkrankung diese Vorwürfe machen. Wir tun dies allerdings sehr häufig uns selbst gegenüber.

Und wenn wir diesen Leidensweg erst einmal gehen, leidet natürlich auch unser Wohlbefinden. In solch einer Zeit hat keiner von uns besonders viel Freude am Leben.

Eigenempathie ist notwendig, um für unsere Gesundheit und unser Wohlbefinden sorgen zu können, um uns anderen Themen aus dem Buch wie der Selbstliebe, dem Selbstwert und vielen, im Grunde allen anderen Themen nähern zu können.
Wenn unser innerer Kritiker oder Richter mehr Gehör findet als unsere Eigenempathie, machen wir uns unser Leben sehr schwer und sabotieren damit selbst unser Wohlbefinden und unser Glück.

Lass uns konkret schauen, wie wir unsere Eigenempathie aufbauen und stärken können:
Hierbei wirst du richtig ins Handeln kommen. Hol dir bitte ein paar Zettel, einen Stift und begib dich in einen Raum, in dem du ein bisschen Platz hast, etwas auf dem Boden zu platzieren und dich darum herumzubewegen.

Los geht's!

Nimm ein Blatt oder eine Karteikarte und schreib deinen Namen darauf.

Jetzt leg diesen Zettel vor dir auf den Boden. Nun stelle dich mit ca. einem Meter Abstand vor diesen Zettel und versuch, dich selbst aus einer Beobachterposition zu betrachten. Versuch, aus einer Vogelperspektive auf dich und dein Leben zu blicken. Nimm dir hierfür ein paar Minuten Zeit und lass einmal die Kulisse auf dich wirken. Lass dein Leben ein wenig Revue passieren und schau, was dieser Mensch, du, bereits alles erlebt und gemeistert hat.

Womit er oder sie sich schwergetan hat? Welche Situationen waren beängstigend? Was hat viel Mut und Kraft gekostet? Wo fühlte dieser Mensch sich verloren? Schau auch, wie dieser Mensch bis jetzt alles gemeistert hat, herausfordernde Klausuren in der Schule, Prüfungen in der Uni, Projekte bei der Arbeit, unvorhergesehene Ereignisse im Leben.

Schreib dir diese ersten Eindrücke alle auf die Rückseite deines Blattes. Alles, was dir jetzt gerade durch den Kopf geht. Und schreib dies aus deiner Beobachterperspektive. Ungefähr so:

«Ich kann sehen, dass dieser Mensch große Angst davor hatte, die Präsentation vor dem gesamten Bereich zu halten.»

«Ich kann sehen, dass dieser Mensch sehr mit dem Verlust seines Vaters zu kämpfen hat und jedes Mal, wenn er an ihn denkt und ihn vermisst, versucht, diese Gedanken zu verdrängen. Der Mensch schämt sich für diese Emotion.»

«Ich kann sehen, dass dieser Mensch auf einem Geburtstag sehr viel Spaß hatte und vergnügt war, jedoch frühzeitig die Feier verlassen hat, weil er sich sagte, dass Spaß im Leben nichts bringt.»

Schreib alles auf, was dir durch den Kopf geht, und zwar sowohl die positiven als auch die negativen Erlebnisse.

Schreib auch auf, womit diese Person zu kämpfen hat. Was macht ihr Angst? Wovor fürchtet sie sich? Was liegt ihr schwer auf der Seele? Was lief richtig gut? Gehe so tief in die Details, wie es dir möglich ist. Wenn du alles notiert hast, geht's weiter.

Stell dich wieder mit ca. einem Meter Abstand vor das Blatt. Stelle dir nun bitte vor, diese Person wärst nicht du. Lies laut vor, was auf deinem Blatt steht und womit diese Person zu kämpfen hatte und hat. Welche Gedanken dieser Person durch den Kopf gehen, wofür sie sich Vorwürfe macht, in welchen Situationen sie sehr streng und hart mit sich ins Gericht geht und gegangen ist.

Versuche, dich dort hineinzufühlen. Stelle dir als Nächstes vor, diese Person wäre ein guter Freund. Wie würdest du auf die notierten Sätze reagieren, wie würdest du handeln oder was würdest du zu ihm sagen?

Schreib auf dein Blatt zu jeder deiner bisherigen Beobachtungen auf, was du zu einem Freund sagen würdest. Gehe hierbei ins Detail, z. B. so: «Ich kann verstehen, dass du Angst hattest, die Präsentation zu halten. Es war ja auch eine völlig neue Situation. Es gibt viele Menschen, die sich mit diesen Situationen nicht wohlfühlen. Das ist vollkommen okay. Dafür brauchst du dich nicht zu schämen, ich verstehe das. Und schau, du hast es prima hinbekommen. Wenn ich sehe, wie du heute mit anderen Leuten sprichst oder Präsentationen hältst, kann ich es kaum glauben, dass du davor Angst hattest.»

Mach das mit jedem deiner Sätze. Du kannst auch gern Gesten in deine Antworten einbauen im Sinne von: «Ich würde meinen Freund in den Arm nehmen und einmal fest drücken. Dann würde ich zu ihm sagen …»

Als Nächstes drehen wir das Ganze um. Jetzt formulierst du diese Sätze für dich und gibst dir selbst Empathie.

Ich mach es einmal am Beispiel mit der Präsentation vor:
«Es ist okay, dass ich vor der Präsentation nervös war. Ich kann verstehen, dass ich es nicht mag, vor vielen Menschen zu stehen. Ich sehe, dass es mich sehr anstrengt und ein großes Unbehagen in mir auslöst, wenn ich eine Präsentation halten muss. Ich darf die Präsentation auf meine Art und in meinem Tempo halten. Es ist völlig in Ordnung, wenn ich mich für freiwillige Präsentationen nicht melde und nur die notwendigsten mache. Ich darf mir Hilfe suchen, um vor anstehenden Präsentationen ein bisschen meine Nervosität zu reduzieren. Das ist keine Schwäche.»

Mit dieser Methode gelingt es uns, Schritt für Schritt Empathie für uns selbst aufzubringen. Das kann am Anfang, gerade wenn man dies noch nicht so gut kann, ein etwas komisches Gefühl aufkommen lassen. Lass dich davon nicht verwirren, das ist ganz normal. Mir ging es beim ersten Mal auch so, als ich diese Übung gemacht habe. Mit der Zeit gewöhnst du dich daran und nach ein paar Mal brauchst du auch den Zettel nicht mehr. Je häufiger du dich darin übst, dir selbst Empathie zu geben, umso mehr wird es zu einer normalen Gewohnheit.

Das Beispiel von der Präsentation zeigt noch einmal sehr schön, wie wir von unserer Eigenempathie profitieren. Stell dir vor, wir würden nicht empathisch auf uns eingehen, sondern die Stimme des inneren Richters oder Kritikers beherzigen. Dann würden wir uns vielleicht wieder selbst kleinmachen, verurteilen, noch mehr Druck aufbauen und die Situation würde immer schwerer und zu einem wahren Monster anwachsen.
Mit Eigenempathie machen wir uns diese und alle anderen Situationen im Leben leichter. Wir geben uns Zeit, nehmen Rücksicht auf unsere Befindlichkeiten und gehen es Stück für Stück so

an, wie es unserem persönlichen Tempo und Gusto entspricht. Das bringt Leichtigkeit in die einzelnen Situationen und entschärft diese ungemein. Dadurch kreieren wir in uns ein tolles Gefühl und haben ein besseres Wohlbefinden.

Eigenempathie soll uns dabei helfen, uns selbst ein guter Freund zu werden. Denn wenn wir uns selbst ein guter Freund sind, rücksichtsvoll mit uns umgehen, kann uns so schnell nichts aus der Bahn werfen.

In diesem Sinne: Stärke die Freundschaft zu dir selbst und sei dir selbst ein guter Freund.

Lifehack #46

Wie du mit dir selbst sprichst

**Deine Sprache mit dir bestimmt darüber,
wie andere mit dir sprechen.**

Sprache ist für mich ein unglaublich wichtiges Thema, manchmal auch ein wenig zum Leidwesen meiner Mitmenschen, wenn ich Wörter definieren oder Definitionen bis ins Kleinste ausloten möchte. Oder wenn ich darauf beharre, dass ein Umstand eine genaue Beschreibung und Umschreibung verdient, statt bloß ein paar einfacher Worte.

Und weil mir Sprache so wichtig ist, möchte ich dich in diesem Lifehack für einen Umstand sensibilisieren, der uns alle betrifft. *Die Sprache mit uns selbst.*

Im Umgang mit unseren Mitmenschen achten wir im Alltag auf viele Dinge. Wir versuchen uns höflich und respektvoll auszudrücken, keine pietätlosen Aussagen zu treffen oder andere zu kränken oder gar zu beleidigen. Wir können festhalten, dass uns im Normalfall der Umgangston mit unseren Mitmenschen wichtig ist und wir stets bemüht sind, diesen so positiv wie möglich zu gestalten. Natürlich immer unter Berücksichtigung unseres erlernten Sprachstils und unserer persönlichen Empfindungen.

Aber wie sieht das eigentlich bei uns selbst aus? Verwenden wir ebenso viel Zeit darauf, uns gegenüber genauso auf den eigenen Tonfall in unseren Zwiegesprächen bzw. Gedanken zu achten wie gegenüber unseren Mitmenschen? Hast du dir schon einmal ganz bewusst ein bisschen Zeit genommen und geprüft, wie du in Gedanken mit dir selbst sprichst, welche Wörter du verwendest? Ob du einen freundlichen, einen bestimmenden oder einen verurteilenden Umgangston mit dir pflegst? Ob du mit dir einen wohlwollenden Umgangston wie mit einem guten Freund pflegst oder eher den eines Wärters, der uns für etwas bestrafen möchte.

Hast du dir einmal eine Liste gemacht, welche Wörter du am häufigsten im Umgang mit dir selbst verwendest?

Ich tippe jetzt einmal dreisterweise auf Nein. Die wenigsten Menschen, die ich kenne, haben so etwas schon einmal aus eigenem Antrieb gemacht. Also lade ich dich dazu ein, dies zu tun. Eine perfekte Ergänzung zu diesem Lifehack ist auch mein Lifehack #45, den ich dir sehr ans Herz legen kann, wenn deine Selbstkommunikation ein Thema ist.

Nimm dir ein Blatt Papier und einen Stift und versuch, dich einmal an einige Gedanken und Zwiegespräche mit dir selbst zu erinnern. Schreib auf, welche Wörter und Sätze du dabei verwendet hast. Was sagst du zu dir, wenn dir ein Missgeschick passiert, wenn dir etwas herunterfällt, du eine Klausur versiebst, eine Präsentation nicht gut ankommt, du mit einem Anmachspruch nicht landest? Was sagst du zu dir, wenn du nicht alle Aufgaben, die du dir für den Tag vorgenommen hast, schaffst? Wenn du dich schlapp und kraftlos fühlst? Wenn dir für etwas der Mut fehlt oder du vor etwas Angst hast? Was sagst du zu dir, wenn dir etwas schwerfällt?

Was sagst du zu dir, wenn du etwas nicht verstehst oder auf eine Frage keine Antwort weißt? Was sagst du zu dir, wenn du dich einer anderen Person gegenüber im Ton vergreifst oder bei einer Diskussion unrecht hattest?

Schreib deine Antworten zu den Fragen alle auf dein Blatt.

Warum ist das Aufschreiben wichtig? Um dir die Wörter, die du benutzt, bewusst vor Augen zu führen. Warum ist die Sprache mit uns überhaupt wichtig? Wörter können eine ungeheure Macht über uns ausüben. Selbst die Menschen, die auf diesem Gebiet bereits weit vorangeschritten sind, können sich dieser Macht nicht gänzlich entziehen. Worte können uns aufmuntern oder verletzen, kränken oder motivieren, uns Hoffnung schenken und trösten oder uns niederschmettern und verletzen.

Und ebenso wie dies Worte von anderen Personen in uns bewirken können, können es auch unsere eigenen Worte. Wenn wir uns selbst im Geiste kleinmachen, kränken, beleidigen oder schroff behandeln, sabotieren wir auf diese Weise unsere Entwicklung und unser Wohlbefinden. Darüber hinaus erlauben wir unseren Mitmenschen auch, es uns gleich zu tun.

Angenommen, wir selbst würden uns bei einem Fehler hart ins Gericht nehmen und als Idiot oder Dummkopf bezeichnen. Dann ist die Wahrscheinlichkeit sehr groß, dass wir solche Äußerungen auch von anderen über uns ergehen lassen. Es bestätigt in diesem Moment unsere eigenen Gedanken.

Wenn die Sprache mit uns selbst rücksichtslos, kränkend, verletzend, beleidigend oder grenzüberschreitend ist, laufen wir Gefahr, diese Art der Kommunikation auch anderen Menschen uns gegenüber zu erlauben.

Die Sprache mit uns selbst hat maßgeblichen Einfluss darauf, wie wir uns fühlen. Hierzu ein kleines Beispiel:

Angenommen, deinem besten Freund passiert ein Missgeschick. Er lässt seine Lieblingstasse fallen und diese zerbricht. Dann würden die meisten von uns tröstende und aufmunternde Worte finden und vielleicht einen kleinen Witz über die Sache machen, um die Situation etwas aufzuheitern.

Nun stellen wir uns die Situation einmal bei uns selbst vor mit zwei unterschiedlichen Ausprägungen der Sprache mit uns selbst.

Szenario 1 – unschöne Sprache

«Ich Trottel, jetzt habe ich auch noch meine Lieblingstasse kaputt gemacht. War ja klar, dass mir das irgendwann passiert. Ich bin der größte Schussel der Welt. Kein anderer Mensch kann so dumm sein wie ich und seine Tasse fallen lassen.»

Szenario 2 – schöne Sprache

«Gut, dass ich nicht in die Scherben getreten bin. Das hätte einen tiefen Schnitt geben können. Schade um die schöne Tasse. Aber hey, jedem fällt einmal was runter, das passiert schon mal. Ich halte demnächst in der Stadt nach einer neuen schönen Tasse Ausschau.»

Was glaubst du, mit welcher Art der inneren Sprache dein Wohlbefinden schöner sein wird?

Gerade bei Fehlern oder Dingen, die nicht so gelaufen sind, wie wir es uns gewünscht oder vorgestellt haben, kommt häufig ein innerer Kritiker in uns zum Vorschein, der selten eine wohlwollende Sprache mit uns pflegt. Hier gilt es, ein aktives Bewusstsein und Achtsamkeit in der Sprache mit uns selbst zu bekommen. Wenn wir unseren inneren Kritiker nicht im Zaum halten, ruiniert er uns sprichwörtlich den ganzen Tag.

An dieser Stelle möchte ich noch eine Anmerkung meiner Lektorin aufgreifen, die diesen Abschnitt ganz wunderbar ergänzt. Wir dürfen uns bewusst machen, dass wir nicht unsere Gedanken sind. Unsere Gedanken sind ein Teil von uns. Im turbulenten Alltag kreuzen allerdings auch komische, verwirrende, unangebrachte, negative und viele weitere Gedanken unseren Weg.

An diesen Stellen dürfen wir einen Schritt zurücktreten und uns bewusst machen, dass wir nicht unsere Gedanken sind und diese nicht ungefiltert übernehmen müssen. Wir können entscheiden, welche Gedanken wir annehmen wollen und welche wir weiterverfolgen und weiterdenken.

Zurück zu unserem Beispiel. Ich denke, es hat gut verdeutlicht, worum es mir geht.

Kommen wir zurück zu deinem Zettel. Schau dir die Sätze darauf an. Kannst du Sätze erkennen, die ebenfalls einen eher unfreundlichen Sprachstil erkennen lassen?

Wenn ja, mache Folgendes damit: Nimm die Sätze, die nicht wohlwollend klingen, und formuliere sie so, als würdest du diese zu deinem besten Freund sagen. Schreibe die Sätze auf so verständnisvolle und einfühlende Art, wie es dir möglich ist.

Falte den Zettel und leg ihn irgendwohin, wo er immer griffbereit für dich ist, vielleicht in dein Portemonnaie oder auf deinen Schreibtisch. Wann immer du nun bemerkst, dass du wieder in der gewohnten Weise mit dir sprichst, holst du den Zettel heraus und sprichst die wohlwollenden Sätze zu dir selbst.

Und noch etwas kannst du tun: deinen Sprachstil gegenprüfen. Wir alle erwerben aufgrund unseres Umfeldes einen gewissen Sprachstil und ein gewisses Sprachniveau. Das ist völlig normal. Du kannst überprüfen, welche Bedeutung du einzelnen Wörtern gibst und ob diese von der allgemeinen Norm abweichen. Du kannst nach wohlklingenderen Synonymen schauen und prüfen, ab wann ein Satz sich für dich stimmig und gut anfühlt.

Mit ein bisschen Zeit und Übung wird sich dein Sprachstil mit dir verändern und kontinuierlich wohlwollender. Dabei wirst du feststellen, dass auch dein Wohlbefinden steigen wird, du dir weniger Stress machst und dein Alltag insgesamt etwas entspannter wird. Denn ganz viel von dem Stress und Ärger, den wir über den Tag verteilt erleben, produzieren wir über die Sprache mit uns selbst.

Wenn wir die Sprache mit uns selbst verändern, verändern wir auch die Sprache mit unseren Mitmenschen, wir entwickeln einen liebevolleren Blick auf uns selbst, wir tolerieren respektloses Verhalten und Äußerungen uns gegenüber weniger, werden insgesamt warmherziger und ziehen auf diese Art mehr positive Dinge in unser Leben.

Mit der Veränderung der Sprache mit uns selbst können wir auch unser Umfeld, unsere Liebesbeziehungen, unsere Freundschaften, unseren Job und viele weitere Dinge beeinflussen und verändern. Wenn wir selbst zu der Person werden, die an erster Stelle wohlwollend mit uns spricht und mit einem liebevollen Blick auf uns schaut, können andere Menschen diesem Beispiel folgen.

Wir selbst zeigen unseren Mitmenschen, wie sie mit uns umgehen können. Unsere Sprache hat, wie beschrieben, darauf einen maßgeblichen Einfluss. Ich lade dich dazu ein, dir deiner Sprache mit dir bewusst zu werden und diese auf die Art zu verändern, die du brauchst, um dich wohlzufühlen und zu entwickeln.

Verändern wir selbst die Sprache mit uns, verändern wir auch, wie andere mit uns sprechen bzw. ob und wie wir zulassen, dass andere mit und über uns sprechen.

Lifehack #47

Finde eine Art,
deine Emotionen zu leben

**Nur gelebte Emotionen können andere
inspirieren und verzaubern.**

Emotionen – ein wirklich großartiges Thema. Wir alle haben Emotionen. Ich würde so weit gehen zu behaupten, gute wie schlechte Emotionen zeigen uns, dass wir am Leben sind. Ja, dass wir am Leben teilhaben. Die Art und Weise, wie wir unsere Emotionen zeigen, ist dabei ganz unterschiedlich. Der ein oder andere lebt diese frei aus, man könnte fast sagen, kann diese nicht richtig kontrollieren und ist geradezu impulsiv und stürmisch. Er wird von seinen Emotionen fast schon überrumpelt. Andere wiederum sind sehr bedacht mit dem Zeigen ihrer Emotionen, kontrolliert, ruhig und zurückhaltend. Diese Menschen können manchmal kühl oder auch ein wenig befremdlich auf andere wirken.

In diesem Lifehack möchte ich mit dir aber nicht auf unsere einzelnen menschlichen Emotionen blicken, sondern darauf, wie wir diese ausleben. Emotionen sind Energie. Energie, die gelebt, die kanalisiert werden möchte. Denn was wäre unser Leben ohne Emotionen? Erinnern wir uns an die Meisterwerke der Kunst oder Musik, der Filmgeschichte oder der Sagen und Legenden. In nahezu all den Dingen, die uns Menschen bewegen und berühren, stecken Emotionen. Und diese Dinge wecken auch in uns Emotionen.

Wenn wir unsere Emotionen unterdrücken, tut uns das auf Dauer nicht gut. Wir können dabei Gefahr laufen, krank zu werden. Es kann auch passieren, dass unsere Emotionen irgendwann ungefragt aus uns herausbrechen und uns überwältigen, vielleicht in einer Situation, in der wir uns dies am wenigsten wünschen. Ungelebte Emotionen können auch dazu führen, dass wir uns schlecht fühlen. Dass wir uns kleinmachen, uns Vorwürfe machen oder uns selbst verurteilen.

Mir ist bewusst, dass wir nicht in jeder Alltagssituation all unsere Emotionen zeigen können und wollen. Das ist ganz normal und verständlich. Ich möchte mit dir anhand der nächsten beiden Beispiele aber darauf blicken, wie wichtig es für uns

ist, Wege zu finden, unsere Emotionen zu leben und auszudrücken.

Lass uns erst einmal auf die beiden Beispiele schauen, damit
deutlich wird, was ich meine.

Das Lachen der jungen Frau

Vor einigen Jahren lernte ich auf einer Fortbildung eine junge
Frau kennen. Ich verstand mich auf Anhieb sehr gut mit ihr
und freundete mich über die Dauer des mehrwöchigen Kur-
ses mit ihr an. In den Pausen standen wir häufig in kleinen
Gruppen auf dem Flur, draußen an der frischen Luft oder in
einem der Seminarräume. Mir fiel auf, dass, wann immer das
Gespräch zum Schreien komisch wurde, alle laut lachten, außer dieser jungen Frau. Sie lachte meist ein wenig verstohlen,
schüchtern, beinahe etwas verschämt.

Nach einiger Zeit und Dutzenden witziger Situationen
sprach ich sie auf meine Beobachtung an. Ich wollte wissen,
ob ich mich mit meiner Vermutung und der daraus folgenden
Interpretation irrte oder ob etwas an der Sache dran war.

Tatsächlich offenbarte sie sich mir in diesem Moment und
sagte mir, dass sie von ihrer Mutter so erzogen worden sei.
Ihre Mutter habe immer gesagt, es zieme sich nicht für eine
Frau, laut zu lachen. Deshalb habe die Mutter streng darauf
geachtet und sie immer ermahnt, falls ihr Lachen ihrer Ansicht
nach zu laut gewesen war. Bis sie sich irgendwann dieses leise
Schmunzeln angewöhnt habe. Daran habe die Mutter nichts
auszusetzen gehabt. Sie sagte mir, sie habe sich seit dieser Zeit
nie wieder getraut, laut zu lachen.

Wir hatten in den darauffolgenden Tagen immer wieder
Gespräche zu dem Thema. Ich versuchte, ihr mit Witzen und
Situationskomik ein herzhaftes Lachen zu entlocken, um ihr
zu zeigen, dass weder für mich noch für die anderen etwas
Schlimmes dabei sei. Die anderen Teilnehmerinnen würden
schließlich auch laut lachen, wenn sie etwas als lustig empfinden, und keiner der Anwesenden verurteile dieses Verhalten.

Zum Schluss der Fortbildung geschah schließlich noch das Unerwartete: Die junge Frau lachte in einer tollpatschigen Situation eines anderen Teilnehmers zusammen mit anderen laut los. In diesem Augenblick konnte ich zum ersten Mal wirkliche Freude, Leichtigkeit und Unbeschwertheit in ihren Augen sehen. Am Ende des Tages kam sie zu mir und bedankte sich für unsere Gespräche. Sie sagte, das Lachen am heutigen Tag habe ihr wirklich gutgetan und sie habe sich zum ersten Mal seit langer Zeit richtig lebendig gefühlt.

Die liebevollen Gerichte

Falls du den ersten Lifehack #1 *Eine Vision von dir selbst* bereits gelesen hast, erinnerst du dich vielleicht daran, wie ich über meine Vision gesprochen habe. Falls nicht, hole ich noch einmal ganz kurz an dieser Stelle aus. In meiner Zeit als Teenager und junger Erwachsener fiel es mir schwer, meine Gefühle und Emotionen anderen Menschen gegenüber auszudrücken. Es fiel mir sowohl schwer, meiner Familie und meinen Freunden mitzuteilen, was ich für sie empfinde, als auch den Damen, für die ich mich interessierte.

Da ich es nicht mit Worten oder Gesten richtig zum Ausdruck bringen konnte, die Emotionen aber auch nicht in mir behalten wollte, suchte ich nach anderen Wegen. Ich fand meine Strategie dafür im Kochen.

Wann immer ich Menschen zeigen wollte, wie viel sie mir bedeuteten, lud ich sie zum Essen ein und kochte etwas. In meinen Gedanken war ich und bin ich auch noch heute davon überzeugt, dass meine Emotionen mit ins Essen einfließen. Mein Wohlwollen, meine Liebe, meine Zuneigung brachte ich, so gut es ging, in die Zubereitung der jeweiligen Gerichte ein. Ich hatte zwar nie die Gewissheit, dass das, was ich empfand, tatsächlich bei meinem Gegenüber ankam, aber ich hatte für mich einen Weg gefunden, meine Emotionen zu kanalisieren. Beim Kochen konnte ich all die positive Energie, die ich für die Personen hegte, einfließen lassen.

Vielleicht ist auf eine ähnliche Art auch das Sprichwort entstanden: «Liebe geht durch den Magen.»
Jedenfalls half mir diese Strategie, meine Emotionen zu leben und diese nicht in mir zu behalten oder zu unterdrücken.

In beiden Beispielen kannst du erkennen, dass ungelebte Emotionen Einfluss auf unser Wohlbefinden und unsere Gemütslage haben. Ich möchte nicht die unterschiedlichen Gründe dafür erörtern, warum wir unsere Emotionen vielleicht noch nicht so zeigen können, wie wir es uns wünschen. Vielmehr möchte ich dich darauf aufmerksam machen, dir eine Strategie als Übergangslösung zu suchen, bis du es kannst.

Ich für meinen Teil habe mittlerweile gelernt, meine Gefühle und Emotionen immer genau so zu zeigen und auszudrücken, wie ich es mir wünsche. Bis ich es konnte, hat mir das Kochen dabei geholfen, diese Energie zu kanalisieren. Dadurch hatte ich z. B. nie dieses beklemmende Gefühl der jungen Frau aus dem ersten Beispiel. Für mich war das Kochen die begleitende Strategie auf dem Weg hin, meine Emotionen frei zu leben und in Worten und Gesten auszudrücken. Auch heute noch greife ich gern auf das Kochen zurück, um mir wichtigen Menschen mein Wohlwollen zu zeigen. Ich empfinde dies nach wie vor als eine sehr schöne Art, meine Emotionen auszudrücken.

Dich möchte ich dafür sensibilisieren und dir auch Mut machen, deine Emotionen ebenfalls zu leben. Ich kenne viele Menschen, die sich schwer damit tun. Menschen, die noch nie nach einer Strategie geschaut haben, um ihre Emotionen zu kanalisieren. Und diese Menschen berichten mir häufig davon, dass sie diese Situationen belasten.

Es gibt durchaus Emotionen, die wir nicht jedem zeigen möchten. Das ist vollkommen in Ordnung. Es gibt auch Emotionen, die wir vielleicht niemandem zeigen wollen. Ein gutes Beispiel hierfür ist Trauer und damit verbunden unser Ausdruck in Form von Weinen.

Gerade für die Herren unter uns sind Weinen und Trauer auch heutzutage immer noch große Tabuthemen. Ich möchte dich dazu ermuntern, diese Emotionen nicht zu unterdrücken oder zu verdrängen, sondern nach Strategien zu suchen, wie du diese ausleben kannst.

Ob du dies auf künstlerische Art machst, vielleicht an eine abgelegene Stelle fährst und einfach mal aus dir hinausschreist, während der Autofahrt bei lauter Musik einfach laut loslachst oder dir deine Gefühle auf einen Zettel schreibst und diesen anschließend verbrennst, bleibt völlig dir überlassen. Mir zeigen die beiden Beispiele jedenfalls, dass es sich für uns lohnt, unsere Emotionen rauszulassen und zu leben. Und dazu möchte ich dich einladen. Lebe sie, schätze sie, akzeptiere sie als Teil von dir. Du brauchst dich für keines deiner Gefühle zu schämen und auch niemandem dafür Rechenschaft abzulegen.

Ich weiß, viele von uns tragen tiefe seelische Verletzungen mit sich herum und haben womöglich Angst, erneut verletzt zu werden, wenn sie diese zeigen. Das ist verständlich und völlig in Ordnung.

Wenn du dir eine für dich passende Strategie suchst, um deine Emotionen zu leben, können diese Wunden Heilung erfahren. Sie gehören zu unserem menschlichen Dasein und niemand von uns sollte diese unterdrücken oder in sich vergraben. Dafür ist unser Leben zu kurz und zu kostbar.

Unser Leben ist nicht dafür gedacht, Gefühle zu unterdrücken. Sie wollen gelebt werden und machen unser Leben zu einer wahrhaftigen Erfahrung. Wenn wir unsere Emotionen unterdrücken, laufen wir Gefahr, uns unseren Alltag selbst sehr schwer und anstrengend zu gestalten. Einen Weg zu finden, diese zu leben, bringt Leichtigkeit und Lebensfreude in unseren Alltag. Auch mit den schlechten.

Ich hoffe, ich konnte dir mit diesen Zeilen das Thema näherbringen und dir ein wenig Mut zusprechen, deine Emotionen auf die für dich passende Art zu leben. Geh raus, such nach einer Strategie für dich und leb deine Emotionen. Du wirst sehen, es ist unglaublich lebensbejahend und wird dir guttun.

Lifehack #48

Gib Dingen die Chance, sich von allein zu erledigen

Wir sind nicht das Zentrum der Welt und auch nicht für alles allein verantwortlich.

Kurz vor dem Schluss der Lifehacks möchte ich mit dir zu einem leicht zu lernenden und schwer zu meisterndem Thema kommen. Während meiner Ausbildung zum Versicherungskaufmann mit Anfang zwanzig sagte ein Kollege den Satz des Lifehacks zu mir. Es herrschte helle Aufregung wegen eines Fehlers in der Firmensoftware. Dieser äußerte sich derart, dass die Agenturen keine Verträge abschließen konnten. Die halbe Abteilung war in Aufruhr und in leichte Panik verfallen, nur dieser Kollege nicht. Als ich ihn fragte, warum er so gelassen sei, sagte er: «Du musst lernen, Dingen die Chance zu geben, sich von allein zu erledigen.»

Als ich den Satz hörte, konnte ich noch nicht direkt etwas damit anfangen. Ich dachte mir in diesem Moment eher so etwas wie: «Der macht es sich aber ganz schön einfach oder hat schlicht und ergreifend keine Lust zu helfen.» Letzten Endes hatte mein Kollege Recht behalten. All die Aufregung führte zu nichts. Keine der hektisch angestoßenen Analysen oder Prüfungen brachte die Lösung. Was die Lösung brachte, war die Mail eines Agenturmitarbeiters am nächsten Tag. Er schilderte darin genau, wie der Fehler in seiner Agentur auftrat, wodurch dieser identifiziert werden konnte.

Jetzt, über ein Jahrzehnt später, kann ich sagen, in diesem Satz steckt unglaublich viel Weisheit und eine Menge Potenzial, uns unseren Alltag zu erleichtern und damit wieder ein bisschen schöner und zufriedener zu machen.

Denn sind wir einmal ehrlich, die meisten von uns, wenn nicht gar wir alle, kennen diese Situationen. Situationen, in denen etwas Unerwartetes eintritt und nach einer Lösung verlangt. Auf der Arbeit oder im privaten Bereich taucht auf einmal etwas auf, was nach unserer Aufmerksamkeit schreit. Und wir reagieren prompt darauf: sei es eine Bestellung, die schiefgegangen ist, ein unzufriedener Kunde, der sich beschwert, ein

Fehler in einem Softwareprogramm oder in einer Datenbank, etwas Vergessenes beim Einkauf oder, oder, oder.

Jedem von uns wird mit Sicherheit etwas einfallen. Und was tun wir in diesen Situationen? Häufig lassen wir uns völlig von diesen vereinnahmen. Wir sind der festen Überzeugung, wir müssten dieses Problem oder den Missstand so schnell wie möglich lösen, spätestens bis zum (Feier-) Abend.

Wir übernehmen die Verantwortung für diese Sache und machen sie zu unserer höchsten Priorität. Dabei vergessen wir, dass wir zum einen nicht allein sind, also andere vielleicht auch an dieser Sache arbeiten, und zum anderen vergessen wir, dass die Welt sich auch weiterdrehen wird, wenn wir diese Situation nicht bis zum Abend geklärt haben. Keine – und das meine ich genau so, wie ich es schreibe –, wirklich keine Situation ist so wichtig, fatal oder weltbewegend, als dass die Lösung dafür nicht auch noch am morgigen Tag gefunden werden dürfte. Den damit verbundenen Stress generieren wir allein durch uns. Wir erlegen uns Zeitlimits, Deadlines usw. für den Abschluss dieser Sache auf.

Was passiert nun, wenn wir die vorgegebene Deadline nicht halten können? Wenn wir nicht am gleichen Tag die Antwort auf eine Frage finden, die Lösung für ein Problem oder die Hilfestellung, die wir uns wünschen? Für viele von uns ist der Tag dann gelaufen. Wir nehmen diese Sache nach Feierabend mit nach Hause oder tragen sie vielleicht schon morgens mit zur Arbeit. Wir können den Sachverhalt nicht loslassen. Er durchdringt völlig unsere Geisteswelt und legt sich wie ein grauer Schleier über unser Wohlbefinden.

Und jetzt möchte ich etwas mit dir teilen, was mir wirklich unzählige Male passiert ist, seit ich diesen Satz zum ersten Mal gehört habe: Ich habe das ein oder andere Problem oder Ereignis ebenfalls mit nach Hause genommen und am Abend noch lange darüber nachgedacht, wie ich eine Lösung herbeiführen könnte. Häufig auch vergeblich.

Als ich dann am nächsten Tag auf die Arbeit kam, oder mit einem Freund über die Sache gesprochen habe, hatte sich das Problem bereits von selbst erledigt. Entweder hatte ein Kollege es ebenfalls entdeckt und wusste zufällig genau, was zu tun ist, oder ein Freund hatte sofort die richtige Idee und die Sache konnte binnen weniger Minuten oder Stunden geklärt werden.

Worauf möchte ich hiermit hinaus?

Wir nehmen uns selbst und Ereignisse häufig zu ernst. Wir geben Themen mehr Bedeutung, als sie eigentlich haben bzw. verdienen. Und wir machen uns selbst zum einzigen Punkt der Verantwortlichkeit. In unserer Wahrnehmung müssen wir diese Situation lösen. Das erzeugt Stress, Hektik und unschöne Gefühle.

Wenn wir uns erlauben, Dingen wie beschrieben die Chance zu geben, auch von jemand anderem gelöst zu werden, erleichtert dies ungemein unseren Alltag.

Damit meine ich nicht, dass wir uns bei jeder Situation zurücklehnen und die Füße hochlegen sollen. Das definitiv nicht. Wir dürfen gern versuchen, im Rahmen unserer Möglichkeiten bei der Klärung der Situation mitzuwirken. Es gilt aber zu erkennen und auch anzuerkennen, wann wir unser Möglichstes getan haben. Wenn wir im Laufe eines Tages einiges an Zeit in ein Thema investiert haben und wir unser Bestes gegeben haben und trotzdem nicht zu einer Lösung gekommen sind, ist es eine gute Methode, die Sache bis zum nächsten Tag ruhen zu lassen. Denn wer weiß, vielleicht hat jemand anderes das Problem ebenfalls erkannt oder wurde durch ein Gespräch mit uns darauf aufmerksam und arbeitet ebenfalls an einer Lösungsfindung. Und vielleicht hat diese Person die zündende Idee und überrascht uns damit am nächsten Tag. Oder im besten Fall hat die andere Person dieses Thema bereits gelöst, bis wir uns wieder damit beschäftigen.

Ich habe lange überlegt, wie ich hierzu einen passenden Tipp geben könnte, um damit anzufangen. Tatsächlich glaube ich, ist die Sensibilisierung für diese Tatsache bereits der beste Tipp, den ich geben kann.

Ich möchte dich dazu einladen, mehr Dingen die Chance zu geben, sich von allein zu erledigen. Denn wir leben in einer sehr verantwortungsvollen Gesellschaft und die meisten unserer Mitmenschen nehmen sich die Dinge zu Herzen und versuchen zu unterstützen. Deshalb möchte ich dich dazu ermuntern, ein bisschen mehr Vertrauen, als du vielleicht bereits in deine Mitmenschen hast, zu investieren und zu schauen, ob sich die ein oder andere Sache nicht tatsächlich von selbst erledigt.

Das bringt dir mit Sicherheit einen entspannteren Tag und anderen ein ebenfalls gutes Gefühl, an der Lösung eines Problems mitgewirkt zu haben.

Lifehack #49

Erlaube dir, in Dinge hineinzuwachsen

«Es ist noch kein Meister vom Himmel gefallen.»

Sprichwort

Das eben zitierte Sprichwort kennen wahrscheinlich die meisten von uns. Wie mit vielen anderen Dingen im Leben auch hapert es dann aber häufig bei der Umsetzung. Gerade in unserer schnelllebigen Zeit haben immer mehr Menschen den Anspruch an sich selbst, möglichst schnell und effizient etwas zu erlernen oder ein bestimmtes Ziel zu erreichen.

Die Anforderungen an uns selbst wachsen von Jahr zu Jahr. Viele Menschen setzen sich selbst einem enormen Druck aus, indem sie sehr viel von sich abverlangen. Das betrifft sowohl unser Privat- als auch unser Berufsleben. Ständige Optimierung in allen Bereichen und das möglichst sofort oder sehr schnell.

Ein sehr schönes Beispiel hierfür sind Diäten und Abnehmpläne. Der Fitnesstrend ist dank Social Media so groß wie noch nie und immer mehr Menschen fühlen sich durch die im Netz präsentierten Bilder von anderen Personen unter Druck gesetzt. Abhilfe sollen dann schnelle Diäten oder gezielte Programme zum Abnehmen schaffen, um das gewünschte Körperbild rasch zu erreichen.

Dabei vergessen wir häufig, dass wir auch eine bestimmte Zeit benötigt haben, um eventuelle unliebsame Pfunde aufzubauen. Niemand von uns schafft es, über Nacht 10, 20 oder gar mehr Kilogramm zuzunehmen.

Dies war ein Prozess, der Zeit in Anspruch genommen hat und viele unterschiedliche Faktoren beinhaltet. Nicht nur Ernährungsgewohnheiten, sondern vielleicht auch gesundheitliche Aspekte, eine Schwangerschaft, Medikamente usw.

Bei unserer Zielsetzung, diese Pfunde wieder loszuwerden, lassen wir diesen Punkt allerdings häufig außer Acht. Die unliebsamen Pfunde, ganz egal wie viele es sind und aus welchem Umstand heraus wir sie erlangt haben, sollen bitte binnen weniger Wochen verschwunden sein.

Dass dieses Ziel nicht nur sehr anstrengend und überfordernd, sondern auch gesundheitsschädlich sein kann, vergessen dabei ebenfalls viele. Schließlich haben wir keine Zeit, diesen Prozess innerhalb einiger Jahre zu vollziehen. Die sogenannte Strandfigur soll bitte bis zum Sommer halten.

Ebenso verhält es sich mit vielen anderen unserer Ziele. Wir nehmen uns sehr viel für den Anfang vor, setzen uns unter immensen Zeitdruck und wollen schnell Resultate sehen. Bleiben diese aus, sind wir frustriert und werfen womöglich die Flinte ins Korn.

Aber was können wir dagegen tun?

Zuerst dürfen wir erkennen, ob wir dieses Verhalten bei uns beobachten können. Frage dich einmal selbst, ob du dir bei einem bestimmten Ziel sehr viel zumutest und dich selbst unter Zeitdruck setzt. Die Erkenntnis hierüber ist der erste Schritt.

Als Nächstes dürfen wir uns Folgendes bewusst machen:

Alle Dinge im Leben benötigen eine gewisse Zeit. Gras wächst nicht schneller, nur weil wir dran ziehen.

Wenn wir einen Baum pflanzen, benötigt dieser Zeit zum Wachsen. Wenn wir ein Musikinstrument erlernen wollen, benötigen wir Zeit zum Üben. Wenn wir einer Sportart nachgehen möchten, benötigen wir Zeit, diese zu erlernen, und praktische Übung, um Theorie in die Realität umzusetzen.

Und die notwendige Zeit, die jeder Einzelne von uns benötigt, ist unterschiedlich. Es gibt Menschen, die haben für etwas Talent und kommen schneller voran. Andere haben vielleicht weniger Talent und tun sich schwer und benötigen deshalb etwas mehr Zeit. Hinzu kommt unser individueller Alltag. Wenn wir zehn Stunden pro Woche zur Verfügung haben, können wir mehr Zeit in die gewünschte Sache investieren, als wenn uns lediglich eine oder zwei Stunden zur Verfügung stehen.

Das ist völlig normal. Uns selbst Zeitdruck zu machen, ist definitiv kontraproduktiv für unsere Entwicklung in einer Sache. Zeitdruck bewirkt bei den meisten von uns Stress. Stress verbinden die wenigsten von uns mit Freude und Wohlbefinden, sondern eher mit unangenehmen Gefühlen.

Uns zu erlauben, in Dinge hineinzuwachsen, uns selbst die notwendige Zeit für eine Sache zuzugestehen, stärkt unser Wohlbefinden. Nehmen wir z. B. dieses Buch hier. Ich habe mir erlaubt, in meinem ganz eigenen Tempo dieses Buch zu schreiben und mit dem Verlag vereinbart, dass es fertig ist, wenn es fertig ist. Natürlich wollte der Verlag ein ungefähres Datum für die Fertigstellung wissen. Also habe ich einen ungefähren Zeithorizont angegeben mit der Option, dass die tatsächliche Fertigstellung davon abweichen kann.

Ich habe mir erlaubt, in dieses Projekt hineinzuwachsen und die damit verbundene Entwicklung zu erfahren. Vielleicht wird diese Entwicklung auch im Schreibstil der einzelnen Lifehacks ein wenig erkennbar. Schließlich wusste ich vorher nicht, wie lange dies dauern wird und wann ich tatsächlich fertig sein werde. Wenn ich mir selbst ein zu enges Zeitfenster gegeben hätte, wäre sicherlich viel Druck entstanden, das Schreiben hätte sich von einer Freude in eine Last verwandeln können und am Ende hätte ich wahrscheinlich erleichtert durchgeatmet, es endlich geschafft zu haben. Es wäre dann allerdings keine Freude über das eigentliche Werk mehr gewesen, sondern Freude über die Erleichterung, den Zeitdruck endlich los zu sein.

Wenn wir uns erlauben, in Dinge hineinzuwachsen, können wir den damit verbundenen Prozess erleben und erfahren. Wir können hierdurch einen Schritt hin zu dem Sprichwort machen «Der Weg ist das Ziel». Mit dem Zugeständnis dieser Freiheit nehmen wir den Druck von uns und schenken uns wieder mehr Leichtigkeit und auch mehr Lebensfreude.

Wie genau gelingt es uns aber nun, uns tatsächlich zu erlauben, in Dinge hineinzuwachsen?

- Uns die Zeit geben, die wir einem guten Freund geben würden
- Relativieren
- Blick in die Natur

Uns die Zeit geben, die wir einem guten Freund geben würden

Häufig sind wir selbst unser strengster Richter und Kritiker. Viele von uns verlangen von sich selbst deutlich mehr ab als von Freunden oder Bekannten. Nimm einmal das, was du erlernen oder erreichen möchtest, und frage dich, wie viel Zeit du hierfür deinem besten Freund zugestehen würdest.

Stell dir vor, er hätte die gleiche Lebenssituation wie du. Vielleicht verheiratet und Kinder, vielleicht einen stressigen Job, vielleicht viel Reisetätigkeiten usw.

Angenommen, er hätte dein Ziel, deinen Wunsch, wie viel Zeit würdest du ihm dafür gewähren?
Wenn du hierzu eine Zahl hast, leg noch einmal 20 Prozent obendrauf und nimm dies für den Anfang als deine persönliche Zeitvorgabe.

Das ist nicht die finale Planung oder Vorgabe, sondern soll uns am Anfang davor schützen, ein zu striktes Ziel festzulegen. Wir wollen ein bisschen Freiraum kreieren.

Relativieren

Als Nächstes kannst du eine kleine Onlinerecherche machen und schauen, ob es bereits Menschen gibt, die dein Ziel ebenfalls erreicht haben bzw. erreichen wollten.

Wie viel Zeit haben sich die anderen Personen dafür gegeben? Wie viel Zeit haben die anderen Menschen tatsächlich benötigt, um an dieses Ziel zu gelangen?

Du wirst sicherlich ganz unterschiedliche Zeiträume finden. Nimm dir die längsten und die kürzesten, die du finden kannst, und ziehe einen Mittelwert daraus. Jetzt hast du eine zweite grobe Orientierung.

Mach dir bewusst, dass jeder von uns individuell ist und abhängig von seiner Lebenssituation, seinen Fähigkeiten und seiner gesundheitlichen Verfassung in seinem ganz eigenen Tempo vorankommt. Ich betone hier noch einmal: Das ist völlig in Ordnung!

Blick in die Natur

Wenn wir in die Natur blicken, können wir erkennen, dass alle Prozesse einer gewissen Gesetzmäßigkeit folgen. Ein Baum braucht so lange, wie er eben braucht, bis er ausgewachsen ist. Er wächst ein paar Zentimeter pro Jahr in die Höhe und in die Breite. Dabei wird längst nicht jeder Baum gleich groß oder gleich breit. Das ist abhängig von seiner Umgebung, den vorhandenen Nährstoffen, Sonne, seiner natürlichen Art usw.

Ebenso verhält es sich mit unseren Zielen. Das, was wir erreichen oder erlernen wollen, ist abhängig von unseren Lebensumständen, unserer verfügbaren Zeit, die wir in das Erlernen investieren können, unseren persönlichen Eigenschaften, unserer Lebenssituation usw.

Schreib dir also auf, wie viel Zeit du pro Tag oder Woche tatsächlich zur Verfügung hast, ohne dabei in Stress zu geraten.

501

Wie viel Zeit kannst du aufbringen, ohne dabei deinen Alltag, deine weltlichen Verpflichtungen usw. zu vernachlässigen?

Mit diesen drei Punkten kannst du dir einen ungefähren Zeithorizont festlegen, der sicherlich größer ausfallen wird, als wenn du direkt ein Ziel ins Auge fasst.

Hierzu einmal der Prozess anhand eines Beispiels:
Angenommen, wir wollen unsere Ernährung umstellen und uns künftig etwas gesünder und vegetarischer ernähren.
Dieses Ziel ist sehr abstrakt und nicht greifbar. Wir könnten hierbei saloppe Ziele fassen wie:

«Ab nächster Woche esse ich nur noch vegetarisch»
«Ab nächster Woche esse ich kein Fleisch mehr»

Zum einen wäre hierbei unser Ziel sehr schwammig und zum anderen würden wir uns nicht erlauben, in diesen Prozess hineinzuwachsen. Wir hätten eine direkte Umstellung und damit eine sehr hohe Anforderung direkt zu Anfang. Solch eine radikale Umstellung erfordert eine ungeheure Willenskraft und stellt für die meisten von uns eine unüberwindbare Hürde dar. Von jetzt auf gleich seine Ernährungsweise fundamental zu verändern und dies dauerhaft beizubehalten, ist ein Prozess. Unsere derzeitige Ernährungsweise haben wir schließlich auch nicht direkt nach unserer Geburt gehabt. Diese hat sich über viele Jahre aufgebaut.

Um in die Ernährungsumstellung hineinzuwachsen, könnten wir folgende Schritte festlegen:

- Wir erkennen den Wunsch, uns in der Zukunft langfristig vegetarischer zu ernähren.
- Wir machen uns bewusst, dass wir dies nicht nur für einige Wochen möchten, sondern dass dies eine Umstellung

unserer generellen Ernährungsweise darstellen soll.

- Damit wir Schritt für Schritt in diesen Prozess hineinwachsen können, nehmen wir uns kleine konkrete Ziele vor.

Kleine konkrete Ziele festlegen:

- In den nächsten zwei Wochen sammeln wir jeweils fünf Rezepte für ein vegetarisches Frühstück, Mittagessen und Abendbrot.
- Sobald wir unsere Rezepte haben, werden wir die nächsten fünf Wochen einen Tag pro Woche eine vegetarische Mahlzeit (Frühstück, Mittagessen oder Abendbrot) zubereiten.
- Nach Ablauf der fünf Wochen werden wir für die nächsten vier Wochen einen Tag pro Woche komplett vegetarisch kochen.
- Nach Ablauf dieser vier Wochen werden wir für die nächsten sechs Wochen zwei Tage pro Woche vegetarisch kochen.

Diesen Prozess wiederholen wir so lange, bis wir tatsächlich an dem Punkt angelangt sind, dass wir uns komplett vegetarisch ernähren. Die Zeiträume dürfen wir während dieser Phasen immer wieder anpassen.

Auf diese Weise brechen wir ein großes Ziel auf viele kleine Ziele herunter, die wir tatsächlich bewältigen können. Und noch etwas tun wir. Wir geben uns Zeit, uns an diese neuen Dinge zu gewöhnen. Gewohnheiten zu verändern oder neue aufzubauen, ist ein Prozess, der Zeit benötigt. Um unseren persönlichen Alltag nicht noch stressiger zu gestalten, als er vielleicht ohnehin schon ist, tun wir gut daran, wenn wir uns diese Zeit zugestehen.

Eines wird hoffentlich durch das Beispiel deutlich: Es wird sicherlich einfacher für uns sein, für den Anfang eine Mahlzeit pro Woche vegetarisch zuzubereiten und zu verzehren, als von jetzt auf gleich jede unserer Mahlzeiten in vegetarischer Form zu uns zu nehmen.

Letzteres würde immensen Druck aufbauen und sehr viel von uns abverlangen. Mit der zweiten Methode wird es etwas mehr Zeit benötigen, jedoch ist die Erfolgsaussicht deutlich größer, wir haben weniger Stress dabei und können mit Freude die Veränderungen beobachten und erfahren.

Ich möchte dich deshalb dazu einladen, dir für deine Vorhaben genügend Zeit zu geben und dir zu erlauben, in diese Dinge hineinzuwachsen. Am Ende des Tages geht es doch darum, dass wir unser Leben, unseren Alltag genießen und auf ein glückliches und zufriedenes Leben blicken können.

Uns selbst mit überfordernden Ziel- und Zeitvorstellungen in die Mangel zu nehmen, ist selten von Erfolg gekrönt und verdirbt uns eher unsere Laune und unser Wohlbefinden. Daher lass diesen Lifehack einmal auf dich wirken und mach dir selbst nicht zu viel Druck. Am Ende des Tages läuft dir nichts davon.

Lifehack #50

Deine Glaubenssätze

**Mit dem, was du dir täglich sagst und denkst,
kreierst du deine Welt.**

Unsere Wahrnehmung der Welt hat maßgeblichen Einfluss auf unser Wohlbefinden. Glaubenssätze wiederum haben Einfluss darauf, wie wir unsere Welt wahrnehmen. Wir können sagen, sie färben die Gläser unserer Brille, mit der wir die Welt betrachten.

Glaubenssätze sind tief in uns verankerte Überzeugungen und Wahrheiten über die Welt oder uns selbst. Alles, was einer Aussage oder einem Umstand eine Bedeutung, Wertung, Ursache oder Wirkung verleiht, ist ein Glaubenssatz. Also alles, was wir mit einer subjektiven Wahrheit bewerten, können wir als Glaubenssatz bezeichnen, beispielsweise Sätze wie:

«Eine gute Frau muss kochen können.»

«Ein anständiger Mann hat einen Beruf.»

«Um im späteren Leben einen guten Beruf zu erlangen, muss man studieren.»

«Ich bin nicht liebenswert.»

«Geld verdirbt den Charakter.»

Um genau diese Dinge geht es hier. Ich möchte mit dir einen Blick darauf werfen, was genau Glaubenssätze sind, wie wir unsere eigenen Glaubenssätze erkennen und verändern können und warum dies unser Wohlbefinden verbessert.

Dazu möchte ich Schritt für Schritt auf einige Fragen mit dir blicken, um dir dieses Thema so spannend und einfach näherzubringen wie möglich. Die erste Frage haben wir bereits mit der Einleitung beantwortet, nämlich was Glaubenssätze sind bzw. was wir uns darunter vorstellen können. Auf geht's zur nächsten Frage.

Wie beeinflussen uns Glaubensätze?

Glaubenssätze färben unsere Wahrnehmung und Interpretation der Welt und beeinflussen, wie wir am Ende über etwas urteilen bzw. über etwas entscheiden. Dazu ein Beispiel zu einer Situation mit zwei verschiedenen Glaubenssätzen.

Situation:

Auf der Suche nach einem Parkplatz fahren wir langsam durch ein Parkhaus. Wir entdecken eine Parklücke und fahren vor. Kurz bevor wir in die Lücke einparken können, kommt ein anderes Auto aus der anderen Richtung und schnappt uns den Parkplatz weg.

> Glaubenssatz 1: «Die Welt ist voller Chancen und großartiger Menschen.»
> Glaubenssatz 2: «Die Welt ist voll mit Egoisten und Arschgeigen.»

Entsprechend dieser beiden Glaubenssätze werden unsere Wahrnehmung, Interpretation und unsere Gedanken zu dieser Sache beeinflusst.

Wenn wir die Situation mit Glaubenssatz 1 betrachten, bringt uns der versäumte Parkplatz wahrscheinlich nicht wirklich aus der Ruhe. Vielleicht kurbeln wir gar noch das Fenster herunter und begegnen der anderen Person mit einem freundlichen Spruch, einem Witz o. Ä. und es ergibt sich eine interessante neue Situation.

Bei der Interpretation mit Glaubenssatz 2 sieht das Szenario schon ganz anders aus. Höchstwahrscheinlich unterstellen wir der anderen Person, dass sie uns doch gesehen hat und uns absichtlich die Parklücke weggenommen hat. Wir werden vielleicht richtig wütend und frustriert. Vielleicht bringt uns diese Aktion derart in Rage, dass wir die andere

Person sogar beschimpfen oder einen Streit vom Zaun brechen.

Dieses plakative Beispiel soll verdeutlichen, wie unsere Glaubenssätze uns in nahezu allen Situationen unseres Alltags beeinflussen und damit Auswirkungen auf unser Wohlbefinden und unsere Zufriedenheit nehmen.

Die in uns abgespeicherten und aktiven Glaubenssätze sorgen für einen ganz eigenen, persönlich eingefärbten Blick auf jedes Szenario. Weiter zur nächsten Frage:

Woher kommen unsere Glaubenssätze?

Das ist mit eine der spannendsten Fragen. Glaubenssätze können überall entstehen. Während unserer Erziehung, wenn beispielsweise immer wieder die gleichen Sätze und Vorträge zu Hause gebetsmühlenartig wiederholt werden, à la:

«Von nichts kommt nichts.»
«Man muss hart arbeiten, um es im Leben zu etwas zu
    bringen.»

Wir können Glaubenssätze auch in der Schule oder im Freundeskreis aufgreifen, oder in Filmen, Serien, der Werbung oder Social Media. Bilder oder Szenerien aus besagten Medien können sich zu einer Vorstellung oder Wunschvorstellung in unserem Kopf verfestigen und so zu einem Glaubenssatz werden, beispielsweise so:

In einem Film sehen wir, dass ein erfolgreicher Banker eine attraktive Frau hat und mit ihr eine Familie gründet. Hieraus könnte bei den Herren der Schöpfung vielleicht der Glaubenssatz entstehen:

«Um eine attraktive Frau zu finden und eine Familie gründen
    zu können, muss ich finanziell erfolgreich sein.»

Mit diesem Glaubenssatz würden wir Gefahr laufen, tolle Chancen nicht wahrzunehmen bzw. diese selbst zu sabotieren. Angenommen, wir würden diesen Glaubenssatz in uns tragen und einer tollen Frau begegnen. Dann könnte dieser Glaubenssatz unbewusst ein Verhalten bei uns provozieren, das dafür sorgt, dass wir die Chance mit dieser Frau sabotieren.

Glaubenssätze können also nahezu überall entstehen. Das ist sowohl eine Chance als auch ein Risiko, wenn wir uns dieser Tatsache nicht bewusst sind. Unbewusst könnten wir Gefahr laufen, unreflektiert Glaubenssätze zu kreieren oder zu übernehmen, die wir gar nicht haben wollen bzw. die uns nicht guttun. Damit kommen wir zu unserer nächsten Frage:

Wie erkennen wir unsere eigenen Glaubenssätze?

Hierfür bitte ich dich, ein Blatt Papier und einen Stift zur Hand zu nehmen und direkt mitzumachen.

Unsere eigenen Glaubenssätze können wir identifizieren, indem wir uns unsere Verallgemeinerungen, Urteile und Vorstellungen über die Welt klar vor Augen führen.

Dazu vervollständige bitte folgende Sätze:

- Die Welt ist voller …
- Ich bin …
- Ein guter Mann / gute Frau ist, …
- Ein Mann / Frau ist attraktiv, wenn …
- Die Menschen sind …
- Wenn ich erfolgreich sein möchte, muss ich …
- Wenn ich einen Partner /Partnerin haben möchte, muss ich …

Überleg dir gern noch weitere eigene Fragen, die du im Anschluss vervollständigst. Schreib alles auf, was dir dazu durch den Kopf geht. Sei ganz ehrlich bei der Beantwortung. Und keine Angst, du kannst hierbei nichts falsch machen. Jede Antwort, die du niederschreibst, ist richtig. Es geht hier nur darum festzustellen, welche Glaubenssätze in dir aktiv sind.

Um dir ein besseres Gefühl für diese Übung zu geben, beantworte ich die Fragen mit beispielhaften Antworten, wie ich sie bereits mehrfach gehört und gelesen habe.

Die Welt ist voller Arschlöcher.

Die Welt ist voller Egoisten.

Die Welt ist voller Möglichkeiten.

Die Welt ist voller Chancen.

Ich bin schwer zu mögen.

Ich bin ein anstrengender Mensch.

Ich bin liebenswert.

Ich bin ein toller Gastgeber.

Ein guter Mann muss für seine Familie sorgen können.

Ein guter Mann muss einen Job haben.

Ein guter Mann muss seiner Frau etwas bieten können.

Eine gute Frau muss attraktiv sein.

Eine gute Frau muss kochen können.

Eine gute Frau darf beruflich nicht erfolgreicher sein als ihr Mann.

Ein Mann ist attraktiv, wenn er muskulös gebaut ist.

Eine Frau ist attraktiv, wenn sie eine schlanke Figur hat.

…

Nimm dir etwas Zeit für die Übung und schreibe ganz in Ruhe deine Fragen und Antworten auf. Notiere dir auch alle Verallgemeinerungen, die dir einfallen. Gemeint ist so etwas wie: «Von nichts kommt nichts.» Oder: «Ein Indianer kennt keinen Schmerz.»

Wenn du alles notiert hast, kommen wir zum nächsten Schritt.

Würdigen der Glaubenssätze

Als Nächstes möchte ich, dass du dir Folgendes bewusst machst. Alle Glaubenssätze, die jetzt auf deinem Blatt Papier stehen, haben dir dabei geholfen, zu überleben und dein Leben bis jetzt zu meistern. Vielleicht hast du schon den ein oder anderen Glaubenssatz auf deinem Blatt entdeckt, vor dem du zurückgeschreckt bist und den du nicht schön findest. Das ist okay. Alle Glaubenssätze auf deinem Blatt sind okay. Sie verhalfen dir dazu, deine Erlebnisse, deine Erfahrungen, die einzelnen Herausforderungen, denen du bis jetzt im Leben gegenüberstandest, zu bestehen.

Sie alle sind wertvoll und hatten ihren Nutzen für dich. Kommen wir zum nächsten Schritt.

Identifizieren der limitierenden Glaubenssätze

Als Nächstes möchte ich, dass du dir die Glaubenssätze auf deinem Blatt einmal anschaust und in diese hineinfühlst. Fühle einmal, welcher dieser Glaubenssätze sich gut anfühlt und welcher sich eher schwer oder hinderlich anfühlt. Dazu ein weiteres Beispiel:

«Ein guter Mann muss für seine Familie sorgen können.»

Dieser Glaubenssatz hat eine Menge Potenzial, Stress und negative Gedanken, Gefühle und Emotionen in uns zu erzeugen. Der Glaubenssatz lässt durch das Wörtchen «muss» keinerlei Spielraum zu und kann uns sehr stark einengen.

Angenommen, wir würden aufgrund einer Firmeninsolvenz unverschuldet gekündigt und könnten nicht mehr in gewohnter Form für unsere Familie sorgen. Dieser Satz würde die Situation für uns deutlich verschlimmern, wenn wir ihm eine Wahrheit zusprechen. Wir könnten Gefahr laufen, uns selbst zu verurteilen, uns Schuldgefühle einzureden, unseren Selbstwert zu diskreditieren und uns schlecht zu fühlen. Und das, obwohl uns keine Schuld an der Situation trifft.

Prüfe, welche Sätze bei dir das Potenzial haben, Situationen zu verschlimmern. Kommen wir zum nächsten Schritt.

Bewusstmachen einer Wahlmöglichkeit

Alle Glaubenssätze, die nun auf deinem Blatt Papier stehen, sind erst einmal da. Das bedeutet aber nicht, dass diese auch für die Zukunft bleiben müssen. Wir haben die Möglichkeit, uns jetzt bewusst dafür zu entscheiden, welche Glaubenssätze wir behalten wollen und welche wir gern verändern oder ablegen möchten.

Diese Wahlmöglichkeit haben wir immer! Damit kommen wir auch zum letzten Punkt.

Transformation der eigenen Glaubenssätze

Glaubenssätze zu verändern oder abzulegen, ist nicht ganz einfach. Schließlich tragen wir diese mitunter bereits viele Jahre mit uns herum. Der erste Schritt in diesem Prozess ist, den Glaubenssatz zu verändern.

Nehmen wir noch einmal den Glaubenssatz aus dem obigen Beispiel:

«Ein guter Mann muss für seine Familie sorgen können.»

An diesem Satz hängen auch viele Werte und Vorstellungen über die persönliche Lebenssituation. Eine kleine Veränderung des Satzes kann diesen bereits deutlich entspannen.

«Ein guter Mann bemüht sich, für seine Familie zu sorgen.»

Dieser Satz bietet deutlich weniger Potenzial für negative Gefühle, Gedanken, Emotionen und Schuldzuweisungen. Mit diesem Satz tragen wir eine deutlich geringere Last.

Das «bemühen» wird jetzt zum Maßstab der Beurteilung. Auf das obige Beispiel bezogen hätte die Person keine schlechten Gefühle, würde nicht ihren Selbstwert diskreditieren oder sich Vorwürfe machen, weil sie den Job verloren hat. Wenn die Person sich um einen neuen Job bemüht, treten die negativen Gefühle nicht auf bzw. nicht in der Vehemenz wie mit dem anderen Glaubenssatz. Und dies hat maßgeblichen Einfluss auf unser persönliches Wohlbefinden.

Das Thema Glaubenssätze ist wirklich groß und kann hier nicht in Gänze erläutert werden. Mit diesem Lifehack und den einzelnen Schritten möchte ich dir vermitteln, wie viel Potenzial in diesem Thema steckt, und eine erste Hilfestellung geben, um deine Glaubenssätze identifizieren zu können und vielleicht auch schon den einen oder anderen zu transformieren.

Wenn wir unsere Glaubenssätze kennen und verändern, haben wir einen Schlüssel in der Hand, dauerhaftes Wohlbefinden in unseren Alltag zu ziehen. Ich möchte allerdings auch ganz ehrlich mit dir sein: Dieses Thema wird Zeit und auch dein persönliches Zutun erfordern. Glaubenssätze sind nichts, was wir über Nacht verändern. Ebenso wie diese über einen längeren Zeitraum gewachsen sind, benötigen unterschiedliche Glaubenssätze auch einen Zeitraum, um sich zu verändern.

Deshalb möchte ich dich davor warnen, auf Versprechungen von Personen zu vertrauen, die dir sagen, dass du all deine Glaubenssätze binnen weniger Minuten ändern kannst. Das ist aus meiner Sicht ein sehr fadenscheiniges Versprechen. Meist mit dem Motiv, schnell ein bisschen Geld aus deiner Tasche zu ziehen.

Nimm dir immer mal wieder ein bisschen Zeit, schaue auf dein Blatt Papier und bearbeite einen Glaubenssatz nach dem anderen. Aktualisiere dein Blatt auch gern alle paar Monate und schau, was sich verändert hat. Für diese Arbeit kannst du auch Hilfe in Form eines Coaches oder eines Therapeuten in Anspruch nehmen. Gemeinsam ist diese Arbeit aus Erfahrung deutlich leichter zu bewältigen als allein.

Wenn der Lifehack dein Interesse geweckt hat, kannst du dir auch weiterführende Literatur zum Thema Glaubenssätze besorgen und erst einmal damit weitermachen. Wie gesagt, soll dieser Lifehack dir nur verdeutlichen, dass es dieses Thema gibt und deine Aufmerksamkeit und dein Interesse hierfür wecken.

Dieses Thema hat wirklich unglaublich viel Potenzial und Einfluss auf dein Leben. Deshalb wünsche ich dir viel Freude, Neugier und Kraft beim Bearbeiten deiner Glaubenssätze.

Nachwort

Dieses Buch zu schreiben, war für mich eine Herzensangelegenheit. Seit vielen Jahren beschäftige ich mich mit den Widrigkeiten und Herausforderungen des Lebens. Ich beobachte, was mir und meinen Mitmenschen widerfährt, was uns ins «Taumeln» oder «Schwanken» bringt, was uns runterzieht, was uns mit Trauer erfüllt oder sprichwörtlich «den Boden unter den Füßen» wegzieht. Ich beobachte, wie äußere Gegebenheiten uns an uns zweifeln lassen, uns zum Verzagen und Sorgen bringen und wie dabei so viel positive Energie verloren geht. Gegen dieses «Schwanken» und die damit verbundenen Leiden, die Hilflosigkeit, die Ängste und Sorgen, die Hoffnungslosigkeit oder auch die Unklarheiten wollte ich etwas tun.

Etwas tun gegen unsere sorgendurchzogenen Nächte.
Etwas tun gegen die Ohnmacht gegenüber unseren Problemen.
Etwas tun gegen unser Gefühl, nicht gut genug zu sein.
Etwas tun gegen unser Gefühl, nicht richtig zu sein.
Etwas tun gegen unsere Mutlosigkeit.
Etwas tun gegen unsere Orientierungslosigkeit.
Etwas tun gegen den Schmerz in uns allen.

Ich wollte etwas für die Menschlichkeit schaffen. Ein Buch schreiben, das uns dabei helfen kann, unseren Weg zu finden. Den Weg zu einem erfüllten, zufriedenen, glücklichen Leben. Einem Leben, von dem wir eines Tages sagen, es fühlt sich wundervoll an, dieses Leben zu leben und gelebt zu haben. Ich möchte einen Beitrag dazu leisten, dass wir uns eine Kultur, eine Zivilisation erschaffen, in der unser Miteinander von Würde, gegenseitigem Respekt und Liebe geprägt ist. Einen Samen pflanzen, der das Potenzial hat, die uns allen geschenkte Zeit in die schönste zu verwandeln, die wir uns vorstellen können.

Ich hoffe, dass mir dies ein wenig gelungen ist und du in dieser Lektüre stets Inspiration, Motivation, Hoffnung, Mut und auch ein bisschen Trost findest.

Ich bedanke mich von Herzen aufrichtig für dein Interesse und deine Unterstützung und schließe mit einem kleinen selbst geschriebenen Gedicht.

Erinnerung

Die schönste Art, in Erinnerung zu bleiben, ist,
Spuren in den Herzen anderer Menschen zu hinterlassen.
Manche Menschen tun dies durch Heldentaten,
manche durch Kunst,
manche durch Lieder,
manche durch Poesie,
manche, weil sie unterhaltsam sind, und wenige,
weil sie Mensch sind.
Mensch sein und es auch beweisen, ist
viel wertvoller als jede Heldentat.
Mensch sein, das heißt, Emotionen zeigen.
Mensch sein, das heißt, mit anderen verbunden sein.
Mensch sein, das heißt, Freude schenken.
Mensch sein, das heißt verzeihen.
Mensch sein, das heißt lieben.
Mensch sein, das heißt teilen.
Mensch sein, das heißt, auf sein Herz hören.
Mensch sein, das ist Güte.
Mensch sein, das ist Freude.
Mensch sein heißt, sein Herz öffnen
und anderen darin einen Platz anbieten.

Im Menschsein ist kein Platz für Ego oder Fassade,
falsche Werte oder Scham. Mensch sein erfordert Mut.
Dem Menschsein ist es egal, ob du Mann oder Frau bist,
du bist ein Mensch.

Pierre Alexander Hilbig

Danksagung

An dieser Stelle möchte ich mich herzlich bei Roosbeh für die Hilfe bei den Illustrationen der einzelnen Lifehacks bedanken. Durch deine zeichnerische Unterstützung war es möglich, die Themen jedes einzelnen Lifehacks mit einer schönen und schlichten Illustration zu visualisieren, welche den Inhalt unterstreicht. Danke dafür!

Ebenfalls möchte ich meinen Gegenleserinnen und Gegenlesern danken. Danke an Lisa, Sibylle, Stefan, Paul, Oksana und Jürgen, dass ihr euch die Zeit genommen habt, die Lifehacks zu lesen. Euer Feedback und eure Hinweise zu den einzelnen Texten haben mir sehr dabei geholfen, die Impulse so auszudrücken, wie ich es mir vorgestellt habe. Dank euch konnte ich viele hilfreiche, wichtige und interessante Punkte aufnehmen und überdenken. Ich selbst habe durch euer Feedback neue Blickwinkel erfahren und ein besseres Verständnis für die Sicht des Lesers und der Leserin erhalten. Dies war unglaublich wertvoll und macht die Lifehacks zu dem, was sie jetzt sind. Danke dafür!

Ebenfalls möchte ich mich bei meinen Freunden und meiner Familie bedanken, die durch interessiertes Nachfragen zum Stand des Buches meine Motivation immer wieder angefeuert haben. Dank eures Interesses ist nie ein Durchhänger aufgetreten.

Zum Schluss möchte ich mich bei allen Menschen bedanken, die ich bis jetzt in meinem Leben getroffen habe. Danke für alle guten und weniger guten Erfahrungen. Danke für alle Freude, allen Schmerz und die gesammelten Erfahrungen. Auch durch euch wurde es erst möglich, dieses Buch zu schreiben. Ohne die gemeinsamen Erfahrungen hätte sicherlich etwas gefehlt.

Meinen herzlichen Dank an euch alle!

Euer Pierre Alexander Hilbig

Quellenverzeichnis

Lifehack #3 – Duden-Definition Frustrationstoleranz:
https://www.duden.de/rechtschreibung/Frustrationstoleranz

Lifehack #3 – Duden-Definition: Frustration:
https://www.duden.de/rechtschreibung/Frustration

Lifehack #8 – Duden-Definition: Selbstvertrauen
https://www.duden.de/rechtschreibung/Selbstvertrauen

Lifehack #8 – Duden-Definition: Vertrauen
https://www.duden.de/rechtschreibung/Vertrauen

Lifehack #12 – Wikipedia-Eintrag Mensch (Homosapiens)
https://de.wikipedia.org/wiki/Mensch

Lifehack #17 Angeborene Angst bei Laborratten
https://www.dasgehirn.info/denken/emotion/der-schaltkreis-der-angst

Lifehack #17 Dorsch, Lexikon der Psychologie-Definition: Angst
https://dorsch.hogrefe.com/stichwort/angst

Lifehack #17 Wikipedia-Eintrag Amygdala
https://de.wikipedia.org/wiki/Amygdala

Lifehack #18 – Brad Blanton (1997) Radikal Ehrlich, Deutsche Ausgabe, Ernst Kabel Verlag GmbH, Hamburg

Lifehack 20 – Bürgerliches Gesetzbuch (BGB) Definition Besitz
– §§ 854 – 872

Lifehack 20 – Bürgerliches Gesetzbuch (BGB) Definition Eigentum
– §§ 903 – 924

Lifehack #21 – Duden-Definition: Wert
https://www.duden.de/rechtschreibung/Wert

Lifehack #21 – Grundgesetz Artikel 1 Abs. 1 – Die Würde des Menschen ist unantastbar
https://www.gesetze-im-internet.de/gg/art_1.html

Lifehack #25 Naysayer (Videolink)
https://www.youtube.com/watch?v=NPoyoWzUMsw

Lifehack #26 – Zitation Marianne Williams – Rückkehr zur Liebe
http://coaching-melanie.de/wp-content/uploads/2017/02/marianne-williamson-unsere-groesste-angst.pdf

Lifehack #33 Wikipedia-Eintrag: Kritik
https://de.wikipedia.org/wiki/Kritik

Lifehack #35 – Werteentwicklungsquadrat (Hergeleitet / Ideengeber)
Friedemann Schulz von Thun (2016) Miteinander Reden: 2 – 35. Auflage, Rowohlt Taschenbuch Verlag, Reinbek bei Hamburg

Empfohlene Literatur

Marshall B. Rosenberg (2013) Was deine Wut dir sagen will – Überraschende Einsichten, 5. Auflage, Junfermann Verlag, Paderborn

Marshall B. Rosenberg (2016) Gewaltfreie Kommunikation – Eine Sprache des Lebens, 12. Überarbeitete und erweiterte Auflage, Junfermann Verlag, Paderborn

Dieter Frey Hrsg. (2016) Psychologie der Werte – Von Achtsamkeit bis Zivilcourage – Basiswissen aus Psychologie und Philosophie, Springer-Verlag Berlin Heidelberg

Friedemann Schulz von Thun, Kathrin Zach, Karen Zoller (2015) Miteinander Reden von A bis Z – Lexikon der Kommunikationspsychologie, 2. Auflage, Rowohlt Taschenbuch Verlag, Reinbek bei Hamburg

Erich Fromm (1995) Die Kunst des Liebens, 20. Auflage 2019, dtv Verlagsgesellschaft mbH & Co.KG, München

Jorge Bucay (1999) Komm, ich erzähl dir eine Geschichte, 24. Auflage 2021, S. Fischer Verlag GmbH, Frankfurt am Main

Arun Gandhi (2017) Wut ist ein Geschenk – Das Vermächtnis meines Großvaters Mahatma Gandhi, Erste Auflage 2017, DuMont Buchverlag, Köln

Michaela Haas (2015) Stark wie ein Phönix – Wie wir unsere Resilienzkräfte entwickeln und in Krisen über uns hinauswachsen, O.W. Barth Verlag, Ein Imprint der Verlagsgruppe Droemer Knaur GmbH & Co. KG, München

Friedrich Glasl (2017) Selbsthilfe in Konflikten – Konzepte, Übungen, Praktische Methoden, 8. Auflage 2017, Verlag Freies Geistesleben, Stuttgart

Alfred Mack (2016) Muster durchbrechen - neue Kreativität finden - Probleme lösen – Mit systemischem Denken zum Erfolg, 2016, Hanser Verlag, München

ENTDECKE
WEITERE BÜCHER IN UNSEREM
ONLINE-SHOP

www.remote-verlag.de